图书在版编目(CIP)数据

美国执法情报分析师制度研究/谢晓专著. —北京:中国民主法制出版社,2019. 8

ISBN 978-7-5162-2053-5

Ⅰ. ①美… Ⅱ. ①谢… Ⅲ. ①情报分析—职业技能—研究—美国 Ⅳ. ①G259. 712

中国版本图书馆 CIP 数据核字(2019)第 182612 号

图书出品人:刘海涛
出 版 统 筹:乔先彪
责 任 编 辑:陈 曦 贾萌萌

书名/美国执法情报分析师制度研究
MEIGUOZHIFAQINGBAOFENXISHIZHIDUYANJIU
作者/谢晓专 著

出版 · 发行/中国民主法制出版社
地址/北京市丰台区右安门外玉林里 7 号(100069)
电话/(010)63055259(总编室) 63057714(发行部)
传真/(010)63056975 63056983
http:// www. npcpub. com
E-mail:mzfz@ npcpub. com
经销/新华书店
开本/16 开 787 毫米 ×960 毫米
印张/26. 75 **字数**/379 千字
版本/2019 年 8 月第 1 版 2019 年 8 月第 1 次印刷
印刷/北京中兴印刷有限公司

书号/ISBN 978-7-5162-2053-5
定价/79. 00 元

总序

公安情报工作和反恐怖工作是近几年公安工作的热点。2010年前后，从公安部到区县公安机关纷纷开始建立专业的情报机构，我国公安机关内部的专业情报队伍从无到有、从弱到强，已经逐步成为公安机关的中枢和大脑，情报信息主导警务、情报主导侦查、大情报小行动等理念已被广大民警接受和认可。近年来，情报、指挥一体化全面铺开，取得了很好的战果。随着公安情报实务的发展，学界对公安情报学的研究也日趋深入，出现了大量优秀的理论成果，推进了公安情报学科的快速发展。中国人民公安大学于2005年在全国率先成立公安情报学系，设立了公安情报本科专业，并于同年开始招收公安情报专业的本科生，2007年开始招收硕士研究生，同时也为各省公安本科院校培养了大批公安情报学专业的师资人才，公安情报实务和理论的发展已步入快车道。

从2013年开始，我国的反恐形势异常严峻，暴恐案件频发，尤其是南疆地区情势尤为突出，宗教极端势力、民族分裂势力和国际恐怖势力活动日趋频繁，反恐工作面临着巨大的压力。经公安部党委同意，2014年中国人民公安大学将原公安情报学系改建成反恐怖学院，成立反恐怖理论与对策教研室，并于同年开始招收全国第一届反恐怖专业方向本科生。反恐怖学院成立后，学院不断打造反恐怖学术平台，主办了两届全国反恐怖学术研究论坛，承办了世界互联网大会的网络反恐分论坛等国际性学术会议，与美国、以色列、巴基斯坦、土耳其等国家的反恐专家进行了广泛的学术交流，凝聚了一大批国内外知名的反恐专家和学者，反恐怖理论研究和学科建设迎来了一个新的学术春天。

理论源于实践，对于公安学这样一门实践性极强的学科，更是如此。因此，不断总结公安工作的实践经验，将其上升为理论，并用理论来指导公安实践，才能使公安理论更具有生命力，而知识也是通过这样的途径才沉淀和传承下来的。他山之石，可以攻玉。在不断发展、开放和全球化时代的当下，公安工作也要借鉴国外同行的先进理论和成功经验，加强与国外专家学者的交流，丰富我国公安工作的理论，提升实践工作的水平，这也是我们编撰出版此系列丛书的初衷。2015年我们开始筹划“反恐与公安情报文库”系列丛书，力争将这套系列丛书打造成公安情报领域和反恐怖领域的图书精品。

“路漫漫其修远兮，吾将上下而求索。”学术研究之路则会十分漫长，需要一代代学人的不断探求。公安学科是个年轻的学科，更需要我们付出超常的苦功。希望通过我们的努力，为公安情报和反恐怖理论的发展和推进尽绵薄之力。

[signature]

2019年6月

目录

第一章　美国执法界与执法情报工作概述

美国刑事司法系统由执法系统、法院和矫正系统三大子系统构成。执法部门负责犯罪调查和逮捕犯罪嫌疑人；法院对犯罪嫌疑人作出有罪或无罪判决；矫正系统负责惩罚和改造罪犯，三者共同构筑"调查逮捕、定罪量刑、处罚管理"三位一体的刑事司法体系。美国执法界（Law Enforcement Community）是一个极其分散、复杂而庞大的系统，从层级看，由联邦、州、郡、市、镇等多级执法机构构成[①]；从类型看，有普通警察、国会警察、监狱警察、公园警察、铁路警察、机场警察、大学警察、医院警察、教堂警察、交通警察、水警、环境警察、邮政警察、消防警察、军事警察等多种管辖权的执法力量。2017 年联邦调查局（FBI）犯罪统计报告显示，美国共有 18,547 个城市、大学、郡、州、部落和联邦执法机构。[②] 根据美国司法部司法统计局（BJS）的数据，截至 2016 年 6 月 30 日，州和地方执法机构共 15,328 个，全职工作人员 1,050,441 人，其中，宣誓警察 701,169 人。[③] 相比我国，美国执法界有以下突出特点：一是分散化，没有统一的中央管理机构与集中管理机制；二是地方化，绝大多数执法机构与执法力量由地方政府负责运营管理；三是多样化，不同层级、不同类别的执法机构提供不同的服务，承担不同的角色和职责，机构规模从只有一名执法人员到拥有数万名执法人员不等。[④] 尽管美国各级、各类、各地执法机构的职责各有不同，但都承担着遏制和预防犯罪的使命，肩负犯罪嫌疑调查、拘留、审讯、取证，并将调查结果移交法院的职责，部分

---

① 美国行政区划层级：一级行政区分为 50 个州（States）和 1 个华盛顿特区；二级行政区为郡（County）；三级行政区为市（City）、镇（Town）、郡直辖区（Unincorporated Areas）。

② FBI, "FBI Releases 2017 Crime Statistics", https://www.fbi.gov/news/pressrel/press-releases/fbi-releases-2017-crime-statistics, 2018-10-10.

③ Shelley Hyland, "Full-Time Employees in Law Enforcement Agencies, 1997—2016", https://www.bjs.gov/content/pub/pdf/ftelea9716.pdf, 2018-10-10.

④ Brian A. Reaves, "Federal Law Enforcement Officers, 2008", https://www.bjs.gov/content/pub/pdf/fleo08.pdf, 2018-10-10.

执法机构还要承担突发事件与公共安全威胁应急管理、公共秩序维护、政府官员保护以及矫正设施（例如，监狱）运营管理的任务。本章旨在介绍美国执法界以及美国执法情报思潮与实践发展的基本情况。

第一节　美国执法界概述

一、联邦执法机构

（一）联邦执法机构概述

美国联邦执法机构数量众多，根据美国司法部司法统计局（BJS）发布的《2008 年联邦执法人员普查》（以下简称"2008-FLEO"）[1]，全国有 70 多个联邦执法机构（含 33 个监察长办公室[2]）。其中，人员数量与规模排名靠前的主要有司法部（DOJ）、国土安全部（DHS）、国务院外交安全局（DS）、国防部国防调查局（DIS）、陆军犯罪调查部（CID）、海军犯罪调查处（NCIS）、空军特别调查办公室（AFOSI）、内务部渔业与野生动物处执法办公室（FWS-OLE）、农业部森林执法调查处（FSLEI）、卫生与公共服务部食品药品管理局（FDA）、环境保护局犯罪调查处（EPACID）、国会警察局（USCP）、公园警察局（USPP）、国家卫生研究院警察局以及联邦各政府部门的监察长办公室等。

根据 2008 年的统计数据，美国联邦机构雇用的有逮捕和持枪权的全职执法人员约 12 万人[3]。其中，犯罪调查人员人数最多，约 4.5 万人，约占 37.3%；其次是警务响应与巡逻人员，约 2.8 万人，占比 23%；其后依次为移民与海关检查人员，约 1.8 万人，占比 15%；矫正与拘押人员

---

① Bureau of Justice Statistics, "Federal Law Enforcement Officers, 2008", https://www.bjs.gov/content/pub/pdf/fleo08.pdf, 2018-10-10.

② 监察长办公室（Office of Inspector General，简称 OIG）是对联邦或州政府机构内设的监管部门的总称，其职责主要是防止其所在机构低效或非法运行，负责发现、审计和调查欺诈、浪费、滥用、贪腐、管理不善等问题。

③ "有逮捕和持枪权"的执法人员不包含美国武装部队的执法力量（包括陆军、空军、海军、陆战队、海岸警卫队）、中央情报局（Central Intelligence Agency）、交通运输安全管理局（Transportation Security Administration）的联邦空警力量以及监察长办公室的执法力量。

约1.7万人，占比14%；安保人员约占5.1%；法院执行力量约占4.7%。[1]在美国所有联邦执法机构中，拥有逮捕和持枪权的全职雇员人数250人以上的联邦执法机构（不包括监察长办公室）有24个（见表1-1），这些机构雇用了全美国约96%的有逮捕和持枪权的执法人员。在这24个执法机构中，执法人员数量在5,000人以上的有5个执法机构，分别为海关与边境保卫局、联邦监狱局、联邦调查局、移民与海关执法局、美国特勤局。其中，海关与边境保卫局、移民与海关执法局、美国特勤局隶属于国土安全部，联邦监狱局、联邦调查局隶属于司法部。国土安全部和司法部为美国规模最大的联邦执法机构，其执法人员数量约占联邦执法人员总数的80%，其中，国土安全部拥有逮捕和持枪权的全职雇员为5.5万人左右，约占联邦执法人员总数的46%；司法部拥有逮捕和持枪权的全职雇员为4万人左右，约占联邦执法人员总数的33%。[2]

表1-1　拥有逮捕和持枪权的全职雇员人数250人以上的联邦执法机构[3]

执法机构	人数	隶属部门	执法机构	人数	隶属部门
海关与边境保卫局	36,863	国土安全部	土地管理局	255	内政部
联邦监狱局	16,835	司法部	国会警察	1,637	国会警察委员会
联邦调查局	12,760	司法部	国家公园管理局游骑兵	1,404	国家公园管理局
移民与海关执法局	12,446	国土安全部	外交安全局	1,049	国务院
美国特勤局	5,213	国土安全部	五角大楼保卫局	725	国防部
法院行政办公室	4,696	司法大会	林业局	644	农业部
缉毒署	4,308	司法部	鱼类和野生动物管理局	598	内政部
美国法警署	3,313	司法部	国家公园管理局公园警察处	547	国家公园管理局

1. Brian A. Reaves, "Federal Law Enforcement Officers, 2008", https://www.bjs.gov/content/pub/pdf/fleo08.pdf, 2018-10-10.

2. Bureau of Justice Statistics, "Federal Law Enforcement Officers, 2008", https://www.bjs.gov/content/pub/pdf/fleo08.pdf, 2018-10-10.

3. Bureau of Justice Statistics, "Federal Law Enforcement Officers, 2008", https://www.bjs.gov/content/pub/pdf/fleo08.pdf, 2018-10-10.

续表

执法机构	人数	隶属部门	执法机构	人数	隶属部门
退伍军人健康管理局	3,128	退伍军人事务部	国家核能安全管理局	363	能源部
国家税务局犯罪调查处	2,636	财政部	美国造币厂警察局	316	铸币局
烟酒、枪支与爆炸物管理局	2,541	司法部	铁路警察局	305	国家铁路客运公司
邮政检查局	2,288	邮政管理局	印第安人事务管理局	277	内政部

此外，拥有逮捕和持枪权的执法雇员数量在20人以上的联邦执法机构按照职数从多到少排序依次为：造币与印钞局、环境保护局、食品与药品管理局、国家海洋与大气管理局、田纳西流域管理局、联邦储备委员会、最高法院、工业安全局、国家卫生研究院、国会图书馆、联邦应急管理署、国家航空航天局、政府印刷局、国家标准与技术研究所、国家动物园、垦务局等。①

（二）司法部

司法部（DOJ）成立于1870年，是美国规模最大的执法机构之一，承担着联邦层面大多数的执法职责②，其使命是"依法执法和保护美国利益；确保公共安全免受国外和国内威胁；领导联邦犯罪预防与控制；公正惩罚非法行为，确保公平公正地为所有美国人伸张正义"。③ DOJ的职责涉及国家安全、执法和刑事司法，具体包括：在法庭上代表政府起诉罪犯；代表美国人的利益执行联邦刑事与民事法律，打击恐怖主义犯罪、毒品犯罪、暴力犯罪；执行移民法，确保移民程序高效公正；调查国家安全威胁因素以及有组织犯罪、非法毒品、枪支和爆炸物威胁；保护联邦司法机构，逮捕逃犯，羁押、运输和管教犯人等。DOJ部长（又称总检察长）

---

① Bureau of Justice Statistics, "Federal Law Enforcement Officers, 2008", https://www.bjs.gov/content/pub/pdf/fleo08.pdf,2018-10-10.

② Langeluttig, Albert, "The Department of Justice of the United States", Maryland: Johns Hopkins Press. 1927, pp. 9—14.

③ "The Judiciary Act of 1789", ch. 20, sec. 35, 1 Stat. 73, pp. 92—93.

由总统提名、参议院批准产生，系内阁成员。DOJ 近年来的年度预算为 262 亿—288 亿美元，岗位职数为 10 万—12 万人①，其内设机构 30 多个部门，组织架构如图 1－1 所示。

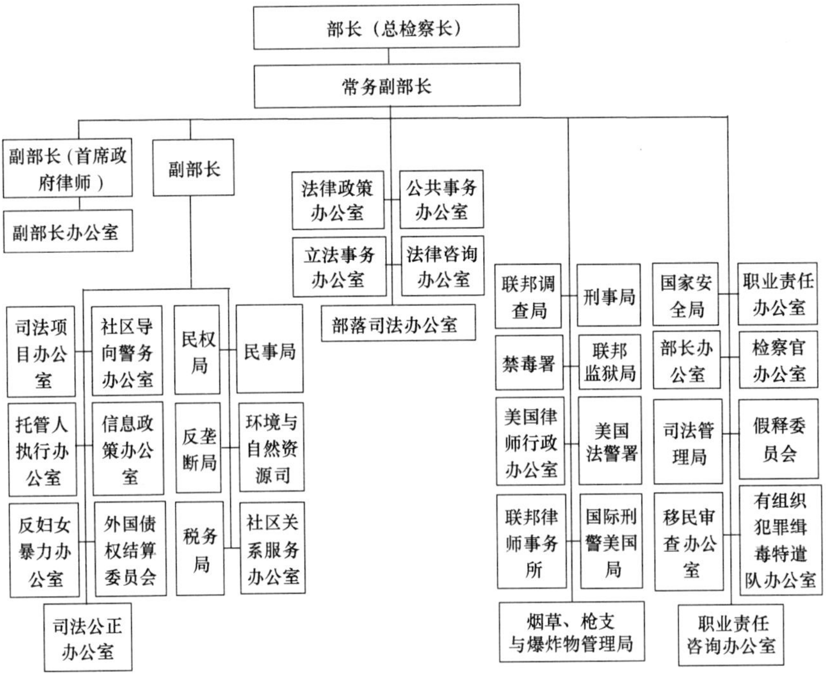

图 1－1　美国司法部组织架构图②

根据“2008-FLEO”统计数据，联邦调查局（FBI）、禁毒署（DEA）、烟酒、枪支与爆炸物管理局（ATF）、美国法警署（USMS）、联邦监狱局（BOP）这 5 个部门是美国司法部拥有逮捕和持枪权的执法人员数量最多的执法机构。

1. 联邦调查局

联邦调查局（Federal Bureau of Investigation，简称 FBI）声名最为显赫，是美国联邦警察体系中最重要的执法部门之一。FBI 局长由美国总统任命并经参议院批准产生，下设情报分局、国家安全分局、犯罪/网络/

① U. S. Department of Justice, “FY 2018 Budget Request At A Glance”, https://www.justice.gov/jmd/page/file/968216/download, 2018-10-10.

② U. S. Department of Justice, https://www.justice.gov/file/1047436/download, 2018-10-10.

应急/服务分局、科学技术分局、信息技术分局、人力资源分局等部门（见图1－2）。此外，FBI在美国境内主要城市设有56个地区办事处(Field Offices)，358个派出机构(Resident Agencies)；在国外75个国家设有60个法律专员办事处(Legal Attache Offices)和20个分支机构。FBI还在美国各地建设多个分析研究中心，例如，位于克拉克斯堡的刑事司法信息服务局；位于亨茨维尔的恐怖主义爆炸装置分析中心和危险装置学校；位于匡蒂科的FBI学院和实验室等。[1]

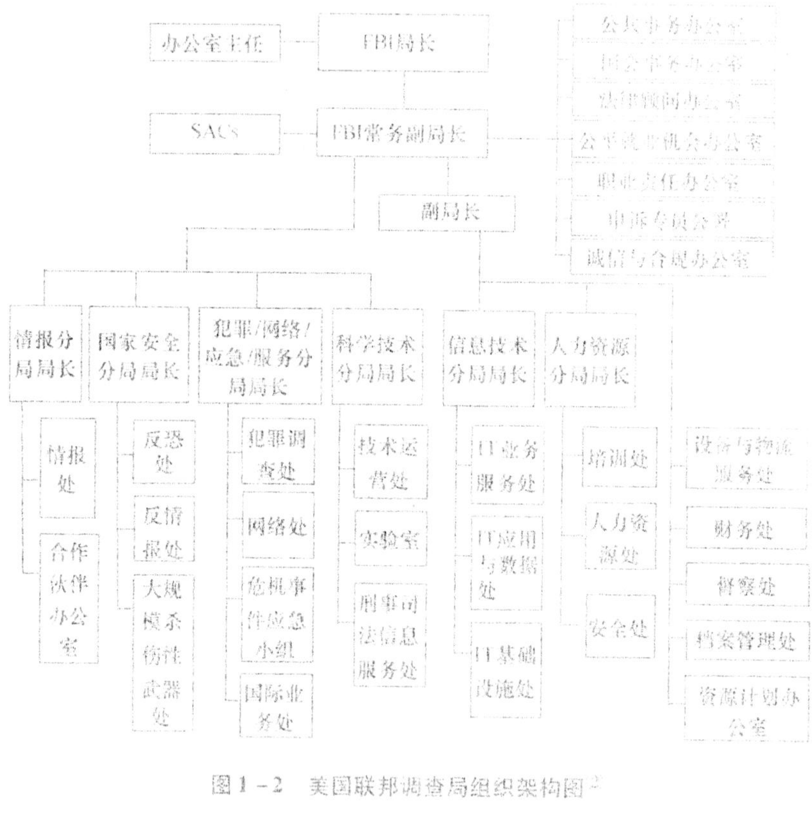

图1－2　美国联邦调查局组织架构图[2]

根据FBI 2015—2018年的预算报告，其年度预算一般为83亿～87亿美元，授权职位数为3.5万余个，其中特工岗位14,000余个，情报

1　Federal Bureau of Investigation, "FY 2019 Budget Request At A Glance", https://www.justice.gov/jmd/page/file/1033146/download, 2018-10-10.

2　"FBI Organization chart", https://www.justice.gov/sites/default/files/pages/attachments/2014/09/26/ag_signed_fbi_org_chart_0.pdf, 2018-10-10.

分析师岗位3,000余个，每百名执法人员配备8—9个情报分析师（见表1－2）[1]。FBI的使命是保护美国人民和宪法，负责调查200多种违反联邦法律的犯罪行为或严重威胁国家安全的犯罪行为，任务重点是保护美国免受恐怖主义袭击、外国情报活动与间谍、网络攻击与高科技犯罪、公共腐败或打击国内和跨国犯罪组织和集团、打击白领犯罪和重大暴力犯罪以及保护公民权利[2]。

表1－2 2015—2018年FBI岗位职数统计表[3]

岗位	年度			
	2015	2016	2017	2018
FBI职员总数	[illegible]	[illegible]	35,158	[illegible]
特工	[illegible]	[illegible]	[illegible]	[illegible]
	[illegible]	[illegible]	[illegible]	[illegible]
情报分析师	[illegible]	[illegible]	[illegible]	[illegible]
	[illegible]	[illegible]	[illegible]	[illegible]

二、缉毒署

缉毒署（DEA）成立于1973年，在美国境内共设有21个分局、222个办事处，在全球70个国家设有91个海外办事处[4]。DEA下设行动部、情报部（含国家安全情报处、战略情报处、特别情报处、厄尔巴索情报中心、有组织犯罪禁毒融合中心）、搜检部、财务管理部、行动支持部、人力资源部等部门。DEA的主要使命是负责美国管制物品执法工作，具体包括：对国内国际违反管制药品法律的违法者进行调查和起诉；对使用暴力或恐吓公民的犯罪分子及贩毒团伙进行调查和起诉；与联邦、州、地方以及外国官员合作，搜集、分析、传递毒品情报，负责全美毒品情报管理工作；查扣、没收用于或准备用于非法毒品交易的财产物资；执行

---

1 Federal Bureau of Investigation, "FY 2017 Budget Request At A Glance", https://www.justice.gov/jmd/file/822286/download,2018-10-10.

2 Federal Bureau of Investigation, "FY 2019 Budget Request At A Glance", https://www.justice.gov/jmd/page/file/1033146/download,2018-10-10.

3 根据美国联邦调查局2018年度财政预算数据整理而成，数据来源：Federal Bureau of Investigation, "FY 2018 Budget Request At A Glance", https://www.justice.gov/jmd/page/file/968261/download,2018-10-10.

4 "OFFICE LOCATIONS", https://www.dea.gov/about/DomesticOffices.shtml,2018-10-10.

《管制药品法》(Controlled Substances Act);与联邦、州、地方执法机构就禁毒工作进行协调与合作,通过超出地方或联邦管辖权的州际、国际合作调查强化执法工作;与联邦、州、地方机构和外国政府进行协调与合作,运用非执法手段,如铲除管制作物、管制作物替代计划、培训外国官员等减少美国市场上违禁药品的销售;在美国国务卿和美国大使的政策指导下,负责与外国相应的毒品执法机构联系和合作;与联合国、国际刑警组织以及其他组织就国际毒品控制计划有关事项进行联络等。① 近年来,美国禁毒署每年年度财政预算为20亿—21亿美元,岗位职数为8,000余人,其中特工为4,000—5,000人,占比约为60%,情报分析师900余人,占比约11%(见表1-3)。美国DEA的情报分析师的比例比FBI要高出大约2个百分点。

表1-3 2015—2018年DEA岗位职数统计表②

职位	年度			
	2015	2016	2017	2018
岗位职数	8,197	8,302	8,302	6,952
特工	4,899 (59.77%)	4,853 (58.33%)	4,860 (58.54%)	4,325 (62.21%)
情报分析师	927 (11.31%)	931 (11.21%)	926 (11.15%)	797 (11.46%)

(数据来源:DEA,FY 2018 Budget Request)

3. 烟酒、枪支与爆炸物管理局

烟酒、枪支与爆炸物管理局(Bureau of Alcohol, Tobacco, Firearms, and Explosives,简称ATF)原隶属于美国财政部,成立于1972年,原名"烟酒、枪炮管理局"(Bureau of Alcohol, Tobacco, and Firearms)。"9·11"事件后,美国总统布什签署《2002年国土安全法》,创建国土安全部,并将ATF划归司法部,机构名称改为"烟酒、枪支与爆炸物管

① Bureau of Alcohol, Tobacco, Firearms, and Explosives, "DEA Mission Statement", https://www.dea.gov/about/mission.shtml,2018-10-10.

② Drug Enforcement Administration, "FY 2018 Budget Request At A Glance", https://www.justice.gov/jmd/page/file/968266/download,2018-10-10.

理局”。ATF主要负责防范和打击枪支、爆炸物、纵火、烟酒产品有关的犯罪行为，规范枪支、弹药武器、爆炸物、战争工具、烟草、酒精的合法交易，执行《枪支控制法》(Gun Control Act)、《国家枪械法》(National Firearms Act)、《武器出口控制法》(Arms Export Control Act)、《安全爆炸法》(Safe Explosives Act)等法律法规，为全球执法、公共安全以及行业领域的合作伙伴提供支持，以维护公共安全。① ATF局长由美国总统任命并经参议院批准产生，ATF下设专业行动处、战略情报信息处、人力资源与职业发展处、管理处、执法计划与服务处、职业责任与安全事务处、科技处等部门②，根据2019年度ATF预算报告，ATF在美国国内有25个地区派出机构，在8个国家设有12个国际办公室③，近年来，ATF的年度财政预算约为12亿美元，岗位职数为5,000余人(见表1-4)。

表1-4 2015—2018年ATF岗位职数统计表④

职位	年度			
	2015	2016	2017	2018
岗位职数	5,101	5,101	5,101	5,059
特工	2,536	2,536	2,536	2,516

(数据来源：ATF,FY 2018 Budget Request)

4. 联邦监狱局

联邦监狱局(Federal Bureau of Prisons，简称BOP)是美国监狱行政司法部门，成立于1930年，负责全国122个监狱的管理与囚犯惩教，改造罪犯，使其成为守法公民。BOP局长由司法部部长任命，BOP内设行政管理处、矫正计划处、健康服务处、人力资源管理处、联邦监狱机构、信息、政策与公共事务处、国家矫正研究所、法律顾问办公室、程序审查处、

① Bureau of Alcohol, Tobacco, Firearms, and Explosives, “about”, https://www.atf.gov/about, 2018-10-10.

② Bureau of Alcohol, Tobacco, Firearms, and Explosives, “Organization Structure”, https://www.atf.gov/about/organization-structure, 2018-10-10.

③ Bureau of Alcohol, Tobacco, Firearms, and Explosives, “FY 2019 Budget Request At A Glance”, https://www.justice.gov/jmd/page/file/1033156/download, 2018-10-10.

④ Bureau of Alcohol, Tobacco, Firearms, and Explosives, “FY 2018 Budget Request At A Glance”, https://www.justice.gov/jmd/page/file/968271/download, 2018-10-10.

再就业服务处等部门。近年来，BOP 每年年度财政预算大约 70 亿美元，其岗位职数为 4 万人左右（见表 1－5），2019 年 5 月的数据显示其雇员为 3.5 万余人。[1] 目前 BOP 总共负责 18 万余名联邦囚犯的监管与服务。[2]

表 1－5　2015—2018 年 BOP 岗位职数统计表[3]

职位	年度			
	2015	2016	2017	2018
岗位职数	43,297	43,369	[illegible]	[illegible]
狱警	20,911	20,921	20,921	[illegible]

（数据来源：BOP，FY 2018 Budget Request）

5. 美国法警署

美国法警署（United States Marshals Service，简称 USMS）是美国最早的联邦执法机构，1789 年参议院批准成立的第一个法警机构，1870 年划归司法部，1956 年美国建立法警执行办公室，1969 年正式更名法警署，隶属于美国司法部，接受司法部部长的领导。USMS 作为美国联邦法院的执行机构，主要使命是保护联邦法院，确保司法机构的正常运作[4]，其具体职责包括：保护在缉逃犯、执行法院的命令、保护司法人员（法官、律师、证人、陪审员等）、保护法院安全、押运联邦法院的人犯、查封被告人的资产以及为全国范围内的法警提供指导和援助等。[5] 根据 USMS 年度预算报告，2016—2018 年期间每年年度预算约为 12 亿美元，职位数量为 5,000 余人（见表 1－6）。

---

① Federal Bureau of Prisons，https://www.bop.gov/about/agency/，2018-10-10.

② Federal Bureau of Prisons，"Statistics"，https://www.bop.gov/about/statistics/population_statistics.jsp，2019-5-9.

③ Federal Prison System，"FY 2018 Budget Request At A Glance"，https://www.justice.gov/jmd/page/file/968276/download，2018-10-10.

④ U.S. Department of Justice，"Department of Justice Organisation，Mission and Functions Manual：United States Marshals Service"，2018-10-10.

⑤ U.S. Marshals Service，"FY 2018 Performance Budget & President's Budget"，https://www.justice.gov/file/968956/download，2018-10-10.

表 1-6　2015—2018 年 USMS 岗位职数统计表①

职位	年份			
	2015	2016	2017	2018
岗位职数	[illegible]	5,573	5,573	5,001
联邦法警	3,802	4,287	4,309	3,883

（资料来源：USMS, FY 2018 Budget Request）

（三）国土安全部

"9·11"事件后，美国政府最引人瞩目的举措之一是成立国土安全部（Department of Homeland Security，简称 DHS），旨在整合国土安全力量，保护美国国土安全。2002 年 11 月 25 日，美国总统签署《2002 年国土安全法》（The Homeland Security Act of 2002），宣布成立美国国土安全部，将 [illegible] 22 个联邦机构的 17 万余名职员合并至国土安全部。目前国土安全部职员总数达 24 万人②。根据 DHS 2018 年年度预算报告，2016—2018 年 DHS [illegible] —700 亿美元③。DHS [illegible] 具体包括：[illegible] 防止恐怖分子进入美国境内；提高美国应对和处理紧急情况的能力；预防美国遭受生化和核恐怖袭击；保卫美国关键基础设施，汇总和分析来自联邦调查局、中央情报局等部门的情报等职责。DHS 下设海关与边境保卫局、公民与移民事务监察专员办公室、美国海岸警卫队、联邦应急管理署、移民与海关执法局、美国特勤局、交通安全管理局、反大规模杀伤性武器办公室、联邦执法培训中心等业务部门，以及医疗事务、伙伴关系、情报与分析、业务合作、公民与移民监察、隐私与公民自由权利、管理、科技、国家保卫与规划、政策、法律顾问、立法、公共事

① U.S. Marshals Service, "FY 2018 Budget Request At A Glance", https://www.justice.gov/jmd/page/file/968241/download, 2018-10-10.

② "About DHS", https://www.dhs.gov/about-dhs, 2018-10-10.

③ "Budget-in-Brief Fiscal Year 2018", https://www.dhs.gov/sites/default/files/publications/DHS%20FY18%20BIB%20Final.pdf, 2018-10-10.

务、督察长等综合部门,其组织架构如图 1－3 所示。

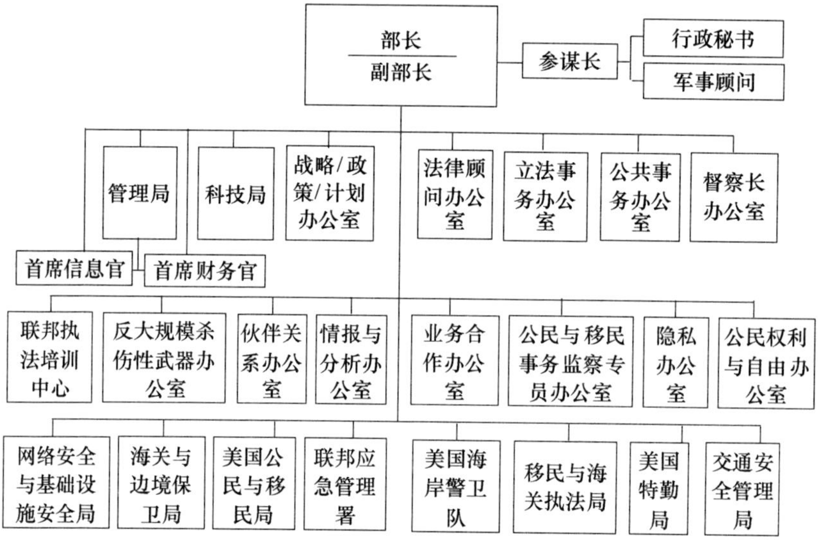

图 1－3　美国国土安全部组织结构图[①]

1. 情报与分析办公室

情报与分析办公室(The Office of Intelligence and Analysis,简称 I&A)的使命是及时为国土安全事业提供情报与信息,以确保国土安全及其恢复能力,其组织架构如图 1－4 所示。I&A 是美国情报界唯一法定的为美国州、地方、部落和私营部门合作伙伴提供情报,并从这些合作伙伴以及情报界获取情报的部门[②]。I&A 部门负责人兼任国土安全部的首席情报官(Chief Intelligence Officer),负责国土安全情报协调,并与国家、地方和私营伙伴开展合作,对国土安全部长负责。《2007 年“9·11”委员会建议实施法》(Implementing Recommendations of the 9/11 Commission Act of 2007)将首席情报官的职位提升为次长(Under Secretary)[③],进一步强化了

① “U. S. Department of Homeland Security”, https://www.dhs.gov/sites/default/files/publications/18_1204_DHS_Organizational_Chart.pdf,2018-10-10.

② “Office of Intelligence and Analysis Mission”, https://www.dhs.gov/office-intelligence-and-analysis-mission,2018-10-10.

③ 在美国,Secretary 是指部长,Deputy Secretary 是副部长(类似于我国的常务副部长),Under Secretary 是次长(相当于我国的副部长),Assistant Secretary 是助理部长,低于次长(类似于我国各部委业务司局的司局长)。

首席情报官统筹协调国土安全情报工作的权力与权威。I&A 是美国情报界(Intelligence Community,简称 IC)的重要成员,其具体职责是为客户和合作伙伴提供预测性情报和分析,具体包括:帮助用户理解航空安全威胁并进行响应;提高应对边境安全威胁的作战效能;保护互联网安全;就反暴力极端主义向经营者和决策者提供有效手段等。I&A 作为州、地区、部落和地方政府的信息渠道和情报提供者,负责指导和支持国家融合中心网络(National Network of Fusion Centers,简称 National Network)建设,以应对所有风险和所有威胁,目前国家融合中心网络已成为联邦政府和国家、地方、部落合作伙伴之间情报信息双向流动的枢纽。①

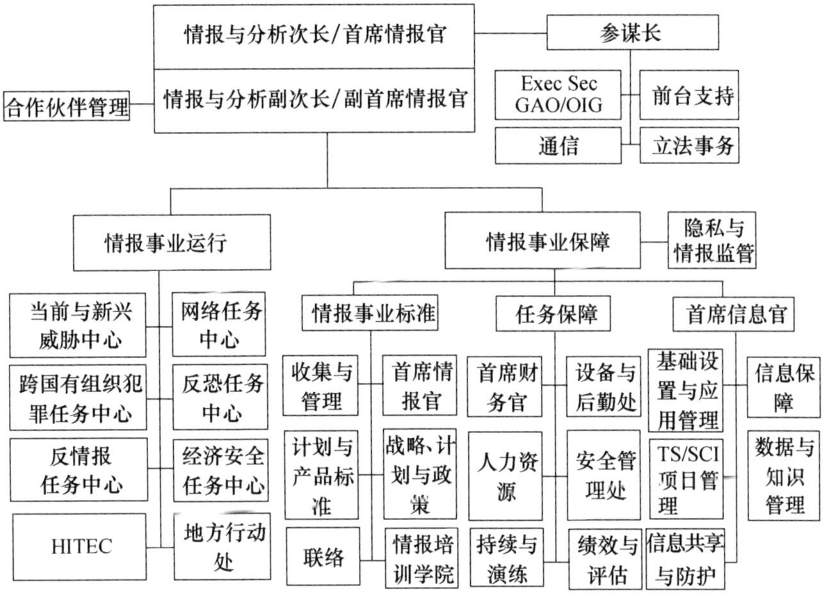

图 1-4 美国国土安全部情报与分析办公室组织结构图②

2. 海关与边境保卫局

海关与边境保卫局(Customs and Border Protection,简称 CBP)是国土安全部内部规模最大的执法部门,也是世界上最庞大的执法组织之

① "Office of Intelligence and Analysis Mission", https://www.dhs.gov/office-intelligence-and-analysis-mission,2018-10-10.

② "Office of Intelligence and Analysis Organizational Chart", https://www.dhs.gov/sites/default/files/publications/18_0817_ia_organizational-chart.pdf,2018-10-10.

一，2016—2018 年 CBP 的年度财政预算为 9 亿—10 亿美元，岗位职数为 6.3 万—6.4 万人。[1] CBP 的主要职责是保护美国陆地边境和海岸边境，负责统筹海关、边境安全、农业安全等边境执法工作，防止恐怖分子及其武器进入美国，打击偷渡、毒品走私、非法移民，防止对美国农业与环境有害的动植物入境，同时促进合法的国际旅游和贸易。[2] CBP 下设外勤业务处、边境巡逻处、海空处、国际贸易处、行动支持部、事业服务部等诸多部门。外勤业务处的主要职责是保护边境安全，对旅客实施检查、贸易风险管理、执法，对货物与人员进行扣押、处罚等；边境巡逻处的主要职责是防范恐怖分子以及武器入境美国，执行美国移民法，拘捕非法入境或偷渡人员；海空处负责使用空中及海上部队保护并预防恐怖事件的发生，保护美国人民及国家重要设施的安全，阻止非法人员、毒品以及其他违禁品流向美国或通关美国边境；国际贸易处的职能是制定贸易政策，通过与国际伙伴以及美国其他机构合作，指导知识产权保护方面的执法行为，促进贸易；行动支持部下设情报办公室、国际事务处、计划分析及需求评估理事会、信息及突发事件协调中心和政策处等机构。情报办公室是一个协调机构，主要负责整合美国海关和边境保护局的情报力量，为 CBP 各项执法与安全管理工作提供情报支持。[3]

3. 移民与海关执法局

移民与海关执法局（Immigration and Customs Enforcement，简称 ICE）于 2003 年成立，是美国国土安全部下属机构中规模最大的执法部门之一，2016—2018 年 ICE 年度财政预算为 66 亿—85 亿美元，岗位职数为 2 万余人[4]，在美国国内以及全球 46 个国家设有 400 个办事处。ICE 由前移民归化署（Immigration and Naturalization Service）的执法机构

1　Department of Homeland Security，U.S. Customs and Border Protection，"Budget Overview，Fiscal Year 2018"，Congressional Justification，https://www.dhs.gov/sites/default/files/publications/CBP%20FY18%20Budget.pdf，2018-10-10.

2　"About CBP"，https://www.cbp.gov/about，2018-10-10.

3　"Leadership/Organization"，https://www.cbp.gov/about/leadership-organization，2018-10-10.

4　Department of Homeland Security，U.S. Immigration and Customs Enforcement，"Budget Overview，Fiscal Year 2018"，https://www.dhs.gov/sites/default/files/publications/ICE%20FY18%20Budget.pdf，2018-10-10.

和前海关总署(U.S. Customs Service)的执法机构合并而来,下设国土安全调查处(HSI)、执法与遣解处(ERO)、首席法律顾问办公室(OPLA)三个执法业务部门,另有行政管理处提供支持服务。[1] ICE 的主要职责是执行边境管制、海关、贸易和移民有关的联邦法律,发现和调查针对美国边境、经济、交通和基础设施安全的犯罪活动并消除安全漏洞。国土安全调查处(HSI)拥有广泛的执法权,负责各类跨境犯罪执法活动,具体包括:金融犯罪、洗钱和大量现金走私、商业欺诈和知识产权盗版、网络犯罪、侵犯人权、偷渡和人口贩卖、移民、文件和福利欺诈、麻醉品、武器走私与非法交易、跨国帮派活动、出口执法、国际艺术品和古董盗窃案等。[2] 此外,还肩负发现、逮捕、移送对国家安全构成威胁的外国人,以及非法进入美国或以其他方式违反美国移民法和边境管制工作规定的危险人员等职责。[3]

4. 美国特勤局

美国特勤局(United States Secret Service,简称 USSS),又名特工处,原隶属于财政部,成立于 1865 年,是美国历史最悠久的执法机构之一。2003 年划归国土安全部。目前在美国和世界各国有 150 个办事处,下设调查处、保护事务处、战略情报信息处、政府和公共事务处等业务部门。[4] USSS 原来的职能主要是打击制造伪钞的犯罪活动,后国会授权执行综合保护和调查任务,具体包括:保护美国高级官员(如总统、副总统、前总统及其家属以及白宫、副总统官邸等)和出访美国的各国政要以及关键基础设施的安全,调查针对被保护对象的犯罪活动,打击伪造现钞和有价证券,调查金融犯罪,保护美国支付和金融系统安全等。[5] USSS 2016—2018 年每年年度总预算为 21 亿—23 亿美元,岗位职数为 6,500—7,000 人。[6]

---

1 "Who We Are", https://www.ice.gov/about#tab0,2018-10-10.

2 "Homeland Security Investigations", https://www.ice.gov/hsi,2018-10-10.

3 "Mission", https://www.ice.gov/ero,2018-10-10.

4 "The agency organizational chart", https://www.secretservice.gov/data/about/OrgChart.pdf,2018-10-10.

5 "Overview", https://www.secretservice.gov/;"The Investigative Mission", https://www.secretservice.gov/investigation/,2018-10-10.

6 Department of Homeland Security,"U.S. Secret Service Budget Overview", https://www.dhs.gov/sites/default/files/publications/USSS%20FY18%20Budget.pdf,2018-10-10.

5. 美国海岸警卫队

美国海岸警卫队(United States Coast Guard,简称 USCG)是一支兼具警察和军队双重属性的队伍,是美国五大武装力量之一,是国土安全部系统唯一的军事部门,和平时期隶属于国土安全部,战争时期其指挥权归美国海军掌握。[①] USCG 2016—2018 年年度财政预算为 100 亿—130 亿美元,岗位职数为 5 万人左右,[②]其工作范围包括美国海岸、港口、内陆水域和国际水域的安全执法工作,拥有海上运输、危险物品运输、桥梁管理、溢油应急、引航和船舶建造与营运等广泛的执法权,致力于保护公众、环境和美国经济利益,以及海域内的国家安全,其具体职责主要有两个方面:一是国土安全职责,包括港口/巷道/海岸安全、禁毒、移民封锁、防御准备以及其他执法工作;二是非国土安全职责,包括海上安全、搜索救援、航行援助、海洋生物资源和海洋环境保护等。具体说来,其任务主要集中于以下五个方面:一是海事执法,保护美国海上边界不受侵犯,打击美国主权海域非法活动,具体包括侦测和阻止走私与非法贩毒,美国移民法律政策海上执法,美国渔业和海洋资源保护法律执法,监控遵守美国参加的国际海洋生物资源制度和国际协定的情况,打击非法和过度捕捞,保护自然资源,尽量减小因运输、捕鱼和游览造成环境破坏。二是水上安全与海上应急救援,保护民众在水域范围内(包括在运输、捕鱼和游览的过程中)的人身和财产安全。三是国土安全防御作战,作为美国第五大军事力量,担负着海上国土防卫的任务,包括海上拦截与封锁、军事环境响应、港口作业安全防范、战区安全合作、近海控制等。四是海洋运输系统管理,评估和减少危险航行风险,在极端天气事件、海上事故和恐怖事件发生后恢复水道,减少对海上贸易的破坏,建设安全、高效和无害的水路系统。五是海事预防,制定并执行联邦海洋安全、安全与环境法规,审查和批准船舶、海事设施安全计划,进行安全检查,评估国内国际港口安全,分析海上安全风险,确定高风险目标,采取减少风险的措施等。

---

① "Missions", http://www.overview.uscg.mil/,2018-10-10.

② Department of Homeland Security, "U.S. Coast Guard Budget Overview, Fiscal Year 2018", https://www.dhs.gov/sites/default/files/publications/USCG%20FY18%20Budget.pdf, 2018-10-10.

6. 交通安全管理局

交通安全管理局(Transportation Security Administration,简称 TSA)是“9·11”事件的产物,2001 年 11 月 19 日,美国总统签署《航空与运输安全法》(The Aviation and Transportation Security Act)创建交通安全管理局,负责公路、铁路、公共汽车、公共交通系统、管道、港口的安全监管,旨在以最高效的方式提供最有效的安全运输,为人口流动与商贸自由提供保障。2016—2018 年 TSA 年度财政预算为 76 亿—86 亿美元,岗位职数为 5.5 万余人。[①] TSA 最初隶属于美国交通运输部(Department of Transportation),2003 年 3 月划归国土安全部,下设执法办公室/联邦空警局、安全业务处、情报与分析处等业务机构。执法办公室/联邦空警局向世界各地的美国飞机配置联邦空警,负责机场以及其他运输系统的保护、应急响应、调查和评估活动;安全业务处负责机场安检、行李审查、货物查验等安检工作;情报与分析处负责向安全和情报专业人员提供情报与信息技术支持,防范针对国家运输系统的恐怖袭击。[②]

二、州和地区执法机构

根据美国司法部司法统计局的统计口径,执法机构主要分为联邦、州、郡(治安官办公室)和地方四级。根据 2013 年的统计数据,美国州和地方执法机构共计 1.5 万余个,全职雇员超过 100 万人,其中宣誓警察 72 万余人,文职人员 32 万余人。[③] 美国联邦调查局要求全国范围内的执法机构每年 10 月 31 日前向“统一犯罪报告项目”(The Uniform Crime Reporting Program,简称 UCR Program)提供宣誓执法人

---

① Department of Homeland Security Transportation Security Administration, “Fiscal Year 2018, Budget Overview”, https://www.dhs.gov/sites/default/files/publications/TSA%20FY18%20Budget.pdf,2018-10-10.

② “Leadership and Organization”, https://www.tsa.gov/about/tsa-leadership,2018-10-10.

③ 美国有关执法力量的统计数据有三类权威来源:一是联邦调查局(FBI)的“统一犯罪报告项目”(Uniform Crime Reporting,简称 UCR Program),每年统计一次,统计内容包括犯罪数据和执法人员数据(数据来源:https://ucr.fbi.gov/ucr-publications)。二是美国人口统计局(The Census Bureau)的“政府雇员和工资年度调查”(Annual Survey of Public Employment and Payroll,简称 ASPEP),其中包括执法机构的调查数据。三是美国司法部司法统计局(Bureau Of Justice Statistics,简称 BJS)每四年一度的“州和地区执法机构普查”(Census of State and Local Law Enforcement Agencies,简称 CSLLEA)数据。由于统计口径不同,三大来源的数据有所差别。

员和文职人员[1]的总数。根据美国联邦调查局2016年发布的《统一犯罪报告》，美国共有13,217个执法机构，执法人员（Law Enforcement Officers）数据[2]具体如下：

一是总体情况：2016年美国全职执法雇员（包括文职人员与宣誓警察）共1,368,106人，总的配备比例为3.4‰（每千名居民配备3.4名执法雇员），其中执法人员939,056人，配备比例为2.4‰，文职人员429,050人。二是城市与郡执法力量：城市与郡人口总数为277,638,758人，执法力量共933,142人，其中男性执法雇员（含宣誓警察和文职人员）占比73.5%，女性执法雇员占比26.5%；男性宣誓警察占比87.9%，女性宣誓警察占比12.1%；男性文职人员占比40%，女性文职人员占比60%。其中城市人口192,569,624人，共配备执法雇员（含宣誓警察和文职人员）543,105人，每千名居民配备的比例为2.8人（2.8‰），其中，东北部城市的配备比例为3.2‰，中西部城市配备比例为2.5‰，西部城市配备比例为2.2‰。郡人口为85,069,134人，配备执法雇员390,037人，每千名居民配备执法人员的比例为4.6人（4.6‰）。三是郊区执法力量：郊区人口116,271,221人，执法雇员（含宣誓人员和文职人员）共434,964人，每千名居民配备执法雇员3.7人（3.7‰），其中，宣誓人员286,120人，每千名居民配备宣誓执法人员2.5人（2.5‰）。

（一）州警察

除夏威夷外，美国每个州都设有州警察（State Police）机构，州警察机构在州范围内负责郡警长办公室（Sheriff's Office）管辖区域之外的执法和犯罪调查工作（佛蒙特州例外），州警察局局长一般由州长任命。州警察的主要职责如下：响应服务请求，调查犯罪活动，在州公路、州际高速公路巡逻和执行交通法规，负责州议会大厦的安全，保护州长，为地方警察机构提供支持，协调跨辖区的任务小组应对重大或

1　文职人员（Civilian Employees）包括文员（Clerks）、无线电调度员（Radio Dispatchers）、计程员（Meter Attendants）、速记员（Stenographers）、监狱看守人员（Jailers）、矫正官员（Correctional Officers）、机械师（Mechanics）等全职人员。

2　执法人员（Law Enforcement Officers）通常是指携带枪支、佩戴徽章，拥有完全的逮捕权，宣誓就职，并由政府财政支付报酬的人员。

复杂案件、参与处置骚乱、为无条件开办学院的小型警局提供新警培训等。由于州警察的主要任务是在高速公路上巡逻和执行交通法规，所以部分州的州警察被称为州骑警(State Troopers)或者高速公路巡警(Highway Patrol Officers)等。尽管各州州警察名称有所不同，但管辖权和职能基本一致。美国州警察队伍人数不多，根据美国司法部司法统计局2016年发布的统计数据[1]，截至2008年，美国州警察人数为9.31余万人，其中，宣誓警察6万余人，非宣誓警察3万余人；截至2013年1月1日，州全职执法雇员约8.85万人，其中全职宣誓人员5.84万余人，全职文职人员3万余人，兼职人员0.1万余人，[2]在整个执法系统中所占的比重不大。

表1－7　2016年美国执法人员统计表[3]

行政区划		全职执法雇员[4]		全职执法人员	
		人数	执法雇员/居民(%)	人数	执法人员/居民(%)
城市	城市数：10,120 人口数：192,369,624	543,105	2.8	421,459	2.2
郡	机构数：3,001 人口数：85,068,134	390,037	4.6	251,477	2.7
郊区	机构数：7,050 人口数：116,271,221	434,964	3.7	286,130	2.5
合计		1,368,106		959,056	

1　Bureau of Justice Statistics, "National Sources of Law Enforcement Employment Data", https://www.bjs.gov/content/pub/pdf/nsleed.pdf, 2017-12-25.

2　U.S. Department of Justice, Office of Justice Programs, Bureau of Justice Statistics, "Local Police Departments, 2013: Personnel, Policies, and Practices", https://www.bjs.gov/content/pub/pdf/lpd13ppp.pdf, 2017-12-15.

3　U.S. Department of Justice, Office of Justice Programs, Bureau of Justice Statistics, "Local Police Departments, 2013: Personnel, Policies, and Practices", https://www.bjs.gov/content/pub/pdf/lpd13ppp.pdf, 2017-12-15.

4　全职执法雇员(Full-time Law Enforcement Employees)包括宣誓人员和文职人员(Sworn Officers and Civilian Personnel)，执法人员(Law Enforcement Officers)不含文职人员。

表 1-8 2013 年美国各州和地方普通执法机构①统计表②

机构类型	机构数量	全职雇员			兼职雇员		
		总数	宣誓	文职	总数	宣誓	文职
地方警察	12, 326	604, 959	477, 317	127, 642	57, 317	26, 745	30, 572
警长办公室	3, 012	351, 904	188, 952	162, 952	25, 179	12, 356	12, 823
州	50	88, 497	58, 421	30, 076	1, 003	0	1, 003
总计	15, 388	1, 045, 360	724, 690	320, 670	83, 499	39, 101	44, 398

(二)郡警察

美国郡(County)③一级设郡警察(County Police)或警长办公室(Sheriffs' Offices,又译治安官办公室),前者主要存在于有大都市的郡,后者占绝大多数。美国有 3,000 多个警长办公室,郡警长办公室通常是选举产生的司法长官。警长办公室承担广泛的执法职责,包括处理刑事案件、响应呼叫服务、巡逻、侦查、犯罪嫌疑人逮捕、执行令状、交通执法、交通指挥和控制、事故调查、禁毒、预防犯罪等。此外,警长办公室还负责全郡监狱管理、囚犯押运、传票送达、法院命令执行、法院安保等职责。由于各州、郡情况不同,警长办公室的职责范围也各有不同,主要有三种类型:一是全服务型(Full Service),即为全郡提供全方位的警察服务,同时还可能为特别行政区提供合约安全警务服务;二是有限服务(Limited Service),有些地区的警长办公室只负责郡范围内市警察局和都市警察局不管的区域,如非建制区域(Unincorporated Areas)以及自治区(Municipalities)之间的地带等;三是限制服务型(Restricted Service),即为郡拥有和运营的设施、公园提供安全警务,或负责在郡修建和维修的公路上执行巡逻任务,并向市警察机构提供支持。此外,在一些条件有

① 普通执法机构(General Purpose Law Enforcement Agencies)包括市/郡/部落警察机构、治安官办公室以及州执法机构,不包括特殊执法机构(Special Purpose Agencies),如管辖区域系公园、学校、机场、地铁、医院、房屋管理、政府大楼的执法机构,以及没有执法职责的治安官办公室。

② Bureau of Justice Statistics, "National Sources of Law Enforcement Employment Data", https://www. bjs. gov/content/pub/pdf/nsleed. pdf,2017-12-28.

③ 中国通常将"County"译为"县",考虑中国行政区划的"县"是"市"下设的行政单位,而美国的"County"一般下辖多个市(City),为避免混淆和不习惯,笔者将"County"译为"郡"。

限或是没有市级警察机构的地区肩负地区或市级警察机构双重职责。郡一级执法人员数量较多，在整个执法队伍中占比重较大。截至2013年1月1日，美国有3,012个警长办公室，警长办公室全职雇员总数约35.19万人，其中全职宣誓警察（具备逮捕权）约18.9万人，全职非宣誓警察或文职人员16.3万余人；从执法机构数量和执法人员数量对比看，全国州和地区执法机构总数约1.54万个，警长办公室机构数量约占20%，但雇用的全职宣誓警察和文职人员约占全职执法人员总数的34%；此外，郡级警长办公室还雇用了2.51万余名兼职雇员，其中宣誓兼职雇员1.23万人，兼职文职人员约1.28万人。[①] 近年来，美国郡执法力量有较大幅度的增长，2016年美国郡执法机构共3,091个，雇用的全职执法雇员（Full-time Law Enforcement Employees）39万余人（含文职人员），每千名居民约有4.6名执法雇员提供服务，其中全职执法人员（Full-time Law Enforcement Officers，即宣誓人员）23.14万余人，每千名居民约2.7名宣誓警察提供服务。[②] 上述两组数据表明，郡警察是整个美国地方执法工作的中坚力量。

（三）地方警察

美国司法部司法统计局的统计口径将市（City）、镇（Town）、小镇（Township）以及部落（Tribal）等地方警务执法人员统称为地方警察（Local Police）。地方警察是美国通常意义上所说的警察，他们肩负执行法律、维护城市社会秩序以及向社会提供服务等职责，其工作范围包括辖区内的交通、治安、巡逻、案件侦查等，是美国执法体系中最庞大、最重要的执法力量。根据美国司法统计局的数据，截至2013年1月1日，美国有1.23万余个地方警察机构，执法雇员总共60.5万余人，约占州和地方执法人员总数的58%，其中宣誓人员47.7万余人，约占州和地方宣誓执法人员总数的66%，文职人员近12.8万人，此外，还有兼职雇员

---

① U.S. Department of Justice, Office of Justice Programs, Bureau of Justice Statistics, "Sheriffs' Office Personnel, 1993—2013", https://www.bjs.gov/content/pub/pdf/sop9313.pdf, 2017-12-28.

② Federal Bureau of Investigation, "The Uniform Crime Reporting (UCR)-Police Employee Data", https://ucr.fbi.gov/crime-in-the-u.s/2016/crime-in-the-u.s.-2016/topic-pages/police-employees, 2017-12-28.

5.73万余人，其中宣誓雇职人员2.67万余人，雇职文职人员近3.06万人。[1]其中，尤以市警察（City Police）执法人员数量最为庞大，执法任务复杂而繁重。根据FBI《统一犯罪报告》的统计数据，市警察机构多达1万余个，其全职雇员（含文职）54.3万余人，城市人口将近1.93亿人，平均每千名居民配备的警力为2.8人，其宣誓人员42.1万余人，平均每千名居民配备的宣誓警力为2.2人。[2]

（四）特种警察

除了联邦、州、郡、地方等一般警察力量之外，美国还有诸多特殊执法力量：一是行业领域的执法力量，包括国会警察（Capitol Police）、大学警察（University Police）、医院警察（Hospital Police）、水警（Water Police）、环境警察（Environmental Police）、邮政警察（Postal police）、军事警察（Military Police）、消防警察（Fire Police）等；二是特定区域的执法力量，如交通警察（Transit Police）、学区警察（Campus Police）、公园警察（Park Police）、铁路警察（Railroad Police）、机场警察（Airport Police）、教堂警察（Cathedral Constable）、监狱警察（Prison Police）等。

第二节　美国执法情报思潮与实践发展

20世纪80年代以来，随着人类社会全球化、现代化进程的加快，科技创新的持续推动，国际政治的深刻变化，人、财、物、信息等基本生产要素的大流动，人类社会发生了深刻的系统性结构转型，进入一个高度不确定和高度复杂的"全球风险社会"时代。[3]传统的安全威胁没有因为经济社会发展得到有效遏制，各种新型犯罪与非传统安全威胁因素不断

[1] U.S. Department of Justice, Office of Justice Programs, Bureau of Justice Statistics, "Sheriffs' Office Personnel, 1993—2013", https://www.bjs.gov/content/pub/pdf/sop9313.pdf, 2018-3-10.

[2] Federal Bureau of Investigation, "The Uniform Crime Reporting (UCR)-Police Employee Data", https://ucr.fbi.gov/crime-in-the-u.s/2016/crime-in-the-u.s.-2016/topic-pages/police-employees, 2018-3-10.

[3] 范如国：《"全球风险社会"治理：复杂性范式与中国参与》，《中国社会科学》2017年第2期，第66页。

诞生，人口爆炸、环境污染、资源短缺、金融危机、政治问题、恐怖主义、核安全、网络安全、粮食安全等重大问题困扰全球，难以预测、不同寻常的"黑天鹅事件"不断涌现，[①]人类社会面临前所未有的挑战与威胁。"9·11"恐怖袭击事件就像一颗引爆的"原子弹"，通过媒体立体式的报道，将纽约双子塔轰塌的浓烟，无辜群众死亡、尖叫与恐慌，定格为亘古不变的悲惨画面，深深地烙印在美国乃至全人类的内心深处。向往自由的灵魂，从美丽的幻境中惊醒，为安全适度让渡个人自由权益，赋予情报、执法、安全机构更多的权力以保护国土安全，一时成为美国社会流行的价值准则。基于这种价值取向与社会思潮，美国政府大刀阔斧推动变革，启动1947年《国家安全法》颁布以来最大规模的政府改革运动，成立庞大的国土安全部，整合国土安全防护力量；设国家情报主任和国家情报主任办公室，统筹协调联邦级情报机构；推进执法界改革，采纳标准化的情报主导警务战略，构建以情报共享与分析研判为中心的情报主导警务模式。美国执法情报分析师队伍的职业化、专业化、制度化与规范化建设，正是这一波澜壮阔改革的结果，也是这场变革的重要组成部分。

一、执法情报思潮与情报主导警务思想

（一）从警务革命看执法情报思潮

如何应对犯罪是人类社会面临的经久不衰的话题，是刑事执法工作的核心命题。为了有效应对犯罪，自1829年英国内政大臣罗伯特·比尔创立伦敦大都市警察以来，警务思潮与变革不断兴起，有学者将其归纳为五次警务革命[②]：

第一次警务革命（1829年—19世纪90年代初）发源于英国，学界通常认为19世纪英国现代警察制度的建立是第一次警务革命的标志。这场警务变革确立了12条基本警务原则，其中，"发布犯罪统计是警察的基本工作""按照时间和地域特点科学配置警力""以警察掌握的犯罪记录作为分配警力的依据"等原则强调将犯罪统计、犯罪记录、时空分析

---

① 纳西姆·尼古拉斯·塔勒布著，万丹译：《黑天鹅》，中信出版社2008年版，第28页。

② 王大伟主编：《欧美警察科学原理——世界警务革命向何处去》，中国人民公安大学出版社2007年版，第443页。

作为警务资源科学配置、犯罪防控的基础,可谓执法情报思想的雏形,警务改革决策者已经意识到基础信息积累与数据统计分析在警务决策中的重要作用。

第二次警务革命(19 世纪 90 年代—20 世纪 30 年代)的引领者是美国,以美国为代表的警察专业化(即警察独立执法)运动的兴起成为此轮警务革命的主要标志。根据美国警学专家戴维 · L. 卡特(David L. Carter)的观点,美国在这一时期的执法情报工作主要体现为犯罪档案工作,即从军事部门借鉴“档案系统”的古老方法,搜集大量关于犯罪嫌疑人以及那些被认为可能从事犯罪活动或可能对社区的安全与秩序具有威胁的人员的原始信息,建立档案系统。然而进入 20 世纪 30 年代后,由于西方国家面临经济危机,进入大萧条时期,执法情报工作没有什么作为,国家面临的最大的威胁是经济问题,不是犯罪问题。[①]

第三次警务革命(20 世纪 30 年代—70 年代)以世界各国警务现代化为标志,世界各国警察编制、警务预算等得到大幅度的增长,欧美警察逐步开始以车巡代替步巡,指挥通信现代化,信息存储与数据处理计算机化,个人装备现代化,现代化技术与装备大大提升了警方打击违法犯罪的能力,[②]“头顶钢盔、肩别对讲机、手持盾牌、腰挎手枪的‘机械战警’”成为这一时期典型的警察形象。在这个阶段,通信技术、计算机信息处理技术在警务工作中的广泛应用为警务情报信息工作提供了强有力的技术支撑,英美国家决策者也进一步认识到情报对预防和打击犯罪的重要性。例如,20 世纪 30 年代—40 年代,美国将共产主义视为“红色威胁”,认为其已经成为社会主要问题,警察机构开始利用“红色档案”跟踪、监测、研究和指控共产主义及其同情者;20 世纪 60 年代,美国维克沙姆(Wickersham)委员会明确指出,研究和理解犯罪环境是抓获犯罪分子的重要工具;1968 年,美国国会通过了具有里程碑意义的法律《综合犯罪控制与街道安全法》,在情报方面,总统委员会建议,每个大城市的警察局都应该成立情报部门,专门深挖有组织犯罪活动,搜集犯罪集

① David L. Carter,“Law Enforcement Intelligence: A Guide for State, Local, and Tribal Law Enforcement Agencies(Second Edition)”, https://it. ojp. gov/documents/d/e050919201-IntelGuide_web. pdf, 2018-10-15.

② 王大伟主编:《欧美警察科学原理——世界警务革命向何处去》,中国人民公安大学出版社 2007 年版,第 444—445 页。

团可能进入本辖区从事犯罪活动的信息,同时要求司法部门给予资金支持,以鼓励和发展地区高效的情报搜集和分发系统。[①] 这一时期警务情报信息思想获得新突破,不过主要停留在国家政策建议层面,情报实践尚处于萌芽阶段。

第四次警务革命(20 世纪 70 年代至 90 年代)的主要内容是社区警务战略的推广应用。警力的增加和装备的现代化并没有实现减少犯罪的目的。一方面,随着社会经济迅速发展,犯罪率却节节攀升;另一方面,"以车代巡,铁甲钢盔"的警察与民众的关系渐行渐远,社会治安日益恶化。在这种背景下,"社区警务"思潮应运而生,其基本思想是:社会是产生犯罪的根源,抑制犯罪的主力军也在社会;警务改革的成效依赖于社区;警务革命离不开社区;有效的警务有赖于警察与公众合作,控制犯罪最有效的方法是密切警民关系。[②] 社区警务战略思想的核心是改善警民关系,动员社区力量共同打击和预防犯罪。在社区警务战略思想引领下,警方重视警民合作,重视交流互动,重视社区服务:一方面通过交流互动和服务密切警民合作关系,共同预防和打击犯罪;另一方面通过交流、互动、宣传提升社区民众发现可疑情况的意识与能力,为警方提供更多的线索和信息。社区警务战略的推广为执法情报工作奠定了坚实的群众基础,提供了广泛的犯罪情报源。

第五次警务革命(20 世纪 90 年代以来)是指以问题导向警务与情报主导警务为代表的警务改革,自 20 世纪 90 年代以来,除了社区警务战略思想广为传播和应用外,问题导向警务思想、比较统计警务、情报主导警务思想迭起,对警界影响深远。美国威斯康星州麦迪逊警察局是第一个正式实施问题导向警务模式的警察部门。[③] 问题导向警务倡导者提出警务模式应以问题为导向,推行"SARA"模式,即通过扫描(Scan)发现问题,通过分析(Analysis)深入掌握问题的情况与根源,在此基础上提出应对策略(Response),并对策略的有效性进行评估(Assessment)。

---

① President's Commission on Law Enforcement and Administration of Justice, "Task Force Report: Organized Crime", Washington, D. C.: U. S. Government Printing Office, 1967, pp. 20—22.

② 朱启禄、王大伟:《第四次警务革命的启迪》,《中国人民公安大学学报(社会科学版)》1994 年第 5 期,第 61—64 页。

③ Jerry H. Ratcliffe, "Intelligence-led Policing", Willan Press, 2011, p. 24.

问题导向警务思潮与情报主导警务思想具有良好的相容性。无论是问题“扫描”还是问题“分析”,实质都是一种情报获取和情报分析工作,其中问题导向是目标,情报主导是实现目标的具体路径。比较统计警务思想源自美国纽约市警察局的实践探索。20 世纪 90 年代初,纽约市是美国刑事案件数量最多、治安形势最严峻的城市之一。为了改变这种局面,纽约市警察局局长布莱顿提出并推行计算机统计数据(Computerized Statistics,简称 CompStat)计划,该警务模式将警察管理和警察行动建立在数据的收集、分析、管理之上,以最有效地利用数据分析作为计划、组织和执行警务的手段,依据情报信息优化配置警力资源,以更有效地维护治安和预防打击犯罪,该模式被认为是情报主导警务的雏形。CompStat 警务模式实施后,纽约市犯罪数量大幅度减少,治安形势逐渐好转。1996 年,美国纽约警察局因为这项战略的创造性贡献而获得了福特基金会和哈佛大学肯尼迪政府学院联合颁发的创新奖。[①] 数年后,“9 · 11”事件促使美国反思并全面推广情报主导警务理念,借助信息技术手段,掀起一场以情报共享融合与分析研判为核心的情报主导警务运动。

(二)情报主导警务的内涵与外延

上述五次警务改革思潮沿革表明,世界各国警界一直在探索各种新型警务模式以提高警务效能和应对犯罪的能力,透过这些警务改革的思想和做法,大致可得以下结论:第一,在早期的警务执法哲学中,强调犯罪预防,正如伦敦市警察局局长所言:警察的首要职责是预防犯罪[②]。然而,在后续的警务实践中,发现和惩罚犯罪分子成为警务工作的重心,以犯罪调查与打击为主要内容的反应式警务模式在警界占主导地位。此类警务模式的特点是:随机巡逻、快速反应、案发后集中警力侦破是整个警务工作的核心,通常被称为“常规警务模式”。这种忽视犯罪预防、被动反应式的警务模式让警务工作进入了“打不胜打”的怪圈。而情报

---

① 陈琪:《建设社会治安防控体系应重视情报制导警务战略》,《上海公安高等专科学校学报》2005 年第 5 期,第 41—45 页。

② Mayne, S. R, “Instructions to ‘The New Police of the Metropolis’”, London: Metropolitan Police, 1829.

主导警务思想则是对“犯罪预防”的回归，倡导通过情报搜集和分析研判，发现征兆，进行预警，提前防范，是一种强调“主动出击”“提前预防”“精确打击”的主动型警务模式。第二，情报主导警务思想的产生不是偶然的创造，而是信息技术革命、风险社会背景下警务工作实践发展的必然选择。每一次警务革命都是内外因素叠加催生的结果，犯罪态势高发的社会环境、群众以及政府的期待所带来的压力是其外部驱动力，执法部门的政治压力以及针对执法困境的反思、探索和尝试是推动新型警务模式产生的内因，信息技术革命为警务情报工作提供了强有力的信息存储、加工和处理工具和平台，这一切为情报主导警务思潮的诞生与实施提供了条件。而最为本质的驱动力是：信息是客观事物的表征，是人们认识社会现象与自然现象的中介，要深入认识犯罪现象并有效解决犯罪问题，就必须尽可能全面系统地搜集、获取和分析犯罪信息，为警务决策和战术行动提供及时、精准的情报支持。正是在上述诸多因素的综合影响下，情报主导警务理念应运而生，这是一种必然的选择，并且已经成为警务运行的基础，关乎和影响着执法工作全局。

自 20 世纪 90 年代以来，情报主导警务理论与实践成为全球执法界关注的热点话题。“情报主导警务”相关术语很多，在美国，“情报主导警务”有众多表述方式，包括“Intelligence-Led Policing”“Intelligence-Driven Policing”“Intelligence Policing”等。表述方式的多样化不仅仅是遣词造句的问题，其本质反映的是人们对情报信息在警务活动中的作用与地位的理解有所不同[①]，无论哪种表达方式，它们均有一个共同的特点，即强调情报的重要地位，情报在整个警务工作中扮演着“主导”“引领”“导向”“驱动”等角色。到底什么是“情报主导警务”？美国天普大学的杰瑞·H. 莱特克里菲(Jerry H. Ratcliffe)教授认为“情报主导警务”是一种业务模式和管理理念。其中，数据分析和犯罪情报对客观的决策机制至关重要，这一决策机制能够针对惯犯和重特大犯罪分子开展战略管理和有效的打击策略，以推动发案问题的减少、遏制和预防。[②]

---

① 王大伟、马丽芸认为“情报引导警务”为通用术语，但主张用“情报导向警务”来统称“情报引导警务”、“情报驱动警务”和“情报警务”三种表述(参见王大伟、马丽芸：《欧美情报导向警务研究》，《中国人民公安大学学报(社会科学版)》2006 年第 2 期)。

② [英]杰瑞．莱特克里菲著，崔嵩译：《情报主导警务》，中国人民公安大学出版社 2010 年版，第 77 页。

美国新泽西警察局认为，情报主导警务是一种协作哲学，从汇集各级组织的信息开始，通过分析生成有价值的情报，帮助理解工作环境。[①] 美国的全球司法信息共享领导小组(Global Justice Information Sharing Initiative)认为情报主导警务是一个系统地搜集、组织、分析和使用情报，指引执法工作和战术决策的业务模型，其目的是帮助发现、核查、预防威胁和问题，保护特定目标，及时进行反应。[②] 综上，大致可以从以下几个方面理解情报主导警务的内涵与特点：

一是从基本理念看，情报主导警务既是一种业务模型，也是一种管理哲学，它强调把情报工作置于基础性、先导性位置，强调情报是影响警务决策过程与警务战术行动的关键性乃至决定性因素，要求充分发挥情报在支持决策、预测预警和引导打击、预防、控制违法犯罪活动中的作用，重在深入分析、提前预警、精确打击、科学决策，实现提高警方精确指挥、精确打击、精确管理和精确防范与控制的能力。

二是从信息资源看，情报信息资源要尽可能地丰富，是全面的、共享的、真实的、可靠的和及时的，能尽可能全面地、及时地、客观地反映警务工作对象。

三是从技术支撑看，通过加强警务信息网络、数据库、共享平台和相关业务信息系统建设，坚持"共建共用""条块结合"的"信息一体化"方向，形成纵向贯通、横向集成、互联互通、高度共享的警务信息化应用框架，加快实现日常警务活动的信息化。同时，以高速、安全的信息处理和传递网络为平台，以高效、标准化的数据库与系统为基础，以检索技术、数据挖掘技术、统计分析技术、制图技术、可视化技术等为手段，快速传递信息，无障碍地整合与共享信息，及时深入地分析研判信息，为各项警务活动提供及时、准确、全面的情报支持。

四是从业务核心看，强调通过综合的情报分析研判，实现对犯罪行为以及其他威胁因素的征兆识别、预警、防范和干预，以及时准确的情报为依据进行决策是其本质。由于警察机关领导人负有掌控警务资源、决

---

① Colonel Joseph R. Fuentes, "Practical Guide to Intelligence-led Policing", September 2006, p. 3.

② Global Justice Information Sharing Initiative, "Navigating Your Agency's Path to Intelligence-Led Policing", April 2009, p. 1.

定战略战术的重要职责,其决策正确与否关乎警务工作的成败。只有依靠准确、及时、全面的情报作出决策,警务资源才能得以合理配置,警务效能才能得到最大限度发挥,情报信息才能真正成为整个警务战略的主导因素。因此,情报分析是情报主导警务战略的关键。

五是从管理机制看,强调建立情报信息搜集、录入、流转、储存、研判、应用、考核、奖惩等配套工作机制和管理体制科学合理的情报信息工作组织体系。

六是主动预防、精确打击是情报主导警务战略的突出特点。由于情报信息的预警和引导作用在"情报主导警务"战略中得到充分发挥,增强了警务工作的预见性、针对性和有效性,使得预防更加主动,打击更加精确。

综上所述,所谓情报主导警务(ILP),是指综合运用各种手段广泛地收集违法犯罪相关信息,并对其进行加工、整理、分析、研判,准确把握刑事犯罪与社会治安的发展变化规律、特点和趋向,全方位地指引警务决策,优化警务资源配置,提高警务效能,从而达到有效预防、打击和控制犯罪,维护社会秩序目的的警务模式。其本质特点是一切战略决策与战术行动均以及时精准的情报为依据。

二、美国执法情报实践的发展与变革①

(一)"9·11"事件之前美国执法情报实践发展

1. 20 世纪 50 年代—60 年代:从"自发"到"自觉"

20 世纪 50 年代之前,美国大多数执法机构未设情报部门,情报工作资源投入很少,各部门在信息共享时往往心存疑虑,小心谨慎地保护着所拥有的信息,其他有共享意愿的机构因为没有集中的信息交换中心而受到限制。② 20 世纪 50 年代,美国部分执法机构开始自发协作推动

① 谢晓专:《美国执法情报共享融合:发展轨迹、特点与关键成功因素》,《情报杂志》2019 年第 2 期,第 12—19 页。

② International Association of Chiefs of Police, "History of Police Intelligence Operations, 1880—1975", Gaithersburg, MD: IACP, 1976, pp. 56—58; Russell M. Porter, "Focus on Fusion Centers: A Progress Report", April 17, 2008, p. 6.

信息交换。1956 年 3 月，来自 7 个州的 26 个执法机构在加利福尼亚成立美国最早的执法情报协作组织[1]“执法情报联盟”（Law Enforcement Intelligence Unit，简称 LEIU），旨在搜集、记录和交换通过常规渠道无法获得的有关有组织犯罪和恐怖主义的机密信息。[2] LEIU 作为联邦、州和地方执法机构之间的涉密信息“交换所”[3]，是美国执法情报史上第一个正式的、大范围的情报信息交换机制，目前已有 250 多个成员单位[4]，遍及美国，还有部分成员来自加拿大、澳大利亚等国家，在执法情报界扮演着重要的角色。20 世纪 50 年代，除了 LEIU 外，很少有其他正式的途径进行情报信息交换。[5]

20 世纪 60 年代，美国进入社会转型期，校园民主运动、反主流文化运动、环保运动等迭起，社会矛盾凸显，犯罪高发，联邦委员会和联邦机构开始投入大量资金支持地方和州执法机构发展情报能力。1967 年，美国执法与司法管理总统委员会（President's Commission on Law Enforcement and Administration of Justice）呼吁各大城市的警察部门都应设立情报部门，深挖有组织犯罪活动，并建议司法部加大财政投入，开发高效的区域情报搜集和分发系统。[6] 同年，FBI 建立“国家犯罪信息中心”（NCIC）。1968 年，肯纳委员会（Kerner Commission）针对城市暴力骚乱等问题提出这样的判断：各类有效的控制技术均强调先进的培训、计划、强大的情报系统和知识[7]，建议执法机构建立情报系统，为警察和其他公共行政官员提供可靠的信息，帮助他们防范骚乱，并在暴乱发生时采取有效的控制措施。[8] 同年，暴乱原因与预防国家委员会（The National Commission

---

① Law Enforcement Intelligence Unit（LEIU），“Audit Checklist for the Criminal Intelligence Function”，September 2004.

② “History，Purpose，and Operations”，http://leiu. org/about/history，2018-4-10.

③ “About LEIU”，http://leiu. org/about，2018-4-10.

④ U. S. Department of Justice，Office of Justice Programs，Bureau of Justice Assistance，“Intelligence-Led Policing：The New Intelligence Architecture”，September 2005，p. 31.

⑤ Russell M. Porter，“Focus on Fusion Centers：A Progress Report”，April 17，2008，p. 6.

⑥ President's Commission on Law Enforcement and Administration of Justice，“Task Force Report：Organized Crime”，Washington，D. C.：U. S. Government Printing Office，1967，pp. 20—22.

⑦ National Advisory Commission on Civil Disorders，“Summary Report”，Washington，D. C.：U. S. Government Printing Office，1968，p. 6.

⑧ National Advisory Commission on Civil Disorders，“Summary Report”，Washington，D. C.：U. S. Government Printing Office，1968，p. 16.

on the Causes and Prevention of Violence)也作出了类似的判断:"许多警察部门的一个主要弱点是缺乏可靠的情报系统,严重制约了警察和政府官员预测、预防动乱以及减少和控制骚乱",之所以如此,"很大程度上是因为无法获取社区群体及其领袖的可靠信息,无法了解和理解邻里问题和民怨,应对该问题需要建立可靠的监控、搜集和评估传言的机制"。[①] 内乱问题国家顾问委员会也建议警察机构建立情报机制,提供可靠信息,以应对城市暴动骚乱问题。[②] 为了推动这些建议的落实,美国司法部成立执法援助局(LEAA),基于"应对犯罪的主要问题是缺乏情报数据"[③]的认知,为大量情报系统提供技术和资金支持[④],执法情报工作获得快速发展。

综上,20 世纪 50 年代—60 年代美国执法界开始认识到应对犯罪的主要问题是缺少情报数据,联邦决策咨询机构开始敦促执法机构建立情报部门,呼吁联邦加大资金与技术支持力度,推动地方执法情报工作的开展。这一时期美国执法情报工作有以下突出的特点:一是执法情报任务侧重于应对社会骚乱和有组织犯罪问题;二是联邦层面没有出台指导各地情报共享融合的政策、指南或战略规划,各地执法机构基于自身需求自发开展情报信息交换与协作活动,LEIU 信息共享交换机制是典型代表;三是 20 世纪 60 年代后执法情报共享问题开始进入政府决策议程,联邦开始自觉推动情报信息共享。

2. 20 世纪 70 年代—80 年代:盛极而衰的执法情报工作

20 世纪 70 年代初,美国政府认识到对毒品的迷恋已经成为一种"流行病"[⑤],组建禁毒署(DEA),成立"联合情报处"(Unified Intelligence

---

① National Commission on the Causes and Prevention of Violence, "Law and Order Reconsidered", Washington, D. C.: U. S. Government Printing Office, 1968, p. 312.

② National Advisory Commission on Civil Disorders, "Summary Report", Washington, D. C.: U. S. Government Printing Office, 1968, p. 16.

③ Richard Velde, "Administrator of LEAA", 115 Congressional Record 4706—4708, May 9, 1969.

④ Robert J. Gallati, "The NYSIIS Story", IACP Police Yearbook, 1971, pp. 158—162; Law Enforcement Assistance Administration, "Evaluation of the New England Organized Crime Intelligence System", Washington, DC: U. S. Government Printing Office, 1972; Frank A. Zunno, "LEIU, An Early System, Police Chief", September, 1971, p. 14.

⑤ Richard Nixon, "Special Message to the Congress on Drug Abuse Prevention and Control", https:// http://www. presidency. ucsb. edu/ws/? pid = 3048, 2018-4-10.

Division),建立国家禁毒情报系统共享禁毒情报信息[①],以应对毒品犯罪。1974 年,美国司法部要求建立"区域情报中心,搜集和传递有关毒品、非法移民和走私武器的信息,为全国的执法机构提供支持"[②]。随后,埃尔帕索情报中心(El Paso Intelligence Center,EPIC)成立,成为美国最早的情报融合中心之一。[③] 1973 年,美国国家刑事司法标准与目标咨询委员会(National Advisory Commission on Criminal Justice Standards and Goals)对情报工作进行了广泛的考察,建议每个州都应该建立一个集中的情报搜集、分析、存储和传递系统,每个警察机构均应积极提供信息并从系统中获取情报,每个警察机构都应至少指派一名专人负责州情报系统的联络工作,以减少有组织犯罪和维护公共秩序。[④] 1974 年,美国司法部资助创建区域信息共享系统(Regional Information Sharing System,简称 RISS),此后越来越多的执法机构提出扩大犯罪情报跨辖区共享范围,1974—1981 年期间美国先后共创建 6 个 RISS 中心,分别为区域有组织犯罪信息中心(ROCIC)、落基山地区信息网络(RMIN)、新英格兰地区警务信息网络(NESPIN)、中部地区各州有组织犯罪信息中心(MOCIC)、西部地区各州信息网络(WSIN)、中大西洋—五大湖地区有组织犯罪执法网络(MAGLOCLEN)。[⑤] RISS 建设的主要宗旨是为全国范围内的执法工作提供情报信息支持,重点服务于打击非法贩卖毒品、有组织犯罪、团伙犯罪、暴力犯罪、贩卖人口、身份盗窃、恐怖活动和其他犯罪活动,以促进公共安全。此外,RISS 还与公众、私营机构进行信息交流与共享,成为美国举足轻重的情报共享融合机制。1976 年,美国国

---

① Puyvelde, Damien Van, "Fusing Drug Enforcement: A Study of the El Paso Intelligence Center", Intelligence and National Security, 2015(06), pp. 888—902.

② The U. S. Department of Justice, "A Secure Border: An Analysis of Issues Affecting The U. S. Department of Justice", Washington, DC, March 4, 1974; Drug Enforcement Administration, "DEA History In Depth: 1970—1975", https://www.dea.gov/about/history.shtml, 2018-4-10.

③ El Paso Intelligence Center, "About EPI", https://www.epic.gov/about.html, 2018-4-10.

④ National Advisory Commission on Criminal Justice Standards and Goals, "Police", Washington, D. C.: U. S. Government Printing Office, 1973, p. 250.

⑤ 美国根据地理文化等因素将全国划为多个片区,其中落基山地区(Rocky Mountain States)包括蒙大拿州、爱达荷州、内华达州、怀俄明州、科罗拉多州、犹他州;新英格兰地区(New England)包括缅因州、新罕布什尔州、佛蒙特州、罗德岛州、康涅狄格州、马萨诸塞州;中大西洋地区(Middle Atlantic)包括纽约州、宾夕法尼亚州、新泽西州、特拉华州、马里兰州、弗吉尼亚州、西弗吉尼亚州、华盛顿特区;五大湖地区(Great Lakes)包括密歇根州、俄亥俄州、印第安纳州、伊利诺伊州、威斯康星州等。

家刑事司法标准与目标咨询委员会(National Advisory Committee on Criminal Justice Standards and Goals)在《有组织犯罪工作组报告》《骚乱与恐怖主义工作组报告》中集中阐释了系统的执法情报思想,建议建设"需要知道"和"有权知道"的情报文化,确立销毁情报记录的标准,建立情报工作个人和组织问责制,并要求各州应考虑与邻州之间加强犯罪信息共享进程,每个地方执法机构的情报部门应与各自州的情报体系保持一致,各州和地方情报部门都应为联邦机构提供支持,要为地方、州和区域情报体系建设建立可操作的政策和规程以确保效率与效益,每个机构都应指定专职官员负责向首长报告并监督情报业务,每个机构都应制定规程确保对信息进行适当的甄别和传递以确保安全。①

20 世纪 80 年代,创建于 1983 年的有组织犯罪总统委员会(President's Commission on Organized Crime)对有组织犯罪进行全方位的审查。在此基础上充分认识到,有效的情报分析是执法机构成功处置复杂犯罪的关键工具。② 1986 年,淫秽信息司法部长委员会(Attorney General's Commission on Pornography)指出情报工作对于制止州际淫秽信息和色情材料传播是非常有用的。历经 20 世纪 60 年代—70 年代的蓬勃发展,执法情报工作成为公众广泛关注的议题,民权意识的觉醒以及执法情报的滥用,有关公民自由权利投诉、法律诉讼、合意判决频现。③ 执法情报机构与政府部门迫于压力开始建立政策规范以规制犯罪情报工作,1976 年执法情报联盟(LEIU)制定了犯罪情报部门文件指引,1980 年犯罪情报系统运行管理联邦规范(28 CFR Part 23)④发布。尽管如此,执法情报工作仍备受公众怀疑,许多执法机构开始弱化情报搜集与共享能力,甚至有

---

① National Advisory Committee on Criminal Justice Standards and Goals, "Disorders and Terrorism: Report of the Task Force on Disorders and Terrorism", Washington, D. C.: U. S. Department of Justice, Law Enforcement Assistance Administration, 1976; National Advisory Committee on Criminal Justice Standards and Goals, "Organized Crime-Report of the Task Force on Organized Crime", Washington D. C.: U. S. Department of Justice, Law Enforcement Assistance Administration, 1976, pp. 121—135.

② President's Commission on Organized Crime, "Organized Crime and Money Laundering", Washington, D. C.: U. S. Government Printing Office, 1984.

③ American Friends Service Committee, "The Police Threat to Political Liberty", 1979; Donner, Frank J, "Protectors of Privilege", Berkeley, CA: University of California Press, 1991.

④ U. S. Department of Justice, "Part 23—Criminal Intelligence Systems Operating Policies", https://it. ojp. gov/documents/28CFR_Part_23. pdf, 2018-6-10.

的干脆撤销情报部门,[1]美国执法情报工作进入低谷期。

总的来说,20 世纪 70 年代—80 年代美国执法情报工作历经了“盛极而衰”的发展过程。70 年代初,执法情报工作蓬勃发展,以 RISS 为代表的信息共享系统建设大大促进了各地执法情报工作,其特点与突破主要有:一是参与的广泛性,要求所有警察机构都建立情报能力;二是应对问题的多元化,任务重点扩展到为打击非法贩卖毒品、有组织犯罪、团伙犯罪、暴力犯罪、贩卖人口、身份盗窃、恐怖活动等诸多领域;三是创建了区域信息共享中心(RISS)的机制,并将与公众、私营机构进行信息共享纳入共享框架;四是重视情报文化的建设,要求培育“需要知道”和“有权知道”的情报文化。然而,随着执法情报信息搜集和共享能力不断增强,情报滥用现象频现,针对执法情报部门侵权的诉讼不断增多,美国开始制定旨在规制犯罪情报工作、保护公民隐私的政策,犯罪情报系统运行政策正式颁布,国会通过“只有在合理怀疑该人涉及犯罪行为或活动,且这些信息与犯罪行为或活动有关,方可搜集、保存有关个人的犯罪情报信息”的限制条款,许多执法机构开始削减情报投入,甚至撤销情报部门,执法情报工作发展势头从高潮跌入低谷。

3. 20 世纪 90 年代:情报主导警务思潮的兴起

20 世纪 90 年代,美国迎来新的警务革命浪潮,借助信息技术手段,掀起以情报共享与分析为核心的情报主导警务运动。如前文所述,90 年代以来问题导向警务、比较统计警务、情报主导警务等思想与改革运动勃兴。问题导向警务基于“SARA”模式,强调以问题为导向,通过扫描(Scan)发现问题,通过分析(Analysis)深入理解问题,进而提出应对策略(Response),评估(Assessment)应对的有效性[2]。比较统计(CompStat)警务模式,将警察管理和行动建立在数据收集、分析、管理基础上,依据数据分析优化资源配置,精确打击和预防犯罪[3],被认为是情报主导警务的雏形。与此同时,禁毒和反恐领域的情报工作发展迅

① Russell M. Porter,“Focus on Fusion Centers: A Progress Report”, April 17,2008,p. 6.

② Center for Problem-Oriented Policing,“The SARA Model”, http://www. popcenter. org/about/? p = sara,2018-10-10.

③ Justin Reynolds,“Compstat Policing: Definition, Process & Model”, https://study. com/academy/lesson/compstat-policing-definition-process-model. html,2018-10-10.

速,高危贩毒地区(HIDTA)情报中心,烟酒、枪支与爆炸物管理局(ATF)地区犯罪枪支中心积极推动联邦、州和地区合作伙伴关系建设,改进信息交换与共享,专注于发展情报分析师的专业技术知识,为行动者提供情报支持。[①] 中东地区恐怖活动日益猖獗,坦桑尼亚、内罗毕、肯尼亚等国家地区的美国大使馆爆炸案,让美国政府意识到美国本土已成为恐怖分子的重要目标,提高预测、防范和应对恐怖袭击以及大规模杀伤性武器袭击的能力,成为美国执法界、情报界的战略优先事项。为应对新兴威胁,1999 年美国国会授权建立了评估涉及大规模杀伤性武器恐怖主义应对能力的顾问小组(Advisory Panel to Assess Domestic Response Capabilities for Terrorism Involving Weapons of Mass Destruction)——"吉尔摩委员会"(Gilmore Commission),针对大规模杀伤性武器进行年度调查,并于 1999 年发布第一个调查报告,报告强调:"美国政府要有效保护家园,不仅要关注大规模杀伤性武器问题,还要研究更广泛的恐怖主义问题,加强情报信息共享,决策者必须改变简单被动反应式应对,敦促联邦、州、地方各级政府部门以及私营部门开展前瞻性的工作。""保护涉密国家安全信息及其来源与获取方法是必须的,但应该且必须在各级政府之间进行横向纵向信息共享,确保将信息及时提供给那些需要信息应对潜在威胁以有效保护家园的人。"[②]此外,20 世纪 90 年代的美国开始大力推动"信息高速公路"建设,执法信息化建设获得快速发展,执法在线系统(LEO)、国家 DNA 数据库与索引系统(CODIS)、指纹自动识别集成系统(IAFIS)、国家实时犯罪背景核查系统(NICS)等一大批执法信息系统平台建成使用,为执法情报共享融合与情报主导警务实践奠定了信息化基础。

20 世纪 90 年代的美国执法情报工作呈现出诸多新的特点:一是发源于英国的情报主导警务理念在美国获得深度发展和应用,纽约市警察

---

① Bureau of Alcohol Tobacco, Firearms and Explosives, "Crime Gun Center (CGC)", 2008, http://www.atf.gov/field/newyork/rcgc/, ; Carter, D. L. & Carter, J. G, "The Intelligence Fusion Process for State, Local and Tribal Law Enforcement", Criminal Justice and Behavior. vol. 36, no. 12, 2009, pp. 1323—1339.

② Gilmore Commission, "First Annual Report to The President and The Congress of the Advisory Panel to Assess Domestic Response Capabilities for Terrorism Involving Weapons of Mass Destruction", December 15, 1999, pp. 57—58.

局推行 Compstat 警务模式，强调数据驱动，以犯罪数据分析为中心，为提前预警、精确打击、科学决策与目标防范提供决策支持，为各地执法情报工作提供了成功样本。二是在工作重点与任务方面，除了应对传统的毒品犯罪、有组织犯罪、城市骚乱等犯罪现象之外，跨国犯罪、恐怖主义、大规模杀伤性武器等非传统安全威胁成为执法情报工作的重点领域。三是信息高速公路的快速发展为执法情报工作的信息化奠定了良好的基础，这一期间执法界开始大力开发各类信息系统平台，并推进系统之间的互联互通，为情报主导警务推进奠定了基础。

（二）后"9·11"时代美国执法情报工作的变革

"9·11"事件是美国执法情报工作的转折点。正如戴维·L. 卡特（David L. Carter）教授所言，"9·11"委员会报告针对情报体系改革提出的问题和建议，在过去的报告中都出现过，然而，其差异在于"9·11"之后产生了实质性的变化，这很大程度上归功于"9·11"事件。① 从维克沙姆（Wickersham）委员会到"9·11"委员会，一直在强调同样的执法情报思想：打击犯罪的根源；全方位了解犯罪动态；从整体视角打击犯罪；在机构之间分享信息开展合作；突破传统方法；保护公民隐私与个人权利。无论是对抢劫犯罪或是恐怖主义犯罪，这些原则都适用。这些建议为美国"9·11"事件之后的情报变革奠定了基础，不过，在"9·11"之前，这些建议并没有得到充分落地，直到"9·11"事件的发生，才使美国痛定思痛，真正全面推进执法情报工作的改革。"9·11"委员会报告认为信息共享问题是未能防止"9·11"事件的关键因素，②要求建立全国性的信息共享能力以提升发现、预防和阻止恐怖袭击的能力。③ 此后，改善各级政府部门的情报搜集与信息共享能力成为美国政府的优先事项。④ 概言之，"9·11"事件以来，美国执法情报变革举措主要集中表现

① David L. Carter, "Law Enforcement Intelligence: A Guide for State, Local, and Tribal Law Enforcement Agencies (Second Edition)", Createspace, 2009.

② National Commission on Terrorist Attacks Upon the United States, "The 9/11 Commission Report", July 22, 2004: pp. 353—356, 416—418.

③ Homeland Security Act of 2002, PUBLIC LAW 107-296-NOV. 25, 2002, 116 STAT. 2135, https://www.dhs.gov/sites/default/files/publications/hr_5005_enr.pdf, 2018-10-10.

④ Department of Homeland Security, Office of Inspector General, "DHS Role in State and Local Fusion Centers Is Evolving", December 2008, p. 3.

如下：以情报主导警务为指导思想，以情报信息共享和融合为中心，以情报机构重组和情报分析能力建设为重点，兼顾公民隐私与宪法权利保护，通过立法、政策、标准与战略规划，推进执法情报工作的制度化、规范化、标准化建设，具体举措如下：

1. 联邦各界情报改革

（1）情报界的情报改革。2001 年，美国通过《爱国者法案》，扩张情报机构的情报获取权。2004 年，美国总统布什签署第 13356 号行政命令《加强反恐信息的共享以保护美国人》，要求政府部门和机构的负责人分享反恐情报，要求在设计和使用信息系统时，最优先级的要务是"必须考虑到机构间交换反恐情报"，该行政命令还要求建立信息系统委员会（Information Systems Council），推动反恐信息共享。同年，《情报改革与恐怖主义预防法》（Intelligence Reform and Terrorism Prevention Act，简称 IRTPA）着手全面推动国家情报体制改革，改革的中心思想是建立集中的统筹协调与管理机制，具体举措有：设国家情报主任（DNI），作为美国情报界的首脑和国家安全事务首席情报顾问，监督和指导国家情报计划的实施；设国家情报主任办公室（ODNI），统筹协调联邦情报力量；先后成立恐怖分子威胁整合中心（Terrorist Threat Integration Center，简称 TTIC）[①]、恐怖分子筛查中心（Terrorist Screening Center，简称 TSC）[②]和国家反恐中心（National Counterterrorism Center，简称 NCTC）[③]，归口管理恐怖主义信息；设专门负责情报整合的国家情报办公室副主任，创建情报界执委会、跨界分析产品委员会、情报界信息共享执委会等协调议事机构推动情报信息

---

① 2003 年 1 月，美国总统布什在国情咨文中呼吁建立恐怖分子威胁整合中心（Terrorist Threat Integration Center，简称 TTIC），该中心于 5 月正式成立并运行，由中央情报局牵头，负责国内外涉恐信息搜集、整合与分析。2004 年 8 月，根据第 13354 号总统行政令，TTIC 并入国家反恐中心（NCTC）。参见："The Terrorist Threat Integration Center"，http://www.fbi.gov/news/stories/2004/april/threat_043004，2018-10-30.

② 2003 年 9 月，美国总统签署第 6 号国土安全总统令（Homeland Security Presidential Directive-6，简称 HSPD-6），成立恐怖分子筛查中心（Terrorist Screening Center，简称 TSC），负责从 TTIC 和联邦调查局接收涉恐信息，筛查恐怖分子。

③ 2004 年 8 月，根据"9·11"委员会的建议，美国总统签署 13354 号行政令，授权建立国家反恐中心（NCTC），《情报改革与恐怖主义预防法》将 NCTC 调整到国家情报主任办公室框架下运行。

共享与整合。[①] 2005 年，第 13388 号行政命令《进一步加强反恐信息的共享以保护美国人》，取代 13356 号行政令，重申了反恐情报共享的重要性，并强调保护隐私和公民自由。2008 年出台《情报界信息共享战略》对情报界的信息共享作出统一部署。

（2）国土安全界的情报改革。《2002 年国土安全法》授权成立国土安全部（DHS），负责推动联邦、州和地方政府机构以及私营机构之间共享信息，以提升侦测、发现、理解和评估恐怖主义威胁以及国土安全漏洞评估的能力。[②] 美国国土安全部 2005 年 7 月进行了第二次重大改组，成立情报与分析办公室（Office of Intelligence and Analysis，简称 I&A），任命信息分析助理部长（Assistant Secretary for Information Analysis）担任 I&A 负责人兼首席情报官（Chief Intelligence Officer，简称 CINT），负责统筹协调国土安全部门的情报工作，包括为国土安全部各情报部门建立情报收集、处理、分析、传递优先事项、政策、程序、标准、准则，[③]为国土安全部提供统一的行动蓝图，确保情报协调、融合、分析，并作为国土安全部与情报界之间的主要桥梁，作为州、地区、私营部门的主要信息源。2006 年，DHS 成立国土安全情报委员会（HSIC），由主管情报与分析的助理部长兼首席情报官担任主席，由 I&A 部门的高级官员、关键情报官员（KIO）以及首席情报官邀请的其他官员组成[④]，作为顾问机构负责 DHS 情报工作的监督管理、统筹规划、政策制定、绩效评估、预算建议、处理敏感信息共享争议等。2007 年，DHS 成立信息共享治理委员会。《2007 年“9·11”委员会建议实施法》将 DHS 情报改革以法律形式固定下来，授权 I&A 负责“审查、分析并为信息共享治理政策与程序提供改进建议”，以解决“9·11”委员会强调的“联合情报工作的结构性障碍”，

---

① Director of National Intelligence, “Forging an Intelligence Community that delivers the most insightful intelligence possible”, https://www.dni.gov/files/documents/ODNI%20Fact%20Sheet_2011.pdf, 2018-10-30.

② Homeland Security Act of 2002, Pub. L. No. 107—296 § 201. 6 U. S. C. § 121 (2010).

③ P. L. 110—53, August 3, 2007, §531, 121 STAT. 3332—3. Amends §201 of the Homeland Security Act of 2002 by adding paragraphs 18 and 19.

④ DHS, Management Directive No. 264—01, “Intelligence Integration and Management”, June 12, 2013.

并将 I&A 负责人提升为情报与分析次长(Under Secretary)[①],兼任 DHS 首席情报官。2008 年《国土安全部信息共享战略》和 2013 年《国土安全部信息共享与防护战略》对国土安全信息共享作了进一步的规划和部署。

(3)执法界的情报改革。2002 年美国举行国际警察局长协会情报峰会(COPS/IACP Intelligence Summit),会议形成了一系列的建议,提交了战略建议报告《犯罪情报共享:地方、州和联邦情报主导警务国家计划》[②],为美国采纳并推动情报主导警务发展提供了整体框架。随后,美国司法部全球司法信息共享领导小组(The Global Justice Information Sharing Initiative,简称 Global)成立 Global 情报工作组(Global Intelligence Working Group,简称 GIWG),负责推进情报共享峰会建议的落实,研究制定国家犯罪情报共享计划。2003 年,GIWG 以《犯罪情报共享:地方、州和联邦情报主导警务国家计划》的建议为基础,开发出第一个产品《国家犯罪情报共享计划》(National Criminal Intelligence Sharing Plan,简称 NCISP),经美国司法部、国土安全部以及各级执法机构领导人签署,成为美国执法情报界改革的战略蓝图。NCISP 要求美国所有执法机构无论规模大小均应采纳 NCISP 提出的情报主导警务最低标准,并从职责使命、管理与监督、人员选拔、培训、安全、隐私权利保护、情报产品的开发与传递以及责任机制等 28 个方面提出了推动犯罪情报共享与情报主导警务的具体计划和建议,为执法情报改革提供了蓝图,[③]奠定了全国犯罪情报共享的基石。[④]

2004 年,司法部建立犯罪情报协调委员会(Criminal Intelligence Coordinating Council,简称 CICC),负责监督和推动 NCISP 的落实。美国

---

① 在美国,Secretary 是指部长,Deputy Secretary 是副部长(类似于我国的常务副部长),Under Secretary 是次长(类似于我国的副部长),Assistant Secretary 是助理部长,是部委下属各内设机构负责人(类似于我国各部委内设司局的司局长)。

② International Association of Chiefs of Police,"Criminal Intelligence Sharing: A National Plan for Intelligence-Led Policing at the Local, State and Federal Levels", Alexandria, Virginia: International Association of Chiefs of Police,2002.

③ The U. S. Department of Justice,Global Intelligence Working Group,"The National Criminal Intelligence Sharing Plan", October 2003.

④ "Criminal Intelligence Coordinating Council (CICC)", https://it.ojp.gov/global/working-groups/cicc,2018-10-30.

认为,只有所有机构,不管规模与司法管辖权力大小,通过制度化的协调与合作,才能有效和高效地开发和分享情报,从而建立一个更为安全的国度。[①] 因此,根据2003年《国家犯罪情报共享计划》的建议,2004年5月,犯罪情报协调委员会(CICC)正式成立,其职责是就犯罪情报相关事务向国家总检察长(司法部部长)提供咨询建议,旨在支持州、地方、部落执法和国土安全机构在全国范围内开发和分享信息,促进公共安全与国家安全。CICC在美国执法情报界具有独特的地位,是唯一的由各级执法机构代表组成,反映各级执法机构声音的机构,它通过Global咨询委员会(Global Advisory Committee)为美国总检察长(司法部部长)提供咨询建议,确保充分开发利用犯罪情报,保卫国家安全;CICC旨在通过努力推动每位执法行政长官、执法官、执法行政人员都参与其工作,以便所有的国土安全机构、执法机构能够理解它们在开发和共享情报信息中的职责与功能;CICC还与美国司法部、国土安全部、联邦调查局、信息共享环境项目主任以及国家情报总监办公室等联邦合作伙伴合作,以推进全国情报共享协调计划;国土安全部、国会议员、州政府代表等也经常需要CICC的建议和意见。近年来,CICC协调各级执法机构贯彻落实NCISP,组织研究制定了大量的执法情报政策与标准,包括《执法分析标准》《犯罪情报培训最低标准》《执法分析师认证标准》《国家犯罪情报共享计划》(2.0版)等,为执法情报的规范化、标准化与制度化建设夯实了基础。CICC的协调努力对于推动地方、州、部落执法和国土安全机构持续不断地在全国范围内积极参与犯罪情报共享工作影响深远。[②]

联邦调查局(FBI)是美国情报界的主要成员与举足轻重的执法机构,"9·11"事件让FBI充分认识到建立综合情报部门以协调活动、整合资源的重要性,因此,FBI在"9·11"事件后积极推进情报体制改革:一是设立新部门"情报办公室"(OI)和新岗位"情报执行助理局长"(EAD-I),统筹FBI情报工作;二是在56个地方办公室设立地方情报工作组(FIGs),负责协调当地资源开展地方情报工作;三是成立国家联合

① "Criminal Intelligence Coordinating Council (CICC)", https://it.ojp.gov/global/working-groups/cicc,2018-10-30.

② "Criminal Intelligence Coordinating Council (CICC)", https://it.ojp.gov/global/working-groups/cicc,2018-10-30.

反恐工作组(NJTTFs),负责协调全国 84 个联合反恐工作组(JTTFs)。[①]为进一步加强情报工作的协调联动,形成合力,2004 年 11 月 23 日,司法部部长签署题为《进一步强化联邦调查局能力建设》(Further Strengthening Federal Bureau of Investigation Capabilities)的"总检察长备忘录",要求建立情报处。《情报改革与恐怖主义预防法》重申了这一意见。2005 年 2 月,FBI 宣布成立情报处(The Directorate of Intelligence,简称 DI)。2014 年 8 月,FBI 进一步强化情报集中管理,将情报处(Directorate of Intelligence)、局情报委员会(Bureau Intelligence Council)、合作伙伴办公室(Office of Partner Engagement)等力量整合成情报分局(Intelligence Branch,简称 IB),由联邦调查局执行助理局长主管,统筹 FBI 情报活动的监督管理以及外部合作,[②]FBI 通过 IB 统筹负责 FBI 所有情报活动的监督管理,并作为 FBI 国家安全事务的重要分支,负责识别威胁,与各级执法机构和情报界共享威胁信息。FBI 还创设了信息共享政策委员会、首席信息共享官等机构或职位为信息共享提供支持。经过十余年的发展,FBI 情报工作取得突出成效,正如 FBI 在《2011 年度 FBI 信息共享报告》中开篇所言,自从 2001 年"9·11"事件以来,FBI 已经从传统的与犯罪作斗争的机构转向情报主导的、威胁驱动的组织,现在的 FBI 主要聚焦于威胁预测预防,并与社区保持密切的联系。[③]

2. 州和地方情报融合中心建设

"9·11"事件之前,州和地方执法情报工作缺乏全国范围的统筹规划,各级执法部门、国土安全部门依托内设情报机构以及行业内的情报协作"自给自足",FBI 在全国范围内建立的地方情报工作组(FIGs)、联合反恐工作组(JTTFs)主要为 FBI 的中心任务服务,RISS 中心尽管为地方执法机构服务,但难以架起地区之间、地区与联邦之间共享的桥梁。"9·11"事件后,在各界呼吁推动共享的浪潮中,州和地方政府感受到蓬勃发展的国土安全工作所带来的压力,开始积极利用联邦资金建设属

---

① Alfred Cumming,Todd Masse,"FBI Intelligence Reform Since September 11,2001: Issues and Options for Congress", April 6,2004.

② "Intelligence Branch", https://www.fbi.gov/about/leadership-and-structure/intelligence-branch,2018-10-30.

③ Federal Bureau of Investigation, "FBI Information Sharing Report 2011", https://www.hsdl.org/?abstract&did=744589,2018-10-30.

于本地的情报融合中心,[①]以弥补国土安全、恐怖主义和执法信息共享方面的不足。[②] 2001 年美国诞生 2 个融合中心,2003 年出现第一波融合中心建设高潮,[③]这批早期的融合中心是州和地方政府自发创建,而非出自联邦的决策或授权,[④]各个融合中心就像一个个独立的信息"烟囱",相互之间无法交换信息,联邦尚未出台任何标准或指南用于解决各融合中心的互联互通问题。[⑤]

2005 年融合中心建设出现第二波高潮,联邦政府开始认识到融合中心的战略价值,着手支持和统筹推动全国融合中心网络建设。国土安全咨询委员会(HSAC)建议"每个州都应建立一个 1 周 7 天 24 小时全天候运行的'全源'(all source)的和跨行业的'信息中心'作为信息融合中心"。[⑥] 国土安全部与司法部等部门通力合作先后制定发布《情报信息共享计划:国土安全情报与信息融合》《融合中心指南》(1.0 版和 2.0 版)等文件,围绕融合中心的任务目标、治理、协作、备忘录、数据资源、互联互通、隐私与公民自由、安全、物理设施、人力资源、培训教育、情报服务与产品、政策与程序、绩效评估、资金与传播计划等 18 个方面为全国融合中心建设提供统一指引。[⑦] 2006 年《信息共享环境实施计划》明确要求将融合中心集成到国家信息共享框架中,建立全国性的融合中心

---

① Rollins, John, "Fusion Centers: Issues and Options for Congress", Washington, DC: Congressional Research Service, 2008.

② GAO, "Homeland Security: Federal Efforts Are Helping to Alleviate Some Challenges Encountered by State and Local Information Fusion Centers", November 29, 2007.

③ CRS Reports for Congress, "Fusion Centers: Issues and Options for Congress", July 6, 2007, p. 18.

④ Christopher Bellavita, "Changing Homeland Security: Shape Patterns, Not Programs", Homeland Security Affairs, 2006, 2(3), pp. 15—16.

⑤ U. S. Department of Homeland Security, U. S. Department of Justice, "Fusion Center Guidelines", 2006.

⑥ Homeland Security Advisory Council, "Summary of Meeting Notes", March 7, 2005, http://www.dhs.gov/xlibrary/assets/HSAC_MtgSummary_121404.pdf, 2018-10-30.

⑦ Homeland Security Advisory Council, "Intelligence and Information Sharing Initiative: Homeland Security Intelligence and Information Fusion", April 28, 2005; U. S. Department of Homeland Security, U. S. Department of Justice, "Fusion Center Guidelines (Law Enforcement Intelligence Component, Version 1)", 2005; U. S. Department of Homeland Security, U. S. Department of Justice, "Fusion Center Guidelines", 2006.

集成网络。[①] 2007 年《国土安全州长指南》将情报融合中心作为州长工作的 10 个“关键要点”之一。[②]《2007 年“9·11”委员会建议实施法》以立法方式界定了融合中心的含义，确立了“国土安全部州、地区和区域融合中心计划”。《国家信息共享战略》将融合中心定位为“州、地方环境中接收和分享恐怖主义信息、国土安全信息以及与恐怖主义信息的中心节点(Focus Points)”，将其列为国家优先事项，并进一步明确了融合中心的职责任务以及联邦、州、地区政府建设融合中心的职责分工。[③] 2008 年《州和主要城市地区融合中心基准能力》面世，随后《融合中心技术指南》《融合中心技术资源路线图》《定义融合中心技术业务流程：一种规划工具》等指南性文件陆续出台，为全国融合中心建设提供了统一的能力标准、技术框架和路线图。2010 年，各融合中心主任和联邦政府共同研究确定了融合中心的四项关键业务能力(COCs)和四项必备能力(ECs)，据此每年对融合中心网络整体能力进行年度评估，以评促建，至 2015 年国家融合中心网络步入成熟阶段。[④] 2014 年，《2014—2017 全国融合中心网络国家战略》颁布，全面阐述了国家融合中心网络(NNFC)建设的愿景、使命、基本目标、主要任务与实现路径，明确了 37 项行动计划。[⑤] 国家融合中心网络的建设与发展弥补了州和地方情报能力的不足，为应对“所有犯罪、所有威胁、所有风险”建立了“跨行业、跨辖区、跨机构、跨领域”的信息共享与情报融合枢纽。

3. 国家信息共享环境建设

在情报界、国土安全界、执法领域改革的同时，联邦政府大力推进国家整体性的信息共享环境(Information Sharing Environment，简称 ISE)建设，为国土安全、情报、执法、国防、外交五大领域提供更为广泛的情报支

---

① Program Manager, Information Sharing Environment, “Information Sharing Environment Implementation Plan”, November 2006.

② National Governors Association Center for Best Practices, “A Governor's Guide to Homeland Security”, 2007.

③ White House, “The National Strategy for Information Sharing”, http://georgewbush-whitehouse.archives.gov/nsc/infosharing/index.html, 2018-10-30.

④ Department of Homeland Security's Office of Intelligence and Analysis, “2015 National Network of Fusion Centers Final Report”, April 2016, p. 11.

⑤ National Fusion Center Association, “2014—2017 National Strategy for the National Network of Fusion Centers”, July 2014, p. 3.

持。2004 年美国第 13356 号总统行政令《加强反恐信息共享以保护美国人民》要求设计和使用信息系统时应把"机构间的反恐情报交换"作为优先考虑事项,并指示建立信息系统委员会以推动相关建议的落实。《情报改革与恐怖主义预防法》(Intelligence Reform and Terrorism Prevention Act,简称 IRTPA)第 1016 节要求围绕反恐、大规模杀伤性武器以及国土安全建立信息共享环境(Information Sharing Environment,简称 ISE),旨在"……实施有效的、广泛的信息共享文化,平衡安全和保护隐私与公民自由权利之间的需求……"[①]为贯彻落实 IRTPA 关于 ISE 建设的要求,美国成立"信息共享委员会"(取代信息系统委员会),并在国家情报主任办公室成立"信息共享环境项目管理办公室"(PM-ISE),设立 ISE 项目主管(Program Manager for the Information Sharing Environment,简称 PM-ISE),负责监督和推动 ISE 建设。2006 年,PM-ISE 按照 IRTPA 的要求,与有关部门合作研究制定了《信息共享环境实施计划》(The Information Sharing Environment Implementation Plan),为推动美国情报界 16 个国家级情报机构以及政府各执法机构、私营机构、国外战略伙伴之间进行反恐信息共享提供了详细的流程和行动步骤,该计划要求每个州都必须确定一个融合中心作为联邦 ISE 和州、地方、部落执法机构(SLTLE)之间信息共享的纽带。此后,围绕 ISE 建设,美国发布了《与信息共享环境有关的职能配置》(2007 年)、《ISE 事业结构体系框架》(2007 年 1.0 版、2008 年 2.0 版)、国家情报主任办公室备忘录《ISE 项目主管的职责》(2007 年)、《国家信息共享战略》(2007 年)、《促进涉密网络安全和责任共享以及保护涉密信息的结构改革》(2011 年第 13587 号总统行政令)、《国家信息共享和安全战略》(2012 年)等系列政策标准与战略文件,为进一步推进国家安全信息共享环境建设提供了指引。

综上可见,"9·11"事件后美国执法情报理念与实践产生了革命性变化,开启了以情报主导警务为指导思想,以情报信息共享和融合为主要任务,以情报机构重组和情报分析能力建设为抓手,兼顾公民隐私、宪法权利与信息安全保护,通过立法、政策、标准与战略规划,全面推进执法情报工作的制度化、规范化、标准化建设,旨在应对"所有犯罪、所有

---

① Program Manager's Office, "The Information Sharing Environment Implementation Plan", www. ise. gov/docs/ise-impplan-200611. pdf,2018-10-30.

威胁和所有风险”的改革发展历程。在整个美国执法情报改革发展实践中，情报分析师队伍的规范化、制度化、职业化和专业化建设是美国执法情报改革的核心举措，也是推动情报主导警务战略发展的关键力量。正如美国《执法分析标准》所指出的，情报主导警务实际上是分析师引领警务（Analyst-directed Policing）[①]。

① The U. S. Department of Justice's Global Justice Information Sharing Initiative, International Association of Law Enforcement Intelligence Analysts, Inc., "Law Enforcement Analytic Standards (2nd edition)", April 2012, p. 14.

第二章　美国执法情报分析师的职责、类型与制度建设

因工作领域、对象、内容与环境的不同，情报分析师（Intelligence Analysts）往往被贴上不同的标签[①]，例如，执法分析师（Law Enforcement Analysts）、犯罪分析师（Crime Analysts）、公共安全分析师（Public Safety Analysts）、图像分析师（Imagery Analysts）、全源分析师（All Source Analysts）、战略分析师（Strategic Analysts）、调查分析师（Investigative Analysts）、国土安全情报分析师（Homeland Security Intelligence Analysts）、犯罪情报分析师（Criminal Intelligence Analysts）等。尽管其名称、工作领域、工作对象和工作环境有所不同，但本质一致，均指专门从事信息分析工作的专业人员。本书从广义角度理解执法情报分析师（Law Enforcement Intelligence Analysts），把在执法机构、国土安全机构、反恐怖机构、情报融合中心等部门从事执法信息分析工作的人员统称为执法情报分析师。本章旨在厘清美国执法情报分析师的职责、地位、角色与类型等基本问题，梳理"9·11"事件后美国执法情报分析师制度建设基本情况，为后续章节提供逻辑起点与总体框架。

第一节　执法情报分析师的定义、角色与职责

一、执法情报分析师的定义

美国国土安全部与司法部合作开发的《州与主要城市地区融合中心基准能力》（简称融合中心基准能力）将情报分析师定义为"一种专业化的

---

① Marrin, S, "Improving Intelligence Analysis", London, UK: Routledge, 2011; Richards, J, "The Art and Science of Intelligence Analysis", Oxford: Oxford University Press, 2010; Walsh, Patrick F., "Intelligence and intelligence analysis", New York, N. Y.: Routledge, 2011.

职位(Professional Position)","负责收集与犯罪有关的各种事实、情况记录、证据、访谈以及其他材料,将其组织成符合逻辑的架构,旨在揭示刑事案件,解释犯罪现象,描述犯罪与犯罪趋势,或对犯罪问题或犯罪组织进行评估,或为法庭审判和诉讼准备材料"。[①] 美国《执法分析师认证标准》《州、地区与部落情报分析师通用胜任能力》等重要文件则援引学者戴维·L. 卡特(David L. Carter)的观点,将执法情报分析师定义为"负责收集各类客观事实与文档资料、情况、证据、讯问记录以及其他与犯罪有关的材料,并按照特定的逻辑与相关框架研究罪案,解释犯罪现象,或揭示犯罪活动与犯罪趋势的专业人员"[②],其职责包括恐怖主义、国土安全和执法信息分析。[③] 美国执法情报改革纲要性文件《国家犯罪情报共享计划》(NCISP)将情报分析师的主要职责界定为"研究和分析原始数据,运用批判性思维和逻辑技巧,形成合理的结论和建议,以清晰凝练的方式为管理者提供有价值的情报"[④]。归纳上述文件对执法情报分析师的内涵与职责的界定,可窥执法情报分析师本质特点如下:

一是具有突出的专业性特点,执法情报分析师是专业技术人员,是专业化的职业或职位。

二是从工作职责看,执法情报分析师的职责范围包括恐怖主义、国土安全与执法信息(数据)收集、处理与分析。

三是从工作内容看,执法情报分析师的工作内容主要包括 4 个方面:(1)收集,即收集与犯罪有关的客观事实、文档资料、证据、访谈等各类材料;(2)处理,按照特定逻辑与框架对这些材料进行加工处理;(3)分析,即运用批判性思维与逻辑技巧,研究和解释犯罪现象,揭示犯罪活动规律与犯罪趋势,评估国土安全风险威胁,形成合理结论与建议;

---

① The U. S. Department of Justice's Global Justice Information Sharing Initiative, "Baseline Capabilities for State and Major Urban Area Fusion Centers", September 2008, p. 49.

② The U. S. Department of Justice's Global Justice Information Sharing Initiative (Global), "Law Enforcement Analyst Certification Standards——Based on the Law Enforcement Analytic Standards", August 2006; Carter, David L, "Law Enforcement Intelligence: A Guide for State, Local, and Tribal Law Enforcement Agencies", 2004, p. 110.

③ The U. S. Department of Justice's Global Justice Information Sharing Initiative (Global), "The Common Competencies for State, Local, and Tribal Intelligence Analysts", June 2010.

④ Global Intelligence Working Group, "The National Criminal Intelligence Sharing Plan", October 2003.

(4)制作情报产品,以清晰凝练的方式为情报用户提供情报服务。

四是从目的看,执法情报分析师旨在为执法机构的战略决策和战术行动提供情报支持。

二、执法情报分析师的地位与作用

美国《执法分析标准》明确指出,情报主导警务实际上是分析师引领警务(Analyst-directed Policing),因为情报是分析师的产品。[①] 学界对情报分析的重要作用早已达成共识。我国著名情报学者包昌火研究员认为,情报工作的核心任务是“序化”和“转化”[②]。“序化”是指对信息进行加工处理,使其结构化、有序化,便于理解、查找与使用;“转化”是指将原始数据或信息转化为有价值的情报,为决策和行动提供方向、策略、方案或建议。联合国毒品和犯罪问题办公室编撰的《犯罪情报:分析师手册》对情报分析的角色作了深刻的阐释(见图2-1),该手册明确指出情报工作的基本原理是通过情报分析将原始信息转化为情报,提供给情报用户,支持决策和行动,[③]概言之,情报分析是实现“转化”的关键,即“情报=信息+分析”。

美国天普大学刑事司法系杰瑞·H. 莱特克里菲(Jerry H. Ratcliffe)教授提出的“3I”情报主导警务理论模型(见图2-2)在执法情报界享有盛誉。“3I”模型用3个动词“Interpret、Influence、Impact”精炼地概括了情报主导警务的基本原理,即情报主导警务由“犯罪环境、情报分析与决策者”三大关键要素及其相互作用关系构成;情报分析师通过情报分析解读(Interpret)犯罪环境,为决策者提供情报产品,影响(Influence)决策者;决策者依据全面、及时、精准的情报,进行科学决策,优化资源配置,指挥具体行动,对犯罪环境施加影响(Impact),以预防、制止和减少犯罪,优化治安环境。该互动关系构成情报主导警务的核心要义,在这组互动关系中,有

---

① Global Justice Information Sharing Initiative, International Association of Law Enforcement Intelligence Analysts, Inc. “Law Enforcement Analytic Standards(2nd edition)”, April 2012, p. 14.

② 包昌火、张燕、黄英:《竞争情报的崛起和发展》,《情报学进展:2002—2003年度评论》2003年第5卷,第310—374页;包昌火、谢新洲:《关于我国情报学研究中若干问题的思考——写于〈信息分析丛书〉前言》,《情报理论与实践》2006年第5期,第513—515页;包昌火:《对我国情报学研究中三个重要问题的反思》,《图书情报知识》2012年第2期,第4—6页。

③ The United Nations Office on Drugs and Crime (UNODC), “Criminal Intelligence: Manual for Analysts”, New York, 2011.

关犯罪环境的情况(信息)通常是多元的、广泛的、分散的、零碎的、孤立的,真假混杂,质量参差不齐,唯有通过综合、深入、严谨的分析研判,方能去粗取精、去伪存真,全面、系统、深入、客观、真实地反映或揭示犯罪活动与犯罪环境的规律特点以及犯罪要素之间的关联,为决策和行动提供依据。概言之,情报分析是决策和行动的依据,是整个情报主导警务工作机制的中心环节。这一判断吻合人类科学认知的基本原理,情报信息是人们认识世界的中介,没有高质量的情报支持,决策和行动将"盲目""失聪",全面、及时、可靠的情报,是科学决策的指引,是精确行动的依据。

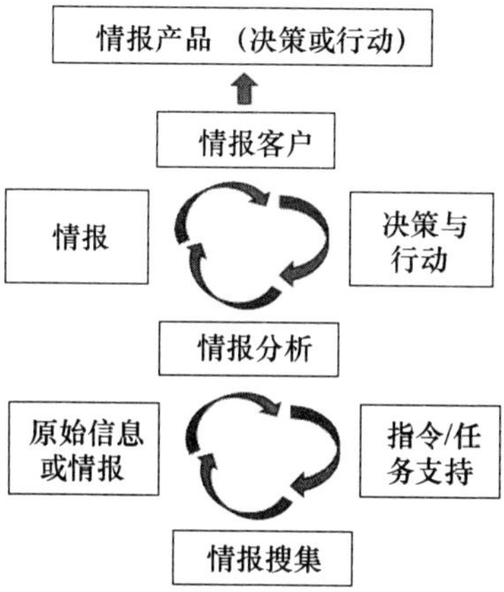

图 2-1　情报分析师的地位与作用①

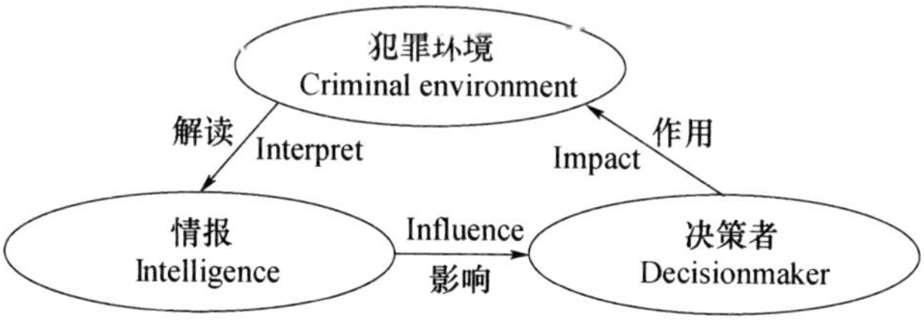

图 2-2　"3I"模型②

① The United Nations Office on Drugs and Crime (UNODC), "Criminal Intelligence: Manual for Analysts", New York, 2011.

② Jerry H. Ratcliffe, "Intelligence-led Policing", http://www.aic.gov.au/publications/tandi/ti248.pdf, 2018-4-26.

"9·11"事件后,美国执法界、国土安全界和情报界在深刻反思的基础上切实认识到情报分析师在执法与国土安全工作中的重要作用,美国2012年修订的《执法分析标准》(2.0版)开篇指出,"情报分析师对于执法机构的规划、情报以及调查活动均十分关键"[①]。2013年发布的《中级分析培训课程最低标准》对分析师地位与作用作了这样的阐述[②]:

- 分析师(含犯罪与情报分析师)是各级执法机构犯罪分析中心、情报部门以及大城市区域融合中心、区域性信息共享系统(RISS)中心、高危贩毒地区(HIDTA)情报中心的关键组成部分(Critical Component);
- 分析师在执法和国土安全业务中具有不可或缺的作用(An-integral Role),对圆满完成情报与分析处理工作至关重要(Essential),能够为机构领导者、指挥官以及街面执法警官提供有力的支持(Valuable Support);
- 分析师通过战术、行动和战略情报分析,能够为组织机构的资源配置、人员部署、案件支援、评估发展以及犯罪模式与趋势分析提供支持。

基于上述认知,美国执法界、国土安全界近年来大力推进情报分析师队伍建设,积极开发情报分析师培训、认证、职业发展等相关标准和规范,创设良好的情报分析人才培养与职业发展的制度环境,为推动情报资源的共享整合与开发利用,应对"所有威胁"(All-threats)与"所有风险"(All-hazards)提供强有力的情报支持。通过多年来的努力,美国执法领域的情报分析师队伍数量大幅度增加,专业化程度不断提高。以美国联邦调查局(FBI)为例,FBI雇员职位呈现"三分天下"的格局:一是特工(Special Agent);二是情报分析师(Intelligence Analyst);三是专业支持人员(Professional Support)。据统计,2002年至2018年间,FBI雇员总数从25,328人增长到35,194人,增长率为38.95%,而情报分析师人

---

① The U.S. Department of Justice's Global Justice Information Sharing Initiative, International Association of Law Enforcement Intelligence Analysts, Inc., "Law Enforcement Analytic Standards (2nd edition)", https://it.ojp.gov/documents/d/Law%20Enforcement%20Analytic%20Standards%2004202_combined_compliant.pdf, 2018-4-26.

② The U.S. Department of Justice's Global Justice Information Sharing Initiative, International Association of Law Enforcement Intelligence Analysts, Inc., "Minimum Standards for Intermediate-Level Analytic Training Courses", October 2013.

数从 1,156 人增长至 3,337 人,增长率为 188.67%,FBI 情报分析师占 FBI 雇员总数之比从 4.6% 增至 9.5%,增加了一倍多,且自 2010 年以来一直稳定在 9.5% 左右。2018 财政年度 FBI 的特工人数为 14,120 人,情报分析师人数为 3,337 人,情报分析师与特工之比为 23.63%。[①] 换言之,美国 FBI 平均每百名执法工作者有近 10 名情报分析师提供情报分析服务,每百名特工有近 24 名情报分析师提供情报分析支持。

表 2-1　2002—2019 年 FBI 情报分析师职数[②]

年份	总数	分析师	占比(%)	年份	总数	分析师	占比(%)
2002	25,328	1,156	4.56	**2011**	33,232	3,163	9.52
2003	26,605	1,323	4.97	**2012**	34,019	3,249	9.55
2004	28,835	2,140	7.42	**2013**	34,354	3,252	9.47
2005	30,039	2,314	7.7	**2014**	34,956	3,253	9.31
2006	31,356	2,402	7.66	**2015**	35,037	3,290	9.39
2007	31,359	2,402	7.66	**2016**	35,158	3,323	9.45
2008	30,211	2,376	7.86	**2017**	35,158	3,334	9.48
2009	31,494	2,811	8.93	**2018**	35,194	3,337	9.48
2010	32,998	3,183	9.65	**2019**	34,694	3,297	9.50

(该表数据根据 FBI 历年年度预算数据整理而成,其中 2002—2018 年度的数据为获批职数,2019 年度的数据为总统预算数)

① Federal Bureau of Investigation, "FY 2018 Budget Request At A Glance", https://www.justice.gov/jmd/page/file/968261/download, 2018-4-27.

② Department of Justice, "FY 2009 FBI", https://www.justice.gov/sites/default/files/jmd/legacy/2014/08/02/fy09-fbi.pdf; "FY 2012 Budget Request At A Glance", https://www.justice.gov/sites/default/files/jmd/legacy/2013/11/27/fy12-fbi-bud-summary.pdf; "FY 2013 Budget Request At A Glance", https://www.justice.gov/sites/default/files/jmd/legacy/2013/10/08/fy13-fbi-bud-summary.pdf; "FY 2014 Budget Request At A Glance", https://www.justice.gov/sites/default/files/jmd/legacy/2014/01/28/fbi.pdf; "FY 2015 Budget Request At A Glance", https://www.justice.gov/sites/default/files/jmd/legacy/2014/01/31/fbi.pdf; "FY 2016 Budget Request At A Glance", https://www.justice.gov/sites/default/files/jmd/pages/attachments/2015/01/30/27_bs_section_ii_chapter_-_fbi.pdf; "FY 2017 Budget Request At A Glance", https://www.justice.gov/jmd/file/822286/download; "FY 2018 Budget Request At A Glance", https://www.justice.gov/jmd/page/file/968261/download; "FY 2019 Budget Request At A Glance", https://www.justice.gov/jmd/page/file/1033146/download.

三、执法情报分析师的职责与任务

在不同执法机构任职的情报分析师的职责各有不同。为了客观全面呈现美国执法机构情报分析师的主要职责和任务，下文以美国联邦调查局（代表联邦执法机构）、芝加哥警察局（代表州执法机构）、加州核桃溪市城市警察局（代表郡级执法机构）以及国际犯罪分析师协会（代表情报专业协会组织）四类机构为考察对象，管窥美国执法情报分析师的主要职责和任务。

（一）联邦执法机构：联邦调查局

美国总检察长办公室（Office of the Inspector General）于 2007 年发布的针对美国联邦调查局（FBI）有关人员招募、培训、留任的审计报告指出，FBI 的情报分析师主要扮演三种角色①：一是全源分析师（All-source Analysts），分析来自多元渠道的威胁信息，为行动专家提供情报支持；二是情报行动专家（Operations Specialists），在现行调查和情报需求框架下评估各类威胁对国家安全的潜在影响；三是报告官员（Reports Officers），承担着"信息经纪人"的角色，负责建立全源分析师与行动专家之间的信息桥梁，以解决更为广泛的国家安全问题和需求。

随着执法情报实践的深入发展，FBI 进一步优化情报分析师的职业发展路径，制定发布的《情报分析师选拔程序》明确 FBI 情报分析师主要有以下三条职业路径：一是战术型分析师职业路径（Tactical Analyst Career Path），战术型分析师主要分布在 FBI 总部以及各地的调查小组或单元，为行动性的案件提供情报分析支持，其主要职责如下：评估和传递关于具体威胁和情报缺口的实时分析判断；理解新的威胁以强化领域知识（Domain Knowledge），并利用情报搜集机会；通过发现收集机会和缺口，确保及时、准确地报告情报。二是收集/报告分析师职业路径（Collection/Reporting Analyst Career Path），其主要职责和任务是负责理解、评估和验证情报，具体包括：强化 FBI 情报搜集能力，根据优先阶序

---

① Office of the Inspector General, "Follow-up Audit of the Federal Bureau of Investigation's Efforts to Hire, Train, and Retain Intelligence Analysts", https://oig. justice. gov/reports/FBI/a0730/back. htm, 2018-4-27.

搜集需求和情报缺口传递原始情报;通过各种媒体、文件、一般信息等形式及时报告原始情报;发现人力和技术来源搜集机会。三是战略职业路径(Strategic Career Path),即将综合信息整合到战略分析产品,提供情报背景,促进每个部门对威胁、缺口和脆弱性的理解,其具体职责包括:执行领域分析(Domain Analysis),明确责任领域中存在的威胁;执行行业范围(Enterprise-wide)的战略分析;开展研究,确定威胁和趋势。[①]

2011 年 FBI 官方网站刊载的一篇文章对 FBI 情报分析师的角色作了这样的描述:不管从事哪个科目或领域的工作,情报分析师的首要职责是收集、分析和传递信息,其职责主要有(不限于):一是从情报产品和调查报告中发现和提取关键信息,对这些数据进行分析,并将其写入情报报告进行传递;二是开发专门的知识,辨别复杂的行为模式,对当前和未来的威胁提供准确的解读;三是运用先进的归纳推理技能,为潜在的威胁提供积极有效的应对方法;四是为各类文件、报告、案件档案以及其他各类信息源建立导航,以支持研究和分析;五是在联邦调查局内部和外部建立和维持有效的工作关系。[②]

(二)州执法机构:芝加哥警察局

美国芝加哥警察局(Chicago Police Department)于 2017 年 9 月发布的犯罪情报分析师(Criminal Intelligence Analyst)招聘信息对犯罪情报分析师的基本职责说明如下[③]:

1. 全面了解区域战略决策支持中心(District Strategic Decision Support Centers,简称 SDSCs)、实时态势感知中心(Real-time Situational Awareness Centers)等犯罪活动评估、干预和控制部门所使用的软件和分析平台。

2. 运用战略决策支持中心(SDSC)的程序、技术和分析工具,支持

---

① Federal Bureau of Investigation,"Intelligence Analyst Selection Process Candidate Information Packet", https://www.fbijobs.gov/sites/default/files/Intelligence_Analyst_Candidate_Information_Packet.pdf,2018-4-27.

② FBI,"Intelligence Analysts-Part 2: The Subject Matter Experts", https://www.fbi.gov/news/stories/intelligence-analysts-subject-matter-experts,2018-2-28.

③ Chicago Police Department,"Criminal Intelligence Analyst", https://home.chicagopolice.org/crimeanalyst/,2018-2-28.

整个城市的暴力犯罪控制工作，并评估这些工作在促进犯罪控制方面的效果。

3. 整合这些平台的成果，为各部门的工作人员（包括警务人员、监督管理人员、指挥人员等）开发和传递日常犯罪简报。

4. 制定、实施、监测和调整每时每日的资源配置策略以打击暴力犯罪，利用报告工具和分析程序，以口头或书面方式提出资源配置建议。

5. 制定策略和方法，遵循现行的部门规章和法律程序，收集、整理、记录刑事司法信息，依据这些信息，制定和实施犯罪控制计划，并评估犯罪控制计划的效果。

6. 开发分析工具和程序，用以识别未来潜在的暴力犯罪征兆，创建犯罪预防战略成效监控程序。

7. 通过识别犯罪模式，包括人（Who）、时间（When）、地点（Where）、原因（Why）等要素，增强官员对重点犯罪威慑任务的理解。

8. 为引进和实施新举措、新战略提供协助，支持犯罪控制战略，为各部门有关人员运用数据和数据分析确定资源战略配置提供支持。

9. 对刑事司法信息进行详尽的研究与分析，并撰写报告，揭示犯罪分子和犯罪团伙之间的关系，确认犯罪活动模式，供执法人员、城市政府部门和其他外部机构使用。

10. 利用各种数据库系统、网络搜索引擎、其他信息来源（例如，调查访谈、学术研究成果、新闻报道等），研究、编撰和整理刑事司法信息和统计报告以支持调查。

11. 运用 HunchLab 等预测软件以及其他基于人员和空间的风险模型，评估犯罪干预策略，并基于其成效对这些工具提出改进建议。

12. 分析和评估从各类来源（如地方/州/联邦执法机构、数据库、公共记录等）获取的刑事司法信息和数据，评估来源的可靠性和内容的有效性。

13. 运用归纳推理和演绎推理分析数据，将其转化为切实可行的刑事司法信息，用于调查以及其他执法活动。

14. 制作解释数据的图解说明（如图表、矩阵等），清晰呈现结构化的事实和统计数据等刑事司法信息，为嫌疑人、犯罪分子或犯罪组织调查工作提供支持。

15. 编写、分发各类信息通报、简报以及其他与安全预警有关的信息材料与执法信息等。

16. 整编谋杀、枪击等特殊案件的调查案卷与数据集。

17. 设计、使用和维护数据库以及软件应用程序，例如，地理信息系统、情报工具等。

18. 提供口头简报、法庭证词、其他分析产品和技术相关的培训与陈述。

19. 响应信息需求，作为各执法组织、机构之间的联系纽带，推进信息共享、社区警务、犯罪预防战略。

20. 紧跟时事与最新活动动态，参与各类座谈会、研讨会以及其他有助于职业发展的活动。

21. 利用分析工具和程序对各部门成员进行培训，提高工作效率效益。

22. 代表部门参加各种会议，并根据需要为特殊分析项目提供协助。

（三）郡执法机构：加州核桃溪市警察局

美国加州核桃溪市城市警察局（The Walnut Creek Police Department）于2015年2月发布的招聘信息对犯罪与情报分析师（Crime and Intelligence Analyst）的基本职责描述如下①：

1. 收集并运用定量和定性方法研究、分析和制作各类执法、犯罪和情报数据报告；分析犯罪活动、犯罪模式、关系和趋势；创建、检索和维护数据库文档以及其他记录；运用 Excel 电子表格和统计分析软件处理、分析和呈现数据。

2. 准备统计分析书面报告和口头报告以及其他书面材料；传递信息，并为警察机关首长、指挥官以及其他管理者的管理工作、调查工作和战术应用提供建议。

3. 向各部门、媒体、企业和社会团体介绍情况；根据需要提供犯罪分析方面的培训；开展业务资源配置研究，包括预算、编制、人员配备、部

---

① City of Walnut Creek, "Invites Applications for the Position of: Crime and Intelligence Analyst", http://crimeanalyst.org/wp-content/uploads/2015/02/WalnutCreekCrimeIntelligenceAnalyst02_15.pdf, 2018-2-18.

署和调度等;针对变革方案提供成本效益分析。

4. 与同事、其他城市雇员、公众等建立并维持积极的工作关系;为管理提供技术和行政支持;监测与犯罪分析有关的法律、法规、技术变化,参与制定、实施和评估犯罪分析程序、政策与具体做法;根据需要出庭作证;根据安排负责监管下级工作人员;落实相关工作安排。

(四)专业协会组织:国际犯罪分析师协会

国际犯罪分析师协会(IACA)曾梳理各执法机构发布的犯罪分析师招聘信息,列举了12种关于犯罪分析师(Crime Analyst)岗位职责和任务说明,具体如下①:

1. 犯罪分析师的任务是及时提供有关犯罪模式、犯罪趋势的信息,促进对罪犯和案件的理解,为行动人员和行政人员配置资源,预防和控制犯罪提供情报支持。

2. 负责研究和分析执法数据,识别和解释犯罪活动、犯罪模式、犯罪走向,预测未来发展趋势,为警力资源配置和部署提供依据。

3. 犯罪分析职位是犯罪分析部门的重要组成部分,专门从事犯罪趋势分析、犯罪模式分析、调查分析、统计分析与数据集成,向警察机构、公众、政府机构以及其他部门提供统计报告。该职位需要负责协调和支持统计工作以处理复杂的战略性和战术性犯罪分析问题。

4. 犯罪分析部门的领导人必须同内部和外部的高级警务指挥官和高级信息技术官员进行有效的沟通,具备出色的能力,能够通过正式和非正式方式向下级和上级阐释创新成果和观点。此外,必须对现代警务活动有深刻的理解,能够牢牢把握哪些对减少犯罪、改善公共安全有效,哪些无效。

5. 分析师的首要职责是为整个部门的任务提供支持,即为学生、教师、行政人员和职员提供安全保障和安全环境。分析师应负责安全相关数据的收集、评估和分析,包括战术、战略和行政分析,为警察机构提供支持。

6. 分析师负责分析复杂的执法数据,此外,还负责识别、解释当前

---

① IACA,"Announcing an Open Position", https://www.iaca.net/dc_position_announcements.asp#Qualifications,2018-2-25.

以及未来的犯罪活动、模式和趋势。

7. 负责运用情报分析原理解释影响犯罪调查工作的信息。这是一个需要高度负责的岗位,需要与各类资源方合作,将这些信息转化为计算机信息予以处理和分析,并报告分析结果,这些信息主要用来预测犯罪活动。

8. 分析师的主要职责是对犯罪数据进行研究和分析,以解决问题,包括通过回顾机构内外的警务报告、其他执法数据,开发和维护存储这些信息的数据库,与部门内外建立和保持合作伙伴关系,以促进信息共享,影响犯罪活动。

9. 分析师将对警务机构所获取的所有犯罪数据进行研究和分析,具体工作内容包括广泛阅读、撰写报告、数据分析、发现罪犯以及犯罪团伙之间的关系。此外,还须负责报告和图表的制作与撰写,为未来执法或其他法律行动规划提供背景情况。

10. 全面履行犯罪分析职责,包括战略、行政和战术分析;执行综合性的研究项目,并监督战术情报工作。

11. 该职位需要有长远的执法分析愿景和高超的分析技能,能够带领机构向愿景迈进。带头人应能够为执法分析(包括内部的情报和犯罪分析)以及与外部组织机构合作提供具有创造性的构想并具有卓越领导力,其职责是维持并不断改进和提升分析的有效性,以支持情报主导警务模式。

12. 该职位需要监督犯罪分析部门,包括监督犯罪分析部门的分析师、技术人员、分析监管者,该职位作为机构的首席代表成为地区和州融合工作的组成部分。

(五)小结:执法情报分析师的核心职责

伦敦大学安全与犯罪学系的学者乔迪·贝鲁尔(Jyoti Belur)和谢恩·约翰逊(Shane Johnson)曾于2014年采取半结构化访谈和焦点小组讨论法对英国警察机构的24名情报从业人员关于其角色认知进行调查(其中分析师14名,情报人员4名,情报管理者6名)发现,超过半数的被调查者坦言对犯罪情报分析岗位的职责描述不了解,被调查者根据自我认知提及的工作职责主要有以下几个方面:识别犯罪模式和趋势;提供分析和统计报表;识别威胁、风险和脆弱性;推理、假设验证和解决问题;撰写战术和战略分析报告等。其中工作时间占比较高的9类分析业务是犯罪趋势分析、时空模式分析、犯罪热点地图、案件比较分析、通信分析、巡逻路线配置、情报报告、专题报告、深度报告。[①] 结合该调查研究成果,根据美国各执法机构及专业协会对情报分析师职责和任务的描述,归纳总结执法情报分析师的核心职责如下(见图2-3)。

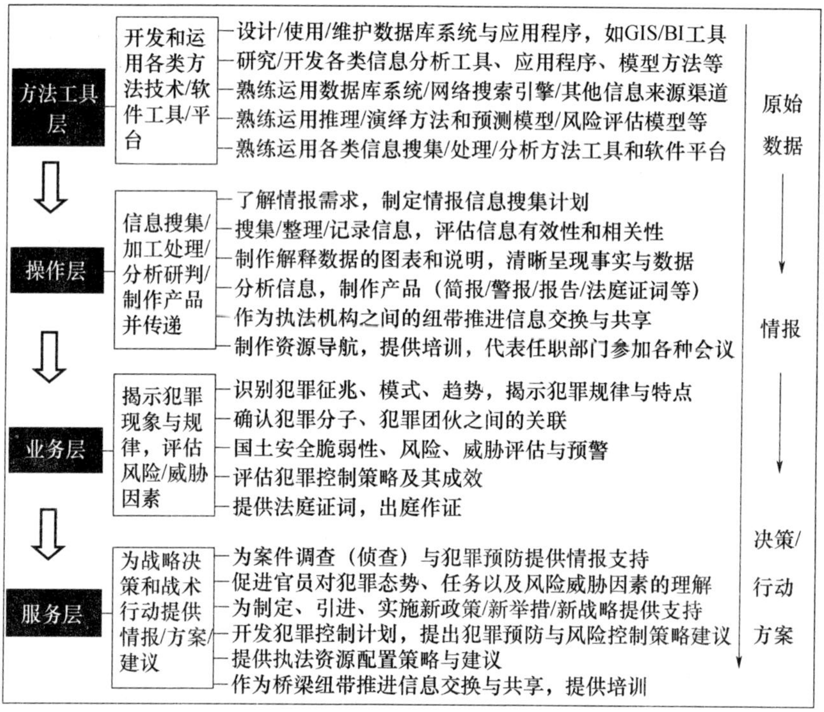

图2-3 执法情报分析师的核心职责

1. 从方法工具维度看,执法情报分析岗的职责内容主要涉及以下方面:一是开发、设计、使用、维护数据库系统与应用程序,包括各类犯罪数据库系统、地理信息系统(GIS)、人工智能工具(BI)、Excel以及其他统计分析软件;二是研究、开发各类信息分析工具与模型方法;三是熟练运用数据库系统、网络搜索引擎以及其他信息来源渠道(包括调查访问、新闻报道等);四是熟练运用归纳推理、演绎推理以及其他情报分析

① Jyoti Belur & Shane Johnson,"Is Crime Analysis at the Heart of Policing Practice? A Case Study", Policing and Society,05 Dec 2016,pp. 1—19.

方法、预测模型、风险评估模型；五是熟练运用各类信息搜集、处理、分析工具和软件平台等。

2. 从信息处理业务维度看，执法情报分析岗的职责内容主要涉及以下几个方面：一是了解情报需求，制定情报搜集分析计划；二是信息收集；三是信息加工与整理，包括信息筛选、分类、提炼、整合、概括等；四是信息评估，主要评估信息来源的可靠性与信息内容的真实性；五是信息制图，以形象、生动、直观的图表展示信息以及信息之间的关联，例如，数据透视图、趋势变化图、犯罪关联图、通信联络图、商品流程图等；六是信息分析，包括运用逻辑推理、灵感直觉、经验判断、数据统计以及各类分析方法和工具对信息进行关联和解读，提出假设并验证假设，得出结论；七是制作情报产品，包括口头报告、情报简报、情况通报、专题研究报告以及其他各类陈述材料；八是传递情报产品，将情报产品传递给合适的用户；九是为各类情报信息源与情报分析技术工具制作导航。

3. 从情报分析支持的业务内容看，主要有以下几个方面：一是服务于管理与决策，包括为执法决策、战略规划、资源配置与部署、预算、编制、人员配备等提供情报依据以及方法、策略等方面的建议。二是服务于犯罪调查、预防与控制，重点是识别犯罪模式，分析犯罪趋势，剖析犯罪流程，刻画犯罪行为与人员轨迹，建立犯罪要素之间的关联，解读犯罪环境，为犯罪调查与防控提供情报支持与应对策略，并评估犯罪控制效果。三是服务于风险评估与预警，对国土安全威胁因素进行评估，识别风险与脆弱性，发现安全防范漏洞，对当前和未来的各种威胁提供准确的解读和科学预警预测，为潜在的威胁提供积极有效的应对方法与建议。四是其他情报相关工作，例如，与同事、同行、伙伴单位等建立职业联系网络；提供口头报告、法庭证词、情报培训；紧跟时事与活动发展，参与座谈会、研讨会以及其他与情报职业发展相关的活动；监测执法情报分析有关的法律、法规、技术与实践进展等。

4. 从服务目标和对象看，执法情报分析师主要为战略决策和战术行动提供支持服务，具体说来：一是为案件侦查提供支持；二是促进官员对犯罪态势、犯罪防控任务以及风险威胁因素的理解；三是为制定、引进、实施新政策、新举措、新办法提供支持；四是开发犯罪控制计划，就犯罪预防与风险控制提供策略与建议；五是提供资源配置策略、方案和建议。

第二节 执法情报分析师的类型

分类是认识事物的有效手段。中国人民公安大学陈刚教授在《犯罪情报分析》一书中从三个维度对犯罪情报分析进行归类：一是以犯罪情报分析结果的时间效能为标准，分为战略性犯罪情报分析、战术性犯罪情报分析两类；二是以公安机关业务警种类型为依据，将犯罪情报分析分为国保、治安、刑侦、反恐、禁毒等犯罪情报分析类型；三是以犯罪情报分析的工作目标为标准，分为防范型、打击型、控制型三类。[①] 美国学界和执法实践部门对执法情报分析师的分类逻辑与我国有所不同，常见的分类体系如下：

一、"五分法"

美国执法实务部门通常将"犯罪分析"分为"情报分析（Intelligence Analysis）、犯罪调查分析（Criminal Investigative Analysis）、战术性犯罪分析（Tactical Crime Analysis）、战略性犯罪分析（Strategic Crime Analysis）和行政性犯罪分析（Administrative Analysis）"5 类。[②] 情报分析涉及确定犯罪网络和犯罪活动，以协助逮捕违法者，这些犯罪网络通常与有组织犯罪、帮派、贩毒、卖淫团伙、金融诈骗团伙、恐怖组织等犯罪集团有关。刑事调查分析又称犯罪画像（Criminal Profiling），是指利用犯罪要素推断罪犯的特征，如人格类型、社会习惯、工作习惯等，帮助调查人员识别或确定嫌疑程度。战术性犯罪分析是对近期犯罪案件的研究，旨在建立犯罪活动之间的关系，识别模式，确定潜在的嫌疑人；战略性犯罪分析是指研究犯罪问题与其他相关问题以确定长期活动模式，评估警务应对策略和组织程序；行政性犯罪分析是基于法律、政治和实际问题等考量向警察机构、市政府/议会、公民等受众发布犯罪研究与分析中有意义的成果。[③]

---

① 陈刚：《犯罪情报分析》，中国人民公安大学出版社 2007 年版，第 24—25 页。

② Baker, T. E.，"Introductory criminal analysis: Crime prevention and intervention strategies"，Upper Saddle River, New Jersey: Pearson Prentice-Hall, 2005.

③ Boba, R.，"Introductory guide to crime analysis and mapping"，Washington DC: U. S. Department of Justice, Office of Community Oriented Policing Services, 2001.

二、"四分法"

美国犯罪分析专家史蒂文·戈特利布(Steven Gottlied)等人将执法情报分析分为4种类型①:一是犯罪分析(Crime Analysis),主要用于确定"谁对谁做了什么",它重点关注人身财产类犯罪,如杀人、强奸、敲诈、偷盗等类型的犯罪活动,通过识别犯罪模式、预测犯罪趋势、分析犯罪嫌疑等,为调查研究提供线索,为社区治理和犯罪预防提供支持性数据,为案件调查提供可视化支持,为司法部门制定计划提供建议。二是情报分析(Intelligence Analysis),旨在"确定谁与谁正在做什么",它关注的是卷入非法活动的人员与组织之间的关系,主要针对毒品交易、卖淫团伙、有组织犯罪、帮派、恐怖组织等有组织犯罪活动。三是行动分析(Operations Analysis),主要着眼于对人力资源与工作任务分配模式的分析,旨在为组织机构资源运用与配置提供支持。四是调查分析(Investigative Analysis),常用于罕见的或连环杀人案的专案调查,主要利用犯罪现场证据及受害者的背景资料,刻画犯罪嫌疑人的体貌、行为与心理特征等。这种分类方式在美国执法实践工作中比较常见。

三、"三分法"

在美国执法情报实践中,将分析师分为"报告分析师、战术分析师、战略分析师",或分为"战略分析师、战术分析师、管理分析师",或分为"初级分析师、中级分析师、高级分析师",亦是常见的分类框架,且对美国执法情报分析师职业发展影响深远。

(一)收集与报告分析师—战术分析师—战略分析师

2011年,美国联邦调查局(FBI)为情报分析师创设了收集与报告(Collection and Reporting)、战术分析(Tactical Analysis)、战略分析(Strategic Analysis)3条不同的情报分析师职业发展路径(Intelligence

① Gottlieb, S., Arenberg, S., Singh, R, "Crime Analysis: From First Report to Final Arrest", Alpha Publishing, Montclair, 1998.

Analyst Career Path)：[①]

1. 收集与报告分析师。收集与报告分析师是原始情报的处理者，他们运用各种情报收集方法改进情报收集的准确性和及时性，他们经常利用语言学家和解密技术破译高优先级情报，帮助战术部门更好地备战任务，或更快、更有效地完成任务。FBI《情报分析师选拔程序》明确收集/报告分析师"主要负责理解、评估和验证情报"，其职责主要有三：一是强化 FBI 情报搜集能力，根据优先级搜集需求和情报缺口传递原始情报；二是通过各种媒体、文件、一般信息等形式以及时报告原始情报；三是发现人力和技术来源搜集机会。[②]

2. 战术分析师。战术分析师负责提供关于已经出现的或即将出现的具体威胁的最新信息，他们通常被安排在行动部门任职，为紧急工作提供信息，他们还可能为工作任务提供准备支持，并在成功完成任务后收集数据，具体包括审讯、技术分析、犯罪现场调查等。FBI《情报分析师选拔程序》将战术分析师的职责定义为以下四个方面：一是嵌入实地或总部的调查小组或单元，为行动性的案件提供支持；二是实时评估和传递关于具体威胁和情报缺口的分析判断；三是理解新的威胁以促进领域认知，并开发利用搜集机会；四是通过发现收集机会和缺口，确保及时、准确地报告情报。[③]

3. 战略分析师。战略分析师为威胁分析、政策制定和战略资源应用提供支持，他们常常使用他人处理过的信息，制定应对和消除威胁的综合策略，他们从宏观大局视角进行组织管理，以改进情报、犯罪调查和国际安全业务绩效。[④] FBI《情报分析师选拔程序》将战略分析师的使命

---

① United States Government Accountability Office, "FBI Counterterrorism: Vacancies Have Declined, but FBI Has Not Assessed the Long-Term Sustainability of Its Strategy for Addressing Vacancies", Report to Congressional Requesters, p. 31, http://www.gao.gov/assets/600/590147.pdf, 2018-4-29.

② FBI, "Federal Bureau of Investigation: Intelligence Analyst Selection Process Candidate Information Packet", p. 18, https://www.fbijobs.gov/sites/default/files/Intelligence_Analyst_Candidate_Information_Packet.pdf, 2018-5-2.

③ FBI, "Federal Bureau of Investigation: Intelligence Analyst Selection Process Candidate Information Packet", p. 18, https://www.fbijobs.gov/sites/default/files/Intelligence_Analyst_Candidate_Information_Packet.pdf, 2018-5-2.

④ FBI, "Career Tracks for FBI Intelligence Analysts", https://www.fbiagentedu.org/careers/intelligence/fbi-intelligence-analyst/, 2018-5-2.

定义为“将综合信息整合到战略分析产品，提供情报背景，促进每个部门对威胁、缺口和脆弱性的理解”，并明确其具体职责如下：一是执行领域分析（Domain Analysis），明确责任领域中存在的威胁；二是执行行业范围（Enterprise-wide）的战略分析；三是开展研究工作，确定威胁和趋势。①

（二）战略分析师—战术分析师—管理分析师

国际犯罪分析师协会（IACA）将犯罪分析分为犯罪情报分析、战术型犯罪分析、战略型犯罪分析、管理型犯罪分析 4 类②。从本质上讲，无论是犯罪分析、情报分析、行动分析还是调查分析，都是依据一定的信息，运用逻辑、推理、分析方法和技术，对违法犯罪现象和管理要素进行分析研判，为决策和行动提供建议、意见与情报支持的过程，因此，本书从广义的角度定义执法情报分析，把前文所提及的类型统称为情报分析，并将其归为 3 类：战略分析（Strategic Analysis）、战术分析（Tactical Analysis）、管理分析（Administrative Analysis）。相应的，执法情报分析师可分为以下 3 种类型③：

1. 战略情报分析师。战略情报分析师着眼于长期问题、长期战略、政策和犯罪预防技术的评估和开发，旨在分析、洞察和理解犯罪行为模式、犯罪环境与犯罪趋势，用于组织战略决策与规划、资源开发与配置、政策制定与犯罪预防，具体包括：明确目标与职权范围，调查研究现状与评估进展，研究人口和社会问题，识别犯罪模式与犯罪趋势，确立执法优先事项，优化资源配置，支持工作规划，提出控制策略等。

---

① FBI, “Federal Bureau of Investigation: Intelligence Analyst Selection Process Candidate Information Packet”, p. 18, https://www.fbijobs.gov/sites/default/files/Intelligence_Analyst_Candidate_Information_Packet.pdf, 2018-5-2.

② International Association of Crime Analysts (IACA), “Definition and Types of Crime Analysis”, Standards, Methods, & Technology (SMT) Committee White Paper, http://www.iaca.net/Publications/Whitepapers/iacawp_2014_02_definition_types_crime_analysis.pdf, 2018-5-2.

③ 本书对战略、战术、管理情报分析的界定参考了以下文献：David L. Carter, “Law Enforcement Intelligence: A Guide for State, Local, and Tribal Law Enforcement Agencies”, p. 83, https://it.ojp.gov/documents/d/e050919201-IntelGuide_web.pdf; International Association of Crime Analysts (IACA), “Definition and Types of Crime Analysis”, Standards, Methods, & Technology (SMT) Committee White Paper, http://www.iaca.net/Publications/Whitepapers/iacawp_2014_02_definition_types_crime_analysis.pdf, 2018-5-2.

2. 战术情报分析师。战术情报分析师主要为一线的执法人员和侦查人员具体案件侦办提供情报支持①,通常表现为对某地区的个案或短期数据进行分析,为决策者和侦查员或小型团队针对当地的犯罪调查提供情报分析服务,为案件侦查、街面巡逻和执法资源配置提供情报依据,由于战术情报可直接为逮捕、取证、巡逻、安检等一线执法工作提供支持,是执法情报部门最为常见的业务类型。

3. 管理(行政)情报分析师。管理(行政)情报分析师主要负责执法机构运行管理问题分析,旨在为执法机构的规划、管理、社区关系、资金等诸多领域提供分析支持,具体包括工作量的计算、执法人员活动分析、对媒体请求的答复、经费申报、警务计划的成本效益分析等。管理(行政)情报分析技术主要有分区和重新分区分析(Districting and Re-districting Analysis)、巡逻人员配置分析(Patrol Staffing Analysis)、成本效益分析(Cost-benefit Analysis)、特定事件的资源配置分析(Resource Deployment for Special Events)等。

(三)初级分析师—中级分析师—高级分析师

美国建立统一的情报分析师分级制度是"9·11"事件后的新举措,2004年制定《犯罪情报培训最低标准》明确了初级情报分析师培训最低标准,但文件内容并未出现初级、中级、高级分析师的划分。直到2013年,在《中级分析培训课程最低标准》(The Minimum Standards for Intermediate-Level Analyst Training Courses)研究制定过程中,来自国家、地方、部落的从业者、培训提供者、执法和情报机构领导、分析监督者以及情报界的合作伙伴共同研讨确定了分析师职业发展与培训的分级机制,其基本思想如下:第一,分析师职业发展和培训分为初级、中级、高级三级,初级分析师即入门级或学徒;中级分析师是指有经验的分析师;高级分析师即领导/监管分析师或专题领域的分析专家。第二,无论哪个层级的分析师,都应具备《州、地区与部落情报分析师通用胜任能力》规定的核心能力。第三,鉴于各州、地区、部落的情报分析师发展层级各不相同,"初级、中级、高级"这种相对宽泛的分级制能够满足各地需要,兼容各地差异。

① Ratcliffe, J. H, "Strategic Thinking in Criminal Intelligence", Sydney: Federation Press, 2004, pp. 1—10.

第四,上述三个职业层级的知识、技巧、能力与应用培训标准相结合最终形成分析师职业发展路线图。2015 年,美国执法领域的《分析职业发展路线图》正式发布①,对三个层级的执法情报分析师的定位、通用能力、专业技巧与能力、教育培训以及课程标准等作了全面系统的阐述,最终确立了三级情报分析师职业发展与培训制度架构。根据上述标准文件,可将三级执法情报分析师界定如下:

1. 初级情报分析师(Basic or Entry-level Analysts)。初级情报分析师又称入门级情报分析师,是指执法与国土安全情报分析领域的新人,作为初级情报分析师应了解和掌握以下基本知识与技能:一是对犯罪分析、情报分析相关标准、理念有基本的了解和理解,包括了解执法、国土安全和犯罪情报信息的处理与使用规则;二是理解犯罪与情报分析流程,掌握计划与指导、搜集、处理、分析、传递、评估等各个环节的基本原理;三是了解情报用户需求;四是熟悉信息源;五是了解隐私、公民权利和公民自由问题;六是熟练掌握分析技术,具备良好的协作意识与能力;七是能够制作评估报告和情报产品;八是掌握情报产品传递相关知识、技能、要求以及其他注意事项。

2. 中级情报分析师(Intermediate-level Analysts)。中级情报分析师是经验丰富的分析师,相比初级分析师,其定位主要如下:一是应侧重于提升专业分析能力,能够开发战略评估产品,为各类不同的情报用户提供分析成果;二是应在特定的业务领域发展专业知识,为成为领域专家而努力;三是能够更为深刻地理解情报分析师在执法和国土安全环境中的角色、功能、地位;四是掌握批判性思维技术;五是开始培养和发展领导能力,能够担任新任分析师的导师,为其他分析师提供职业培训,并能够为其他分析师制定职业发展规划提供支持。

3. 高级情报分析师(Advanced-level Analysts)。高级情报分析师的定位主要有两个方向:一是专家型分析师,即专题领域专家(Topic Specialization),成为执法、国土安全行业某个或多个领域公认的分析专家,所谓专题分析领域具体包括性犯罪、财产犯罪、仇恨犯罪、恐怖主义、

---

① The Global Advisory Committee (GAC) "Analyst Professional Development Road Map", June 2015, https://it. ojp. gov/GIST/179/File/Analyst% 20Professional% 20Development% 20Road % 20Map1. pdf/,2018-5-3.

毒品犯罪、团伙犯罪、关键性基础设施犯罪、金融犯罪、网络犯罪等；二是领袖型分析师（Lead/Supervisory Analyst），能够作为领导或管理者对情报分析活动进行全局把握，能够担负情报分析工作的监督管理职责，引领情报分析工作。

第三节　执法情报分析师制度建设进展

美国执法情报分析师队伍建设走上标准化、制度化、规范化的道路，始于美国情报界与执法界对“9·11”恐怖袭击事件的反思。美国联邦调查局情报处（The Directorate of Intelligence）的高级主管和资深分析师迪娜·科尔西（Dina Corsi）2011 年在接受媒体采访时指出：

> “提到情报，我们今天并没有做‘9·11’之前未做之事，但是，之前的情报工作是不系统的，而现在是系统的，……情报分析师一直在做所需之事，但之前 FBI 缺乏系统的计划，现在有了，正规的培训，标准化的情报产品，清晰的职业路径……”①

美国在“9·11”恐怖袭击事件后将执法情报分析师队伍建设作为执法和国土安全领域的重要战略举措，经过多年的发展，情报分析师的角色已经在美国执法和国土安全机构中制度化②，美国执法与国土安全界逐渐形成了一整套比较系统的、成熟的分析师制度体系，并在执法与国土安全情报事务中发挥着越来越突出的作用。

一、执法情报分析师制度化的序幕

（一）情报主导警务战略计划的提出

“9·11”事件发生之后的第 45 天，美国国会便通过了《通过使用适当

① FBI，“Intelligence Analysts—Part 1：Central to the Mission”，https://www.fbi.gov/news/stories/intelligence-analysts-central-to-the-mission，2018-5-3.

② Global Justice Information Sharing Initiative，International Association of Law Enforcement Intelligence Analysts，Inc.，“Minimum Standards for Intermediate-Level Analytic Training Courses”，October 2013. p. 5.

手段以阻止或避免恐怖主义以团结强化美国法案》(Uniting and Strengthening America by Providing Appropriate Tools Required to Intercept and Obstruct Terrorism Act of 2001,简称《爱国者法案》),要求司法部部长与中央情报局局长协商,就发现和使用外国情报对美国政府官员开展培训,划拨专款建立相应的培训机制,培训重点为情报搜集与分析技术。[①]

2001 年秋天,国际警察首长协会(International Association of Chiefs of Police,简称 IACP)年会在加拿大安大略省多伦多举行,与会者认为:"一定程度上讲,执法机构情报工作的不足是未能阻止'9·11'惨案的重要因素,有必要对执法机构情报工作进行综合评估。"[②]2002 年 3 月,美国执法官员与情报专家齐聚弗吉尼亚州亚历山大市参加 IACP 犯罪情报共享峰会,提出了一个与美国总统布什计划建立的内阁级国土安全协调机构相适应的情报共享计划《犯罪情报共享:一项推动地区、州、联邦层面情报主导警务战略的国家计划》,并于 2002 年 8 月发布[③]。该计划指出,来自全美范围的执法官员与情报专家认为美国执法界与情报界"面临'信息'泛滥但却缺乏简明的、有针对性的、经过评估的'情报'",部分与会代表提出尖锐批评,"一些情报分析师在实际工作中更像信息检索者而不是情报生产者",建议"改进情报分析工作的不足",强调"犯罪情报协调委员会和所有执法机构都应重视真正意义上的情报分析,推进情报分析师职业的发展并为分析师高效从事情报工作提供条件,国际执法情报分析师协会(IALEIA)这类组织应承担起至关重要的培训任务和相关职责"。该报告还引用了来自美国主要城市警察局长协会(Major Cities Chiefs Association,简称 MCCA)的一项调查结果,认为执法界情报分析的缺乏,特别是缺少兼容性分析软件,缺少分析方面的支持、人员、设备和培训,是阻碍情报信息在执法机构之间流动的 5 个主要障碍之一。该报告明确指出,培训对于推动执法机构向国家情报计划迈进的作

---

① "Uniting and Strengthening America by Providing Appropriate Tools Required to Intercept and Obstruct Terrorism Act of 2001", October 24,2001.

② Global Intelligence Working Group, "The National Criminal Intelligence Sharing Plan", https://it. ojp. gov/docdownloader. aspx? ddid = 1153,2018-5-4.

③ International Association of Chiefs of Police, "Criminal Intelligence Sharing: A National Plan for Intelligence-Led Policing At the Local, State and Federal Levels", http://www. cops. usdoj. gov/Publications/criminalintelligencesharing_web. pdf,2018-5-4.

用是多方面的，没有合适的培训，很可能改变的只是整个执法系统的上层建筑，而无法形成新的情报文化，进而提出“通过就犯罪情报及其作用达成共识来促进情报主导警务”的建议，并在“实现计划的核心建议”中提出了情报培训要求与标准，从而拉开执法情报分析培训与专业队伍专业化与制度化建设的序幕。

（二）执法情报机构建设

2002 年 12 月，美国国会依法成立“美国遭受恐怖袭击国家委员会”（又称“9・11”委员会），负责调查“9・11”事件，最终形成《“9・11”委员会报告》（The 9・11 Commission Report），该报告对美国情报界提出了严厉批评，认为联邦调查局（FBI）和中央情报局（CIA）等情报机构的“情报壁垒”和情报分析失误是导致恐怖分子阴谋得逞的重要原因，报告建议设立国家情报总监职位，负责统筹全国情报事务，建立国家反恐中心，统筹反恐行动中的战略情报和行动计划，消除国内、国际情报工作界限，建立以网络为基础的信息共享环境，加强国会情报监督，强化联邦调查局（FBI）以及本土安全机构的作用等，为后续情报改革、机构设置、情报立法与规范化建设等奠定了基础。

同年，《国土安全信息共享法》（Homeland Security Sharing Act）、《2002 年国土安全法》（The Homeland Security Act of 2002）、《联邦信息安全管理法》（The Federal Information Security Management Act）等国土安全相关法案出台，对国土安全、反恐情报信息搜集、共享、分析、培训、安全保密等提出了系列要求。《2002 年国土安全法》授权成立国土安全部（DHS），负责推动联邦、州和地方政府机构以及私营机构之间共享信息，以提升侦测、发现、理解和评估恐怖主义威胁以及国土安全漏洞评估的能力。DHS 下设信息分析与基础设置保护局（IAIP），负责获取、接收、整合、分析来自联邦、州、地方政府机构以及非政府部门的执法以及相关情报信息。[①]

联邦调查局作为联邦执法情报机构的典型代表，在“9・11”事件后认识到需要建立综合情报部门对全局的情报行动进行统一规划、协调与集中管理，设立新部门“情报办公室”（OI）和新岗位“情报执行助理局长”（EAD-I）统筹 FBI 情报工作，并在 56 个地方办公室设立地方情报工

① Homeland Security Act of 2002, Pub. L. No. 107—296 § 201. 6 U. S. C. § 121 (2010).

作组(FIGs)负责协调当地资源,开展地方情报工作。[1] 此外,2004—2005 年美国总统布什先后签署第 13354 号行政命令"国家反恐中心"(Executive Order 13354:National Counterterrorism Center)、第 13355 号行政命令"加强情报界的管理"(Strengthened Management of the Intelligence Community)、第 13381 号行政命令"加强获取国家安全秘密信息资格审查程序"(Strengthening Processes Relating to Determining Eligibility for Access to Classified National Security Information)等行政命令,以强化反恐、国土安全情报信息搜集、整合、共享、分析与管理。

(三)执法情报改革蓝图

2003 年,美国司法部在《犯罪情报共享:一项推动地区、州、联邦层面情报主导警务战略的国家计划》战略建议的基础上,组织联邦、州、地区等执法机构和国土安全部的代表举行大会,正式通过《国家犯罪情报共享计划》(The National Criminal Intelligence Sharing Plan,简称 NCISP),要求所有执法机构(无论规模大小)均应采纳 NCISP 提出的情报主导警务最低标准,贯彻落实 NCISP 提出的职责使命、管理与监督、人员选拔、培训、安全、隐私权利保护、情报产品的开发与传递以及责任机制等 28 项具体计划和建议。

2004 年,犯罪情报协调委员会(CICC)成立,负责协调各级执法机构推动 NCISP 贯彻落实。为提升美国执法界的情报分析能力,改进执法情报分析质量,NCISP 第 12 条建议:

> "国际执法情报分析师协会(IALEIA)应代表美国犯罪情报协调委员会(CICC)开发情报分析最低标准,以保证情报产品的准确性、及时性、真实性和相关性,为政策实施以及行动提供建议。该标准应于 2004 年 6 月 30 日前开发出来,同时各级执法机构应在 CICC 批准该标准后尽快采纳和实施。"[2]

---

① Alfred Cumming, Todd Masse, "FBI Intelligence Reform Since September 11, 2001: Issues and Options for Congress", April 6, 2004.

② Global Intelligence Working Group, "The National Criminal Intelligence Sharing Plan", https://it.ojp.gov/docdownloader.aspx? ddid=1153, 2018-5-5.

此外,美国司法部(DOJ)、司法项目办公室(OJP)、司法援助局(BJA)批准建立司法部全球司法信息共享计划(Global)情报工作组(Intelligence Working Group,简称 GIWG),下设培训委员会(Training Committee),负责为各级执法人员最低培训标准的开发提供建议。该培训委员会在广泛调查讨论的基础上起草了《美国执法和其他刑事司法机构犯罪情报培训核心标准》①。随后,司法项目办公室(OJP)建立了"反恐培训协调工作组"(Counter-Terrorism Training Coordination Working Group,简称 CTTWG),并启动犯罪情报培训协调战略(Criminal Intelligence Training Coordination Strategy,简称 CITCS)。CITCS 工作组下设 4 个委员会,进一步开展情报分析师、情报官/管理者、执法官员、执法人员、培训教员 5 类培训标准的研究。CITCS 工作组就各级执法机构提供的情报培训类型、培训课程以及培训需求等问题制作调查问卷,对 200 个地方、州和联邦执法机构以及其他培训和情报组织进行了调查。通过广泛的调查和讨论,一系列培训核心标准被审查并被确认,最终形成《犯罪情报培训最低标准》②,该标准吸收了《美国执法与其他刑事司法机构的犯罪情报培训核心标准》的内容,进一步细化和明确了执法人员、执法官员、情报指挥官/管理者、情报人员/搜集者、情报分析师、培训教员 6 类对象的核心培训目标,该文件被视为犯罪情报培训国家标准,为所有执法机构实现情报主导警务所需的核心知识创建了蓝图。这些核心培训目标被《国家犯罪情报共享计划》(NCISP)吸收载于附件 D,为美国执法界"全员情报培训"制度的建立提供了统一的标准。

二、执法分析标准的制定过程与内容

根据美国《国家犯罪情报共享计划》(NCISP)第 12 条关于"由国际执法情报分析师协会(IALEIA)代表犯罪情报协调委员会(CICC)于 2004 年 6 月 30 日之前开发情报分析最低标准"的建议,2003 年 10 月,

---

① The Global Justice Information Sharing Initiative Intelligence Working Group,"Core Criminal Intelligence Training Standards for United States Law Enforcement and Other Criminal Justice Agencies", http://it.ojp.gov/documents/criminal_intel_training_standards.pdf.

② The Criminal Intelligence Training Coordination Strategy Working Group, "Minimum Criminal Intelligence Training Standards for United States Law Enforcement and Other Criminal Justice Agencies",https://it.ojp.gov/documents/minimum_criminal_intel_training_standards.pdf.

国际执法情报分析师协会(IALEIA)在宾夕法尼亚费城召开的国际警察首长协会(IACP)年会期间召开执法分析标准开发研讨会,40余名对情报感兴趣的IALEIA会员以及其他执法管理者与会,会议由国际执法情报分析师协会(IALEIA)主席里奇·A.马丁内斯(Ritchie A. Martinez)与来自犯罪情报协调委员会(CICC)的拉塞尔·波特(Russell Porter)主持,参会者听取了对《国家犯罪情报共享计划》(NCISP)的解读并讨论制定分析标准。

2004年1月,IALEIA通过杂志《情报视野》(Intelscope)征集志愿者组建标准委员会,来自美国、加拿大和英国的专家提出了一系列标准,以之作为"靶子",进行了广泛讨论。2004年4月,美国司法部全球司法信息共享领导小组(Global)情报工作组(GIWG)邀请美国禁毒署(DEA)、国家禁毒情报中心(NDIC)、中央情报局(CIA)、联邦调查局(FBI)、国际警察首长协会(IACP)以及一些地方和州政府机构代表开会讨论该草案。随后,IALEIA在加利福尼亚萨克拉门托召开的年会上举行了两次研讨,约100人参会并针对草案进行非正式评议,会议还邀请参会人员会后进一步审查该标准,通过电子邮件方式反馈意见。

经过多轮研讨和修改后,2004年6月,按照NCISP的时限要求,IALEIA董事会通过第10版草案,并正式提交给GIWG和CICC。2004年8月19日,CICC审查标准后反馈修改意见,经修改,最终获CICC批准。2004年9月28日,GIWG将批准的标准转呈美国司法部全球司法信息共享领导小组咨询委员会(Global Advisory Committee,简称GAC),获得认可并正式发布《执法分析标准》(1.0版)。该标准由两部分内容构成:一是分析师标准,从教育、培训、继续教育、职业发展、资格认证、职业网络和分析能力素质7个方面对任职分析师应具备的基本条件作了明确规定;二是分析流程/产品标准,具体包括:计划、指导、收集、后续收集、法律限制、评估、整理、分析准确性、计算机辅助分析、分析产品内容、分析产品、传递计划、分析报告、分析产品形式、法庭证词、数据资源属性、分析反馈、分析产品评估等25个方面的内容。

2012年,美国司法部全球司法信息共享领导小组(Global)和犯罪情报协调委员会(CICC)在考察、回顾、吸收2004年以来有关情报分析标准成果的基础上,对《执法分析标准》作了修订,发布《执法分析标准》

(2.0 版)①,以反映执法情报分析领域的新进展与新要求。《执法分析标准》(2.0 版)充分吸收了《犯罪情报培训最低标准》《州、地区与部落情报分析师通用胜任能力》等重要文件的内容,对《执法分析标准》(1.0 版)的内容和逻辑结构作了较大的调整:一是内容方面,增加了分析师管理人员标准,分析师标准增设了“领导力”指标,情报产品标准增加了陈述、法律考虑等指标;二是逻辑结构方面,将分析流程标准和产品标准分开,各单列一章,并将分析流程的 12 项标准进行归纳整理,严格按照情报周期 7 个环节的逻辑架构进行阐释。修订后的《执法分析标准》(2.0 版)明确了分析官、分析师、分析流程、分析产品 4 个方面的标准要求(内容框架参见图 2-4),奠定了美国执法情报分析师规范化、标准化建设的基础。《执法分析标准》是美国情报分析师制度建设中一份综合性、基础性的标准文件,为执法情报分析人员招聘、培训、认证以及职业发展提供了重要依据。

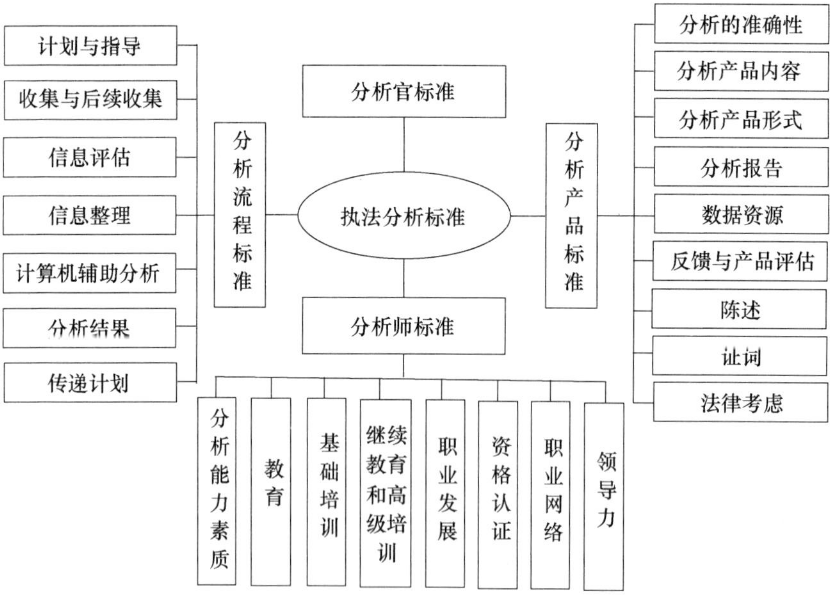

图 2-4 《执法分析标准》的内容结构

① The U.S. Department of Justice's Global Justice Information Sharing Initiative, International Association of Law Enforcement Intelligence Analysts, Inc., "Law Enforcement Analytic Standards (2nd edition)", http://www.it.ojp.gov/docdownloader.aspx? ddid=1151,2018-4-29.

《爱国者法案》《情报改革与恐怖主义预防法》《国家犯罪情报共享计划》《犯罪情报培训最低标准》《执法分析标准》等一系列法律政策与标准规范的面世拉开了美国执法情报分析师制度化建设的序幕，初步建立了以执法情报分析师从业资格标准、职业培训标准、分析流程和产品标准等为主要内容的情报分析师标准体系。

三、执法情报分析师制度建设进展

（一）建设进展

2005 年，美国执法情报分析标准化、制度化与专业化建设进入快速发展阶段，相关文件与标准陆续出台，为执法情报分析专业化建设提供了制度依据。

2005 年至 2006 年，美国司法部与国土安全部发布《融合中心指南》（1.0 版和 2.0 版），该指南明确要求情报融合中心招募分析师应坚持《执法分析标准》所规定的条件，要求融合中心推进多层次的情报认知培训教育计划，融合中心成员应接受情报培训，情报培训教育计划要坚持《犯罪情报培训最低标准》等文件要求，该指南为各地情报融合中心的情报分析师队伍建设提供了清晰的指引。①

2006 年，美国有关部门根据《执法分析标准》相关要求制定发布《执法分析师认证标准》，具体内容包含 10 项执法分析师认证机构标准和 9 项认证程序标准，详细规定了执法分析师（包括犯罪分析师与情报分析师）认证机构的资质条件以及分析师认证标准与程序等事项。同年，《信息共享环境实施计划》出台，该文件就推进信息共享环境，提出了一整套信息共享培训计划，对情报分析师培训制度作了进一步明确。

---

① 该指南于 2005 年发布执法情报机构版，即第 1 版：Department of Homeland Security, Department of Justice's Bureau of Justice Assistance and Global Justice Information Sharing Initiative, "Fusion Center Guidelines: Developing and Sharing Information and Intelligence in a New World (Law Enforcement Intelligence Component, Version 1)", July 2005; 2006 年发布执法情报、公共安全、私营机构版：Department of Homeland Security, Department of Justice's Bureau of Justice Assistance and Global Justice Information Sharing Initiative, "Fusion Center Guidelines: Developing and Sharing Information and Intelligence in a New Era (Law Enforcement Intelligence, Public Safety, and the Private Sector)", August 2006。

2007 年,《犯罪情报培训最低标准》(2.0 版)[①]面世,该文件对《犯罪情报培训最低标准》(2004 年)的内容作了调整和改进。同年,美国国家情报主任办公室发布第 203 号情报指令“分析标准”(The ODNI Intelligence Community Directive 203: Analytic Standards),为情报界分析标准建设提供了统一标准。此外,美国国会通过《2007 年“9·11”委员会建议实施法》(Implementing Recommendations of the 9/11 Commission Act of 2007)[②],该法对合格的情报分析师(Qualified Intelligence Analyst)作了明确界定,并针对州和地方执法官员情报培训问题(包括执法情报培训课程开发、培训对象、培训机构与主管部门等)提出了明确要求。

2008 年,美国国家情报总监办公室发布美国情报界第 610 号指令《情报界工作人员胜任能力目录》(简称 ICD-610,2010 年修正)[③],明确了情报界雇员的核心能力素质(Core Competencies)和专业技术人员(Technical Expertise)应具备的专业技术能力素质,确立了美国情报界情报人员能力素质基本标准。同年,美国《州和主要城市地区融合中心基准能力》[④]面世,该文件旨在提升情报融合中心的情报分析能力,对融合中心情报分析师的招募、学习、培训业务等应遵循的各类标准作了明确规定。

2009 年,美国国土安全部发布《国土安全部情报与分析办公室战略》[⑤],2011 年,国土安全部发布《情报与分析办公室战略计划(2011 财政年度—2018 财政年度)》[⑥],两份文件进一步明确了情报与分析办公室

---

① The Intelligence Training Coordination Working Group, “Minimum Criminal Intelligence Training Standards for United States Law Enforcement and Other Criminal Justice Agencies (Version 2)”, http://it.ojp.gov/docdownloader.aspx? ddid = 1152, 2018-10-30.

② “The Implementing Recommendations of the 9/11 Commission Act of 2007”, https://www.govtrack.us/congress/bills/110/hr1/text, 2018-10-30.

③ ODNI ICD 610, “Competency Directories for the Intelligence Community Workforce”, http://www.dni.gov/files/documents/ICD/ICD_610.pdf, 2018-10-30.

④ The U.S. Department of Justice's Global Justice Information Sharing Initiative, “Baseline Capabilities for State and Major Urban Area Fusion Centers——A Supplement to the Fusion Center Guidelines”, September 2008.

⑤ DHS, “Office of Intelligence and Analysis Strategy”, Dec. 2009. Hereafter: I&A Strategy, Dec. 2009.

⑥ DHS, “Office of Intelligence and Analysis Strategic Plan (Fiscal Year 2011—Fiscal Year 2018)”, February 2011, https://www.dhs.gov/xlibrary/assets/ia-fy2011-fy2018-strategic-plan.pdf, 2018-10-30.

的职责、任务与目标,其优先任务是“针对美国的恐怖主义威胁、针对关键基础设施和关键资源的威胁以及其他国土安全威胁”,工作重点是“边境安全、移民管理、交通运输安全、网络安全和反情报”五大领域,核心职责与功能为“分析、收集、共享、管理”,宗旨是为“部门领导、州/地区/部落/地区合作伙伴、部门行动者、情报界成员单位、私营部门”五类用户提供情报产品。

2010 年,为落实《2007 年“9 · 11”委员会建议实施法》第 113(a)款关于“为州、地区和政府官员开发情报培训课程”①的要求,美国州、地区与部落培训工作组(State, Local, and Tribal Training Working Group,简称 SLT 培训工作组)与司法部全球司法信息共享计划(Global)情报工作组(GIWG)在研究分析师培训、情报学说、指南文件和标准等文件的基础上,制定了《州、地区与部落情报分析师通用胜任能力》②,该文件系统总结了国土安全情报分析师应具备的基本能力及其分析技能行为指标,为情报分析师培训、认证、考核、招募、评估等提供了更为全面、科学的依据,是美国情报分析师制度的重要组成部分,标志着美国情报分析师培训认证制度化建设进入新阶段。

2012 年,美国国土安全部负责职能任务整合的副次长办公室(This Office of the Deputy Under Secretary for Mission Integration,简称 DU/S-M)组织制定了《情报专业人员学习路线图》,该文件阐述了情报专业人员应承担的职责任务,列举了培训课程以及学习机会,并提供了评估学习成效的具体措施③。

2013 年,美国犯罪情报协调委员会(CICC)与国土安全部(DHS)、联邦调查局(FBI)以及国家情报主任办公室(ODNI)合作,根据全球司

---

① “The Implementing Recommendations of the 9/11 Commission Act of 2007”, https://www. govtrack. us/congress/bills/110/hr1/text,2018-10-30.

② U. S. Department of Justice's Global Justice Information Sharing Initiative, U. S. Department of Homeland Security, “The Common Competencies for State, Local, and Tribal Intelligence Analysts”, https://www. ncirc. gov/documents/public/common_competencies_state_local_and_Tribal_intelligence_analysts. pdf,2018-10-30.

③ DHS I&A, “Learning Road Map for Intelligence Professionals-Analytics,” 本书未找到该文件全文,参见:Mark A. Randol, “The Department of Homeland Security Intelligence Enterprise: Operational Overview and Oversight Challenges for Congress”, Prepared for Members and Committees of Congress, p. 14, https://fas. org/sgp/crs/homesec/R40602. pdf,2018-10-30.

法信息共享计划(Global)咨询委员会(GAC)的建议,开发了《中级分析培训课程最低标准》[①]和《高级分析培训课程最低标准》(草稿)[②],明确了中级分析师、高级分析师培训的最低目标和内容标准。至此,美国执法情报分析师培训初步形成初级[③]、中级、高级三级分析师培训标准体系。同年,美国《国家犯罪情报共享计划》(2.0版)出台,对2003年发布的版本进行了修订,进一步明确了推动犯罪情报共享与情报主导警务工作的基本准则和要求。

2015年,《分析师职业发展路线图》[④]出台,该文件是对之前出台的关于执法情报分析师培训诸多文件精神和内容的集成,理顺了各文件之间的逻辑,更为系统地对初级、中级、高级分析师的职责定位、能力素质要求、教育培训标准等进行了详细阐述,该文件的出台标志着美国执法情报分析师制度标准体系的成熟。

(二)制度体系

综上所述,美国"9·11"事件后大刀阔斧推动执法情报界的变革,积极推进执法情报分析师队伍建设,通过多年来的努力,开发了一系列有关执法情报分析师队伍建设发展的标准和制度,形成了以《爱国者法案》《2002年国土安全法》《情报改革与恐怖主义预防法》《2007年"9·11"委员会建议实施法》以及系列总统行政令等法律政策为依据,以《国家犯罪情报共享计划》《信息共享环境实施计划》《融合中心指南》《州和主要城市地区融合中心基准能力》等文件为蓝图或指引,以《执法分析标准》、情报界203号指令"分析标准"(ICD 203)、610号指令"情报界工作能力目录"(ICD 610)、《州、地区与部落情报分析师通用胜任能力》等标准为基础,以《情报分析职业学习路线图》《分析职业发展路线图》等

---

① The U. S. Department of Justice's Global Justice Information Sharing Initiative, International Association of Law Enforcement Intelligence Analysts, Inc, "Minimum Standards for Intermediate-Level Analytic Training Courses", October 2013.

② "Advanced Analytic Minimum Training Standards (draft)" 在"Minimum Standards for Intermediate-Level Analytic Training Courses"提及,但笔者通过公开渠道未找到该文件全文。

③ 《犯罪情报培训最低标准》规定的情报分析培训最低标准是入门级(初级)标准。

④ The Global Advisory Committee (GAC), "Analyst Professional Development Road Map", https://it.ojp.gov/GIST/179/File/Analyst%20Professional%20Development%20Road %20Map1.pdf/, 2018-10-30.

为路径，以《犯罪情报培训最低标准》《中级分析培训课程最低标准》《高级分析培训课程最低标准》《执法分析师认证标准》等为核心的相对完备的执法情报分析师制度体系（如图 2－5 所示）。

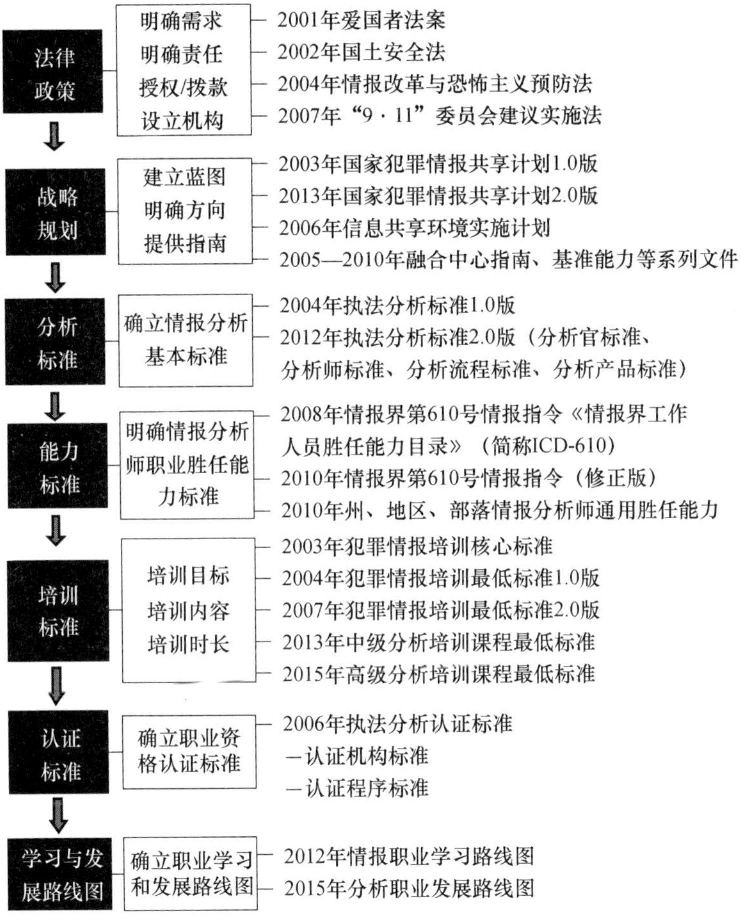

图 2－5　美国执法情报分析师相关制度与标准文件

美国执法情报分析师制度设计重点集中在以下 5 个方面：一是确立情报分析师职业胜任能力标准，这是情报分析人才招募、培训、认证、考核的重要依据与基本前提。本书第 4 章将详细介绍和分析执法情报分析师职业胜任能力标准。二是建立情报分析流程和产品标准，规范执法情报分析工作流程和情报分析产品制作要求，这是情报分析产品质量的重要保障。本书将在第 5 章详细介绍情报分析流程标准，第 6 章阐述情报分析产品标准及其质量控制机制。三是建立情报分析师培训最低标准制度,内容包括初级、中级、高级分析师的培训目标、主题内容、参考资料与课程体系安排等方面的标准与建议,培训标准是推动整个执法情报分析师队伍达成共识,塑造情报文化,提升情报能力的有效举措。本书第8章、第9章将详细介绍美国执法情报分析师教育训练制度和教育培训市场。四是建立情报分析师资格认证制度,严格认证机构、认证程序、认证条件,并建立透明公正的认证考核机制,为确保执法情报分析师队伍的整体能力素质提供有效手段。本书将在第7章详细介绍美国执法情报分析师认证标准以及典型的认证项目。五是职业学习和发展路线图,这是情报分析师职业生涯发展规划与指南,是整个制度设计的整体逻辑框架。本章将在第10章详细介绍美国执法情报分析师招录、薪酬、职业发展等相关制度。上述文件相互关联,相互衔接,形成体系化的制度规范,集中反映了美国“9·11”事件之后在执法情报分析师制度建设方面的探索、做法和经验,对我国执法情报分析师制度建设具有重要的借鉴和参考价值。

第三章　美国执法情报分析师任职资格与职业发展标准

情报是分析师的成果,情报主导警务的实质是分析师引领警务。[1]明确执法情报分析人员的任职资格条件,建立行业入职门槛,并为其提供清晰的职业发展路径,是提高执法情报分析队伍整体能力素质水平,推动执法情报分析师专业化、职业化发展的有效举措。2004年,根据《国家犯罪情报共享计划》(NCISP)关于"开发情报分析最低标准"的建议[2],美国司法部全球司法信息共享领导小组(Global)情报工作组(GIWG)与国际执法情报分析师协会(IALEIA)研究制定了《执法分析标准》(1.0版)。[3] 2012年,Global和CICC在考察、回顾、吸收2004年以来有关情报分析标准成果的基础上,对《执法分析标准》(1.0版)作了修订,发布《执法分析标准》(2.0版)[4]。《执法分析标准》明确了"情报分析官、情报分析师、分析流程、分析产品"四大标准,成为美国执法情报分析师队伍建设方面一份重要的综合性、基础性标准文件,为执法情报分析人员招聘、培训、认证、职业发展以及执法情报分析业务工作提供了重要依据。本章旨在梳理《执法分析标准》对情报分析官和情报分析师任职资格的规定,并重点分析执法情报分析师职业胜任能力标准,为我国执法情报分析师队伍建设提供参考。为行文方便,本章将两个不

---

① The U. S. Department of Justice's Global Justice Information Sharing Initiative, International Association of Law Enforcement Intelligence Analysts, Inc. , "Law Enforcement Analytic Standards (2nd edition)", November 2012. p. 14.

② Global Intelligence Working Group, "The National Criminal Intelligence Sharing Plan", October 2003.

③ The U. S. Department of Justice's Global Justice Information Sharing Initiative, International Association of Law Enforcement Intelligence Analysts, Inc. , "Law Enforcement Analytic Standards", November 2004.

④ The U. S. Department of Justice's Global Justice Information Sharing Initiative, International Association of Law Enforcement Intelligence Analysts, Inc. , "Law Enforcement Analytic Standards (2nd edition)", November 2012.

同版本的执法分析标准统称为《执法分析标准》，用《执法分析标准 1.0》与《执法分析标准 2.0》分别指代 1.0 版和 2.0 版的《执法分析标准》。

第一节　执法情报分析官的职责与任职要求

一、执法情报分析官及其主要职责

分析师主管（Analyst Managers），简称分析官。分析官标准是《执法分析标准 2.0》新增的内容，分析官主要负责情报分析计划的制定并监督计划的实施，他们通过设定优先情报项目引领情报团队，为高效的情报工作和综合情报产品开发提供保障，是情报业务的关键角色，在情报主导警务模式中，高水准的分析官是影响和指引执法情报分析师最终取得成功的关键因素。①

《执法分析标准 2.0》从"队伍建设、环境建设、规划与方案、产品评估、绩效评估"五个方面界定分析官的职责，具体包括：一是通过招募、选拔、结构化评估等确定最合适的人选，确保情报分析师具备执行分析任务的能力素质。二是支持与鼓励情报分析和情报业务协同环境建设，建立专业化的团队履行情报分析职责，确保建立良性合作而不是恶性竞争的工作氛围，制定综合的、整体性的执法情报与分析方案以支持决策。三是为整个机构的情报工作制定运行计划，包括愿景、目标、宗旨以及活动指南，用于指引情报搜集与分析活动。四是开发和运用合适的评估方法，鼓励、支持和促进生产高质量的情报产品。五是对分析师绩效的评估应该建立在工作任务分析的基础上，应提供客观评估执法情报分析师业绩的方法。②《执法分析标准 2.0》还援引《职业路径标准》（Career Path Standards）关于评估情报分析师常用的 7 项关键指标，包括组织/计划和协调、专业技术知识、批判性思维、参与合作、个人领导力和诚信、交

① The U. S. Department of Justice's Global Justice Information Sharing Initiative, International Association of Law Enforcement Intelligence Analysts, Inc., "Law Enforcement Analytic Standards (2nd edition)", November 2012.

② The U. S. Department of Justice's Global Justice Information Sharing Initiative, International Association of Law Enforcement Intelligence Analysts, Inc., "Law Enforcement Analytic Standards (2nd edition)", November 2012.

流(包括口头与书面)、对结果负责等内容,为强化分析官对分析师的管理提供参考。

二、执法情报分析官任职基本要求

《执法分析标准2.0》明确了分析官的职责和任务,但并未就分析官的任职资格条件提出具体要求。2004年美国国会通过的《情报改革与恐怖主义预防法》(IRTPA)第2001节"提升联邦调查局的情报能力"明确要求FBI"自该法实施之日起,各地区情报组(Field Intelligence Group)的直接监管人员以及每位部门业务主管(Bureau Operational Manager)、部门负责人(Section Chief)与助理特工(Assistant Special Agent in Charge)级别以上的人员,都应是注册认证的情报人员"。该条款确立了FBI情报官员的认证要求。《美国执法和其他刑事司法机构犯罪情报培训核心标准》①和《犯罪情报培训最低标准》②等文件明确了情报指挥官/监管者(Intelligence Commander/Supervisor)应接受的最低培训标准,要求情报指挥官/监管者必须掌握情报工作相关知识,至少接受16个小时的初任情报培训课程,培训的目的不是教其如何管理,而是让其了解执法情报工作有关知识,培训的具体内容包括情报工作流程、情报主导警务、情报部门管理、涉密信息与敏感信息处理、隐私与职业道德、客户情报需求、战略与战术情报产品开发、信息源与人际关系网络建设等方面的知识和技能。综上可见,美国对分析官的任职资格核心要求是了解情报工作相关知识,FBI情报部门的官员应是通过情报业务培训并通过考核认证的情报人员。简言之,美国法律政策要求情报分析的监督管理者首先必须了解情报业务与情报基本知识,方有资格担任情报分析官。

---

① Core Criminal Intelligence Training Standards for United States Law Enforcement and Other Criminal Justice Agencies// The Bureau of Justice Assistance, Office of Justice Programs, U. S. Department of Justice's Global Justice Information Sharing Initiative, "Thc National Criminal Intelligence Sharing Plan", October 2003.

② The U. S. Department of Justice's Global Justice Information Sharing Initiative, "Minimum Criminal Intelligence Training Standards for United States Law Enforcement and Other Criminal Justice Agencies in the United States(Version 2)", October 2007.

第二节　执法情报分析师的任职条件与职业发展标准

“9·11”事件之后，提升执法情报分析师队伍的专业水准，成为美国执法界的重要战略举措。国际警察首长协会（IACP）开发的犯罪情报“模型政策”（Model Policy）明确指出，“情报部门应建立和坚持一种工作程序，确保所获取的信息均经审核与分析，以挖掘其意义与价值”，要求“在可能的情况下，这些工作应由受过专业训练的分析师完成”①。为确保分析师受过良好“专业训练”，《执法分析标准》对分析师应具备的能力素质、教育背景、工作经历、培训和继续教育、职业发展与资格认证、职业网络建设和领导力等提出了明确而具体的要求。

一、执法情报分析师的任职条件

（一）情报分析职业能力素质要求

1. 一般能力素质要求

《执法分析标准》要求聘用分析师应建立在工作表现和能力素质评估的基础上，评估标准包括“专业知识、分析方法、批判性思维技巧、客户服务伦理准则、沟通交流技巧、信息共享与协作能力、信息加工与处理技巧、计算机与技术素养、客观/诚实/心智成熟”9个方面。

情报分析师的职业能力素质标准是人才招录、考核、绩效评估、培训课程设置等诸多环节的重要依据。2008年美国国家情报总监办公室发布第610号指令《情报界工作人员胜任能力目录》（简称ICD-610，2010年修正），旨在为情报界建立统一的情报职业核心胜任能力标准，其核心能力清单包括“联系和协作、批判性思维、个人领导能力和正直、负

① The IACP National Law Enforcement Policy Center, “Criminal Intelligence: Model Policy”, June 2003, p. 2, https://it. ojp. gov/documents/ncisp/criminal_intelligence_model_policy. pdf, 2018-5-8.

责、专业技术知识、交流”6 个方面[①]。2010 年,美国国土安全部、司法部、联邦调查局等有关部门联合制定《州、地区与部落情报分析师通用胜任能力》,详细规定了情报融合中心以及在各执法机构从事情报分析工作的人员应具备的基本能力,包括“批判性思维、共享与协作、情报融合与执法情报技术、沟通交流、将概念和原理转化为行动”5 个方面[②]。

归纳上述文件内容,美国执法界对分析师的能力素质要求特别强调以下 5 个方面:一是执法业务知识,即特定业务领域的知识,例如,恐怖主义、有组织犯罪、白领犯罪、跨国犯罪、毒品犯罪、侵财犯罪、性犯罪等领域的业务知识;二是一般技能,如计算机与技术素养、沟通交流技巧等一般性的技能;三是情报专业技能,包括情报分析方法、批判性思维技巧、信息共享与协作、信息加工与处理技巧等;四是个体品质,如客观、公正、诚实、心智成熟等;五是服务精神,包括客户服务伦理准则与客户服务意识等。

2. 职业网络与领导力要求

职业人际网络与领导力是执法情报分析师职业胜任能力的重要组成部分,《执法分析标准》非常重视情报分析师的职业网络与领导力,将其单列予以规定,内容如下:

(1)职业网络。《执法分析标准 1.0》指出,情报分析的价值在美国大多数执法机构尚未得到普遍承认,专门从事分析工作的分析师还较少,许多执法机构的分析师数量很少,受雇的分析师通常处于分散作业状态,相互之间在地理空间上相距较远,分析师在单一的分析环境下工作,难以得到其他分析师的分析意见和支持,这种状态使得分析师具有强烈的建立职业网络、分享资料和方法的意愿与需求。[③]《执法分析标准 2.0》进一步指出,与其他专业情报分析师建立联系,是情报分析师岗

---

① ODNI ICD 610,“Competency Directories for the Intelligence Community Workforce”, http://www. dni. gov/files/documents/ICD/ICD_610. pdf,2018-4-20.

② U. S. Department of Justice's Global Justice Information Sharing Initiative, U. S. Department of Homeland Security,“The Common Competencies for State, Local, and Tribal Intelligence Analysts”, https://www. ncirc. gov/documents/public/common _ competencies _ state _ local _ and _ Tribal _ intelligence_analysts. pdf,2018-4-20.

③ The U. S. Department of Justice's Global Justice Information Sharing Initiative, International Association of Law Enforcement Intelligence Analysts, Inc. ,“Law Enforcement Analytic Standards”, November 2004.

位职责至关重要的组成部分，通过职业网络共享文献、资源和方法，与其他分析师交流联系，有助于提升每个分析师的能力，从而为侦查人员、治安官、管理决策者提供更好的情报产品。[①] 建立职业网络如此的重要，以致很多机构在招聘分析师的职位说明中明确要求分析师承担“联络纽带”的职责，负责与其他相关机构建立合作关系。《执法分析标准》明确鼓励分析师及其所在机构积极与其他专业机构和协会建立联系并寻求支持，这与《国家犯罪情报共享计划》(NCISP)提出的第13条规定一脉相承，NCISP第13条建议：“为了促进职业判断，国家犯罪情报共享计划(NCISP)鼓励情报工作人员参加专业的犯罪情报组织。”[②]在美国，最有影响力的犯罪情报协会组织主要有国际执法情报分析师协会(IALEIA)和执法情报联盟(LEIU)，参加此类专业组织的好处很多，例如，通过协会能够及时获得最新的方法、培训文档、发展趋势、政策、程序、研究创新、分析软件等；能够通过出版、培训、会议与州、地区和国际分会建立联系网络；协会出版的书籍、培训和会议对协会会员有折扣；此外，协会会员通常愿意与其他会员分享情报政策、程序、其他材料以及会议和培训信息等，其触角甚至扩展到美国之外的许多国家；专业协会组织的会议、提供的会员名单和电子公告牌等为职业网络的构建提供了有利条件。《执法分析标准》关于“分析师应建立职业联系网络”的要求在美国情报分析师能力标准中得到进一步的强调，情报界第610号情报指令和《州、地区与部落情报分析师通用胜任能力》两份重要文件均将“联络与协作”“建立职业网络(专家网络)”作为情报分析师的重要能力指标，《州、地区与部落情报分析师通用胜任能力》明确要求分析师应具备“在国土安全和执法界建立信任网络，分享对关键问题有价值的信息和分析见解”的能力[③]。

(2)领导力标准。《执法分析标准1.0版》中未提及领导力(Leadership)

---

① The U. S. Department of Justice's Global Justice Information Sharing Initiative, International Association of Law Enforcement Intelligence Analysts, Inc., "Law Enforcement Analytic Standards (2nd edition)", November 2012.

② U. S. Department of Justice, Global Intelligence Working Group, "The National Criminal Intelligence Sharing Plan", October 2003.

③ The U. S. Department of Justice's Global Justice Information Sharing Initiative (Global), "The Common Competencies for State, Local, and Tribal Intelligence Analysts", June 2010.

标准,《执法分析标准2.0》增加了分析师“领导力”要求,并阐述了情报分析师应具备领导力的必要性和重要性,具体如下:一是在推动卓越的情报主导警务决策进程中,情报分析师有机会领导和影响同事、下属以及管理人员,尤其是高级情报分析师,他们需要指导缺乏经验的分析师,帮助新人提升分析能力与技巧。二是情报分析师可以晋升管理岗,执法情报领域是一个特殊的敏感领域,需要情报管理者深刻理解情报部门的内在职责、障碍和挑战,情报分析师对制定政策和作出合理的决策具有关键性作用,担任情报管理岗具有得天独厚的优势。三是领导力培训是执法情报分析部门持续成功的关键,作为领导者应谋求卓越的绩效,应擅长任务管理、团队管理、项目管理以及个人管理,个人领导力不是指简单的命令和控制,而是影响人的活动或实践,需要运用伦理价值观念和宗旨目标去促成事务朝所希冀的方向发展,情报分析师若具备领导力,将大大促进执法情报部门的整体能力的提升。① 关于情报分析师的领导力要求在其他诸多情报文件中不断出现,如2008年美国国家情报总监办公室发布美国情报界第610号指令《情报界工作人员胜任能力目录》(简称ICD-610)对情报工作人员的个人领导力标准作了详细阐述,具体包括勇气信念、热诚服务、创新、正直诚实、抗压能力、尊重差异等指标②,2013年美国司法部全球司法信息共享领导小组(Global)发布的《中级分析培训课程最低标准》主张应为经验丰富的执法情报分析人员提供管理培训的机会,并要求将领导力纳入培训课程③。

(二)教育培训与工作经历

1. 学历教育与工作经历

美国执法界对情报分析师的学历教育背景和工作经历非常看重,

---

① The U. S. Department of Justice's Global Justice Information Sharing Initiative, International Association of Law Enforcement Intelligence Analysts, Inc. , "Law Enforcement Analytic Standards (2nd edition)", November 2012.

② ODNI ICD 610, "Competency Directories for the Intelligence Community Workforce", http://www. dni. gov/files/documents/ICD/ICD_610. pdf, 2018-11-20.

③ The U. S. Department of Justice's Global Justice Information Sharing Initiative, International Association of Law Enforcement Intelligence Analysts, Inc, "Minimum Standards for Intermediate-Level Analytic Training Courses", October 2013.

《执法分析标准》明确要求分析师最好受过 4 年大学本科学历教育，因为本科学历意味着已经在研究和写作方面有了一定的经验，并且可能已经接触过社会学、人类学、统计学、心理学、政治学、计算机软件和硬件、历史或公开演讲等课程。① 若无大学本科教育背景，则需要具备相当的工作经验，具体标准如表 3 - 1 所示。

表 3 - 1　执法情报分析师学历教育与工作经历标准②

学历	工作经历
本科学历(4 年制)	对工作经历没有要求
大专学历(2 年制)	不少于 5 年的研究、分析、情报方向的工作经历
低于 2 年制大专学历	10 年以上研究、分析、情报方向的工作经历

学历教育方面，除了学位要求，《执法分析标准》还明确要求分析师所学专业应包含研究和写作模块的学习和训练，《执法分析标准 1.0》甚至明确罗列了专业要求，包括社会科学、英语、新闻、刑事司法等专业背景，此外，部分情报分析领域还需要商业或理工类专业背景。《执法分析标准 2.0》对学历教育标准作了调整：一是放宽了限制条件，保留了对学历、工作年限的要求，删除了对专业背景和从业领域的要求；二是针对大学学历教育，除了要求包含研究和写作课程，还增加了批判性思维课程内容的要求。

工作经历方面，《执法分析标准 1.0》的规定比较宽泛，分析师的工作经历可以来自私营机构，也可以是公共部门或军事部门的从业经历，并认为如果拥有 5—10 年执法领域的“职业经验”，即便没有学位，其工作经验和知识一般也足以让他们成为合格的分析师。所谓执法领域的“职业经验”，包括研究者、律师助理、技术助理或是数据分析师等从业经历。《执法分析标准 1.0》明确禁止把没有大学学历或相应从业经验的行政人员调到分析岗位，指出这将“事与愿违”，此类人员很可能因无

① The U. S. Department of Justice's Global Justice Information Sharing Initiative, International Association of Law Enforcement Intelligence Analysts, Inc. , "Law Enforcement Analytic Standards (2nd edition)", November 2012.

② The U. S. Department of Justice's Global Justice Information Sharing Initiative, International Association of Law Enforcement Intelligence Analysts, Inc. , "Law Enforcement Analytic Standards (2nd edition)", November 2012.

法胜任工作而受挫，而且调查人员也难以接受此类人员担任分析师，此类做法可能对情报部门以及分析师用人机制造成难以弥补的损害。《执法分析标准2.0》进一步强调招募的人员应具备在公共管理、军队、学术或私营机构从事相关工作的经历，并提供有关工作经历的证明文件以及工作成果。

美国对分析师的教育背景和工作经历要求在后续制定的各类情报分析标准文件中不断被重申，例如，《执法分析师认证标准》把分析师的教育背景和工作经历列为认证审查的前置条件①；《融合中心指南》②《州和主要城市地区融合中心基准能力》③等文件明确要求情报融合中心招募分析师应坚持《执法分析标准》所确立的标准，要求情报融合中心推进多层次的情报认知和教育计划，以提升分析师的业务能力和素质；注册犯罪分析师协会（Society of Certified Criminal Analysts，简称SCCA）的犯罪分析师认证项目也对教育背景和工作经历提出明确要求，其中，终身认证项目要求具备4年制大学以上学历和10年以上分析工作经验，定期认证项目要求具备2年制大学以上学历和2年以上分析工作经验；美国人事管理办公室颁发的《一般序列职位资格标准》（Qualification Standards for General Schedule Positions）明确规定，申请者要获得职业资格证书必须在教育、培训、工作经验等方面达到一定标准。

总而言之，教育经历和工作经验，是分析师入职以及职业发展的重要基准条件。

2. 情报分析基本培训要求

学者米勒（Miller，T. K）等人指出，“最佳的职业发展是在满足个人发展的背景下，综合掌握大量的知识、技能和胜任力；专业信任度和杰出

---

① U. S. Department of Justice's Global Justice Information Sharing Initiative, "Law Enforcement Analyst Certification Standards——Based on Law Enforcement Analytic Standards", August 2006.

② U. S. Department of Justice's Global Justice Information Sharing Initiative, U. S. Department of Homeland Security, "Fusion Center Guidelines——Developing and Sharing Information and Intelligence in a New Era", August 2006.

③ The U. S. Department of Justice's Global Justice Information Sharing Initiative, "Baseline Capabilities for State and Major Urban Area Fusion Centers——A Supplement to the Fusion Center Guidelines", September 2008.

的实践直接依赖于专业训练的质量;专业训练是一个终生学习的过程"[①]。职业化发展依赖于培训,培训是改进情报分析的关键。[②]《执法分析标准1.0》指出,在过去30年,分析师和官员接受分析培训从几天到几个月不等,培训时间安排差异大,培训时间由培训提供方决定,导致各地执法机构的学员们对分析技术的理解不均衡、不协调;此外,由于情报分析缺乏统一的标准,受训者在选择培训课程时难以评估课程设置是否合格。因此,要制定统一的培训标准,明确培训目标、培训内容、培训时间和培训课程设置。《执法分析标准2.0》进一步强调培训的作用,认为培训对于理解和掌握如何高效、及时地开展情报分析非常重要,设置并坚持分析标准,能够为雇员达成标准所规定的目标和能力、支持执法机构进行高效的战术和战略工作提供保障。

《执法分析标准1.0》明确了初级分析培训主体、时长、目标、内容,并提供了一份供参考的初级分析培训课程表。培训主体方面,要求由具有丰富的执法分析经验、成熟教学技能以及具有认证机构认证证书的讲师提供培训;培训时长方面,要求培训时间最少40小时;培训目标方面,重申了美国《国家犯罪情报共享计划》(NCISP)对执法情报培训的要求以及初级情报分析师课程培训十大目标;培训内容方面,列举了25项培训内容(见表3-2);此外,根据培训内容和培训目标制定了为期一周(5天)40个课时的初级分析培训课程表,其目的是使分析师对这些知识和技能有整体性了解,形成认知体系。基础培训并不要求对所有内容进行深入讲授,可通过继续教育与高级培训阶段对这些内容中的某个或多个主题进行扩展深化学习。

《执法分析标准2.0》对1.0版作了以下修订:一是将"培训标准"改为"基本培训",删减了培训目标、培训课程等内容,仅规定了培训内容;二是培训内容方面作了部分调整,增加了"分析指南文件、民事责任、犯罪指标、情报产品规划、用户反馈、标记/使用机密信息、国家安全、用户需求(战略和战术)、交流联络、隐私/公民权利与自由保护、威胁评估"等多项

---

① Miller, T. K., Carpenter, D. S., "Professional preparation for today and tomorrow", 1980. In D. G. Creamer (Ed.), Student development in higher education: Theories, practices, and future directions", Washington, DC: ACPA.

② Gwinn, S. L. et al., "Exploring Crime Analysis: Readings on Essential Skills (2nd Edition)", Overland Park, KS: International Association of Crime Analysts, 2008, p. 28.

培训内容。此外,《执法分析标准 2.0》还进一步指出,高级分析课程应该进一步扩展这些概念和原则,提供更为宽广和深入的情报技术、内容和分析思维的训练,各级执法机构领导人应该为其单位的分析师评估和认定具体的培训课程,以满足机构情报分析业务需求。《执法分析标准 1.0》和《执法分析标准 2.0》规定的培训内容标准对照表如表 3 - 2 所示。有关情报分析培训制度安排、培训目标、培训内容、培训课程等具体标准和内容在《国家犯罪情报共享计划》(2003 年)、《犯罪情报培训最低标准》(2004 年 1.0 版、2007 年 2.0 版)、《中级分析培训课程最低标准》(2013 年)等标准和规范性文件中作了更为详细的规定,具体内容将在第 8 章详细介绍。

表 3 - 2 《执法分析标准》1.0 版与 2.0 版关于初级分析培训内容对照表

培训内容	标准 1.0	标准 2.0	培训内容	标准 1.0	标准 2.0
情报周期/流程	√	√	情报主导警务	√	情报概论
信息评估	√	√	国家犯罪情报共享计划	√	信息共享框架
批判性思维	√	√	分析写作	√	报告撰写
犯罪模式分析	√	√	统计	√	数据挖掘
推理和提出建议	√	√	制图技术	√	无
表达技巧	√	√	职业精神	√	职业标准/分析师认证项目
计算机辅助分析	√	√	法庭证词	√	法律问题
伦理规范	√	√	分析指南文件	无	√
文件管理	√	信息管理	民事责任	无	√
逻辑	√	逻辑与逻辑谬误	犯罪指标	无	√
收集计划	√	情报需求与收集	情报产品规划	无	√
研究方法和来源	√	信息源/可用资源	用户反馈	无	√
关联分析/网络分析	√	整合为"分析技术"与"分析工具"两项内容	标记/使用机密信息	无	√
电话记录/通信分析	√		国家安全	无	√
流程分析	√		用户需求	无	√
空间/地理分析	√		交流联络	无	√
财务分析	√		隐私、公民权利与自由保护	无	√
战略分析	√		威胁评估	无	√

3. 分析师职业认证标准

《执法分析标准》指出，认证(Certification)对于推动执法情报工作的开展意义深远：第一，认证制度能够为雇主考察分析师的能力和实践经验提供有效途径；第二，认证制度强化了分析师的公信力，有助于分析师的专业能力和技巧得到承认；第三，从更高的层面看，认证制度有助于培育情报分析界的专业主义精神和领导力，有助于鼓励分析师积极参加和接受教育，从而促进整个执法情报工作的开展。[①] 鉴于此，《执法分析标准》就分析师认证标准提出以下要求：一是分析师在完成培训认证考核项目后，有关机构或组织(政府、行业协会或高等教育机构)应给予认证，授予证书；二是这些分析认证项目应能够反映分析师的实践经验、教育背景、培训经历以及教学技巧与能力测试。[②] 在美国执法情报分析岗人才招聘过程中，通常将是否具有情报分析认证证书作为重要参考条件予以优先考虑，有时甚至作为必备条件。

根据《执法分析标准》提出的基准要求，美国司法部全球司法信息共享领导小组(Global)和执法情报分析师国际协会(IALEIA)于2006年制定发布了《执法分析人员认证标准》，明确了认证机构标准和认证程序标准，为专业认证计划提供了指南。由于执法管理者对认证分析师的需求导致针对情报分析师认证的项目大量出现，州、地方、联邦层面的执法机构以及学术研究机构、公司企业、国际组织等各类主体纷纷参与开发和提供情报分析师认证项目，国际执法情报分析师协会(IALEIA)建立在大量实战训练、教育、情报培训和能力检验的基础上，也开发了"执法犯罪情报分析师认证"(Law Enforcement Criminal Intelligence Certified Analyst Certification)项目，美国执法情报分析培训

---

① The U. S. Department of Justice's Global Justice Information Sharing Initiative, International Association of Law Enforcement Intelligence Analysts, Inc. , "Law Enforcement Analytic Standards (2nd edition)", November 2012; Global Justice Information Sharing Initiative, International Association of Law Enforcement Intelligence Analysts, Inc. , "Law Enforcement Analytic Standards", November 2004.

② The U. S. Department of Justice's Global Justice Information Sharing Initiative, International Association of Law Enforcement Intelligence Analysts, Inc. , "Law Enforcement Analytic Standards (2nd edition)", November 2012; Global Justice Information Sharing Initiative, International Association of Law Enforcement Intelligence Analysts, Inc. , "Law Enforcement Analytic Standards", November 2004.

认证市场呈现繁荣景象。

二、执法情报分析师继续教育与职业发展标准

（一）继续教育与高级培训标准

美国《执法分析标准》强调分析师入职后要持续学习，继续教育与高级培训是专业技术人员进行知识更新、补充、拓展和提高的有效途径，大多数职业都要求其从业人员持续学习，更新知识，以跟上时代发展，维持其专业性或保持其地位。培训不仅仅有助于分析师跟上时代发展和要求，而且还有助于创建一种协作环境，参加培训的分析师之间能够建立有效的职业关系，相互学习，分享信息，适应情报领域的发展变化。[①]因此，《执法分析标准 1.0》就分析师继续教育和高级培训提出了以下具体要求：第一，时间方面，要求分析师每年至少接受 8 个小时的情报分析继续教育。第二，继续教育学习方式方面，可以通过正规教育、参加培训班、远程学习或是自学（有证明文件）等多元方式完成，还可以通过参加专业研讨会、学术会议来完成。第三，继续教育和高级培训内容方面，分析员应根据其负责的业务领域有针对性地学习和提升相应的专业技术知识，具体说来，包括情报分析相关技术知识（如计算机软件）、各类执法问题（如刑事法律、犯罪组织）、监督管理议题，或是对初级分析培训内容的深化与扩展。《执法分析标准 2.0》进一步明确了继续教育和高级培训内容的重点，包括“分析方法和情报技术、分析软件和工具、执法趋势、犯罪和犯罪组织、调查和分析技术、监督和管理、最新法规与条例”等。

此外，《执法分析标准》鼓励各类组织和机构开发高级分析培训课程，并对培训提供者提出了三个方面的要求：一是培训提供者应具备学术或专业协会认证资格，培训讲师应拥有相应的认证证书，具备执法情报分析领域的专业技术知识，是执法情报分析领域的专家。二是培训必须满足继续教育标准，记录学员出勤情况，测试是否达到规定的学习效

① The U. S. Department of Justice's Global Justice Information Sharing Initiative, International Association of Law Enforcement Intelligence Analysts, Inc. "Law Enforcement Analytic Standards (2nd edition)", April 2012, p. 8.

果水平。三是所有参与分析师培训教育的组织应确保培训教员顺利完成培训教员发展计划或培训计划(Train-the-Trainer Program)。美国《犯罪情报培训最低标准》规定了培训教员的最低培训标准,国际执法标准和培训主管协会(International Association of Directors of Law Enforcement Standards and Training,简称 IADLEST)制定的《培训讲师发展标准》(Standards for Training Instructor Development)为培训教员提供了政策指南。

(二)职业发展标准

《执法分析标准 1.0》就分析师职业发展问题提出了原则性要求,即"分析师在职业生涯中应坚持职业发展规划,分析师用人单位(雇主)要贯彻落实情报分析师职业发展计划,为分析师的职业发展提供支持,为分析师更好地履行情报职责,最大限度地为工作提供良好条件"。具体来说:第一,分析师应成为终身学习者,这是由数据(情报)分析工作的特性所决定的,数据(情报分析)旨在解决两个核心问题,即"从中能够学到什么? 这些数据意味着什么?"这就要求分析师不断学习新知识以完成新的任务。第二,分析师可以晋升高级管理岗,职业发展机会不能仅仅是获得培训机会或获得新的工作经验,分析师在机构内部是否可以通过其专业化水平和业务熟练程度而被认可,也非常重要,鉴于分析技能在政策制定和科学决策中扮演着关键角色,分析师应能够像调查员一样有被提拔为机构管理者的职业发展空间和机会,而且分析师在计划、组织、交流等方面的技能使得他们能够胜任管理岗位。

《执法分析标准》仅仅就职业发展问题提出了上述两个方向性规定,并未给出详细的职业发展路径和标准,但提供了两个范例:一是 2002 年国际执法情报分析师协会(IALEIA)发布的《可持续性职业发展手册》(Continuing Professional Development Workbook)[1],该手册鼓励建立档案,跟踪分析师的学习和工作经历,用以反映分析师职业生涯的成长和发展。二是美国禁毒署(DEA)2000 年发布的《禁毒情报综合计划》

---

① International Association of Law Enforcement Intelligence Analysts, "Continuing Professional Development Workbook and Portfolio", 2002.

(The General Counterdrug Intelligence Plan,简称 GCIP),该计划重视分析师的职业发展需求,专设一章"分析人员职业发展和培训"(Analytic Personnel Development and Training)[①],对情报分析师的职业发展和培训作了制度安排,允许分析师晋升监督管理职位,DEA 成为美国第一批允许情报分析师担任高层管理职位的机构。

三、执法情报分析师标准的特点与内容清单

美国《执法分析标准》对分析师应具备的能力素质、教育背景、工作经历、培训和继续教育、职业发展、职业资格认证、职业网络建设和领导力 8 个方面提出了全面系统的要求,有 5 个方面的突出特点:一是分析师的能力素质标准是基础。重点强调业务知识、分析方法技巧、沟通技巧和计算机素养、客户服务伦理准则和人品 5 个方面的能力素质,尤其重视分析师的写作技能与批判性思维,明确要求分析师所接受的学历教育中的专业课程应有写作训练和批判性思维训练方面的内容。二是学历教育和工作经历是硬条件。原则上要求有本科学历,若未受过大学本科教育,需要 5 年或 10 年以上的情报分析相关工作经历。教育背景和工作经历一定程度上反映了分析师的专业技能、知识素养与实践经验的积累情况,为分析师队伍的文化素质或职业素养提供了基本保证。三是重视职业培训,强调终身学习。入职时必须接受初任分析师培训,入职后每年都规定了培训要求,旨在更新分析师的专业知识与技能,推动学习型组织与学习型文化建设,培训的内容侧重于执法趋势、犯罪活动和犯罪组织,分析方法和情报技术,分析软件和工具,调查(侦查)方法技术,监督管理,以及最新的与情报有关的法律、法规与条例等,重视职业资格认证工作,为确保行业从业人员的整体素质确立专业门槛。四是重视职业网络建设和分析师的领导力培养。职业网络是分享情报、共享资源、推动广泛协同与合作的纽带,分析师应擅长构建有效的职业网络,以寻求广泛的资源与智力支持。同时,分析师是一项需要团队合作,能够直接影响决策者和行动者的工作,应具备一定的领导力,以促进分析师团队的建设,改进情报产品的开发,提高情报部门的工作成效,提升情报

① President's Drug Advisory Council, Executive Office of The President, United States of America, "General Counterdrug Intelligence Plan (GCIP)", February 2000, pp. 42—52.

工作的地位和影响力。五是为分析师职业发展提供尽可能广阔的空间，包括提供专业培训学习机会，并允许分析师晋升高级管理岗。

最后，为清晰呈现执法情报分析师标准的具体内容与要求，便于我国有关部门参考和借鉴美国做法与经验，根据《执法分析标准》1.0 版和 2.0 版的内容，结合相关文件要求，绘制分析师标准清单如表 3 –3 所示。

表 3 –3 美国执法情报分析师任职资格与职业发展标准清单

能力素质标准	1. 专业知识：特定业务领域的知识，如恐怖主义、有组织犯罪、白领犯罪、跨国犯罪、毒品犯罪、侵财犯罪、性犯罪等专题知识。 2. 一般技能：计算机技术素养、沟通交流技巧（书面写作/口头表达/多媒体制作）。 3. 专业技能：分析方法、批判性思维技巧、信息共享与协作、信息加工与处理技巧。 4. 个体品质：客观、公正、诚实、心智成熟、领导力。 5. 客服精神：客户服务伦理准则与服务意识。
教育与工作经验	1. 本科学历：对工作经历没有要求。 2. 大专学历：5 年以上研究、分析、情报方向的工作经历。 3. 大专以下：10 年以上研究、分析、情报方向的工作经历。
初任培训标准	1. 理解犯罪情报流程、情报主导警务以及分析师在促进公共安全中的作用，培训课程内容包括情报概述、情报周期/流程、情报主导警务。 2. 理解《国家犯罪情报共享计划》的重要性及其在减少全国范围内的犯罪和暴力活动中的作用，培训课程内容包括《国家犯罪情报共享计划》、信息共享框架。 3. 掌握如何妥善处理犯罪情报信息，培训课程包括文档管理和信息评估。 4. 训练运用批判性思维、逻辑、推理以及建议等方法开发情报产品，培训课程内容包括批判性思维、逻辑、推理和提出建议。 5. 理解建设任务，制定情报搜集与分析计划，培训内容包括分析情报需求，制定收集计划。 6. 熟悉与情报相关的法律、隐私、伦理准则，培训课程包括情报职业伦理规范、职业精神、职业标准、认证项目、法庭证词、分析指南文件、民事责任等内容。 7. 为分析师提供研究方法和信息来源，包括互联网、信息共享系统、人际网络、中心、商业和公共数据库以及其他信息来源，培训课程内容包括研究方法、信息源和可用资源。 8. 掌握情报分析常用方法技术，培训课程内容包括但不限于犯罪模式分析、关联分析、通信分析、流程分析、空间分析、金融分析和战略分析。

续表

初任培训标准	9. 掌握情报分析基础性技能，包括报告撰写、统计学、地理技术等，培训课程内容包括分析写作、表达技巧、统计学、数据挖掘、制图技术。 10. 熟悉各类可用于支持情报工作的计算机程序，培训课程包括数据库、数据/文本挖掘、可视化、制图软件等。
继续教育/高级培训标准	1. 培训时长：每年至少接受 8 个小时的情报分析继续教育。 2. 培训方式：正规教育、参加培训班、远程学习或是自学（有证明文件）、参加专业研讨会和学术会议等。 3. 培训内容：根据其工作领域学习相应的专业技术知识，具体包括情报分析方法技术知识（如计算机软件）、各类执法问题（如刑事法律、犯罪组织）以及监督管理等。 4. 培训主体：培训提供者应具备学术或专业协会认证资格，所有培训机构应确保培训教员完成培训教员发展计划或培训计划，培训教员应拥有相应的资格认证证书，具备执法情报分析领域的专业技术知识，是执法情报分析领域的专家。 5. 培训管理：培训必须满足继续教育标准，记录学生出勤情况，测试学习效果与知识水平。
认证标准	1. 分析师参与并完成培训认证考核项目后，给予认证，授予证书。 2. 认证项目应反映分析师的实践经验、教育背景、培训经历、教学技巧与能力测试情况。
职业网络标准	鼓励分析师及其任职机构与其他专业机构、专业协会以及其他同行建立联系与信任网络，以便于分享情报，寻求支持。
领导力标准	1. 具备勇气信念、热诚服务、创新精神、正直诚实、抗压能力、尊重差异等品质。 2. 深刻理解情报部门的内在职责、障碍和挑战。 3. 谋求卓越的绩效，擅长任务管理、团队管理、项目管理以及个人管理。 4. 能够有效影响同事、下属以及管理人员，能够指导缺乏经验的分析师，帮助新人提升分析能力与技巧。
职业发展标准	1. 分析师在职业生涯中应坚持职业发展规划。 2. 用人单位要制定和落实分析师职业发展计划，为分析师职业发展提供支持。 3. 职业发展规划要考虑终身学习和职业发展路径，允许分析师晋升高级管理岗。

第四章　美国执法情报分析师职业胜任能力标准[①]

情报是由情报分析师独立开发的，确保情报分析师的能力、技能、知识与其任务分工相适应，是情报改革战略的关键环节。[②] 大数据时代背景下，执法机构掌握的数据日益丰富，进入“缺情报”但“不缺数据”的时代，如何把数据“转化”为高质量的情报产品，已成为当下执法情报工作的中心任务。实现“转化”的关键是培养一批具备卓越分析能力的分析师队伍，这是整个执法情报事业的立足之基和立身之本。“传统的情报分析研究范式主要关注情报是如何生成的，将情报分析视为一种活动、过程或组织，缺乏对情报生产的关键要素——情报分析师以及作为一名成功的情报分析师所必备的核心能力素质的关注。”[③]后“9·11”时代，美国执法界更为深刻地认识到情报分析师在整个执法情报战略体系中的关键角色和作用，开始以提升情报分析师职业胜任力为着力点，推动全国范围内的情报分析师队伍的专业化与职业化建设。美国 2004 年发布的《执法分析标准》(1.0 版)将情报分析师的能力素质列为“分析师标准”的首要指标，明确提出“分析师是否被聘用应取决于他们的工作表现和能力”，对分析师提出了 8 项基本能力素质要求。2012 年发布的《执法分析标准》(2.0 版)将分析师胜任能力素质扩展为“专业知识、分析方法、批判性思维技巧、服务伦理规范、沟通交流技巧、信息共享与协作能力、信息加工处理技能、计算机与技术素养、客

---

① 谢晓专：《情报分析师职业胜任力通用标准比较研究》，《情报杂志》2017 年第 2 期，第 25—31 页。

② David T. Moore, “Species of Competencies for Intelligence Analysis (Paper for Advanced Analytic Solutions Advanced Analysis Lab National Security Agency, 2010)”, http://citeseerx.ist.psu.edu/viewdoc/download? doi=10.1.1.177.8743&rep=rep1&type=pdf, 2017-1-10.

③ Moore, David Moore, “Creating Intelligence: Evidence and Inference in the Analysis Process”, Unpublished Masters Thesis, Washington DC: Joint Military Intelligence College, 2002.

观/正直/诚实"9 个方面。[①] 2008 年,美国国家情报总监办公室发布美国情报界第 610 号指令《情报界工作人员胜任能力目录》(简称 ICD-610),为美国情报界建立了统一的职业能力素质通用模型。2010 年,美国司法部和国土安全部有关机构合作研究制定了《州、地区与部落情报分析师通用胜任能力》,为执法与国土安全情报分析师队伍的能力建设提供了通用标准。本章旨在梳理美国情报分析师职业胜任能力标准,并考察国内外学术界有关情报分析师胜任能力素质的理论成果,以进一步深化对情报分析师职业胜任能力的认识,在此基础上构建情报分析师通用职业胜任力模型,供我国有关部门参考。

第一节　职业胜任能力概述

一、职业胜任能力的含义

近年来,基于职业胜任能力的人力资源管理思想风靡全球,专门从事人力资源管理咨询、人才测评、胜任力建模的公司企业不断诞生,大大推动了各行各业、各类岗位职业胜任力模型的开发与应用,取得了瞩目的成就。与此同时,职业胜任能力问题成为学术界的热点话题,有关研究成果如雨后春笋,日益丰富。职业胜任能力(Competency),又称"职业能力素质""职业胜任力""胜任特征""胜任素质""胜任力"等,为行文方便,本书简称胜任力。胜任力的概念最早于 20 世纪 50 年代由罗伯特·怀特(Robert White)提出。1973 年,美国哈佛大学著名心理学家戴维·麦克利兰(David McCellan)教授发表《测试胜任能力而非智力》,建立了第一个胜任力模型。他认为传统的心理测试难以预测工作者在未来工作中的表现,应该发展新的更有效的办法来满足人员甄选的需要,他认为人的工作绩效由一些更为根本、更潜在的因素决定,这些个体

① Global Justice Information Sharing Initiative. International Association of Law Enforcement Intelligence Analysts, Inc. "Law Enforcement Analytic Standards (2nd edition)", http://www.it.ojp.gov/docdownloader.aspx? ddid=1151, 2017-1-10.

特征就是胜任力。[①] 著名的“冰山模型”(如图4－1所示)将胜任能力定义为影响工作绩效的知识、技能、能力、特质、动机等的集合,冰山浮于水上部分为显性要素,包括知识与技能,它们容易被观测到,可以通过教育培训改变和提升;水下部分包括价值观、态度、社会角色、自我形象(自我认知)、个性、品质、内驱力、动机等,难以通过外力短期改变。[②]

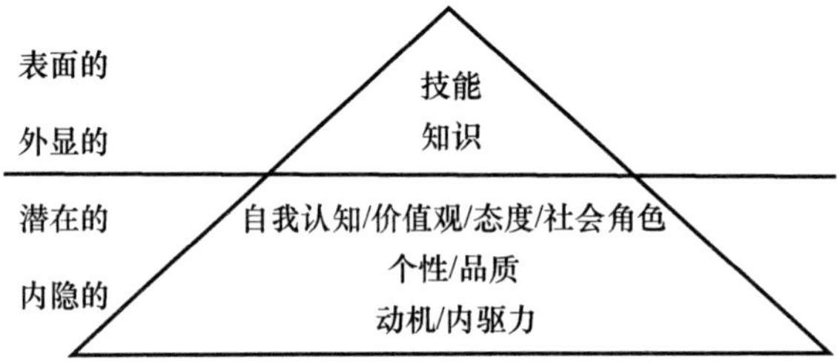

图4－1 “冰山模型”

上述研究成果引起广泛关注,此后,许多学者开始对胜任力与胜任力模型开展探究,出现了大量有影响力的成果。帕特里夏·麦克兰根(Patricia McLagan)指出胜任力是足以完成主要工作的系列知识、技能与能力。[③] 理查德·博亚齐斯(Richard Boyatzis)对戴维·麦克利兰的“冰山模型”作了修正,将胜任力定义为“个体所具有的内在的、稳定的特性,它可以是动机、特质、技能、自我形象、社会角色或者是此人所能够运用的某项具体知识”,在此基础上提出了著名的“洋葱模型”,保留了“冰山模型”的核心要素,运用形象的“洋葱层”来重新分类分层,自内而外分别为动机、个性、自我形象与价值观、态度、技能、知识等,他认为这些特质对个人的工作效率、工作表现和工作业绩有重要影响。[④] 莱尔·M.斯宾塞(Lyle M. Spencer)等人指出胜任力是能将某一工作(或组织、文化)中的表现优异者与表现平平者区分开来的个人潜在的、深层次的特

① David Mcclelland C.,“Testing for Competency Rather Than Intelligence”, American Psychologist, vol. 28, no. 1, 1973, pp. 1—14.

② Spencer, L. M., Spencer, S. M.,“Competency at Work: Models for Superior Performance”, New York: Wiley, 1993.

③ Patricia McLagan,“Competency Model”, Training & Development Journal, vol. 34, no. 12, 1980, pp. 22—26.

④ Richard E. Boyatzis,“The Competent Manager: A Model for Effective Performance”, New York: John Dewey, 1982.

征,包括动机、特质、自我形象、态度或价值观、某领域的知识、认知或行为技能——任何可以被可靠测量的,并且能显著区分优秀绩效和一般绩效的个体特征。① 弗莱斯曼等人认为胜任力是知识、技能、能力、动机、信仰、价值观和兴趣的混合体。② 理查德·J. 马洛比利(Richard J. Mirabile)指出胜任力是与一个职位的高绩效相联系的知识、技能、能力和特征。③ 美国情报界(Intelligence Community)吸收了学术界的观点,在情报界第610号情报指令(ICD-610)中将胜任力(Competencies)界定为能够测量或观察到的知识(Knowledge)、技能(Skills)、能力(Abilities)、态度(Behaviors)以及其他完成特定工作或任务所需的特质。④

综上所述,笔者认为可从以下几个方面理解职业胜任力:第一,它是一个人能够胜任特定职业、岗位的能力素质的集合;第二,这个集合包括知识、技能以及个体特质(如社会角色、自我认知/自我概念/自我形象、价值观、品质、态度、个性、动机)等要素;第三,它与工作绩效紧密相连,有助于个体取得优秀的工作业绩,而且是可以观察和测量的,能够区别员工绩效的特征;第四,它可作为人才招募、考评、教育培训的依据;第五,知识和技能是显现特征,可通过教育培训或后天学习提升,态度、动机、品性、价值观、自我概念、自我形象、社会角色等是潜在的隐性特征,难以习得。为论述方便,本文将情报分析师职业胜任力的构成要素归为三类:一是知识(Knowledge),二是技能(Skill & Abilities),三是个体特质,包括态度(Attitude)、动机(Motives)、价值观(Values)、个性特质(Traits/Characteristics)、自我认知(Self-concept)、社会角色(Social Roles)等(如表4-1所示)。

---

① Lyle M. Spencer Jr., Signe M. Spence, "Competence at work: Models for superior performance", NewYork: John Wiley & Sons, Inc, 1993, pp. 222—226.

② Fleishman. E. A, Wetrogen. L. I, Uhlman, C. E, etc., "Development of prototype occupational information network content model", Utah: Utah Department of Employment Security, 1995.

③ Richard J. Mirabile, "Everything You Wanted to Know About Competency Modeling", Training & Development, vol. 51, no. 8, 1997, pp. 73—77.

④ Intelligence Community Directive Number 610, "Competency Directories for the Intelligence Community Workforce", Effective D Ate: September 1, 2008, Amended: October 4, 2010.

表4－1 职业胜任能力素质理论模型

类型	要素	定义	内容
显性要素：知识与技能（容易测评和习得）	知识 Knowledge	对特定领域的了解，是指个人拥有的事实型和经验型信息，包括一般知识和特定领域的专业知识	例如，法律知识、心理学知识、财务知识等
	技能 Skills & Abilities	结构化运用知识完成具体工作的能力与方法技巧	例如，学习、表达、交流、组织协调、决策能力；计算机技能、信息处理与情报分析技能等
隐性要素：个人特征（难以测评和习得）	态度 Attitude	个人对职业选择所持的观念和态度	例如，积极、主动等
	社会角色 Social Roles	对职业发展的预期，即想要做什么	例如，成为管理者、专家等
	价值观 Values	对意义的理解和选择，对是非、重要性、必要性等的价值取向	例如，合作精神、献身精神、集体观念等
	自我认知 Self-concept	对自己的认识和看法	例如，自信心、乐观精神、自我反省意识等
	动机 Motives	内在的自然而持续的想法和偏好，是个体为达到目标而采取行动的内驱力	例如，成就感、被尊重、娱乐、人际交往、竞争意识等需求
	个性特质 Traits/Characteristics	是个体对外部环境及各种信息的反应方式、倾向和特性，是一个人独特的、稳定的、本质的心理倾向和心理特征的总和	例如，正直、诚实、有责任心、果断等

二、职业胜任能力标准的意义

《州、地区与部落情报分析师通用胜任能力》开篇指出：“明确情报和执法分析能力，将其纳入培训计划，有助于在州、地区和部落有关机构（与美国国土安全部、司法部、联邦调查局具有类似职责的机构）任职的专业分析师获得公平的培训和职业发展机会，建立通用胜任力标准，还有助于促进各级政府部门的情报和执法专业人员之间的交流互动、信息共享与协作。”①

人力资源管理与人才测评等领域的实践表明，职业胜任力标准的意义不限于此，至少在以下几个方面发挥着重要作用：一是机构层面，为机构人员招录、委任、奖惩、培训等人力资源管理与人事决策提供科学依据，为人才测评工作提供标准，确保科学评估和发现分析师的优势，做到人尽其才，用人所长，人职匹配，提高适岗率。二是个人层面，明确情报分析师的能力素质标准，能够为有志于从事情报分析师的人们提供努力的方向，让在岗在职的情报分析师有改进和完善自我的参考标准，是情报分析师职业学习路线图和职业发展路线图设计的基础，能够为分析师的能力培养和职业发展提供清晰的方向和持续上升的阶梯。三是国家和地区层面，建立情报分析师通用胜任能力标准，有助于推动贯彻落实国家和地区相关政策、决策精神，促使全国或地区范围的情报分析师形成基本共识，构建高效统一的情报文化，推动情报共享与融合、资源整合与优化配置，提升情报整体能力。四是情报人才培养层面，精准描述情报专业人才能力素质是情报专业人才培养的逻辑起点，它关涉“培养什么样的人才，培养目标和培养规格”等根本性问题，是情报专业人才培养方案制定、情报分析学历教育以及职业培训课程设计、教材讲义编撰的重要遵循。

第二节　美国情报分析师通用胜任能力标准

一、联邦标准

（一）情报界的标准

2008 年，美国国家情报总监办公室发布美国情报界第 610 号指令《情报界工作人员胜任能力目录》（简称 ICD-610，2010 年修正），旨在为情报界建立统一标准，用于识别、定义、确认、应用、推广适用于情报界的

---

① The U. S. Department of Justice's Global Justice Information Sharing Initiative (Global), "Common Competencies for State, Local, and Tribal Intelligence Analysts", https://it.ojp.gov/documents/d/common%20competencies%20state%20local%20and%20Tribal%20intelligence%20analysts.pdf, 2017-2-10.

职业胜任力,并为情报界提供统一的胜任力清单和术语标准①。ICD-610将岗位胜任能力分为核心胜任力(Core Competencies)和专业技术能力(Technical Expertise)两类,其中,核心胜任力是指不论机构、任务类型、职位类别和工种,均应具备的有助于提高业绩的基本能力素质,即通用能力素质。专业技术能力包括情报专业知识技能(如情报搜集、情报分析、产品研发等专业技术知识)和主题业务知识技能(如反恐怖主义、反核扩散、互联网等专题知识技能)。ICD-610的内容结构如表4-2所示。

表4-2 情报界能力类型与目录

类型	释义	文件
核心胜任力	即通用能力,不论雇员所在的机构、部门、任务类型、职业类别、工种等,均必须具备的能力	GS-15级别以下(含GS-15)的非监督管理岗位职员核心能力(ICS 610-3)
		GS-15级别以下(含GS-15)的监督管理岗位职员的核心能力(ICS 610-4)
		情报界高级官员能力核心能力(ICS 610-5)
专业技术能力	1. 情报职业技能(Professional Tradecraft):在某任务类别范畴中某个或多个职位的工作人员(例如,搜集与行动人员)应具备的情报知识与技能 2. 主题领域专业技术知识(Subject Matter expertise):在某任务类别范畴中的某个或多个职位的工作人员,基于具体的专业或任务所应具备的知识与技能,例如,情报专题、目标国家、情报来源(人力情报/地理空间情报/信号情报)等专业技术知识	搜集管理与行动能力目录ICS 610-6
		分析与产品能力目录ICS 610-7
		研发与技术能力目录ICS 610-8
		信息技术能力目录ICS 610-9
		其他:获取(ICS 610-10)、财务管理(ICS 610-11)、人力资源(ICS 610-12)、安全(ICS 610-13)以及行政管理、传播与媒体服务、后勤、卫生与环境安全、法律与合规、任务管理等能力目录

其中,与情报分析师紧密相关的核心能力目录主要有ICD 610-3、ICD 610-4、ICD 610-5以及ICD 610-7。核心胜任力方面,美国情报界将各类岗位分为三大类制定核心能力目录(见表4-3):一是GS-15及以下级别非监督管理岗雇员的核心能力,具体包括联系与合作、批

① ODNI ICD 610,"Competency Directories for the Intelligence Community Workforce",http://www.dni.gov/files/documents/ICD/ICD_610.pdf,2017-2-10.

判性思维、个人领导力与正直、对结果负责、专业技术能力、信息交流6个方面的能力素质；二是GS-15及以下级别监督管理岗雇员的核心能力，具体包括互动与协作、批判性思维、领导力与正直、对结果负责、管理能力、信息交流6类；三是情报界高级官员（Senior Officer）的核心能力，包括协作与整合、以事业为中心、价值观导向的领导力、行政领导力、管理能力、专题领域知识6类。

表4－3 美国情报界各类岗位核心能力目录对比表

<table>
<tr><th colspan="2">GS-15及以下级别
非监督管理岗雇员的核心能力</th><th colspan="2">GS-15及以下级别
监督管理岗雇员的核心能力</th><th colspan="2">情报界高级官员
的核心能力</th></tr>
<tr><td>联系与合作</td><td>建立职业/技术网络、影响/磋商、人际交往技能、信息共享</td><td>互动与协作</td><td>建立管理网络
利用协作网络</td><td>协作与整合</td><td>建立战略网络
领导综合行动</td></tr>
<tr><td>批判性思维</td><td>创造性思维、探索可选方案、事业视角、态势感知、综合</td><td>批判性思维</td><td>果断（决断力）
灵活
问题解决</td><td>以事业为中心</td><td>组织智慧与敏锐
外部感知
系统思维</td></tr>
<tr><td rowspan="2">个人领导力与正直</td><td rowspan="2">勇气与信念、热诚服务、革新、诚实正直、抗压恢复能力、尊重差异</td><td rowspan="2">领导力与正直</td><td rowspan="2">人品、冲突管理、人才培养、实现愿景、平衡差异、塑造价值观</td><td>价值观导向的领导力</td><td>尊重多样性
培育价值观</td></tr>
<tr><td>行政领导力</td><td>领导变革
领导他人</td></tr>
<tr><td>对结果负责</td><td>适应能力、持续学习、积极主动、政策指令、资源管理、严谨</td><td>对结果负责</td><td>企业家精神
结果导向</td><td></td><td></td></tr>
<tr><td>专业技术能力</td><td>情报专业技能
主题领域技能</td><td>管理能力</td><td>财务管理、人力资源管理、团队建设、技术可靠、技术管理</td><td>管理能力</td><td>业务头脑
利用专家</td></tr>
<tr><td>信息交流</td><td>多媒体交流、口头交流、书面交流</td><td>信息交流</td><td>有影响力的沟通
信息传达</td><td>专题领域知识</td><td>领域敏锐度
运用专业知识</td></tr>
</table>

ICD-610对情报界GS-15及以下级别非监督管理岗、监督管理岗以及高级官员三类岗位的核心能力素质作了明确区分，其区别具体表现如下：GS-15以下级别非监督管理岗强调专业技能，包括情报知识技能以

及业务领域的知识技能，并规定了联系与合作、个人领导力与正直、对结果负责、信息交流等做好业务工作所必需的基本能力素质。GS-15 以下级别监督管理岗则强调管理能力，包括财务管理、人力管理、技术管理、团队建设等能力，对“互动与协作、批判性思维、领导力与正直、对结果负责以及信息交流能力”等能力素质的界定也都紧紧围绕为做好管理工作提供基本能力保障。例如，“互动与协作”指标对非管理岗的要求是“建立职业/技术网络”，强调“有责任分享信息和知识以完成目标任务，并能够发现、评估、建立和利用情报界组织内外同事、同行、客户、利益相关者、团队等各种不同的合作网络”，而对管理岗不仅要求其能够建立合作网络，还要求“能够建设有助于参与、协作、整合、信息和知识共享、不同类型观点能够开放、交流、碰撞的环境”。再比如，批判性思维方面，非管理岗主要强调“情报界雇员应能够运用逻辑、分析、综合、创造、判断和系统方法获取、评估、使用多源信息，高效形成决策和结论”，而对管理岗的要求则增加了“应该建立一个使雇员感觉自由、开放、能够坦诚交换信息和不同观点的工作环境”。ICD-610 对情报界高级官员的能力素质要求与 GS-15 以下管理岗的要求也有很大区别，后者强调战略网络建设、领导综合行动、事业心、领导变革以及专业领域知识等，尤其强调战略、变革、领导力、价值观等高层次的战略管理能力与领导力，而不是聚焦于财务、人力、技术等资源的具体业务管理能力。综上可见，ICD-610 通过对一级、二级指标的设定以及对各项指标内涵与外延的阐释，对不同岗位应具备的核心能力素质作了清晰明确的区分。

此外，ICD-610 明确了搜集管理与行动、分析与产品、研发与技术、信息技术、获取、财务管理、人力资源、安全、行政管理、传播与媒体服务、后勤、卫生与环境安全、法律与合规、任务管理等不同专业岗位或业务工种的能力素质目录，其中专门设有“分析与产品”岗位的能力素质目录（Competency Directory for Analysis and Production），笔者未查询到这些能力目录文件全文（可能该文件未公开披露），仅在新墨西哥州立大学（The University of New Mexico）的国家安全研究项目网站页面找到美国情报界各专业岗位的能力素质指标清单，但未给出指标的释义。根据该网站提供的信息，“分析与产品”岗位的能力素质目录包括两个方面：一是专业情报知识技能，包括情报搜集、客户经营与需求、处理和开发、研究、工具与方法等指标；二是主题领域知识技能，包括学术/专业、反情报、反扩散、反恐、文化知识、网络、情报科学、情报议题、语言、科学技术情报、目标国家知识等。[①]

(二)国防情报部门的标准

美国国防部(DOD)下设的国防情报局、国家安全局、国家地理空间情报局,都是美国情报界的主要成员。ICD-610 颁布后,美国情报界各成员单位普遍采纳了该标准,并结合自身的职责任务,对情报分析师职业胜任能力素质标准作了补充或细化。

2008 年,美国国防情报局联合军事情报培训中心发布《国防情报局分析师培训需求和胜任能力》[②],将情报分析能力分为入门级、全绩效级、高级和专家级等四个层次,详细阐述了情报分析师应具备的核心能力和专业能力,要求与 ICD-610 能力素质目录基本一致,具体如下:一是核心能力,包括批判性思维、沟通交流、对结果负责、交互与合作、个人领导力和正直;二是情报分析专业技能,包括调查、分析工具和方法、开发/辩护/陈述研究成果、搜集与行动、GMA. 区域战略分析、GMA. 功能分析、SEA. S&TI 分析、建模与仿真等指标。[③]为贯彻落实《情报改革与恐怖主义预防法》,美国国家情报主任以及情报界各成员单位同意建立与发展相适应的人事政策总体框架"国家情报文职官员薪酬计划"(National Intelligence Civilian Compensation Program,简称 NICCP),国防部以此为指引,开发了人力资源管理系统"国防文职情报人事系统"(Defense Civilian Intelligence Personnel System,简称 DCIPS)[④],DCIPS 于 2010 年发布的《国防文职情报人员系统:设计、实施和影响的独立评估》将工作任务分为搜集与行动、处理与开发、分析和生产、研究和技术、组织信息技术、组

① The University of New Mexico,"Intelligence Community Critical Competencies", http://nssp. unm. edu/scholars-program/ic-career-information. html#ICD-610,2017-3-10.

② Defense Intelligence Agency Joint Military Intelligence Training Center, "DIA Analyst Training Requirements and Competencies", http://scripts. cac. psu. edu/users/t/s/tsb4/GEOINT/DIA_Analyst_Competencies. pdf,2017-3-10.

③ "DIA Analyst Training Requirements and Competencies", http://scripts. cac. psu. edu/users/t/s/tsb4/GEOINT/DIA_Analyst_Competencies. pdf,2017-3-10.

④ National Academy of Public Administration,"The Defense Civilian Intelligence Personnel System: An Independent Assessment of Design, Implementation, and Impact", http://www. washingtonpost. com/wp-srv/metro/v/FINAL_DCIPS_REPOR. pdf,2017-3-10.

织管理支持、任务管理7类,工作岗位分为监督管理者、专业人员、技术和行政支持人员3类,并进一步划分为入门/发展级、全绩效级、高级、专家级4个层次,提出评估绩效应主要考察对结果负责、交流、批判性思维、联系与合作、个人领导力与正直/领导力、专业技术知识/管理能力6种影响绩效的能力。[①]

(三)执法情报部门的标准

根据美国《国家犯罪情报共享计划》(NCISP)的要求,美国2004年颁布《执法分析标准》[②],该标准明确了评估执法情报分析人员的9项指标,包括"专业知识、分析方法、批判性思维技巧、服务伦理规范、沟通交流技巧、信息共享与协作能力、信息加工处理技能、计算机与技术素养、客观/正直/诚实"。

美国联邦调查局(FBI)拥有庞大的执法情报分析师队伍,在情报分析师队伍培养与管理方面富有经验。1998年,美国联邦调查局(FBI)提出的分析师"核心胜任力"(Core Competencies)指出,情报分析师应具备"分析、判断、研究、书面交流、口头交流、计算机技能、专业精神/关系、灵活性、适应性、学习能力、积极主动、组织/计划与目标优选、时事知识、教学技能"等核心能力素质,进而指出,"分析师应智慧、严谨,渴望探究未知世界……习惯研究复杂问题,开发所有可用资源……运用逻辑演绎技术……揭示隐蔽的犯罪活动"。[③] 2000年,美国联邦调查局(FBI)制定的《职业路径标准》(Career Path Standards)从"组织、计划与协调,专业技术知识,批判性思维,参与和协作(组织机构内部与外部),个人领导力与正直,交流(包括书面与口头),对结果负责"7个方面评估情报分

① Edwin Dorn, Dan G. Blair, Diane M. Disney etc, "The Defense Civilian Intelligence Personnel System: An Independent Assessment of Design, Implementation, and Impact", 2010-6, http://www.washingtonpost.com/wp-srv/metro/v/FINAL_DCIPS_REPOR.pdf,2017-3-10.

② Global Justice Information Sharing Initiative, International Association of Law Enforcement Intelligence Analysts, Inc, "Law Enforcement Analytic Standards (2nd edition)", April 2012.

③ Parks, Dean, Marilyn B. Peterson, "Intelligence 2000: Revising the Basic Elements; A Guide for Intelligence Professionals", Law Enforcement Intelligence Unit, 2001, pp. 59—60.

析师的能力素质。[1] 2016年,联邦调查局(FBI)在其官方招聘网站发布的情报分析师招聘岗位说明书中对情报分析师的能力素质要求作了详细的阐述,具体如下:(1)协作(Collaboration):积极与外部机构、政府官员、媒体、社区以及内部各部门建立有效联系;在与其他部门合作时表现出专业精神以促成共同目标;适当的时候积极主动地与其他人员分享信息。(2)交流(Commun-ication):口头和书面表达清晰、精炼、有说服力;深刻理解并能阐释交流的内容;善于根据受众的知识、经历和表现调整交流方式和内容。(3)灵活性/适应性(Flexibility/Adaptability):灵活应对突发问题或冲突;果断并有效应对挑战;积极应对并有效控制工作中的变化;以积极、务实的态度支持组织变革;乐于接受新事务、新程序和新目标。(4)积极主动性(Initiative):愿意工作或处理问题,为了完成所有工作能坚持到底,积极主动并创造性地解决问题或任务。(5)人际关系能力(Interpersonal Ability):与管理者、同事、下属等建立和维系密切的关系;敏锐识别和发现他人的需求和关注点;善于调解组织和个人之间的利益冲突和争端。(6)领导力(Leadership):善于激励和鼓舞他人;指导并帮助他人成长;获得他人的尊重、信任和忠诚;有清晰的愿景,并为他人实现目标提供指导和指引。(7)组织/计划(Organizing/Planning):建立目标列表、优先顺序和时间进度表;为自己和其他人制定行动计划;开发战略和战术计划。(8)问题解决/判断(Problem Solving/Judgment):评估环境、事件、可选方案;甄别问题、原因和关系;基于数据或合理逻辑作决策或提建议;形成客观评价或意见。[2]

二、州和地区标准

随着美国执法与国土安全环境的变化,执法情报与国土安全情报工作迅速发展,尤其"9·11"事件后,情报界与执法界之间的界限逐渐模糊,以情报融合中心为代表的综合性情报机构将其使命定位于应对"所有犯罪"和"所有威胁",情报融合中心、执法与国土安全部门工作的分

---

① Federal Bureau of Investigation, "Career Path Standards", 2000. //Global Justice Information Sharing Initiative, International Association of Law Enforcement Intelligence Analysts, Inc.,"Law Enforcement Analytic Standards (2nd edition)", April 2012.

② FBI, "FBI Core Competencies", https://www.fbijobs.gov/join-us/hiring-process.asp, 2017-3-20.

析业务交叉重叠,美国意识到建立全国普遍接受的情报分析师通用能力素质标准,对于国土安全界的发展至关重要①。为贯彻落实 2007 年《2007 年"9 · 11"委员会建议实施法》第 113(a)款关于为州、地区和政府官员开发情报培训课程的要求②,美国国土安全部在广泛调查研究的基础上于 2010 年 6 月制定发布《州、地区与部落情报分析师通用胜任能力》(The Common Competencies for State, Local, and Tribal Intelligence Analysts,本章简称《通用胜任力》)③,明确了州、主要城市融合中心以及类似的执法机构的情报分析师所必备的职业胜任能力素质,标志着美国执法情报分析师专业化建设进入新阶段。

(一)标准文件出台的背景与目的

美国执法界和情报界历来是按照机构而不是根据工作岗位界定培训需求和标准的,然而,形势与环境在变化,传统的做法难以适应新的形势需要,具体体现在以下两个方面:一是全国范围内的州、大城市地区情报融合中心朝整合方向发展,逐渐形成全国性的情报融合中心网络,这就需要为情报融合中心以及类似的执法情报机构的分析师建立统一的能力标准,这种需求日益迫切,成为战略优先事项。二是在新的国土安全形势下,情报界和执法界之间的界限变得日益模糊,情报融合中心以及其他执法部门的分析师经常执行与国家安全部门的分析师相同或类似的任务,要充分利用情报界能力和执法情报能力维护国土安全,就应建立国家认可的、统一的职业胜任能力标准,该需求日益迫切。④

"9 · 11"事件后,美国为提高国土安全与执法情报能力,日益重视

---

① The U. S. Department of Justice's Global Justice Information Sharing Initiative (Global), "The Common Competencies for State, Local, and Tribal Intelligence Analysts", June 2010.

② "The Implementing Recommendations of the 9/11 Commission Act of 2007", https://www. govtrack. us/congress/bills/110/hr1/text, 2017-3-20.

③ U. S. Department of Justice's Global Justice Information Sharing Initiative, U. S. Department of Homeland Security, "The Common Competencies for State, Local, and Tribal Intelligence Analysts", https://www. ncirc. gov/documents/public/common_competencies_state_local_and_Tribal_intelligence_analysts. pdf, 2017-3-20.

④ U. S. Department of Justice's Global Justice Information Sharing Initiative, U. S. Department of Homeland Security, "The Common Competencies for State, Local, and Tribal Intelligence Analysts", https://www. ncirc. gov/documents/public/common_competencies_state_local_and_Tribal_intelligence_analysts. pdf, 2017-3-20.

情报培训,《2007年“9·11”委员会建议实施法》第113(a)款明确要求为州、地区和政府官员开发情报培训课程[①]。为适应新形势发展,落实有关法律政策要求,国家情报主任办公室(ODNI)在国土安全部框架下创建了州、地区与部落培训工作组(State, Local, and Tribal Training Working Group,简称SLT培训工作组),该工作组由国土安全部情报与分析办公室任务支持处情报培训科(DHS Office of Intelligence and Analysis Mission Support Division Training Branch)牵头,由国土安全部情报与分析办公室(DHS I&A)、国土安全部联邦应急管理署(FEMA)、备灾部(PNP)、司法部司法援助局(BJA)、联邦调查局(FBI)、联邦执法培训中心(FLETC)、国家反恐中心(NCTC)、国家情报大学(NIU)、国家情报主任办公室(ODNI)的代表组成,其主要任务是:负责研究、分析和整理已有的执法与情报分析师相关的培训和情报技术文献;识别情报分析师所需的一般能力素质;评估情报培训课程与职业发展机会,确定有助于州、地区、部落执法和融合中心工作人员关键情报能力开发的培训项目和职业发展项目;起草综合性的支持和加强州和地方机构分析师培训的联邦政府战略。SLT培训工作组组建后,就州和地区机构有效发现、评估、实施必要培训和职业发展机会提出了一系列迫切的战略任务,包括评估当前情报界、执法界和国土安全界的有关能力,确定州、联邦、地区、部落等各级机构的犯罪和情报分析人员的“通用能力”;评估现有课程,确定哪些课程满足这些能力标准,并评估这些课程如何纳入初级、中级、高级分析培训项目;确认或开发中级、高级情报能力,评估现有的分析培训课程是否满足当前需求等。随后,该工作组与美国司法部(DOJ)全球司法信息共享领导小组(Global)情报工作组(GIWG)合作,综合考察了包括第203号情报界指令“分析标准”(ICD-203)、《犯罪情报培训最低标准》以及《国土安全部情报职业学习路线图》中的《核心情报标准》等文件与指南(具体见表4-4),归纳分析师培训、情报学说、指南文件和标准的共同点,发现这些文件和标准的不足,进一步研究确定通用分析能力,确定衡量每个人能力的绩效标准。2010年6月,《通用胜任

① “The Implementing Recommendations of the 9/11 Commission Act of 2007”, https://www.govtrack.us/congress/bills/110/hr1/text, 2017-3-20.

力》正式发布①。该文件作为《犯罪情报培训最低标准》②和《州和主要城市地区融合中心基本能力》③的配套文件，明确了州、主要城市融合中心以及类似的执法机构的情报分析师所必备的能力素质，详细阐述了各项能力标准的分析技能和行为指标，并鼓励国家和地方分析师参考这份文件评估分析培训机会，要求培训供应商参照该文件开发分析课程和评估当前的课程，确保将该文件确定的能力素质纳入培训。该文件对美国执法与国土安全情报分析师职业胜任能力的界定相比之前的文件更为详细具体，为情报分析师培训、认证、考核、招募、评估等提供了更为全面、科学的依据，是美国情报分析师制度的重要组成部分，在美国执法情报分析师队伍建设制度体系中具有举足轻重的地位，标志着美国情报分析师制度化建设进入新阶段。

表4-4　SLT培训工作组与GIWG考察的主要文档清单

国家情报主任办公室203号情报界指令“分析标准”	ODNI Intelligence Community Directive (ICD) 203: Analytic Standards
国家情报主任办公室610号情报指令“情报界工作人员能力清单”	ODNI ICD-610: Competency Directories for the Intelligence Community Workforce
犯罪情报培训最低标准	Minimum Criminal Intelligence Training Standards
国土安全部核心情报标准（载于《国土安全部情报职业学习路线图》）	DHS Core Intelligence Standards (published in the DHS Learning Roadmaps for Intelligence Professionals)

① U. S. Department of Justice's Global Justice Information Sharing Initiative, U. S. Department of Homeland Security, "The Common Competencies for State, Local, and Tribal Intelligence Analysts", https://www. ncirc. gov/documents/public/common_competencies_state_local_and_Tribal_intelligence_analysts. pdf, 2017-3-25.

② The U. S. Department of Justice's Global Justice Information Sharing Initiative (Global), "Minimum Criminal Intelligence Training Standards for United States Law Enforcement and Other Criminal Justice Agencies in the United States (Version 2)", October 2007, https://it. ojp. gov/documents/d/minimum%20criminal%20intelligence%20training%20standards. pdf, 2017-3-25.

③ The U. S. Department of Justice's Global Justice Information Sharing Initiative, "Baseline Capabilities for State and Major Urban Area Fusion Centers——A Supplement to the Fusion Center Guidelines", September 2008.

续表

执法分析标准	International Association of Law Enforcement Intelligence Analysts (IALEIA) and Global's Law Enforcement Analytic Standards
执法分析师认证标准	IALEIA and Global's Law Enforcement Analyst Certification Standards
执法情报联盟犯罪情报文档指南	Law Enforcement Intelligence Unit (LEIU) Criminal Intelligence File Guidelines
执法情报联盟犯罪情报部门审计列表	LEIU Audit Checklist for the Criminal Intelligence Function
执法机构认证委员会标准 46. 1. 6—刑事调查	Commission on Accreditation for Law Enforcement Agencies (CALEA) Standard 46. 1. 6-Criminal Investigations
犯罪分析师国际协会认证项目技能集	International Association of Crime Analysts (IACA) Certification Program Skill Set

《通用胜任力》旨在确定在州或大城市地区情报融合中心以及肩负类似分析职责的执法机构工作的情报分析师应具备的通用胜任能力。《通用胜任力》认为，无论是犯罪领域的情报分析师，还是国土安全领域的情报分析师，都应具备通用的知识、技能和能力以履行职责。美国自 2004 年以来在各州和大城市积极建设“融合中心”，目的是应对危害本土安全的各类风险与威胁因素，在融合中心任职的情报分析师的主要职责是处理、保存、分析当地产生的与国土安全、犯罪有关的情报信息，以及来自美国情报界的秘密或非涉密情报，情报分析师必须具备必要的经验、专业知识，受过良好的训练，方可能胜任工作。制定情报分析师通用胜任能力标准，明确情报分析师的通用能力素质要求，有针对性地开展培训工作，对于在国土安全部、司法部、联邦调查局以及各地肩负类似职责的机构任职的情报分析师接受与联邦分析师一样的培训和职业发展机会，促进情报和执法专业人员相互之间更好地开展交流、交互、共享与协作，具有重要意义。具体说来，制定情报分析师通用胜任能力标准有如下意义：一是作为执法机构培训部门以及培训合作伙伴开展情报培训的依据，确立分析师培养目标，加强和改进情报分析师培训课程，确保分析师培训的连续性，并在必要时加强或更新培训项目，确保培训涵盖各项能力标准；二是情报分析师培训项目设定的培养能力标准能够确保情报融合中心以及执法分析环境中的情报分析师掌握统一的技能，为全国范围内情报培训内

容和培训项目的一致性和连续性提供保障;三是情报分析师培训项目的培训方法和重点领域各有特点,执法机构和融合中心的领导者可以依据这些通用能力指标,评估情报培训项目和课程,就培训工作作出科学的决策部署,合理安排分析师参加培训课程。

(二)州和地区情报分析师通用职业胜任能力标准及其具体指标

SLT 培训工作组(SLT Training Working Group)和 GIWG 通过努力确认了州和地区情报融合中心的情报分析师应具备的通用能力素质,明确国土安全情报分析师的职责包括恐怖主义、国土安全和执法信息分析,至少应具备以下 5 个方面的基本能力素质:批判性思维,信息共享与协作,情报融合与情报分析方法技术,传递分析研判结论或制作分析产品,将理念和原则转化为行动。这 5 个方面的技能和行为指标具体如下:

1. 批判性思维。批判性思维是指对客观事实进行客观分析形成判断的过程[①],强调理性、怀疑、无偏见或依据事实证据进行评价。《通用胜任力》将批判性思维列为情报分析师必备的核心能力之首,认为批判性思维能力贯穿于情报分析各环节,其具体分析技能与行为指标如下:(1)情报工作规划能力:一是能够发现和确定关键议题和困境,回答和解决这些问题对于保护国土安全至关重要;二是设计分析路径和情报收集计划,明确国土安全信息优先需求,平衡短期和长远价值。这两项能力指标要求情报分析师能够从全局出发,发现和抓住关键问题,妥善平衡长远价值与当前利益,明确事务的轻重缓急,做好全盘谋划。(2)情报源开发与评估能力:一是情报分析师应熟悉和运用各类公开信息来源,对各类公开情报源的有效性和价值心中有数,能够有效开发各类公开资源,包括互联网资源、公共和商业数据库资源,并对其有效性与价值进行评估;二是能够评估信息来源的有效性与相关性,减少不确定性,填补知识缺口。(3)数据分析能力:一是识别、关联、解释数据,明确参考数据与数据源;二是提出和检验多元假设,形成结论;三是全面挑战(质证)关键假设;四是按照逻辑要求,根据相关数据,形成逻辑严密、有价值的结论,并对不合逻辑的数据作出解释。数据分析能力是整个批判性

① Edward M. Glaser, "Defining Critical Thinking", An Experiment in the Development of Critical Thinking, Teacher's College, Columbia University, 1941.

思维技巧关键所在,它强调严密的逻辑、结构化的推理、假设的生成和验证、关键假设和关键证据(数据)的质疑和求证,以全面、深入、准确分析和解释数据,避免出现情报研判失误。(4)克服思维定式,避免在选择论据和形成结论时犯常见的错误。思维定式、认知偏见、镜像思维等在人们的思维过程中天然存在,对情报分析的客观性、准确性造成明显的不利影响,承认思维认知局限的客观性并掌握克服认知偏见与思维定式的技巧方法,是情报分析师应具备的基本能力素质。(5)拥抱变革,创造性使用数据、想象技术,积极寻求新的见解与创新性的解决方案。情报分析工作是一项创造性的智力工作,需要分析师根据掌握的信息,建立各类事物与现象之间的关联,发现现象背后的规律,识别犯罪模式,预测未来趋势,提出有见地的见解或解决方案,因此,秉持开放理念,培育创新精神,积极寻求新见解,是情报分析师应具备的基本能力素质。(6)参照既定的标准评估分析思维和分析过程的质量。该指标要求分析师按照设立的标准对整个情报分析的过程进行对照评估。对情报分析过程和情报产品质量进行评估,有助于发现问题,总结经验,减少失误,弥补疏漏,改进情报产品,确保情报分析的质量,是情报分析工作必不可少的重要环节。(7)管理项目、时间以及科学确定优先事项。该指标强调分析师的管理能力,妥善安排时间,明确事务的轻重缓急,优化时间和资源投入,是提高工作效率和工作质量的关键。

2. 信息共享与协作。“9·11”事件对美国情报界、执法界的最大启发之一是美国社会各界深刻认识到情报信息共享的重要性,为了推动情报共享,美国出台了大量法律、政策和标准,推动信息共享环境建设与情报融合,情报信息共享成为“9·11”事件后美国执法界、情报界改革的主要着力点。《通用胜任力》将“信息共享与协作”确定为国土安全情报分析师五大核心能力素质之一,正是这一改革思潮的具体反映。《通用胜任力》将信息共享与协作技能与行为指标阐释如下:(1)在国土安全和执法界的主要贡献者之间建立分享信息和分析成果的信任网络,以支持关键行动。埃拉斯代尔·罗伯茨(Alasdair Roberts)在分析“9·11”事件时指出,各职能部门间信息共享和交流机制的不健全是难以有效发现和阻止恐怖袭击阴谋的主要原因,虽然美国基于国土安全战略的考虑对信息共享日益重视,但在新的反恐网络中推动信息共享存在诸多障碍,如宪法的约束、技术方面的障碍、官僚体制和文化方面的障碍,其中包括组织间的不信任，或者认为信息共享之后需要承担风险。[①] 可见，建立机构之间的信任关系，是信息共享与协作的基本前提与基础。(2)存储和保存信息，赋予适当的标识，以最大限度地发挥其作用。该指标强调情报分析师对情报信息进行适当“标记”，以便于情报信息的流转和利用。由于情报信息的敏感性，其交换和分享有一定的范围限制，对情报信息的密级与流通范围给予明确标识，有助于确保情报信息在安全保密的前提下实现最大范围的流转和分享，充分发挥情报信息的价值。(3)在信息共享、存储和分析过程中遵循法律、隐私、安全指南、限制条件与安全实践要求。情报信息安全保密与公民隐私信息保护问题是情报工作中的重点和难点问题，为此，美国出台了诸多法律、政策、标准与指南文件，以更好地保护情报安全、公民隐私与宪法权利，熟悉、掌握并遵守相关法律、政策、标准、指南与限制要求，是情报分析师的基本能力素质。(4)在适用法律法规以及在合作“最佳实践”实施过程中，贯彻落实国家情报主任办公室(ODNI)关于“有责任提供”的精神。“9·11”事件后，美国情报界致力于改革情报文化，着力推动“需要知道”(Need-to-Know)和“需要分享”(Need-to-Share)的情报文化向“有责任提供”(Responsibility to Provide)的情报文化转变，并将其写入2004年《情报改革与恐怖主义预防法》(IRTPA)，成为美国情报工作改革的重要指导思想。执法机构与执法人员树立“有责任提供”的情报文化与责任意识，情报共享与合作将更为顺畅。(5)充分利用现有的技术手段推动情报信息交换、协作和内容发布。传统的通过纸质文件传递、分享和发布信息的时代已经成为历史，运用新兴的网络通信技术手段以及新兴的可视化技术改进情报信息的交换、共享、传递与发布，能够极大提高情报信息传递和分享的效率，并促进对情报信息的理解。(6)在适用法律法规处理敏感问题时最大限度地提高透明度。在保障安全的前提下，提高透明度是赢得信任，获取支持，推动共享，改善合作的重要变量。(7)通过有组织的、有序的、职责边界明确的合作与共享，避免重复工作，提升情报分析工作的影响力。情报共享与协作涉及行业、单位、人员众多，因此，有组织、有计划、有序推进情报共享与协作，明确各有关部门与岗位

① Alasdair Roberts, “Orcon Creep: Networked Governance, Information Sharing, and the Threat to Government Accountability”, Government Information Quarterly, 2004(21), pp. 249—267.

的职责分工,避免重复劳作,是提高情报共享和合作效率,实现情报共享与协作可持续发展的基本前提。(8)化解分析岗位的冲突。在推动情报共享、协作和分析研判过程中,利益冲突、工作冲突以及其他各类矛盾必然存在,因此,情报分析师还应具备良好的化解矛盾冲突的能力。

3. 情报融合和情报分析方法技术。情报融合与情报分析方法技术是衡量情报分析师能力最为关键的指标。《通用胜任力》认为情报分析师应掌握三个方面的方法和技术:一是情报分析方法、技术和工具;二是威胁和风险评估相关方法技术;三是制作和传递可疑活动报告(SARs)的方法和技术。其具体技能与行为指标如图 4－2 所示。在该方法技术体系中,美国执法情报界引入情报界流行的结构化分析技术,将其作为分析师的必备技能纳入其中。美国情报界于 2005 年首次使用“结构化分析方法”这一术语,强调以系统化、透明化的方式,将分析中的思考过程完全外化,要求在外化过程中让分析框架可视化,将问题分解为若干部分,形成循序渐进的分析程序,以提高分析的质量,[①]目前结构化分析方法技术已经成为美国情报界与学术界的潮流与趋势。

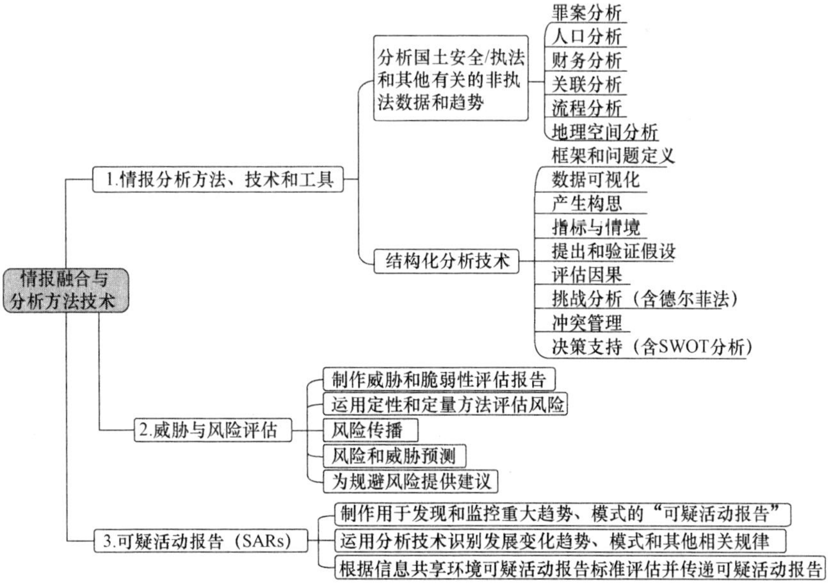

图 4－2　情报融合与分析方法技术指标

---

① 高金虎、张魁:《情报分析方法论》,金城出版社 2017 年版,第 189 页。

4. 传递分析研判结论或制作分析产品。《通用胜任力》特别强调分析师制作情报分析产品以及传递分析研判结论的能力，就该指标提出了9项能力素质要求，具体包括情报需求分析、规划情报产品、使用演示和编辑软件、撰写情报产品、制作产品摘要、整理情报产品、评估情报产品、标识和传递情报产品以及情报产品反馈与评估等（具体如图4－3所示）。除了对一般的情报分析师提出上述能力素质要求，《通用胜任力》还明确要求牵头的情报分析师或管理者应掌握必要的技能以确保合理监督情报分析师的活动，具体包括：一是组织、管理分析团队和分析成果；二是与情报分析师一起审核情报产品是否符合用户需求和目的；三是指导分析师撰写分析产品；四是审查情报产品的格式、风格以及内容，并为通过审核的产品流通提供便利；五是最大限度传递产品；六是制作产品介绍；七是跟踪产品，评估其效果，据此规划未来的情报产品；八是将分析部门的工作纳入更为广泛的国土安全和执法任务中；九是根据已建立的标准评估情报产品的质量。

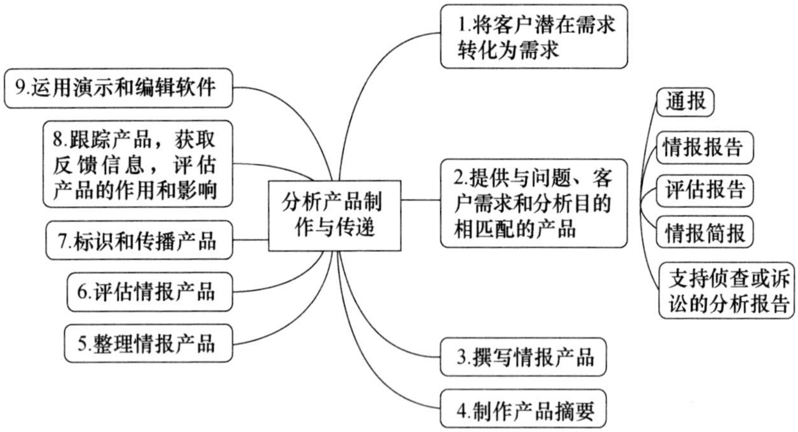

图4－3　制作和传递情报产品的技能与行为指标

5. 将理念和原则转化为行动。情报理念、原则、知识与技能并不能直接转化为行动能力，以情报分析为例，掌握先进的分析方法技术不等于具备高超的分析能力，还需要足够的行业知识、领域知识作依托，方能实现能力转化。“将理念和原则转化为行动”这一指标重点要求分析师掌握领域专业知识（Subject-matter Expertise），所谓领域专业知识，即特定专题领域的知识或行业背景知识，以反恐怖情报分析为例，分析师除了要掌握情报搜集与分析等有关的情报专业知识和技能外，还需要了解当地的恐怖主义环境、宗教极端主义发展情况、民族宗教环境、地缘政治与国际关系等业务知识，后者即为领域专业知识，它为情报分析师解读数据、分析信息提供背景知识，很大程度上决定了情报分析师的分析能力。此外，《通用胜任力》还要求分析师具备以下能力素质：评估法律因素，保护隐私权、公民权利和自由①，分享国土安全最佳实践以及执法情报产品与成果，拥抱变革并寻求应对挑战的新见解和创新性解决办法，参照现有标准评估情报分析绩效与管理的质量等（具体参见图 4－4）。

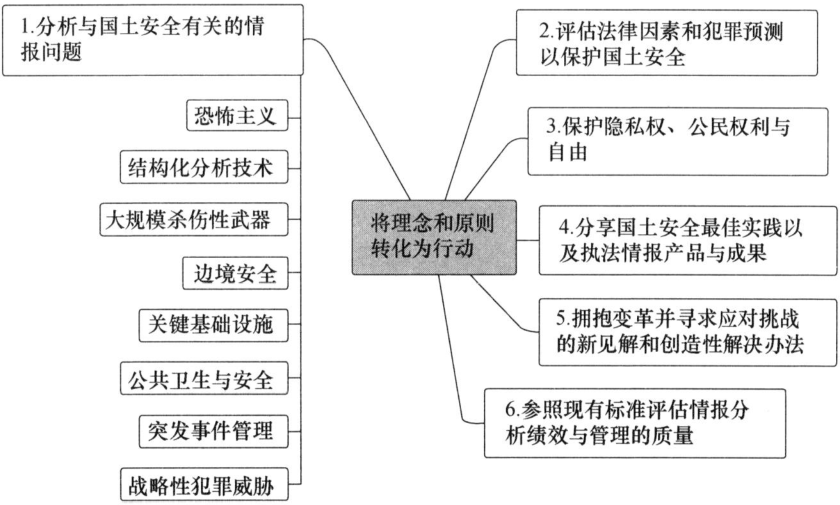

图 4－4　将理念与原理转化为行动的能力指标

三、标准比较矩阵

综上标准，可得各类标准比较矩阵如表 4－5 所示，各指标的共识度情况大致如下：共识度最高的首先是协同与合作，各情报机构的标准均将其列为重要指标；其次是批判性思维；紧跟其后的分别为专业技术、个人领导力/正直、对结果负责、传播与交流；最后为组织/计划/协调和计

① 美国有关司法信息隐私与自由权利保护相关法律政策参见："Issues, Resources, and Training for Fusion Centers and State, Local, and Tribal Justice and Public Safety Agencies", http://www.it.ojp.gov/default.aspx? area = privacy.

算机技能/素养。由此可见美国对情报分析师的协同合作能力以及批判性思维的重视程度。

表 4－5　美国情报机构情报分析师核心能力素质标准

能力素质指标		国家安全/军事				国土安全	执法		
		ODNI	DIA	DCIPS	NGA	DHS	FBI		IALEIA
							核心能力清单	职业道路标准	
协同与合作	建立职业/专家网络、影响/谈判能力、人际交往技能、信息共享	√	√	√	√	√	√	√	√
个人领导力&正直	勇气和信念、竭诚工作、改革创新、正直/诚实、韧性、尊重多元性	√	√	□	□	□	□	√	√
批判性思维	创造性思维、考察可选方案、事业远景、态势感知、综合	√	√	√	√	√	√	√	√
对结果负责	适应性、持续学习、主动性、政策指令、资源管理、严谨	√	√	√	√	□	□	√	□
专业技术	专业情报技术、特定领域的知识	√	√	√	□	√	□	√	√
传播交流	多媒体传播、口头交流、书面交流	√	√	√	□	□	□	√	√
组织/计划/协调		□	□	□	□	□	√	√	□
计算机技能/素养		□	□	□	□	□	√	□	√

除了上述具有一定共识度的指标外，部分情报机构还设有各自特色指标。美国国防情报局设有调查能力、分析工具和方法、搜集系统与行动、GMA. 区域战略分析、MA. 功能分析、SEA. S&TI 分析、建模与仿真等指标；国土安全部（DHS）设有情报融合与执法情报技术、将概念和原理

转化为行动的能力等指标；FBI 核心能力目录设有专业精神、渴望探索未知世界、习惯研究复杂问题、开发资源、揭示隐蔽犯罪活动、时事、教学技巧等指标；美国国际执法情报分析师协会（IALEIA）设有理智/心智成熟、客户服务理念等指标。

第三节　情报分析师职业胜任能力调查

为更为全面反映情报分析师能力素质要求，本节旨在梳理来自学术界的观点和实践部门的实证调查结论，为构建情报分析师胜任能力指标体系提供参考和补充。

一、理论文献调查与分析

杰夫瑞·D. 科基尔（Jeffrey D. Corkill）等人在《分析师的特征：我们从情报分析师的职位描述能获得什么》一文中总结了 8 位学者的观点[①]，根据该文线索扩展搜索，共获得 13 篇专门论述情报分析师能力素质的文献，梳理这些文献的观点如表 4－6 所示。

表 4－6　国外学术界有关情报分析人员能力素质要求的观点

领域	作者	能力素质指标
国家安全	Clauser; Clauser & Weir	推理能力、准确、诚实、思想开放、怀疑精神、超然、耐心、勤奋、毅力、想象力[②]
	Wolfberg	创新、综合、学习、提问、模仿、识别、适应不确定性、视觉思维、实验、隐喻、非线性系统思维[③]

① Jeffrey D. Corkill, Teresa Kasprzyk Cunow, Elisabeth Ashton, etc., "Attributes of an Analyst: What We Can Learn From the Intelligence Analysts Job Description", The Proceedings of the 8th Australian Security and Intelligence Conference, held from 30 November-2 December, 2015, pp. 36—42.

② Clauser, J., & Weir, S. M, "Intelligence Research Methodology: An Introduction to Techniques and Procedures for Conducting Research in Defense Intelligence", Washington: Defense Intelligence School, 1976.

③ Wolfberg, A, "To Transform into a More Capable Intelligence Community: A Paradigm Shift in the Analyst Selection Strategy", Washington: National War College, 2003.

续表

领域	作者	能力素质指标
国家安全	Moore, Krizan, & Moore	1. 能力:交流、团队精神与协作、思维;2. 特质:永恒的好奇心、自我驱动、着迷于解开谜题、"AHA"创新思维、喜欢观察、喜欢阅读、全身心投入、多元视角、创造性建立联系、好玩、幽默感、好奇感、专注、提问习惯;3. 知识:目标知识、情报界、政府计划和政策、用户、分析资源;4. 技能:批判性推理、文字素养、计算机素养、表达能力、外语能力、研究能力、信息收集与处理能力、项目/流程管理、可视化①
	William J. Lahneman	1. 个人特质:生性好奇、全面发展、思路清晰、批判性思维、直觉思维、团队精神、透过表象看本质、发现/鉴别复杂的模式、掌握理论、自律、处理大量不确定性问题的能力、处理可能情况的能力、道德伦理/正直、灵活/适应能力、快速学习能力、想象力、鉴别自身偏见/观点、接受批评;2. 教育背景:外语能力、了解顾客/客户/用户、特定领域或地区的专业知识、了解美国政策、重视历史、理解情报与政策的区别、海外生活经历;3. 技能:高效的写作能力、口头表达能力、高效的提炼能力、解决问题的技巧、把政策问题转化为情报问题的能力、IT 技能、研究技能、社会技能、了解其组织与情报界、良好的人际交往能力②
	Richards	批判性思维、创造性、判断、交流③
国防军事	Katter	理解复杂概念模型、开发概念模型、知识、记忆力、思维灵活④
	Fischl & Gilbert	高水平的推理能力、归纳推理、灵活性、写作技能、记忆力、好奇心、审慎、人际交往技能、成就动机、自律、毅力⑤

---

① Moore, D. T., Krizan, L., & Moore, E. J., "Evaluating Intelligence: A Competency-Based Model", International Journal of Intelligence and Counter-Intelligence, vol. 18, no. 2, 2005, pp. 204—220.

② William J. Lahneman, "The Future of Intelligence Analysis. Volume 1", http://commons.erau.edu/cgi/viewcontent.cgi? article = 1000&context = db-security-studies, 2017-3-25.

③ Richards, J., "The Art and Science of Intelligence Analysis", Oxford: Oxford University Press, 2010.

④ Katter, R. V., Montgomery, C. A., & Thompson, J. R., "Human Processes in Intelligence Analysis: Phase 1 Overview", Alexandria: U.S. Army Research Institute for the Behavioral and Social Sciences, 1979, p. 74.

⑤ Fischl, M., & Gilbert, A. C., "Selection of Intelligence Analysts: DTIC Document," 1983. //Jeffrey D. Corkill, Teresa Kasprzyk Cunow, Elisabeth Ashton, etc., "Attributes of an Analyst: What We Can Learn From the Intelligence Analysts Job Description", The Proceedings of the 8th Australian Security and Intelligence Conference, held from 30 November-2 December, 2015, pp. 36—42.

续表

领域	作者	能力素质指标
国防军事	Wing	知识、远见、好奇心、创新、果断、直觉、逻辑、想象力、灵感①
	Allen	1. 特征：信息序化、模式识别、推理；2. 技能：技术专长、目标知识、分析技术、搜索和组织技能、数据综合能力、归纳推理、表达观点②
执法	Charles C. Frost	1. 背景因素：包括兴趣、研究能力、有益的工作经验；2. 心理特征：好奇心（求知欲）、快速吸收信息、敏锐回忆信息、韧性、决断意愿与能力；3. 交流技巧：写作、口头陈述；4. 工作风格：积极主动与自我导向、有效的人际互动、训练有素的智慧勇气③
	Schneider	1. 个人特质：好奇心、记忆力、快速吸收信息、韧性、判断；广泛的兴趣、发达的研究能力、经验、主动性、自我导向、遵守纪律、智慧勇气；2. 技能：写作技能、口头交流技能④
	Quarmby & Young	1. 个体特征：交流、协作、批判性思维、创造力；2. 技能：专题知识、程序性知识、学科专业知识、一般性知识⑤
	Corkill	诊断和研究问题的能力、交流、自我意识⑥

将上述观点合并同义项后共得 91 组指标，出现频次 2 次以上的指标如图 4－5 所示。

我国学界专门探讨情报分析师职业胜任力的文献不多，通过中国知网检索（截至 2016 年 8 月 20 日）获得 26 篇相关文献，广泛涉及大学生、

① Wing, I., "The Characteristic of Successful and Unsuccessful Intelligence Analysts", The Journal of the Australian Institute of Professional Intelligence Officers, vol. 9, no. 2, 2000, pp. 4—11.

② Allen, D. M., "Building a Better Strategic Analyst: A Critical Review of the U. S. Army's All Source Analyst Training Program", Fort Leavenworth: United States Army Command and General Staff College, 2008, p. 59.

③ Charles C. Frost, "Choosing Good Intelligence Analysts: What's Measurable", Law Enforcement Intelligence Analysis Digest, vol. 1, no. 1, 1985, pp. 5—8.

④ Schneider, S. R., "The Criminal Intelligence Function: Toward a Comprehensive and Normative Model", IALEIA Journal, vol. 9, no. 2, 1995, pp. 403—427.

⑤ Quarmby, N., Young, L. J, "Managing Intelligence the Art of Influence", Sydney: The Federation Press, 2010.

⑥ Corkill, J., Davies, A., "The Contemporary Australian Intelligence Domain", The Journal of the Australian Institute of Professional Intelligence Officers, vol. 21, no. 2, 2013, pp. 37—53.

医生、教师、图书馆员、科技情报人员、竞争情报人员、公安情报人员、采编人员与编辑、医学情报人员、护理人员、工程技术人员、领导者、体育情报人员等主体的情报能力素质，总计 109 项指标，按照“知识、技能、个人特质”三维框架归类发现：(1)知识、技能指标相对集中(频次如图 4－6 所示)，个体特质(品质/态度/动机/价值观/自我认识等)比较分散；(2)知识方面[见图 4－6(a)]，业务(行业)知识、情报信息知识居首，其次是计算机网络、法律政策、外语知识；(3)技能方面[见图 4－6(b)]，情报分析技能居首，其次是情报获取、情报处理、情报陈述与传递、组织协调与交际等技能；(4)个体特质方面，涉及两类：一是智力能力特质，包括机智果敢、随机应变、紧急处置、敢于评价、思维敏捷、嗅觉灵敏、善于观察、决断能力、观察力、想象力、记忆力、判断力、学习能力、创造能力、动手能力、独立思考能力、敏感、敏锐、警惕等；二是态度/动机/价值观/自我认知等，包括稳定的心理结构、强烈的情报意识、恒定的情报期待、持久的情报兴趣、好奇心、求胜心、平和心、平常心、自信心、细致心、完美心、事业心等。

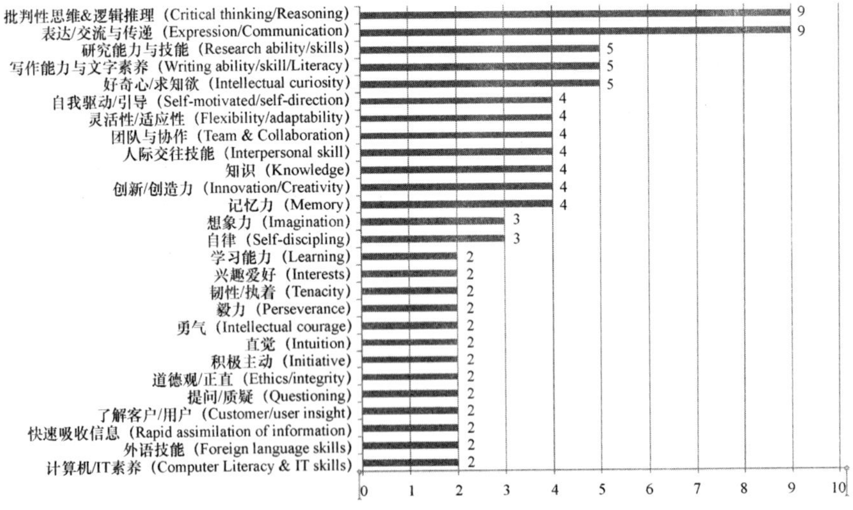

图 4－5 国外学界关于情报分析师能力素质要求的观点

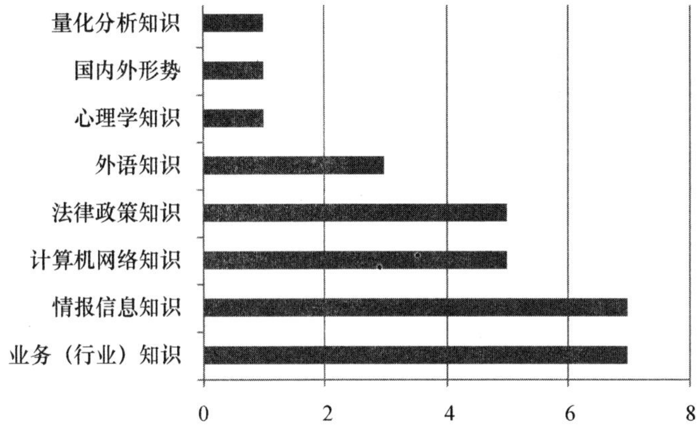

(a)

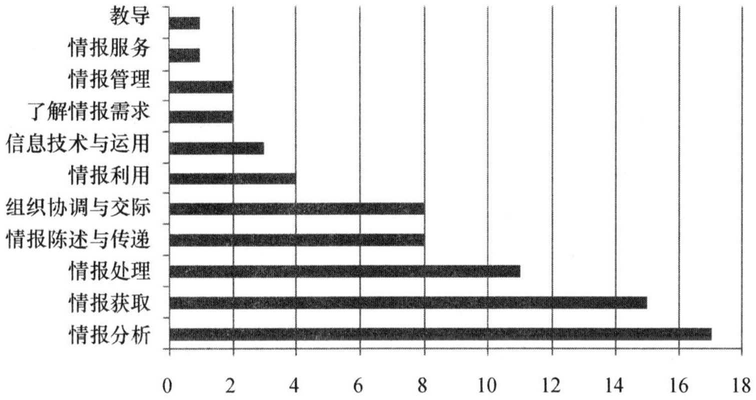

(b)

图 4－6 国内学界关于情报工作人员能力素质要求的观点

二、实证调查结果

（一）美国情报界从业人员调查

实证调查结论源自情报从业人员的切身感悟或情报机构的实际需求，因此具有重要参考价值。2006 年 1 月，美国国家反情报执行办公室（Office of the National Counterintelligence Executive）、国家反情报局（The National Counterintelligence Institute）发布了一份重要的调查报告《反情报训练的基本要素(第一卷):通用反情报核心能力》[①],这是美国情报界第一次尝试通过系统的调查研究确定情报职业能力素质与 KSAs(知识-Knowledge、技巧-Skills、能力-Abilities)。该报告运用结构化访谈以及焦点小组法,对来自美国国家反情报执行办公室(Office of the National Counterintelligence Executive,简称 ONCIX)、国防部反情报领域行动署(Counterintelligence Field Activity,简称 CIFA)、美国联邦调查局(FBI)、美国空军特别调查处(Air Force Office of Special Investigations,简称 AFOSI)、海军罪案调查处(Naval Criminal Investigative Service,简称 NCIS)、美国陆军与中央情报局(CIA)等诸多情报机构,工作 2 年以上的 150 名业务骨干和管理人员(包括高级管理者)进行访谈,每次访谈大概 2 小时,由两名研究人员按照结构化的方式,引导被访谈者讨论工作所需的 KSAs,调研结果显示,情报业务骨干(Journeyman)与管理者(Leadership & Management)应具备 17 种核心能力素质(Universal Core CI Competencies),具体如下:(1)业务骨干必备的通用核心能力(Journeyman Universal Core CI Competencies):阅读理解能力、写作能力、口头交流能力、创造性思维、分析思维、批判性思维、团队建设/团队精神与协作、人际交往技巧、规划能力、评估与批判、领域专业知识、法律/政策/程序与司法管辖、概念化/影响/谈判能力、自动数据系统[②]、风险管理、客户意识。(2)领导/管理者通用核心能力(Leadership & Management Universal Core CI Competencies):批判性思维、分析思维、创造性思维、战略思维、决策能力、解决问题的能力、协作、冲突管理、客户服务、交流能力、情报意识(法律/政策/技术)、人才管理、团队工作/团队建设/领导力、资源管理、领导变革/愿景、伦理/忠诚/正直和负责、不断学习。

---

① Office of the National Counterintelligence Executive, The National Counterintelligence Institute, "Fundamental Elements of the Counterintelligence Discipline, Volume 1, Universal Counterintelligence Core Competencies", 2006-1, National Counterintelligence Council, http://www. au. af. mil/au/awc/awcgate/ncix/fundamentals_ci. pdf,2017-3-20.

② 数据自动传送系统能力包括:理解并能运用反恐情报工作相关情报通信系统、情报信息系统以及支持数据库与网络的基本原理、程序和性能;能够运用计算机实现信息需求与工作需求;能够运用计算机数据库进行复杂的分析。

表 4-7　美国情报界通用核心能力素质(Universal Core CI Competencies)

类型	不同的指标	共同的指标
业务骨干(Journeyman)	阅读理解能力、人际交往技巧、规划能力、评估与批判、领域专业知识、法律/政策/程序与司法管辖、概念化/影响/谈判、自动化数据系统、风险管理、客户意识	批判性思维、分析思维、创造性思维、战略思维、决策能力、口头表达能力、书面表达能力、团队建设/团队精神/协作
管理人员(Leadership & Management)	解决问题的能力、冲突管理、情报意识(法律/政策/技术等)、人才管理、领导力、资源管理、领导变革/愿景、伦理/忠诚/正直和负责、不断学习	

(二)澳大利亚情报分析职位招聘说明调查

澳大利亚埃迪斯科文大学安全研究所的杰弗里·科尔基尔(Jeffrey D. Corkill)等人从澳大利亚 45 个机构和部门搜集了 2009—2015 年期间 300 个情报分析师工作岗位在线招聘广告,运用横断面抽样法从中选择了 30 份职位描述(覆盖了所有州以及职位分类),这 30 份职位描述分别来自警务(11 个)、司法(5 个)、犯罪和贪腐(2 个)、矫正(2 个)、澳大利亚犯罪委员会(2 个)、交通运输(2 个)以及其他机构(5 个),对情报分析师岗位的资格条件(Qualification)、工作经验(Experience)、知识(Knowledge)、技能(Skills)和个人特质(Personal Attribute)等需求进行了分析[①],调查结果如表 4-8 所示,该调查结论有重要参考价值。

表 4-8　澳大利亚情报分析岗位能力素质要求调查结果

类目	指标(按频次排序)
经验(Experience)	情报分析、信息工具、管理、情报环境、审计、情报分析工具、数据收集、调查、法律政策、监所经验等
知识(Knowledge)	情报流程/原理与实践、公共服务原理、主题知识、研究和分析技能、信息处理工具、信息安全、态势感知、风险管理等

① Jeffrey D. Corkill, Teresa Kasprzyk Cunow, Elisabeth Ashton, etc., "Attributes of an Analyst: What We can Learn from the Intelligence Analysts Job Description", The Proceedings of the 8th Australian Security and Intelligence Conference, held from 30 November-2 December, 2015, pp. 36—42.

续表

类目	指标(按频次排序)
技能(Skills)	沟通交流技能、研究和分析技能、项目管理技能、批判性思维、计算机技能、组织能力、领导能力、团队合作能力、管理技能、实现结果、信息管理、秘密工作、运用情报流程、风险管理、提供培训等
个体特质(Personal Attribute)	诚实、内驱力、主动、承诺、尊重、适应能力、公正、自信、自律、创新、灵活性、多产、正直、职业准则、创造力、注重细节、意愿、弹性(恢复能力)

(三)我国公安机关情报从业者调查

自2006年起,笔者连续多年利用暑期赴各地公安机关调研,广泛涉及北京、江苏、浙江、山东、甘肃、青海、广东、湖南、四川等省份各级公安机关情报部门以及基层派出所,围绕"需要什么样的情报人才""情报分析人员应具备哪些知识、技术、素质和能力"等问题搜集有关观点,主要结论如表4-9所示。

表4-9 我国公安机关情报分析岗位能力素质要求的调查

类别	内容
知识	公安业务知识(如侦查、犯罪、恐怖主义与宗教极端主义知识等)、法律政策知识、犯罪心理学知识、情报理论知识、人文地理知识、情报源、公安信息系统、情报分析软件工具
技能	计算机技能、书面表达能力、沟通交流能力、逻辑推理能力、调查研究能力、统计分析能力、组织管理与协调能力、团队合作、外语与方言、情报信息技能(包括情报搜集、检索、处理、分析等)
个人特质(品质/价值观/态度等)	情报意识、创新精神、积极主动、领悟能力、灵活性、思路开阔、耐心细心、钻研精神、好奇心、好学、保密意识、政治素质、团队精神、奉献精神与责任意识、敏锐、敬业

为便于后续分析,归纳上述三项调查结果的比较矩阵如表4-10所示:

表 4-10 美、澳、中三国情报分析师能力素质需求调查比较表

类目		能力素质指标	美	澳	中		能力素质指标	美	澳	中
知识		业务(行业)知识***	√	√	√		犯罪心理学知识	□	□	√
		法律/政策/程序/司法***	√	√	√		公共服务准则	□	√	□
		情报流程/原理/实践**	□	√	√		信息安全知识	□	√	□
		人文地理知识	□	□	√					
技能	学习	阅读理解能力	√	□	□	组织/协调/管理	团队建设/团队精神***	√	√	√
		持续学习/好学**	□	√	√		协作***	√	√	√
	思维	创造性思维	√	□	□		人际交往技能	√	□	□
		分析思维	√	□	□		规划/评估/评判	√	□	□
		批判性思维**	√	√	□		战略思维	√	□	□
		逻辑推理	□	□	√		影响/谈判	√	□	□
	调查/研究/分析	调查**	□	√	√		领导力**	√	√	□
		研究与分析技能**	□	√	√		引领变革/愿景	√	□	□
		统计分析	□	□	√		管理技能	□	√	□
	表达/交流/传递	书面表达能力***	√	√	√		信息管理	□	√	□
		口头表达能力***	√	√	√		风险管理**	√	√	□
		方言	□	□	√		冲突管理	√	□	□
技能	情报信息技能	情报意识	√	□	□	组织/协调/管理	人才管理	√	□	□
		计算机技能素养**	□	√	√		资源管理	√	□	□
		数据系统**	√	□	√		项目管理**	□	√	□
		信息管理/处理	□	√	□		组织能力**	□	√	√
		情报获取/检索/处理/分析等**	□	√	√		决策能力	√	□	□
		运用情报流程	□	√	□		客户服务意识	√	□	□
		保密工作	□	√	□		审计	□	√	□
		态势感知	□	√	□		培训技能	□	√	□

续表

类目	能力素质指标	美	澳	中	能力素质指标	美	澳	中
个人特质(态度/角色定位/自我认知/自我形象/价值观/品质/性格/动机)	积极主动/意愿**	□	√	√	高产	□	√	□
	内驱力	□	√	□	诚实	□	√	□
	尊重	□	√	□	伦理/承诺/正直与责任感***	√	√	√
	适应能力	□	√	□	注重细节/细心**	□	√	√
	灵活性**	□	√	√	职业准则	□	√	□
	公正	□	√	□	政治意识/政治素质	□	□	√
	自信	□	√	□	保密意识	□	□	√
	自律	□	√	□	钻研精神	□	□	√
	创新/创造力**	□	√	√	敬业精神	□	□	√
	弹性	□	√	□	好奇心	□	□	√

(注:*代表出现的频次,该标识越多,共识度越高)

第四节 执法情报分析师职业胜任能力模型构建

一、执法情报分析师职业胜任能力模型构建

共识度是指不同主体对同一现象认识的一致程度,各项指标的共识度可用“单项指标共识度=(该指标出现频次/样本文献总数)×100%”来测量;所考察样本的总体共识度可用“总体共识度=(完全共识指标数/样本文献总数)×100%”来测量,这里的“完全共识指标”是指所有主体都认同的指标。

本章所考察的中文文献涉及指标多达109项,无完全共识指标,总体共识度为零,单项指标共识度最高的是“情报分析”,出现17次,共识度为65.38%。国外13篇理论文献提出了91组概念,单项指标共识度最高的是“批判性思维/逻辑推理”和“表达/交流与传递”,出现9次,单项指标共识度为69.23%,总体共识度亦为零。美国、澳大利亚和中国三项实证调查结果的共识度比理论界要高,共涉及68项指标,有7项指标为“完全共识指标”,总体共识度为

10.29%。美国情报机构政策标准的共识度最高，各大情报机构大多参照ICD-610情报指令来设定自己的标准。综上，总的看来，中外学者、情报从业者们对情报分析师职业胜任力认知的离散程度比较高，未形成普遍共识。

情报分析是一项复杂的智力活动，不同领域、不同类型的分析任务需要不同的知识、技能和个体特质，正所谓"横看成岭侧成峰，远近高低各不同"，难识"庐山真面目"，无论是学术界的理论推导，还是实践部门的实证调查，得到的结论均不一致。但这不影响我们对情报分析职业胜任力标准的观测。各方努力及其取得的成果为我们认识这一现象提供了丰厚的理论资源和证据，立足"求同存异"准则，筛选共识度较高的指标项，是构建情报分析师职业胜任力模型的基础，具体做法如下：

第一步，标识指标出现频次，各个指标在所获文献成果中每出现1次赋一次"＋"（格式见表4－11，鉴于指标项数量大，表格详细数据略）；第二步，筛选指标，标准如下：文献分为"国内理论成果、国外理论成果、实证调查成果和情报机构政策标准"等4类，在2类以上成果中出现且获得3个"＋"以上的指标被定义为共识程度较高的指标；第三步，专家调查，就筛选出的高共识度指标与10位来自各级公安情报实践部门的资深从业者电话交流，逐项听取意见，确定入围指标，补增指标项，最终得到指标集（如表4－12所示），形成情报分析师职业胜任力通用标准初始模型。

表4－11　情报分析职业胜任力指标出现频次统计表

指标项	观点来源			
	国内理论成果	国外理论成果	实证调查成果	情报机构政策标准
专业技术知识／行业知识	＋＋＋＋＋＋＋	＋＋＋＋	＋＋＋	＋＋＋＋＋＋
法律／政策／程序和司法	＋＋＋＋＋	＋＋	＋＋＋	＋＋＋＋＋
信息安全知识	－	－	＋＋	－
……	……	……	……	……

表 4－12　情报分析师职业胜任力通用标准初始模型

类型	指标项
知识	1. 业务(行业)或特定领域(地区)的知识;2. 法律法规与政策指令知识;3. 情报信息知识(情报流程/原理/实践)
技能	1. 批判性思维(含创新思维)/逻辑推理技能;2. 表达/交流/传递技能;3. 协作/合作/人际关系以及谈判和影响力;4. 领导力、组织/计划/协调能力与团队精神;5. 专业情报技能与客户服务意识;6. 计算机技能/IT 素养
特质	1. 好奇心/求知欲/学习能力;2. 自我驱动/引导;3. 积极主动;4. 决断力;5. 创新/创造力;6. 适应性/灵活性;7. 伦理/承诺/正直与责任感;8. 严谨/细心

二、执法情报分析师职业胜任能力指标释义

考虑个人特质各行各业通用,相关资料很多,本书仅就知识和技能指标展开介绍。

(一)"知识"指标及其行为特征

《韦伯斯特词典》将知识定义为通过实践、研究、联系或调查获得的关于事物的事实和状态的认识。我国的《辞海》将知识定义为"人类认识的成果或结晶,包括经验知识和理论知识。经验知识是知识的初级形态,系统的科学理论是知识的高级形态"[①]。《中国大百科全书:教育》认为,"所谓知识,就它所反映的内容而言,是客观事物的属性与联系的反映,是客观事物在人脑中的主观映象。就它的反映活动形式而言,有时表现为主体对事物的感性知觉或表象,属于感性知识;有时表现为关于事物的概念或规律,属于理性知识"[②]。认知心理学将知识分为陈述性知识和程序性知识两类,陈述性知识(Declarative Knowledge)是描述客观事物的属性及关系的知识;程序性知识(Procedural Knowledge)则是关于做事的方法和步骤的知识。本章所说的"知识"特指陈述性知识,而程序性知识归为"技能"。简言之,知

① 辞海编辑委员会编:《辞海》,上海辞书出版社 1989 年版,第 1952 页。

② 中国大百科全书总编辑委员会《教育》编辑委员会、中国大百科全书出版社编辑部编:《中国大百科全书:教育》,中国大百科全书出版社 1985 年版,第 525 页。

识是一种人们对客观事物属性与联系的认知。认识客观事物的本质与规律,是改造事物的基本前提。

美国情报与执法机构出台的标准文件对情报分析师应具备的“知识”的论述颇为原则性,国家情报办公室颁布的ICD-610情报指令、FBI《职业道路标准》、IALEIA《执法分析标准》均用“专业技术知识”(Technical Expertise)来描述情报分析师所需知识,具体包括“情报专业技术知识”(Professional Tradecraft)和“主题领域的专业知识”(Subject Matter Expertise)。“情报专业技术知识”是指“情报流程/原理/实践”相关知识;主题领域的知识是指从事某类具体的情报分析业务所必备的行业背景知识,例如,从事反恐情报分析,需要掌握辖区宗教、民族、地缘政治、方言等知识;从事禁毒情报分析,应具备一定的毒品知识;从事反洗钱情报分析,需要掌握一定的经济、金融、财务知识等。

国内学者强调情报分析师应掌握“业务(行业)、情报信息、计算机网络、法律政策”等知识,表述明确具体。美国以及其他诸多国家的学者也强调知识的作用,但出现的频率不高,属于“中频词”,在他们看来,知识是容易改变的变量,可通过后天学习、教育培训提升,因此,国外相当一部分学者未将知识作为最重要的指标对待,表述方式上一般以学科知识、程序性知识、一般性知识、日标知识和专业技术知识等概括性词汇表达,以兼容情报分析的行业性特点,不同的行业、不同领域的情报分析工作,所需知识有较大差别。在国内外从业者对情报分析师必备知识的描述中,“业务(行业)知识、法律/政策/程序/司法知识、情报流程/原理/实践”3项指标的共识度最高,在理论文献中也广为认同,吻合情报分析的基本原理:业务(行业)知识为情报分析提供事实认知和判断依据,情报流程/原理/实践为情报分析提供手段和工具,法律法规政策是情报分析活动的基本规范。共识度低的指标也耐人寻味,例如,我国重视人文地理(如当地风土人情、风俗习惯、宗教信仰等)和犯罪心理知识,西方国家则强调公共服务准则,反映出中西文化的差异,前者重在支持犯罪防控和打击,后者关注公共服务精神的培养。

综合国内外观点,笔者认为执法情报分析师应具备以下四类基础知识(具体如图4-7所示):一是特定主题领域的背景知识,例如,从事经济犯罪情报分析，需要具备一定的财务、金融、会计等主题领域的知识；从事反恐怖情报分析应具备一定的地缘政治与国际关系、民族宗教等相关知识。二是专业情报知识，包括情报理论、情报工作流程、情报搜集、情报分析、情报管理、情报安全与保密等情报专业知识。三是法律政策与执法程序知识。四是人文地理知识，即各地的执法者应熟悉当地的民情风俗、地理文化等。

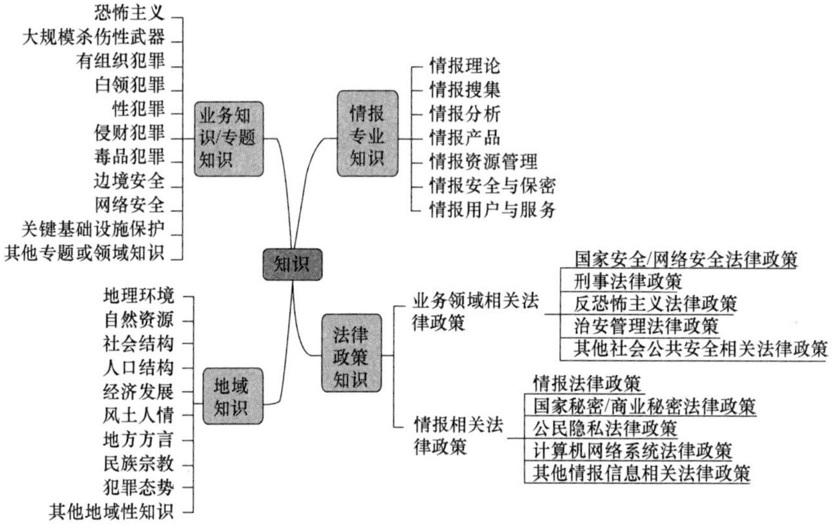

图 4－7　情报分析师应具备的基本知识

1. 专题领域知识。分析师应根据其工作职责和任务掌握相应业务领域的相关知识，包括有组织犯罪、白领犯罪、跨国犯罪、毒品犯罪、侵财犯罪、性犯罪、恐怖主义、大规模杀伤性武器、边境安全、关键基础设施、公共卫生安全、重大突发事件管理以及其他具体的社会公共安全威胁主题或行业领域的知识。不同业务领域的情报分析工作所需背景知识各有不同，例如，从事禁毒情报分析需要掌握毒品与毒品犯罪有关知识；从事经济犯罪情报分析需要掌握一定的经济、金融、财务等相关知识；从事反恐情报分析需要掌握一定的宗教、民族、地缘政治与国际关系等有关知识。

2. 地域性知识。不同地区的执法情报分析师，负责本地区的执法数据分析工作，由于每个地区都有其独特的自然环境、社会环境和犯罪生态，这就需要各地区的执法情报分析师熟悉当地的地理环境、自然资源、社会结构、人口流动、经济发展、风土人情、本地方言、民族宗教问题、犯罪态势、犯罪市场、重点人群以及当地执法机构的情报信息系统与数据资源情况等地域性知识。

3. 情报专业知识。情报专业知识广泛涉及情报主导警务基本原理、情报流程、情报制度、情报机构以及情报业务等专业知识，重点内容如下：一是情报基础知识，要求分析师能够深刻理解情报主导警务思想与情报工作流程，了解国内外执法情报理论与实践发展脉络、现状与趋势，了解各地执法情报工作成功经验与失败教训，掌握本国、本地、本部门执法情报战略部署、规划、中心任务以及未来发展走向与趋势。二是情报搜集知识，要求情报分析师了解和掌握情报源、情报搜集方法/技术/渠道（含人力情报、技术情报、开源情报等）、情报搜集法律限制与注意事项，以及情报采集录入制度与规范要求等。三是情报分析知识，要求分析师了解和理解执法情报分析的基本原理、流程、机制、业务种类，了解常用的情报分析方法/技术/工具与安全风险评估方法模型，了解执法情报分析的基本准则与规范，了解常见的情报分析失误因素以及克服情报失误的方法。四是情报陈述相关知识，要求分析师了解各类情报产品（简报、调研报告、分析报告、情报指令等）的写作格式、要求、方法、技巧以及多媒体制作技术。五是情报管理知识，要求分析师了解情报机构设置与职能界定、执法情报工作相关要素之间的相互作用关系、执法情报体系运行模式、各地情报工作战略规划与实施情况、情报共享的障碍因素、推进情报共享与融合的有效做法与经验以及情报主导警务最佳实践与典型范例等。六是情报安全相关知识，要求分析师了解保密泄密、隐私保护、系统安全、网络安全、情报源（如特情）安全保密等相关要求、防护措施、常见问题等。

4. 法律政策知识。执法情报分析师应重点掌握以下两类法律政策知识：一是通用法律政策知识，即所有执法情报业务领域的情报分析师，无论其岗位职责如何，均应了解和掌握的法律政策知识，例如，警察法、国家保密法律政策、情报法律政策、公民隐私/信息保护法律政策、证据法律政策等。二是具体执法领域的法律政策知识，因不同职责的情报分析岗所从事的工作有较大区别，需要掌握的法律法规知识具有行业特性，例如，反恐情报分析师需要了解和掌握反恐法及配套文件以及中央、省、地方政府以及各级反恐怖工作领导机构等有关部门出台的反恐政策、标准、预案等，禁毒情报分析师需要了解和掌握毒品犯罪有关法律、政策、程序与标准等。

（二）“技能”指标及其行为特征

技能是“运用知识和经验执行一定活动的能力”[①]，是“按某些规则或操作程序顺利完成某种任务的能力”[②]，主要包括技术类（Technical）、管理类（Supervisory）、人际互动类（Interpersonal）、一般业务类（General Business）等四大类技能[③]。如前文所述，中美情报学者对情报分析师应具备的基本技能的认知和侧重存在明显差异：第一，国外学者重视思维、逻辑、表达、交流、研究、写作、人际交往、团队协作等通用技能，而我国学者关注情报分析、情报获取、情报处理等专业技能。第二，国外重视批判性思维，认为批判性思维是情报分析的灵魂，而我国历来崇尚经验主义，批判性思维在我国业界还是比较陌生的术语。中美情报从业者对情报分析师应具备的技能认知也存在差异，体现在三个方面：一是美国从业者强调情报分析师的领导力、协作、人际交往、交流表达等技能，认为情报分析师并非独立作战的单元，要与团队成员、合作单位、情报用户等各类机构和群体打交道，而且中高级情报分析师还要肩负团队指导、管理、培训等任务或角色，而我国警务执法机构通常将情报分析师仅视为专业技术人员，将人际交往、协作能力、领导力等视为管理者应具备的能力，而未将其作为情报分析师必备的核心技能。二是国外从业者认为情报分析师是风险管理者、冲突管理者，而我国警务部门将情报分析师视为打击违法犯罪和维护社会稳定秩序的利器，情报分析师的角色定位相对模糊。三是国外特别重视书面、口头和多媒体传递等技能，我国尽管也重视，但主要强调书面表达能力，忽视后两者，这与我国行政体系重视通过函件沟通协调的传统有关。梳理美国各类文件关于情报分析师的技能描述，可将其归为两大类：

1. 基本技能（Basic Skills）。基本技能是学习、掌握和运用专业技能、高级技能的基础，是最为基本的技能。总览美国情报分析师相关标准文件，批判性思维和逻辑推理技巧、信息技术（计算机网络技术）素

---

① 夏征农、陈至立主编：《辞海》，上海辞书出版社 2011 年版，第 758 页。

② 皮连生：《教育心理学》（第三版），上海教育出版社 2004 年版，第 127 页。

③ Hank Riehl, “Managing with Skills”, Ivey Business Quarterly, 62, no. 4, 1998, pp. 50—54.

养、沟通交流技能、统计分析技能四大类技能对于情报分析师至关重要，具体如图4－8所示。

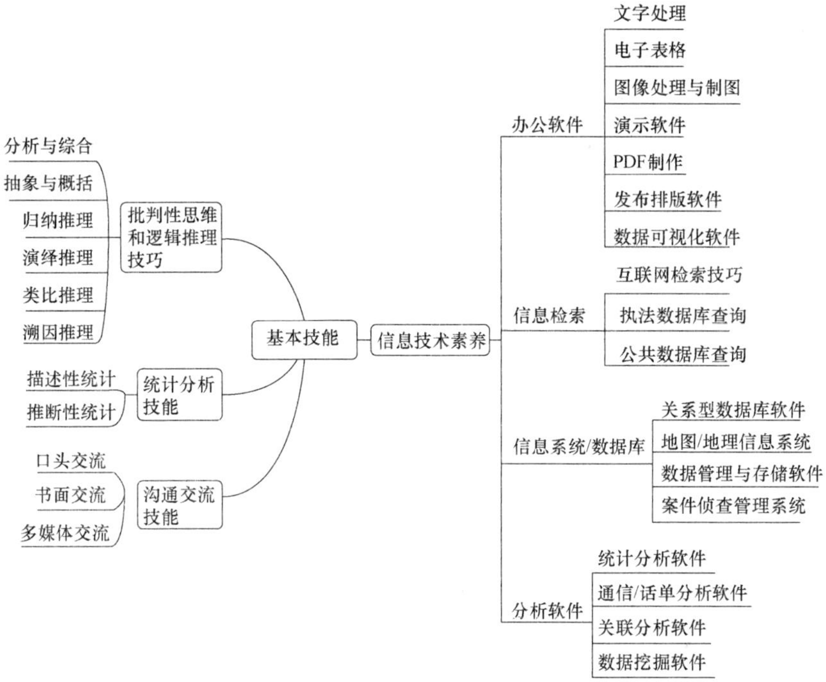

图4－8　执法情报分析师应掌握的基本技能集

一是批判性思维与逻辑推理技巧，情报分析过程本质上是一种思维过程，深刻理解思维方式并掌握逻辑思维与推理技巧，掌握批判性思维技巧，是整个分析工作的元基础。

二是沟通交流技能，作为情报分析师，不仅需要卓越的情报分析技能，还要擅长写作、表达、沟通交流，与各方打交道，包括与情报用户沟通，挖掘情报用户需求，传递和陈述分析成果；与决策者或管理者沟通，了解决策需求，获取支持，汇报分析成果；与同事同行沟通，推进情报共享与协作，等等。鉴于此，美国执法界与情报界均将沟通交流能力作为情报分析师必备的基本技能。根据美国情报界第610号情报指令（ICD-610），沟通交流能力是指要求情报工作人员能够通过写作、阅读、倾听、口头和非口头等方式有效理解和传达信息，能够运用各类媒体向受众传递和陈述信息，能够运用有效的交流技巧建立紧密的工作团队，提升个人能力，改进工作绩效。

三是信息技术素养，信息时代的今天，海量数据信息以电子信息的形态存在，从事情报分析工作必须具备良好的信息技术技能，能够驾驭计算机、互联网以及各类常用的信息检索、传递、加工处理和统计分析等信息技术工具。美国联邦调查局（FBI）提出的分析师“核心能力”包括计算机技能。美国《执法分析标准》将统计、数据挖掘、制图技术、地理空间技术、互联网搜索、数据库资源以及支持情报工作的计算机程序等列入情况分析师标准，纳入培训技能清单，同时明确计算机辅助分析应熟练掌握5类软件，包括数据库软件、电子表格、可视化软件、绘图软件、文本/数据挖掘软件①。《通用胜任力》列举了情报分析师应掌握的6大类情报分析相关程序或软件。美国司法部全球司法信息共享领导小组情报工作组制定发布了《分析师的工具箱》（Analyst Toolbox）②详细列举了情报分析师常用的软件工具，具体包括：文字处理软件、电子表格软件、关系型数据库软件、地图软件/地理信息系统、公共信息库资源、演示软件、绘图软件、PDF制作软件、统计分析软件、信息发布软件、通信/话单分析软件、时间序列/流程分析软件、关联分析软件、数据挖掘/文本挖掘软件、数据可视化软件、案件侦办管理软件等计算机软件。

四是统计分析技能，随着大数据时代的来临，海量数据挖掘分析成为情报分析工作的强大助力，掌握常用的统计分析方法和技能是优秀的情报分析师必备的能力素质。IACA制定的《注册执法情报分析师认证项目学习指南》（Certified Law Enforcement Analyst Certification Program Study Guide）罗列了14项注册执法情报分析师必须掌握的知识与技能，其中包括描述性统计（Descriptive Statistics）与推论性统计（Inferential

① International Association of Law Enforcement Intelligence Analysts, Inc.,“Law Enforcement Analytic Standards”, November 2004; Global Justice Information Sharing Initiative, International Association of Law Enforcement Intelligence Analysts, Inc.,“Law Enforcement Analytic Standards (2nd edition)”, November 2012.

② U. S. Department of Justice's Global Justice Information Sharing Initiative Intelligence Working Group,“Analyst Toolbox: A Toolbox for the Intelligence Analyst”, https://it.ojp.gov/documents/analyst_toolbox.pdf, 2017-3-28.

Statistics)[①]。描述性统计包括测量尺度、频数分布、集中趋势测量、百分比、偏度、标准差、比率、百分比变化、相关分析等技能;推论统计包括推论统计目的、抽样类型、抽样设计、显著水平、置信区间、零假设等技能。

2. 专业技能(Vocational Skills)。情报搜集与情报分析方法技术是情报分析师最为重要的职业胜任能力指标。美国情报界指令 ICD-610 将情报人员应具备的情报专业技术知识(Technical Expertise)定义为情报工作人员应该具备的应用知识、专业技术知识、情报方法技术以及完成目标所必备的技术能力。《通用胜任力》将"国土安全环境下的情报融合与执法情报技术"列为情报分析师的胜任能力之一,并对其内涵作了详尽的阐述。以上述文件为基础,结合美国执法界发布的《犯罪情报培训最低标准》《执法分析标准》《执法分析师认证标准》《分析师工具箱》等文件,归纳情报分析专业技能如表 4-13 所示。

表 4-13 执法情报分析师情报分析专业技能清单

类型	技能清单	
开发情报源	开发公开资源	包括获取来源、互联网搜索、公共和商业数据库,并对其有效性、可靠性进行评估等技能
情报分析方法、技术和工具	国土安全、执法相关数据和趋势分析方法	犯罪活动分析(Criminal Business Profile) 犯罪模式分析(Crime-Pattern Analysis) 人口/社会趋势分析(Demographic/Social Trend Analysis) 犯罪市场分析(Market Profile) 关联/网络分析(Association/Network Analysis) 流程分析(Flow Analysis),包括时间列表分析、事件流程分析、商品流程分析、行为流程分析等 地理/空间分析(Geographic/Spatial Analysis) 通信/话单分析(Communications/Telephone Record/Toll Analysis) 财务金融分析(Financial Analysis) 犯罪指标分析(Indicator Analysis) 目标分析(Target Profile) 问题分析(Problem Profile) 结果分析(Results Analysis)

① Jonathan Alston, Trina Cook, Judy Fernandez, Michele Kennedy, "Certified Law Enforcement Analyst (CLEA) Certification Program Study Guide", August 2014.

续表

类型	技能清单	
情报分析方法、技术和工具	威胁、风险与脆弱性评估	运用定性与定量方法评估风险，预测威胁和风险，为规避风险提供建议，制作威胁与脆弱性评估报告，传递风险评估结果，具体包括： —风险分析（Risk Analysis/Assessment） —威胁评估（Threat Assessment） —脆弱性评估（Vulnerability Assessment）
监督管理技能	共享与协作	包括人际交往、建立和运用信息/职业/技术网络、信息分享、团队合作等
	领导力	包括人格魅力、塑造价值观、建立愿景、培养他人、指引他人、引领变革、影响力、决策力、执行力等
	管理与服务	包括战略思维、战略规划、组织协调、团队建设、项目管理、冲突管理、客服精神等

第五章　美国执法情报分析流程、技能与工具

情报分析是复杂的智力活动，需要科学的流程与方法工具来保障。情报分析流程规定了情报分析工作的基本环节，是对情报分析活动所有环节与内容的高度提炼与概括，由一系列相互衔接的步骤、行动和要素构成，是对情报分析活动的整体映射和抽象，它把复杂的情报分析活动抽象成简单、清晰的步骤或环节，为情报分析活动的开展提供指引。按照流程管理思想，优化和规范情报分析流程各环节的工作，有助于实现分析效能最大化。有效的分析技能与工具是情报分析的利器，能够延伸、扩展和增强人们的分析能力，克服分析师的认知缺陷，弥补分析师思维之不足，提高分析的科学性、客观性与准确性，正所谓，"工欲善其事，必先利其器"。总而言之，建立明确规范、科学合理的执法情报分析业务流程标准，总结归纳执法情报分析各环节常用技能与工具，对于规范执法情报分析工作，普及情报分析技能和工具，提高执法情报分析的效益、效率、质量和水平，大有裨益。美国执法界对此有充分认识，在长期情报实践基础上，总结归纳出一整套情报分析流程、技能和工具，并通过标准文件的方式将其固化下来予以推广。《执法分析标准》确立了执法情报分析流程标准，列举了一批执法情报分析师应掌握的分析技能和工具；《犯罪情报培训最低标准》《州、地区与部落情报分析师通用胜任能力》《分析师职业发展路线图》等文件对执法情报分析师应掌握的分析流程、常用分析技能和工具作了进一步的要求；美国司法部全球司法信息共享领导小组情报工作组根据《执法分析标准》提出的相关要求，于 2006 年制定发布《分析师的工具箱》(Analyst Toolbox)，详细列举了情报分析师常用的软件工具。本章旨在梳理和介绍上述文件规定的分析流程、分析技能与工具，为我国执法情报分析工作提供参考。

第一节　执法情报分析流程标准

一、执法情报分析流程标准

《执法分析标准》专设一章规定了分析流程(Analytical Processes)标准,将情报分析流程定义为“规划与指导、收集与跟踪、信息评估、信息整理、计算机辅助分析、分析成果、传递计划”7个环节,以“评估、整理、分析”为中心向前后延伸,覆盖了整个情报周期(Intelligence Cycle,又称Intelligence Process),旨在将情报分析师的作用贯穿于整个情报工作进程始终。

(一)计划与指导(Planning and Direction)

情报分析工作始于“计划”,制定有效的计划,有助于情报团队所有成员(管理层、分析师和其他执法工作者)树立共同目标和努力方向,明确“谁去收集(Who)、怎么收集(How)、通过什么渠道收集(Which)、收集什么(What)、时间进度安排(When)”等基本问题。若计划得当、分工合理,情报收集工作将更为高效、有效,节省时间和资源。《执法分析标准》明确要求在制订计划阶段,分析师应与管理层、决策层密切合作,在指导信息收集、组织信息、提出假设中扮演重要角色。《执法分析标准2.0》将1.0版中的“计划”(Planning)与“指导”(Direction)合二为一,统称“计划与指导”(Planning and Direction),该阶段的业务标准具体如下:

1. 分析师应理解任务目标,定义问题,了解客户需求,确定所需的资源,参与制定收集或调查计划,计划应包含完成任务的具体步骤,包括潜在的信息来源和时间计划表。《执法分析标准》认为,情报周期始于计划,收集计划应根据已经掌握的情况制定,行动计划应包含重启情报工作流程、信息收集新需求等。很多机构发现,让情报分析师在调查启动之初便参与相关工作能够节约时间、资金和资源。当问题、需求或是目标确定后,应指派分析师参与工作。分析师应围绕任务目标分析“哪些情况已知,还需要了解什么”等基本问题,结合所提供的信息以及研究结论,参与制定收集或调查计划,以确保收集/调查计划能够为调查员和分析师提供完成目标任务所需要的数据。①

2. 分析师应参与计划与指导,执法机构应依靠分析专家确定长期和短期的调查重点(优先事项)和计划,研究情报需求,以需求为依据确定优先事项,并将其纳入调查计划以推动工作。分析技能、批判性思维、建模能力使分析师不仅能够清楚有什么,还清楚需要什么,还缺什么,这使得分析师能够深刻理解问题、考虑解决方案、构思计划和确定需求,并能够在部门规划中充分考虑情报分析工作,尤其战略分析,能够发现重大犯罪问题,并为减少或预防犯罪提供行动建议,应成为机构战略规划的组成部分。②

上述标准确立了情报分析师前端控制机制,即情报分析师的任务不仅仅是负责信息处理和分析,而且应该延伸到情报需求分析和计划/规划制定环节,其核心思想如下:(1)分析师具备分析技能、了解信息掌握情况、了解情报用户需求等天然优势,应与管理者、决策者密切合作,分析和确定情报信息需求,制定计划或规划;(2)分析师参与"计划与指导"阶段的工作内容包括明确任务、定义问题、分析需求、确定优先事项、参与部门规划、制定调查计划或收集计划等;(3)收集/调查计划应包含谁收集(主体)、收集什么(需求)、如何收集(渠道与方法)、进度安排(时间表)、重启收集程序、信息搜集新需求等,正如中央情报局(CIA)所指出的,规划与指导阶段的主要任务是在开始具体工作前规划"做什么"以及"怎么做",列出已掌握的情况,明确需要寻找的信息,讨论情报收集的方法。③

(二)收集与跟进(Collection and Follow-Up)

情报收集阶段的任务是收集原始数据,常见的情报来源有地理空间情报(Geospatial Intelligence,简称 GEOINT)、人力情报(Human Intelligence,

---

① The U. S. Department of Justice's Global Justice Information Sharing Initiative, International Association of Law Enforcement Intelligence Analysts, Inc., "Law Enforcement Analytic Standards (2nd edition)", April 2012.

② The U. S. Department of Justice's Global Justice Information Sharing Initiative, International Association of Law Enforcement Intelligence Analysts, Inc., "Law Enforcement Analytic Standards (2nd edition)", April 2012.

③ "The Intelligence Cycle", https://www.cia.gov/kids-page/6-12th-grade/who-we-are-what-we-do/the-intelligence-cycle.html, 2018-4-2.

简称 HUMINT)、测量与特征情报(Measurement and Signature,简称 MASINT)、开源情报(Open-Source Intelligence,简称 OSINT)和信号情报(Signals Intelligence,简称 SIGINT)等。《执法分析标准》要求"分析研究全面彻底",分析师应"运用所有可用资源来开展分析工作,每项分析产品都应包含分析师通过各种可用来源与方法获得的所有相关数据",要求将调查报告、讯问记录、监控信息、线人数据、网络信息等提供给分析师,分析师在平衡短期需求与长期价值的基础上,根据优先的信息需求,运用分析方法,对这些数据进行分析研究,识别安全威胁与犯罪阴谋,发现嫌疑人以及嫌疑人相关线索(如地址、职业、所属机构、就读学校等)。鉴于分析师要收集和掌握大量公民信息,必须了解隐私权、公民权利与自由政策,确保信息获取、处理与应用的合法性。《执法分析标准》还要求分析师要在调查人员以及其他人员开展收集工作过程中,对收集进展情况进行评估:一方面确定收集计划或需求是否得到满足,并进一步提供信息源;另一方面确定所获信息是否对其他案件或活动有用,在合适的时候,分析师应将相关信息提供给合适的主体,以推动后续工作。收集计划以及情报需求确定后,分析师的信息管理任务并未结束,而是要随着新的潜在信息源的开发而继续开展工作,在调查员或分析师收集信息的同时,反复评估信息收集计划以监控进展。此外,分析师应了解需求以及规划工作,了解需要什么,以及哪些渠道能够提供更多的所需信息,确保收集工作灵活机动,使分析师以及调查管理者在遇到障碍时能够有效克服困难。①

综上可见,美国执法界强调情报分析师在收集阶段加强前端干预与控制,要求分析师积极与前端收集者进行协同互动,提供以下四个方面的指导与支持:(1)反复评估和监控信息收集进展情况,以确定信息之不足,并为收集工作提供新的信息源或渠道,帮助前端收集者或调查者克服困难;(2)评估所获信息的价值,若这些信息对其他案件或活动具有价值,应在适当之时将其传递给适当的主体,以充分发挥信息的价值;(3)跟进收集工作,对所获信息进行全面彻底的分析研究,据此向前端

① The U. S. Department of Justice's Global Justice Information Sharing Initiative, International Association of Law Enforcement Intelligence Analysts, Inc., "Law Enforcement Analytic Standards (2nd edition)", April 2012.

收集者反馈情况，提供收集意见与建议，例如，根据分析研判结果提供进一步的收集方向或线索、信源、渠道等；(4)分析师必须熟悉隐私权、公民权利与自由政策，确保信息获取、处理与应用的合法性。

(三)信息评估(Evaluation)

原始数据的可靠性、准确性从源头上决定了情报产品的准确性。《执法分析标准》认为信息评估至关重要，直接关系到情报产品是否有效，以及执法人员的安全、调查的效果、诉讼证据的可靠程度等，鉴于此，针对信息评估环节设立如下标准：一是无论通过何种渠道收集的信息，都应对其进行评估，评估标准包括来源的可靠性(Source Reliability)、内容的有效性与相关性(Content Validity and Relevancy)；二是分析师应密切关注信息密级标准政策变化，以确保与联邦、州、地区和私营机构信息共享的安全。[①]

根据美国联邦法规的规定，“信息应注明敏感度(Levels of Sensitivity)、可信度(Levels of Confidence)以及提交机构的身份和控制人员”。[②] 敏感性(Sensitivity)通常分为“执法敏感性信息”(Law enforcement Sensitive)、“敏感但非涉密信息”(Sensitive but Unclassified)、“仅限官方使用”(For Official Use Only)、“涉密信息”(Confidential)和“公开信息”(Open Source)5类。可信度是指信息的可靠性(Reliability)、有效性(Validity)和相关性(Relevancy)。可靠性可分为“可靠”“通常可靠”“有时可靠”“不可靠”“可靠性未知”5个档次，最后两个档次的数据被认为是有问题的，不应该与其他机构共享；有效性可分为“完全真实”“很可能真实”“有可能真实”“可疑的”“无法判断的”5个档次，最后两个档次的数据应进一步核实，不能直接传递。对于相关性，美国官方未划分等级，如果与犯罪活动有关联或怀疑有关系，即为相关，否则就是不相关。

在美国执法情报评估实践中，通常运用4×4评估模型对信息进行评估。该模型具体评估指标和标准如下：一是信息来源可靠性评估，分

① The U. S. Department of Justice's Global Justice Information Sharing Initiative, International Association of Law Enforcement Intelligence Analysts, Inc., "Law Enforcement Analytic Standards (2nd edition)", April 2012.

② 28 Code of Federal Regulations (CFR) Part 23.20.

为4个等级,评估标准如下(参见表5-1):①A级:来源真实可信,权威性无可置疑;或者历史记录显示该来源在过去的所有案例中均被证实是真实可靠的;②B级:历史记录显示该来源在过去的大多数案例中是可靠的;③C级:来源在过去的大多数案例中被证明是不可靠的;④D级:来源的可靠性无法判断或来源的真实可靠性从未被证实过。二是信息本身的有效性评估,分为4个等级,评估标准如下:①1级:信息完全真实;②2级:信息由目击者提供,而非执法者亲眼所见;③3级:信息由非目击者提供,但可由以往的记录加以佐证;④4级:信息由非目击者提供,且没办法对其加以佐证。[①]

表5-1 信息评估模型[②]

信息有效性		信息来源真实可靠确定无疑	历史记录显示多数情况可靠	历史记录显示多数情况不可靠	可靠性无法判断
		A	B	C	D
信息内容真实性毫无疑问	1	A1	B1	C1	D1
信息由目击者提供,而非执法者亲自所见	2	A2	B2	C2	D2
信息由非目击者提供,但可由以往的记录加以佐证	3	A3	B3	C3	D3
信息由非目击者提供,无法佐证,其真实性难以判断	4	A4	B4	C4	D4

(四)信息整理(Collation)

美国《执法分析标准》要求分析师对"原始数据进行组织,使其有序化,以便于检索、分类、识别模式、发现异常和信息缺口,并便于

① United Nations Office on Drugs and Crime (UNODC), "Criminal Intelligence: Manual for Analysts", New York, 2011.

② United Nations Office on Drugs and Crime (UNODC), "Criminal Intelligence: Manual for Analysts", New York, 2011, p. 26.

数据存储。若可能,分析师应运用适当的软件将其进行电子化处理”。详细的数据目录清单是发现信息缺口,确定收集方向最为快捷的方式;信息一旦收集过来,必须按照清晰的逻辑进行组织;分析通常需要处理大量类型、格式不一的信息,例如,案(事)件信息、财务记录、话单记录、监控报告等,应将信息关键要素按照统一的格式进行整合,以方便检索和分类,并为分析师识别犯罪模式奠定基础;在计划阶段就应考虑到信息该如何整理,避免将时间、精力浪费在资料分类上。①

收集到的各类原始信息往往是杂乱无章、良莠不齐的,因此,需要对原始信息进行处理,包括整理、汇总存储等环节。② 美国《执法分析标准》对信息整理环节的规定,体现了三个方面的重要思想:(1)信息整理包括形式整理和内容整理,所谓形式整理,是指将来源多元、类型多样、格式不一的信息按照统一的格式进行整理,使其有序化;所谓内容整理,是指按照清晰的逻辑对信息进行组织,例如,分类,使其内容逻辑化。(2)信息整理的目的和作用有三个层次:一是有序化,便于分类、检索、存储;二是形成数据目录清单以查检信息缺口,确定下一步的信息收集方向;三是便于分析师发现异常,识别犯罪模式。(3)信息整理应在计划阶段提前考量,例如,确立信息分类方案,以提高效率,为后续分析工作奠定良好的基础。③

(五)计算机辅助分析(Computer-Aided Analysis)

情报分析是实现原始数据/信息向情报“转化”的关键环节,影响情报分析效率和质量的因素很多,包括分析师的能力素质(天分、知识、技能等)、分析方法和工具等。《执法分析标准》非常重视计算机辅助分析(Computer-Aided Analysis),要求“经验丰富的分析师应能够运用现代计

① The U. S. Department of Justice's Global Justice Information Sharing Initiative, International Association of Law Enforcement Intelligence Analysts, Inc. , “Law Enforcement Analytic Standards (2nd edition)”, April 2012.

② 叶鹰主编:《情报学基础教程》(第三版),科学出版社 2018 年版,第 183 页。

③ The U. S. Department of Justice's Global Justice Information Sharing Initiative, International Association of Law Enforcement Intelligence Analysts, Inc. , “Law Enforcement Analytic Standards (2nd edition)”, April 2012.

算机技术提高情报分析的效率效益和质量”,并要求分析师“能够运用已有的最好的、最新的计算机可视化和分析工具开展情报分析工作。”《执法分析标准》将计算机辅助分析软件分为五类:数据库软件、电子表格、可视化软件、绘图软件、文本/数据挖掘软件。其中,数据库软件用于存储、组织和管理各类不同来源的信息,以便检索和分析;电子表格软件通常用于组织、统计、分析和通过图表方式呈现各类数据及其变化规律与趋势;可视化软件帮助分析师从各类信息源、数据库、电子表格中提取信息,以清晰形象的图形方式呈现信息及其关联;绘图软件可以在地图上精确绘制犯罪活动,细到街道,大到地区、州和国家;文本和数据挖掘搜索引擎为分析师提供数据审查、筛选与深度分析的工具。① 2006 年,美国司法部全球司法信息共享领导小组情报工作组根据《执法分析标准》确立的计算机辅助分析标准要求,制定发布了《分析师工具箱》(Analyst Toolbox)②,详细列举了情报分析师常用的软件工具,具体包括文字处理软件、电子表格软件、关系型数据库软件、地图软件/地理信息系统、公共信息库资源、演示软件、绘图软件、PDF 制作软件、统计分析软件、信息发布软件、通信/话单分析软件、时间序列/流程分析软件、关联分析软件、数据挖掘/文本挖掘软件、数据可视化软件、案件侦办管理软件等。该工具箱对于分析师运用计算机工具辅助情报分析,高效、有效地履行职责,制作有价值、有意义的情报产品具有重要的参考价值。

(六)分析成果(Analytic Outcomes)

情报分析成果的类型是多样化的,以美国国土安全部的情报产品为例,美国国土安全部为州、地区、部落以及区域合作伙伴提供的情报分析产品多达 10 余种。不同类型的产品有不同的内容与格式要求,但无论哪种类型的情报产品,都应遵循基本的通用规范和要求。《执法分析标

---

① The U. S. Department of Justice's Global Justice Information Sharing Initiative, International Association of Law Enforcement Intelligence Analysts, Inc., "Law Enforcement Analytic Standards (2nd edition)", April 2012.

② U. S. Department of Justice's Global Justice Information Sharing Initiative Intelligence Working Group, "Analyst Toolbox: A Toolbox for the Intelligence Analyst", https://it. ojp. gov/documents/analyst_toolbox. pdf, 2018-4-4.

准》明确规定,分析成果应遵循以下标准:第一,提供多种方案供选:分析成果应包含备选方案,尤其当分析成果可能导致重大后果时,不能只提供单一的解决方案;第二,分析成果要阐明最可能的假设,这一假设应通过竞争性假设分析得出,同时,还应注明其他所有假设以及对这些假设的评估。

情报分析的结果表现为假设、结论和行动建议。常见的情况是通过分析往往可以得出多个假设和多个行动建议。哪个假设最可能成立?面对一系列可能的假设进行抉择,对于分析师和管理者而言是一项非常艰巨的任务。《执法分析标准》给出的方案是推荐运用竞争性假设分析法[①],该方法被认为是确定假设的最佳方法,它通过结构化的步骤引导分析师评估假设,排除假设,最后剩下的那个假设就是可能性最大的假设。此外,《州、地区与部落情报分析师通用胜任能力》要求分析师应该"依据逻辑判断和相关数据,进行逻辑清晰并有价值的逻辑论证,并对非一致性数据作出解释",同时,在分析过程中要"克服思维定式,在选择和运用数据形成观点和结论时避免常见的谬误"。[②] 上述标准为确保分析成果的客观准确性提供了保障。

(七)传递计划(Dissemination Plan)

《执法分析标准》要求"情报分析师应制定传递计划(Dissemination Plan),以鼓励与合适的合作伙伴分享情报产品。计划应注明文件安全等级,并经监管人员审查批准"。《执法分析标准》指出,情报若不能共享毫无价值。不同的情报产品有不同的传递范围,有的分析产品用于满足部门内部需求,有的可供多部门使用,有的可用于支持长期目标,有的用于支持短期目标。比如,若分析报告是某案侦查工作的一部分,那么该报告的用户应为该案的调查员和检察官,如果该报告被指定用于更多的合作机构,那么这些合作机构就是情报用户。鉴于

---

① Richards J. Heuer, "Psychology of Intelligence Analysis", Central Intelligence Agency, 1999.

② The U.S. Department of Justice's Global Justice Information Sharing Initiative, U.S. Department of Homeland Security, "The Common Competencies for State, Local, and Tribal Intelligence Analysts", https://www.ncirc.gov/documents/public/common_competencies_state_local_and_Tribal_intelligence_analysts.pdf, 2018-4-4.

上述复杂因素,《执法分析标准》认为形成书面的情报产品传递计划是必要的,即便只是一段对情报用户的简要介绍,也有助于避免误解情报共享的范围与对象。分析报告是否需要多个版本,这具体取决于它的敏感性、预期用途或用户。当有迹象表明信息对外部机构有价值时,即使是该机构可能还不知道这些数据,主动向其传递这些数据也是适当的。[①]

《执法分析标准》关于"传递计划"的规定凸显出三大基本准则:(1)书面计划原则,即考虑情报产品传递范围、对象等,因此,应该制定书面传递计划,确保将情报产品传递给有权且有需要了解情况的用户;(2)情报安全原则,要求情报产品必须注明安全等级,并经审查批准,同时通过严谨的传递计划,确保情报产品传递范围与对象准确;(3)价值最大化原则,即在安全的基础上,尽可能将情报产品与更多的用户分享,例如,情报产品提供涉密版和脱密版等多个不同的版本,以最大限度发挥情报产品的价值。

二、情报流程标准的比较

情报流程又称情报周期(Intelligence Cycle),无论是情报理论研究,情报学科知识体系构建,还是情报工作实践,乃至情报专业课程设置,都紧紧围绕情报流程各环节展开,情报流程是整个情报工作的基本骨架,情报周期是整个情报工作的基础。业界对情报流程的认识尚存在差异,国内学者彭知辉教授将各类情报流程模型归纳为情报流程模型、情报周期模型、多重反复模型、网络交互模型、目标中心模型和情报价值链模型6类[②],各类情报流程模型从不同视角对情报工作流程作了阐释,其优缺点各异。尽管观点纷纭,但总的来说,关于情报流程的基本共识已存在。表5-2列举了美国国家安全情报、执法情报、军事情报等多个领域的情报流程观。

---

① The U. S. Department of Justice's Global Justice Information Sharing Initiative, International Association of Law Enforcement Intelligence Analysts, Inc., "Law Enforcement Analytic Standards (2nd edition)", April 2012.

② 彭知辉:《情报流程研究:述评与反思》,《情报学报》2016年第10期,第1110—1120页。

表 5－2　情报流程的主要环节

序号	情报流程	中央情报局①	情报融合指南②	联邦调查局③	执法分析标准	JP2-01条令④
1	需求 Requirements	□	□	√	□	□
2	计划与指导 Planning and Direction	√	√	√	√	√
3	收集 Collection	√	√	√	□	√
	收集与跟进 Collection and Follow-Up	□	□	□	√	□
4	处理 Processing	√	□	□	□	□
	处理和开发 Processing and Exploitation	□	□	√	□	√
	处理与整理 Processing/Collation	□	√	□	□	□
	整理 Collation	□	□	□	√	□
5	分析 Analysis	□	√	□	□	□
	分析与产品/成果 Analysis and Production/Outcomes	√	□	√	√	√
6	传递 Dissemination	√	√	√	□	□
	传递计划 Dissemination Plan	□	□	□	√	□
	传递与整合 Dissemination and Integration	□	□	□	□	√
7	评估 Evaluation/Reevaluation	□	√	□	√	√
8	反馈 Feedback	□	□	□	□	√

通过这些代表性观点不难发现，情报流程的核心环节主要包括

---

① CIA, "The Intelligence Cycle", https://www.cia.gov/kids-page/6-12th-grade/who-we-are-what-we-do/the-intelligence-cycle.html, 2018-4-28.

② The U. S. Department of Justice's Global Justice Information Sharing Initiative, U. S. Department of Homeland Security, "Fusion Center Guidelines——Developing and Sharing Information and Intelligence in a New Era", August 2006.

③ FBI, "Intelligence Cycle", https://www.fbi.gov/about/leadership-and-structure/intelligence-branch, 2018-4-28.

④ Joint Chiefs of Staff, "Joint Publication 2-01: Joint and National Intelligence Support to Military Operations", www.dtic.mil/doctrine/new_pubs/jp2_0.pdf, 2018-4-28.

以下7个方面：一是规划和指导（Planning and Direction），情报需求（Requirements）分析通常被归入规划与指导环节，情报需求是规划的依据和方向；二是信息收集（Collection）；三是信息评估（Evaluation），主要评估信息来源的可靠性和信息内容的有效性；四是信息处理（Processing），包括信息汇集、筛选、整合、分类、序化、提炼、总结等工作；五是情报分析与产品开发（Analysis and Production/Outcomes）；六是传递（Dissemination）；七是评估与反馈（Evaluation & Feedback），评估与反馈贯穿于整个情报分析过程。笔者认为美国军方颁布的《对军事行动的联合及国家情报支援》（JP2-01）条令提出的情报流程模型（如图5-1所示）最具有代表性，不仅揭示了情报流程各环节的关系，而且充分认识到了评估和反馈工作贯穿于情报流程各个环节。

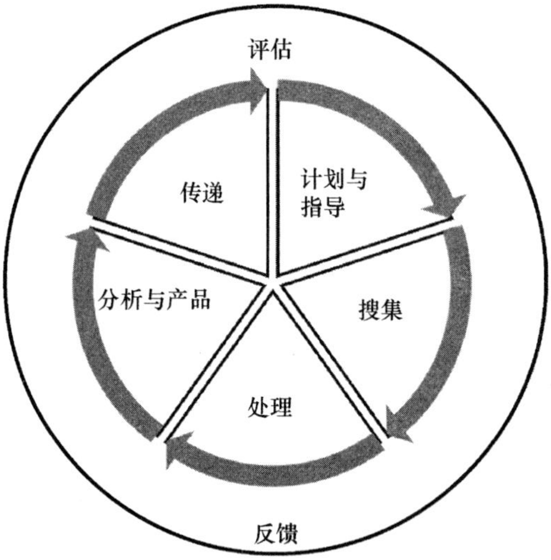

图5-1 情报流程[①]

结合《执法分析标准》以及各情报机构关于情报流程各环节的定义，可归纳情报流程标准如表5-3所示：

① Joint Chiefs of Staff, "Joint Publication 2-01: Joint and National Intelligence Support to Military Operations", www.dtic.mil/doctrine/new_pubs/jp2_0.pdf, 2018-4-29.

表 5-3 情报分析流程标准

分析流程	标准要求
计划与指导	1. 分析师应在工作启动环节便参与情报计划的制定，提供指导。 2. 理解任务目标，定义问题，分析需求，明确优先事项，确定所需资源。 3. 制定收集或调查计划，计划应包含收集什么（需求）、如何收集（渠道与方法）、进度安排（时间表）等。
信息收集	1. 分析师应运用所有可用信息源开展分析工作，分析产品应包含通过各种渠道和方法所获得的所有相关数据。 2. 分析师应了解隐私权、公民权利与自由政策，确保信息获取的合法性。 3. 分析师要对收集情况进行评估以监控进展，确定所获信息是否满足计划或需求，进一步提供信息源。 4. 确定所获信息是否对其他案件或活动有用，并将信息提供给合适的主体。 5. 分析师应了解需求以及规划，了解需要什么，以及满足信息所需之来源，确保收集工作灵活机动，以克服障碍。
信息评估	1. 信息可靠性。信息来源可靠性可分为 4 个等级：① A 级：来源真实可信，权威性无可置疑；或者历史记录显示该来源在过去的所有案例中均被证实是真实可靠的；② B 级：历史记录显示该来源在过去的大多数案例中是可靠的；③ C 级：来源在过去的大多数案例中被证明是不可靠的；④ D 级：来源的可靠性无法判断或来源的真实可靠性从未被证实过。 2. 信息有效性。信息内容的有效性评估可分为 4 个等级：① 1 级：信息完全真实；② 2 级：信息由目击者提供，而非执法者亲眼所见；③ 3 级：信息由非目击者提供，但可由以往的记录加以佐证；④ 4 级：信息由非目击者提供，且没办法对其加以佐证。
信息处理	1. 收集计划制定阶段就应充分考虑处理阶段的需求。 2. 制作数据目录，检查缺口，确定收集方向。 3. 对获取到的原始数据按照特定的逻辑、分类体系进行有序组织。 4. 对数据格式进行规范化处理，信息处理工作应尽可能运用软件进行电子化处理。
情报分析与产品	1. 分析师应熟练运用最新、最好的计算机软件开展情报分析和情报产品制作工作，这些技术工具主要包括数据库软件、电子表格、可视化软件、绘图软件、文本/数据挖掘软件等。 2. 分析成果应提供多种备选方案，避免只提供单一的解决方案。 3. 分析成果要明确最可能的假设，假设排队应通过竞争性假设分析得出。 4. 分析成果应阐释所有假设以及对这些假设的评估。

续表

分析流程	标准要求
情报传递	1. 分析师应制定传递计划，以鼓励与合适的合作伙伴共享情报产品。 2. 传递计划应注明文件安全等级，并经监管人员审查批准。 3. 分析报告应根据敏感性、预期用途或用户等确定是否需要多个版本。

第二节　执法情报分析技能与工具

英美国家以及国际执法机构在长期的执法情报分析实践中逐渐形成了一套有效的执法情报分析技能和工具集，美国执法界通过标准文件的方式对这些技能和工具作了系统的梳理，《执法分析标准》将分析技能与工具列为初级教育训练以及继续教育训练和高级培训标准的重要内容，并在分析、陈述、产品制作等各个环节标准中强调可视化工具、分析工具的使用，在产品形式标准中还列举了16种具体的分析技能（Analytic Techniques），在分析反馈与产品评估标准中强调采用结构化分析技术（Structured Analytic Techniques）和批判性思维形成关键判断、结论和建议，并要求运用类似的分析技术进行分析产品的最终评估。[①]《犯罪情报培训最低标准》将分析方法、工具、技能列为分析师培训最重要的内容，情报分析师最低培训课程标准共40课时，其中分析方法、工具和技能模块占16课时，另外批判性思维与推理模块占4课时，分析产品写作、统计与图像处理技能占4—8小时，上述分析技能累加课时为24—28课时，占标准课时总数的60%—70%。此外，该培训标准还重点列举了7种必备分析技能和4类必须掌握的分析工具作为培训内容。[②]《州、地区与部落情报分析师通用胜任能力》将分析方法、技术和工具列为情报融合中心情报分析师5大通用能力之一，要求情报分析师掌握和运用结构化分析技术开展

① The U. S. Department of Justice's Global Justice Information Sharing Initiative, International Association of Law Enforcement Intelligence Analysts, Inc.,"Law Enforcement Analytic Standards (2nd edition)", April 2012.

② The U. S. Department of Justice's Global Justice Information Sharing Initiative (Global), "Minimum Criminal Intelligence Training Standards (Version 2)", October 2007.

情报分析,包括国土安全、执法、非执法数据与趋势分析(包括战略和战术)①。

一、执法情报分析常用技能

美国《国家犯罪情报共享计划》《执法分析标准》《犯罪情报培训最低标准》《中级分析培训课程最低标准》《州、地区与部落情报分析师通用胜任能力》《融合中心指南》以及国际犯罪分析师协会提出的《分析技能集》等标准文件列举的情报分析技能可分为三大类(具体技能如表5-4所示):一是逻辑推理与分析思维技巧类,包括逻辑、推理、逻辑谬误、批判性思维等内容,是情报分析的基础;二是情报分析专业技能,包括犯罪模式分析、通信分析、财务分析、市场分析、地理空间分析、关联分析等16种常用分析技能;三是风险评估技能,包括风险分析、威胁分析和脆弱性分析等。

表5-4 美国执法情报分析常用技能集

分析技能		情报共享计划	执法分析标准	初级培训标准	中级培训标准	通用能力标准	融合中心指南	IACA技能集
批判性思维/逻辑推理	批判性思维 Critical Thinking	√	√	√	√	√	√	√
	逻辑推理 Logic/Inference Development	√	√	√	√	√	√	√
	逻辑谬误 Fallacies of Logic	□	√	√	□	√	□	√
国土安全、执法相关数据与趋势分析方法和技能	犯罪模式分析 Crime-pattern Analysis	√	√	√	√	□	√	√
	犯罪指标分析 Indicators/Indicator Analysis	□	√	√	√	√	√	□
	犯罪活动剖析 Criminal Business Profiles/Criminal Activity Analysis	□	√	□	√	□	□	□
	犯罪市场分析 Market Profiles	□	√	□	□	□	□	□
	犯罪调查分析 Criminal Investigative Analysis	√	□	√	□	□	√	√

① The U. S. Department of Justice's Global Justice Information Sharing Initiative, International Association of Law Enforcement Intelligence Analysts, Inc. , "Minimum Standards for Intermediate-Level Analytic Training Courses", October 2013. p. 17.

续表

分析技能		情报共享计划	执法分析标准	初级培训标准	中级培训标准	通用能力标准	融合中心指南	IACA技能集
国土安全、执法相关数据与趋势分析方法和技能	人口/社会趋势分析 Demographic/Social Trend Analysis	□	√	□	√	√	□	√
	通信分析/话单分析 Communication Analysis/ Telephone Record/Toll Analysis	√	√	√	□	□	√	√
	财务分析 Financial Analysis	√	√	√	√	√	√	□
	流程分析 Flow Analysis/Flowchart Analysis (event/commodity)/Process Flows	√	√	√	√	√	√	√
	关联分析 Association Analysis/Network Analysis/Association Links	√	√	√	√	√	√	√
	地理/空间分析 Geographic Analysis/ Spatial Analysis/Geospatial Analysis/ Geospatial Imaging	√	√	√	√	√	√	√
	问题分析 Problem Profiles	□	√	□	√	√	□	□
	目标分析 Target Profiles	□	√	√	√	□	□	□
	成效分析 Results Analysis	□	√	□	□	□	□	□
	预测分析 Forecasting/Predictive Analysis	√	□	□	√	√	√	√
	战略分析 Strategic Analysis	√	□	√	□	□	√	□
	结构化分析技术 Structured Analytic Techniques	□	√	□	√	√	□	□
威胁/风险/脆弱性评估	风险分析 Risk Assessment/Analysis	√	√	□	√	√	√	□
	威胁评估 Threat Assessments/Analysis	√	√	√	√	√	√	□
	脆弱性评估 Vulnerability Assessment	√	√	□	√	√	√	□

(一)批判性思维与逻辑推理技能

"9·11"事件后,美国情报界、执法界将批判性思维列为情报分析师必备的基本技能①。美国国家安全局(NSA)、国防情报局(DIA)、中

① Hendrickson N, "Critical Thinking in Intelligence Analysis", International Journal of Intelligence and Counter Intelligence, vol. 21, no. 4, 2008, pp. 679—693.

央情报局(CIA)等情报机构均将批判性思维技能作为情报分析师培养的重要内容和基本要求①。美国国家情报总监(DI)明确要求分析师训练必须包含批判性思维和结构化分析方法②。美国联邦调查局(FBI)出台的《职业路径标准》提出的评估情报分析师能力素质7项指标中就有一项是批判性思维。《执法分析标准》将情报分析师的使命定义为"运用批判性思维(Critical Thinking)和逻辑技能(Logic Skills)研究和分析原始数据(Raw Data),形成合理的结论与建议(Sound Conclusions and Recommendations),并以连贯清晰的方式为管理者提供有价值的情报"。③《州、地区与部落情报分析师通用胜任能力》将"批判性思考(Thinking Critically)"列为情报分析师5项基本能力之首。美国国家情报总监办公室发布的美国情报界第610号指令《情报界工作人员胜任能力目录》(简称ICD-610)将批判性思维列为情报界GS-15及以下级别非监督管理工作人员和监督管理工作人员6项能力素质指标之一。《犯罪情报培训最低标准》将体验"批判性思维、逻辑、形成推论和提出建议"作为情报分析师8项培训目标之一。可见美国情报界和执法界对批判性思维与逻辑推理训练的重视程度。与美国将批判性思维与逻辑推理视为情报分析师最基本的、最重要的基本能力素质相比,我国对批判性思维鲜有探讨和关注,在执法机构情报分析训练中处于缺失状态。批判性思维与逻辑推理技能作为执法情报分析工作的基础,是情报分析师必须掌握的技能,其具体内容如下:

1. 批判性思维(Critical Thinking)

美国情报界ICD-610号情报指令指出,批判性思维能力是指能够运用逻辑、分析、综合、创造、判断和系统方法获取、评估、使用多源信息,有效支持决策和产出的能力。《州、地区与部落情报分析师通用胜任能

---

① Moore D. T., "Critical Thinking and Intelligence Analysis", Washington DC: DIANE Publishing, 2010; Marrin S D., "CIA's Kent School: Improving Training for New Analysts", International Journal of Intelligence and Counter Intelligence, vol. 16, no. 4, 2003, pp. 609—637.

② Office of the Director of National Intelligence, "Analytic Transformation, Unleashing the Potential of a Community of Analysts", Washington, DC: Office of the Director of National Intelligence, 2008.

③ The U. S. Department of Justice's Global Justice Information Sharing Initiative, International Association of Law Enforcement Intelligence Analysts, Inc., "Law Enforcement Analytic Standards (2nd edition)", April 2012, p. 5.

力》认为批判性思维是指对客观事实进行客观分析形成判断的过程[①]，强调理性、怀疑、无偏见或依据事实证据进行评价[②]。西方学术界对批判性思维进行了广泛的研究探讨，一般认为，批判性思维是指通过严格评价各类证据和论点后再作出判断的思维模式[③]，它强调理性反思，冷静推理，要求看问题不能只看一面，要秉持开放态度，能够接受那些与自己观点相左的证据，尤其强调所有主张都应有证据支持，通过获得的事实推演结论[④]。我国学者曾忠禄教授归纳各类定义认为批判性思维有以下 8 个方面的核心要点：(1)对信息的分析与评价；(2)有标准、有管理的思维方式；(3)对思维过程进行监测和评估；(4)作出判断和解释；(5)符合一定标准的思考过程；(6)理性的反思；(7)接受不同的看法，重视证据；(8)思考和反思。在此基础上，曾忠禄教授将批判性思维定义为"对思维过程和思维结果可能的缺陷保持警惕，并加以严格管理的思维方式"[⑤]。笔者认同如下观点：批判性思维是指对客观事实进行客观分析形成判断的过程[⑥]，是一种通过严格评价各类证据和论点后再作出判断的思维模式[⑦]，强调理性反思、冷静推理、开放态度、怀疑精神、无偏见或依据事实证据进行评价或推演[⑧]。综合美国情报界 610 号指令、

---

① Edward M. Glaser, "An Experiment in the Development of Critical Thinking", Teacher's College, Columbia University, 1941.

② The U. S. Department of Justice's Global Justice Information Sharing Initiative, U. S. Department of Homeland Security, "The Common Competencies for State, Local, and Tribal Intelligence Analysts", June 2010.

③ Marsh M, "Advanced Analytic Cognition: Critical Thinking", Ohio: Air Force Research Laboratory, 2013.

④ Daniel T. Willingham, "Critical Thinking: Why Is It So Hard to Teach?", Arts Education Policy Review, vol. 109, no. 4, 2008, pp. 21—32.

⑤ 曾忠禄：《批判性思维模式在竞争情报中的运用》，《情报理论与实践》2017 年第 6 期，第 1—6 页。

⑥ Edward M. Glaser, "Defining Critical Thinking", The International Center for the Assessment of Higher Order Thinking (ICAT, US)/Critical Thinking Community, https://www.criticalthinking.org/pages/defining-critical-thinking/766, 2018-4-29.

⑦ Marsh M., "Advanced Analytic Cognition: Critical Thinking", Ohio: Air Force Research Laboratory, 2013.

⑧ The U. S. Department of Justice's Global Justice Information Sharing Initiative, U. S. Department of Homeland Security, "The Common Competencies for State, Local, and Tribal Intelligence Analysts", June 2010; Daniel T. Willingham, "Critical Thinking: Why Is It So Hard to Teach?" Arts Education Policy Review, vol. 109, no. 4, 2008, pp. 21—32.

《州、地区与部落情报分析师通用胜任能力》等文件,可将批判性思维行为特征归纳如下:(1)运用逻辑、分析、综合、创造、判断、系统方法收集、评估和使用多源信息以有效支持决策和产出;(2)识别关键议题、困境(问题)和机会,设计分析路径和收集计划,明确优先信息需求,平衡短期和长远价值;(3)评估信息来源的有效性、可靠性和信息的相关性、准确性,减少不确定性,填补信息与知识缺口;(4)识别、关联、解释数据,理解并运用原理、规则、关系形成观点,明确参考数据与数据源;按照逻辑要求,形成逻辑严密、有价值的结论,对非一致性的、不合逻辑的数据作出解释;基于逻辑论证与数据,提出和检验多元假设,形成结构化的、条理清晰且有意义的结论或成果,根据分析结论形成可选方案,提出建议;(5)评估并确定优选方案,形成结果或结论;(6)对改变和新信息持开放态度,能够及时接受新的信息或不同观点,获取、评估和整合新信息与观点,深化对问题的认识和理解,快速适应新信息以及不断改变的环境或是意想不到的阻碍;(7)全面挑战(质疑)关键假设和证据;从正反不同的立场出发质疑证据和分析过程,查检漏洞与问题;参照已建立的标准评估思维与分析过程的质量;(8)在数据筛选和使用、形成论点与结论的过程中克服思维定式,避免常见错误;(9)针对现有方法、程序的不适用、不可用和失效问题,设计新方法和新工具,根据情况发展新见解,运用新办法解决问题和改进进程,创造性地运用数据、想象技术,预测变化,积极寻求新的见解与创新性的解决方案;(10)管理项目、时间以及科学确定优先事项。

2. 逻辑推理(Logic/Inference Development)

掌握逻辑推理技巧是开展严密的情报分析的基础,情报分析师应深刻理解逻辑思维过程,掌握常用的逻辑推理形式、方法与准则,区分思维和论证,区分情报和假设判断,理解常见的逻辑错误并掌握避免或减少逻辑错误的方法。常见的逻辑推理技能有归纳推理、演绎推理、类比推理、溯因推理等类型。所谓归纳推理(Inductive Inference),是指能够从个别的事物中概括出一般性概念、原则或结论;演绎推理(Deductiv Inference),是指能够依据一般性的前提,通过推导演绎,得出具体或个别结论;类比推理(Analogical Inference),是指根据两个或两类对象有部分属性相同,从而推出它们的其他属性也相同的推理;回溯推理

(Abductive Inference)是从已知事实信息出发,结合自身背景知识与经验,由已知的结果推测其形成的原因或条件。美国执法情报分析相关标准主要强调以下逻辑推理技能:一是归纳逻辑(Inductive Logic),即"获取各种具体的信息,从中推断出具有更广泛的意义的信息的推理过程";二是演绎逻辑(Deductive Logic),即"从一般的前提信息出发得出具体信息的推理过程";三是推论形成(Inference Development),即运用归纳和演绎分析与目标相关的原始信息,得出与情报目标有关的概率性结论、估计或预测。[①] 简言之,即"根据事实得出结论"[②]。

此外,美国执法情报分析相关标准将逻辑谬误(Fallacies of Logic)列为情报分析必须了解的重要内容。所谓逻辑谬误是指"不符合逻辑的推论",包括形式逻辑谬误与非形式逻辑谬误。形式逻辑谬误是指不依据形式逻辑推理规则进行推理、演绎、论证而导致的逻辑谬误。例如,"如果是人类,那么终将死亡;鸭子不是人类;故鸭子不会死亡",这是典型的形式逻辑谬误,正确的形式逻辑为"如果 A 那么 B;A;故 B",然而本例的形式逻辑却为"如果 A 那么 B;非 A;故非 B",所以推论是错误的。非形式逻辑谬误,实质上就是前提错误谬误,即依据错误的前提进行推理、演绎、论证而导致的逻辑谬误。

(二)国土安全、执法与恐怖主义信息分析技能

美国《执法分析标准》《犯罪情报培训最低标准》《州、地区与部落情报分析师通用胜任能力》《融合中心指南》等一系列标准性、指南性文件明确要求从事国土安全、犯罪与执法情报分析工作的分析师必须掌握16类常用的分析方法和技能,具体包括犯罪模式分析、犯罪指标分析、犯罪活动剖析、犯罪市场分析(黑市分析)、案犯特征分析、犯罪调查分析、人口/社会趋势分析、通信(话单)分析、财务分析、流程分析(事件流

---

① The U. S. Department of Justice's Global Justice Information Sharing Initiative (Global), "Minimum Criminal Intelligence Training Standards (Version 2)", October 2007; The U. S. Department of Justice's Global Justice Information Sharing Initiative, "Baseline Capabilities for State and Major Urban Area Fusion Centers——A Supplement to the Fusion Center Guidelines", September 2008.

② Marilyn B. Peterson, "Applications in Criminal Analysis: A Sourcebook", Praeger, Westport, 1994, p. 48.

程、商品流程、行为流程)、关联分析(网络分析)、地理空间分析、问题分析、目标分析、成效分析、预测分析等,此外,尤其强调运用结构化分析技术的运用。下面逐项介绍这些分析方法与技能的含义和具体内容①:

1. 犯罪模式分析(Crime-Pattern Analysis)。美国《执法分析标准》将犯罪模式分析定义为"寻找案(事)件之间关联的分析过程,旨在揭示案(事)件的共性和差异,以预测和预防未来的犯罪活动"。②《犯罪情报培训最低标准》则将其定义为"根据刑事案件的特点,包括手法、时间、空间等变量,对犯罪的类型、范围和变化进行评估"。③ 国际刑警组织将其定义为"分析特定时间范围内或地理空间区域的犯罪类型、范围和发展等"。④ 英国国家情报局将其定义为"系列案(事)件识别、犯罪趋势分析、犯罪热点分析以及核心状况分析等一系列分析科目的总称",其重点是"寻找案件之间的异同"。⑤ 简言之,犯罪模式分析即寻找犯罪规律的过程,分析重点是系列案件中相对稳定的犯罪手法分析、犯罪空间分布模式分析(例如,案件在空间上的分布规律)、犯罪时间分布模式分析(例如,案发数据随着时间推移的变化规律)等。例如,一位分析师跟踪分析 A 地商业场所的入室盗窃案件,这些案件看起来没有联系,但通过分析发现一种"模式",即这些案件中诸多案件失窃财物有一个共同特点——计算机芯片被盗,围绕计算机芯片被盗案进一步分析发现,这些案件中犯罪分子进入犯罪现场的方式非常类似,在诸多案件中都发现了相似的车辆,上述模式为案件调查提供了方向。⑥

---

① 限于篇幅,本书仅介绍这些分析方法与技能的基本内涵,关于这些分析方法与技能的具体操作流程与应用案例将在另一著作《情报与犯罪分析师手册:分析的艺术》中予以详细阐述。

② The U. S. Department of Justice's Global Justice Information Sharing Initiative, International Association of Law Enforcement Intelligence Analysts, Inc. , "Law Enforcement Analytic Standards (2nd edition)", April 2012, p. 28.

③ The U. S. Department of Justice's Global Justice Information Sharing Initiative (Global), "Minimum Criminal Intelligence Training Standards(Version 2)", October 2007, p. 37.

④ The Bureau of Justice Assistance, Office of Justice Programs, U. S. Department of Justice's Global Justice Information Sharing Initiative, "The National Criminal Intelligence Sharing Plan", October 2003.

⑤ National Criminal Intelligence Service, "The National Intelligence Model", 2000, p. 30, http://www. intelligenceanalysis. net/National%20Intelligence%20Model. pdf, 2018-5-20.

⑥ National Criminal Intelligence Service, "The National Intelligence Model", 2000, p. 30, http://www. intelligenceanalysis. net/National%20Intelligence%20Model. pdf, 2018-5-20.

2. 犯罪指标分析(Indicator Analysis)。所谓指标分析,是指基于过去已知行为和特征的分析,揭示某人可能正在实施、可能准备实施或已经实施非法行为。[①] 其本质是"回顾过去的犯罪活动,以确定其行动特征,是否能够反映未来的犯罪活动",识别出来的犯罪指标(Indicators)可用于计算机环境下犯罪行为画像以及犯罪预警系统开发。[②]

3. 犯罪活动剖析(Criminal Business Profile)。犯罪活动剖析是指分析犯罪活动是如何进行的,详细揭示犯罪行动与犯罪手段,具体包括如何选择被害人,被害人是如何被害的,犯罪所得收益如何使用,刑事系统的优缺点等问题。[③] 例如,伪造信用卡犯罪活动剖析通常包括犯罪分子如何获得原材料,如何生产与分销伪造的信用卡,用于生产这些卡的设备类型有哪些,资金如何转移,犯罪集团之间的关系如何,所涉及的合法公司有哪些,银行和银行卡公司解决问题的举措有哪些等,此类分析通过评估犯罪活动的风险以确定优先事项,通过向调查人员提供详细的指导和预防措施以支持战术行动。[④]

4. 犯罪市场分析(Market Profile)。犯罪市场分析,又称黑市分析,是指调查某一特定商品(例如,毒品、被盗机动车辆)或服务(例如,卖淫)在某地区的黑市情况,为黑市治理提供依据。[⑤] 通过黑市分析,详细阐明市场的活跃程度、商品或服务的可获得性及其价格趋势,以及由黑市驱动的或与之相关的关键人员、关系网络、犯罪资产和犯罪趋势等。例如,某地警方为解决海洛因泛滥问题,对已知的当地海洛因经销商及其关系网络信息进行整理和分析,揭示海洛因供应、厂房提供、运输、安

---

① The U. S. Department of Justice's Global Justice Information Sharing Initiative (Global), "Minimum Criminal Intelligence Training Standards(Version 2)", October 2007, p. 40.

② The U. S. Department of Justice's Global Justice Information Sharing Initiative, International Association of Law Enforcement Intelligence Analysts, Inc., "Law Enforcement Analytic Standards (2nd edition)", April 2012, p. 29.

③ The U. S. Department of Justice's Global Justice Information Sharing Initiative, International Association of Law Enforcement Intelligence Analysts, Inc., "Law Enforcement Analytic Standards (2nd edition)", April 2012, p. 28.

④ National Criminal Intelligence Service, "The National Intelligence Model", 2000, p. 33, http://www.intelligenceanalysis.net/National%20Intelligence%20Model.pdf, 2018-5-20.

⑤ The U. S. Department of Justice's Global Justice Information Sharing Initiative, International Association of Law Enforcement Intelligence Analysts, Inc., "Law Enforcement Analytic Standards (2nd edition)", April 2012, p. 29.

全、快递、洗钱等毒品网络所涉人员,并分析出海洛因供应商与该地区的盗窃、街头抢劫模式之间的关联,为该地禁毒工作作出了突出贡献。[①]

5. 案犯特征分析(Criminal Profile)。国内学者通常将"Criminal Profile"译为"犯罪心理画像"[②],是指"对犯罪分子进行分析,以识别和确定犯罪分子的人格和行为特征的调查技术"。[③] 具体包括对犯罪人进行心理上和行为上的评估,通过分析犯罪人的人格与心理特征(如兴趣、性格、气质、爱好等),以及年龄、性别、种族、职业、宗教信仰、婚姻状态、社会地位、教育程度等个人身份与社会生活状况,预测犯罪行为、犯罪地点,缩小侦查范围,并为审讯、讯问以及犯罪侦查、犯罪预防策略提供依据。[④] 案犯特征分析的主要目的是缩小嫌疑范围,帮助侦查人员认定和逮捕犯罪分子。[⑤]

6. 犯罪调查分析(Criminal Investigative Analysis)。《国家犯罪情报共享计划》援引执法情报领域知名学者玛丽莲·B. 彼得森(Marilyn B. Peterson)的观点,将犯罪调查分析定义为"利用犯罪相关要素,包括罪犯的生理和心理特征来查明罪犯的身份"[⑥]。《犯罪情报培训最低标准》把犯罪调查分析定义为"研究系列案件犯罪分子、被害人、犯罪现场,评估犯罪分子的特征和行为,以发现或协助发现犯罪分子的分析过程"。[⑦]

---

① National Criminal Intelligence Service, "The National Intelligence Model", 2000, http://www.intelligenceanalysis.net/National%20Intelligence%20Model.pdf, 2018-5-20.

② [美]迪·金·罗斯姆著,李玫谨等译:《地理学的犯罪心理画像》,中国人民公安大学出版社 2007 年版;布伦特·E·特维,李玫瑾等译:《犯罪心理画像——行为证据分析入门》,中国人民公安大学出版社 2005 年版。

③ The U. S. Department of Justice's Global Justice Information Sharing Initiative (Global), "Minimum Criminal Intelligence Training Standards (Version 2)", October 2007, p. 44.

④ Ronald M. Holmes, Stephen T. Holmes, "Profiling Violent Crimes: An Investigative Tool", London: Sage Publications, 1996; Eric Beauregard, Jean Proulx, "Criminal Profiling——Developments and New Prospects in the Establishment of Prediction Models", INTERPOL, no. 486, 2001.

⑤ David A. Crighton, Graham J. Towl, "The handbook of Psychology for Forensic Practitioners", London: Routledge, 1996.

⑥ Marilyn B. Peterson, "Applications in Criminal Analysis: A Sourcebook", Praeger, Westport, 1994, p. 42.

⑦ The U. S. Department of Justice's Global Justice Information Sharing Initiative (Global), "Minimum Criminal Intelligence Training Standards (Version 2)", October 2007, p. 37; The U. S. Department of Justice's Global Justice Information Sharing Initiative, "Baseline Capabilities for State and Major Urban Area Fusion Centers——A Supplement to the Fusion Center Guidelines", September 2008, p. 46.

简言之,犯罪调查分析旨在通过信息分析确认罪犯或犯罪嫌疑人是谁。

7. 人口/社会趋势分析(Demographic/Social Trend Analysis)。美国《执法分析标准》与《中级分析培训课程最低标准》将“人口/社会趋势分析”定义为“分析人口类型变化及其对犯罪行为、社区以及执法工作的影响”,重点包括人口变化的性质、对犯罪活动的影响,以及对失业、无家可归等深层次的社会因素的分析。[①] 通过对人口或社会变化的分析预测,为犯罪和治安失序调查提供基础,为当地规划、地方和国家政策制定、应对人口流动带来的影响、预测社会治安压力等提供情报依据。例如,某地每年夏天(从6月第2周开始)各类犯罪活动尤其是入室盗窃案件出现季节性增长。数据显示,该地区夏天会有大量游客涌入,因携带海洛因被捕的人数增加。分析师为解释该现象,对逮捕数据和情报报告进行分析发现,该地区附近的大城市最近大量年轻人失业,分析这些年轻人的生活方式发现他们在夏季被吸引到该地区,是因为该地区为救济金申请者提供大量的价格低廉的廉租房和早餐,并且在这里容易获得海洛因供应。分析发现该地区犯罪高发和秩序混乱区域主要分布在廉租房和海洛因供应聚集的城镇区域周边。该分析为警方应对季节性人口增长提供了方向,并为巡逻重点、跨机构与犯罪预防计划以及地方禁毒战略重点确立提供了情报依据。[②]

8. 通信/话单分析(Communications Analysis/Telephone Record/Toll Analysis)。《执法分析标准》将通信分析(含话单分析)理解为“审查各类实体(犯罪分子或犯罪活动有关的机构与人员)的通信记录(电话、电子邮件、传呼机、短信等),以发现与罪犯联系或犯罪活动的迹象,为进一步调查或扩大调查与研究范围提供方向”。[③]《犯罪情报培训最低标准》《州与主要城市地区融合中心基准能力》将其定义为“对与调查目标

---

① The U. S. Department of Justice's Global Justice Information Sharing Initiative, International Association of Law Enforcement Intelligence Analysts, Inc, "Minimum Standards for Intermediate-Level Analytic Training Courses", October 2013, p. 25.

② National Criminal Intelligence Service, "The National Intelligence Model", 2000, p. 32, http://www.intelligenceanalysis.net/National%20Intelligence%20Model.pdf, 2018-5-30.

③ International Association of Law Enforcement Intelligence Analysts, Inc., "Law Enforcement Analytic Standards", November 2004, p. 35.

有关的电话呼叫活动进行分析评估，包括呼叫和接听的电话号码、号码之间的通话频率、通话日期、通话时长、通话模式分析等”。[①] 通信数据分析是执法情报分析工作中应用最为广泛的分析技能，在执法实践中效果显著。通信分析主要有定量分析（统计分析）和关联分析两类，其中定量分析的目的是基于电话呼叫的日期、时间、时长等数据参数发现通信模式；关联分析是运用统计分析、关联图等形成有关通信目的、通信内容的假设，包括目标人员之间的关系和联系目的等。[②]

9. 财务分析（Financial Analysis）。《执法分析标准》《犯罪情报培训最低标准》《融合中心指南》《州与主要城市地区融合中心基准能力》等文件均将“财务分析”定义为“审查和分析财务数据，以确定是否存在犯罪活动，具体包括银行记录分析、净值分析（Net Worth Analysis）、财务档案分析（Financial Profiles）、资金来源与用途分析、《银行保密法》（Bank Secrecy Act）文档分析，它可以揭示犯罪所得的去向并支持诉讼”。[③]

10. 流程分析（Flow Analysis）。根据《执法分析标准》《犯罪情报培训最低标准》《融合中心指南》《州与主要城市地区融合中心基准能力》等文件释义，流程分析是指通过审查原始数据，确定案（事）件发生的先后顺序或相互作用关系，以揭示犯罪活动，并发现开展进一步调查所需的、缺失的行为或事件，具体包括时间列表分析（Timelines）、事件流程分析（Event-flow Analysis）、商品流程分析（Commodity-flow Analysis）、行为

---

① The U. S. Department of Justice's Global Justice Information Sharing Initiative (Global), "Minimum Criminal Intelligence Training Standards (Version 2)", October 2007, p. 47; The U. S. Department of Justice's Global Justice Information Sharing Initiative, "Baseline Capabilities for State and Major Urban Area Fusion Centers——A Supplement to the Fusion Center Guidelines", September 2008, p. 55.

② United Nations Office on Drugs and Crime, "Criminal Intelligence Manual for Analysts", New York, 2011, p. 59.

③ The U. S. Department of Justice's Global Justice Information Sharing Initiative, International Association of Law Enforcement Intelligence Analysts, Inc., "Law Enforcement Analytic Standards (2nd edition)", April 2012; The U. S. Department of Justice's Global Justice Information Sharing Initiative (Global), "Minimum Criminal Intelligence Training Standards (Version 2)", October 2007; The U. S. Department of Justice's Global Justice Information Sharing Initiative, "Baseline Capabilities for State and Major Urban Area Fusion Centers——A Supplement to the Fusion Center Guidelines", September 2008.

流程分析(Activity-flow Analysis)等。[1] 所谓商品流程分析是指对非法活动所得的违禁品、货物和货币的交易、运输和分发进行制图描述和说明,以支持打击非法活动,逮捕参与非法活动的人员。[2] 这里的商品是指违禁品(Contraband Goods)或非法物品,以及以非法方式分发、交易或营销的物品。[3] 事件/行为流程分析是指针对违法事件、行为、涉案人员的图示与说明,旨在说明事件是如何发生的,为非法事件的起诉与预防提供支持。[4]

11. 关联分析/网络分析(Association Analysis /Network Analysis/Link Analysis)。《执法分析标准》《中级分析培训课程最低标准》将关联分析定义为"收集和分析信息,揭示涉嫌犯罪活动的人员之间的关系,促进对犯罪活动的理解,确定最有效的调查策略"。[5]《犯罪情报培训最低标准》将关联分析定义为"将调查或评估的关键变量录入二维表,以检查不同变量在矩阵中的变量关系模式"。[6] 简言之,关联分析是研究人、组织等实体之间关系的分析技能。关联分析/网络分析不仅描述构成犯罪网络的人与人之间的关系,还描述关系的重要性、人员所扮演的

---

① The U. S. Department of Justice's Global Justice Information Sharing Initiative, International Association of Law Enforcement Intelligence Analysts, Inc., "Law Enforcement Analytic Standards (2nd edition)", April 2012; The U. S. Department of Justice's Global Justice Information Sharing Initiative (Global), "Minimum Criminal Intelligence Training Standards(Version 2)", October 2007; The U. S. Department of Justice's Global Justice Information Sharing Initiative, "Baseline Capabilities for State and Major Urban Area Fusion Centers——A Supplement to the Fusion Center Guidelines", September 2008.

② The U. S. Department of Justice's Global Justice Information Sharing Initiative, "Baseline Capabilities for State and Major Urban Area Fusion Centers——A Supplement to the Fusion Center Guidelines", September 2008, p. 45.

③ The U. S. Department of Justice's Global Justice Information Sharing Initiative (Global), "Minimum Criminal Intelligence Training Standards(Version 2)", October 2007, pp. 36—39.

④ The U. S. Department of Justice's Global Justice Information Sharing Initiative (Global), "Minimum Criminal Intelligence Training Standards(Version 2)", October 2007, pp. 36—39.

⑤ The U. S. Department of Justice's Global Justice Information Sharing Initiative, International Association of Law Enforcement Intelligence Analysts, Inc., "Law Enforcement Analytic Standards (2nd edition)", April 2012, p. 27.

⑥ The U. S. Department of Justice's Global Justice Information Sharing Initiative (Global), "Minimum Criminal Intelligence Training Standards (Version 2)", October 2007, p. 35; The U. S. Department of Justice's Global Justice Information Sharing Initiative, "Baseline Capabilities for State and Major Urban Area Fusion Centers——A Supplement to the Fusion Center Guidelines", September 2008, p. 44.

角色以及犯罪组织的优缺点，其重点包括剖析个人在网络中的地位与角色、犯罪组织的内外关系网络、犯罪网络的财务资金流转和通信联络情况、犯罪网络的优势与弱点等。关联分析/网络分析与目标分析密切相关，战略层面，关联分析/网络分析能够提供关于犯罪团伙威胁情况的详细情况，有助于确定优先处理事项；战术层面，能够辨别最重要的网络予以应对，并为更有效地破坏该犯罪网络提供依据。例如，某个与武装抢劫有关的有组织犯罪成员进入 A 地区，A 地区警方监测到该犯罪分子与当地犯罪嫌疑人以及其他未知嫌疑人进行了联系。情报显示，该人可能来 A 地区策划实施抢劫案，但受害者、抢劫团伙的具体情况不明，于是对已知嫌疑人进行通信分析，绘制关联图，同时研究犯罪历史和情报档案，根据前期针对嫌疑人活动的调查绘制犯罪活动流程图，预测显示嫌疑犯可能在 6 周内实施抢劫。因此，有针对性部署人力和技术资源进行监控。通过关联分析/网络分析，发现该犯罪团伙的其他成员以及潜在的受害者等情报线索，为调查提供支持。①

12. 地理/空间分析（Geographic Analysis/Spatial Analysis）。《执法分析标准》《中级分析培训课程最低标准》将地理分析（Geographic Analysis）定义为“基于历史数据，分析犯罪活动的地点或犯罪分子的落脚点，以预测和阻止犯罪活动”。②《犯罪情报培训最低标准》《州与主要城市地区融合中心基准能力》将空间分析（Spatial Analysis）理解为“利用地理信息系统以及犯罪分析技术评估罪犯、犯罪活动和其他执法活动的地理环境的过程”。③ 美国通常将地理分析和空间分析合二为一，统一称为地理空间分析（Geospatial analysis），其主要内容是分

---

① National Criminal Intelligence Service, “The National Intelligence Model”, 2000, p. 34, http://www.intelligenceanalysis.net/National%20Intelligence%20Model.pdf, 2018-5-15.

② The U. S. Department of Justice's Global Justice Information Sharing Initiative, International Association of Law Enforcement Intelligence Analysts, Inc., “Law Enforcement Analytic Standards (2nd edition)”, April 2012, p. 29.; Global Justice Information Sharing Initiative, International Association of Law Enforcement Intelligence Analysts, Inc., “Minimum Standards for Intermediate-Level Analytic Training Courses”, October 2013, p. 25.

③ The U. S. Department of Justice's Global Justice Information Sharing Initiative (Global), “Minimum Criminal Intelligence Training Standards (Version 2)”, October 2007, p. 46. The U. S. Department of Justice's Global Justice Information Sharing Initiative, “Baseline Capabilities for State and Major Urban Area Fusion Centers——A Supplement to the Fusion Center Guidelines”, September 2008, p. 54.

析犯罪活动地点(案发地点)、犯罪分子落脚点、犯罪活动地理环境以及犯罪有关要素(如案件、人员、物品等)在空间上的分布规律等,旨在发现犯罪空间模式、犯罪热点,进行犯罪分子落脚点预测、犯罪地点预测等。

13. 问题分析(Problem Profile)。美国《国家犯罪情报共享计划》将问题分析定义为“确定已发生或即将发生的犯罪或事件,以防止或阻止犯罪蔓延”。[①] 联合国毒品和犯罪问题办公室(United Nations Office On Drugs And Crime)将问题分析定义为“发现已经出现或即将出现的犯罪现象、系列案(事)件、犯罪热点等,为侦查资源配置、目标监控、犯罪热点治理、犯罪预防与控制计划提供依据,具体内容包括问题识别、背景与原因、伤亡或损失情况、失序/违法程度、肇事者/罪犯、内外联系情况、社会影响分析等”。[②] 概言之,问题分析旨在发现犯罪问题,尤其是犯罪热点和新兴犯罪现象。

14. 目标分析(Target Profile)。《犯罪情报培训最低标准》《州与主要城市地区融合中心基准能力》将目标(Target)定义为“接受调查或情报分析的对象,包括人员、组织、团伙、案件或系列案件、物品等”,所谓目标分析是对“特定人员的详细分析”,据此“能够对目标人物或与其相关的组织成员开展行动”。[③]《执法分析标准》将目标分析定义为“针对特定人或组织的调查分析,分析该人或组织的所有已知信息,在此基础上为调查推荐最佳行动方案”。[④] 联合国毒品和犯罪问题办公室和英国国家情报局对目标分析做了更为具体的界定:主要是针对特定人员和特定组织(团伙)的分析,重点剖析犯罪分子及其犯罪活动、生活方式、同

---

① The Bureau of Justice Assistance, Office of Justice Programs, U. S. Department of Justice's Global Justice Information Sharing Initiative, "The National Criminal Intelligence Sharing Plan", October 2003, p. 28.

② United Nations Office On Drugs And Crime, "Criminal Intelligence Training: Manual for analysts", New York, 2011, p. 16.

③ The U. S. Department of Justice's Global Justice Information Sharing Initiative, "Minimum Criminal Intelligence Training Standards(Version 2)", October 2007, p. 47; The U. S. Department of Justice's Global Justice Information Sharing Initiative, "Baseline Capabilities for State and Major Urban Area Fusion Centers——A Supplement to the Fusion Center Guidelines", September 2008, p. 55.

④ The U. S. Department of Justice's Global Justice Information Sharing Initiative, International Association of Law Enforcement Intelligence Analysts, Inc., "Law Enforcement Analytic Standards (2nd edition)", April 2012, p. 31.

伙、资金数据、运行能力、危险程度、优势和弱点等，呈现过去曾对目标采取过的措施，以及目标人物反侦查手段与能力的评估等，要求尽可能利用所有掌握的数据，分析形成全面的“图景”。①

15. 成效分析(Results Analysis)。美国《执法分析标准》将成效分析定义为“对警方用以打击特定犯罪问题的战略和策略的有效性进行评估，往往包含对未来政策和战略调整的建议”。② 英国国家情报模式将成效分析定义为“评估执法活动的有效性的新学科”，其重点是巡逻策略、犯罪控制计划、特定侦查方法以及其他执法政策与技术的有效性评估，其目的是发现最佳实践，改进具体工作，推动专业化发展，强化有效做法等。③

16. 预测分析(Predictive Analysis)。《国家犯罪情报共享计划》将“预测分析”定义为“运用描述性(Descriptive)或解释性(Explanatory)分析，以减少不确定性，作出有依据的猜测(Educated Guess)”的分析过程。④《犯罪情报培训最低标准》《州与主要城市地区融合中心基准能力》将预测(Prediction)解释为“基于历史趋势信息分析，对犯罪活动、犯罪趋势性质变化或犯罪集团的趋势进行推测”。⑤《执法分析标准》《中级分析培训课程最低标准》将预测(Forecast)定义为“基于已知的、确定的，或是可疑的、不确定的乃至未知的事物，对发生了什么以及可能发生

---

① National Criminal Intelligence Service, “The National Intelligence Model”, 2000, p. 18, http://www. intelligenceanalysis. net/National% 20Intelligence% 20Model. pdf, 2018-5-29. ; United Nations Office On Drugs And Crime, “Criminal Intelligence Training: Manual for analysts”, New York, 2011, p. 19.

② The U. S. Department of Justice's Global Justice Information Sharing Initiative, International Association of Law Enforcement Intelligence Analysts, Inc. , “Law Enforcement Analytic Standards (2nd edition)”, April 2012, p. 30.

③ National Criminal Intelligence Service, “The National Intelligence Model”, 2000, p. 29, http://www. intelligenceanalysis. net/National%20Intelligence%20Model. pdf, 2018-5-29.

④ The Bureau of Justice Assistance, Office of Justice Programs, U. S. Department of Justice's Global Justice Information Sharing Initiative, “The National Criminal Intelligence Sharing Plan”, October 2003, p. 56.

⑤ The U. S. Department of Justice's Global Justice Information Sharing Initiative (Global), “Minimum Criminal Intelligence Training Standards (Version 2)”, October 2007, p. 43; The U. S. Department of Justice's Global Justice Information Sharing Initiative, “Baseline Capabilities for State and Major Urban Area Fusion Centers——A Supplement to the Fusion Center Guidelines”, September 2008, p. 52.

什么进行评估，通常包括对未来活动的可能性预测，以及对犯罪防范的建议”[①]。预测分析重在对未来趋势、变化和可能性进行预判，同时还包括对已经发生的但却未知的事物的判断。

17. 结构化分析技术（Structured Analytic Techniques，简称 SATs）。SATs 是思考问题的方法，旨在通过结构化的分析指引，使分析过程更加理性、透明、严谨、客观，克服认知偏见，减少情报分析失误。根据斯蒂芬·阿特纳（Stephen Artner）等人的观点，SATs 可分为三大类：一是诊断技术（Diagnostic techniques），旨在使假设和逻辑论证更加清楚，包括关键假设检查法、信息质量检查法、变化迹象或征兆法、竞争性假设分析法等。二是逆向思维技术（Contrarian Techniques），旨在挑战当前思维，包括魔鬼辩护法、Team A/Team B 分析法、高影响/低概率分析法、“What If?”分析法等。三是想象思维技术（Imaginative Thinking Techniques），鼓励新观点、新见解和多种供选方案，包括头脑风暴法、由表及里思考法、红队分析法、可能趋势分析法。[②] 美国《执法分析标准》要求分析师运用 SATs、批判性思维、严密的评估得出关键判断、结论和建议。[③]《中级分析培训课程最低标准》将 SATs 和工具作为中级分析师培训标准的主要内容。[④]《州、地区与部落情报分析师通用胜任能力》也将运用 SATs 作为情报分析师的基本能力之一，并罗列了结构化分析技术的主要内容，具体包括框架与问题定义、数据可视化、构思生成、指标与情景分析、假设生成、假设检验、因果关系评估、挑战分析、冲突管理、决策支持等，具

① The U. S. Department of Justice's Global Justice Information Sharing Initiative, International Association of Law Enforcement Intelligence Analysts, Inc., "Law Enforcement Analytic Standards (2nd edition)", April 2012, p. 33; Global Justice Information Sharing Initiative, International Association of Law Enforcement Intelligence Analysts, Inc., "Minimum Standards for Intermediate-Level Analytic Training Courses", October 2013. p. 25.

② US Government, "Tradecraft Primer: Structured Analytic Techniques for Improving Intelligence Analysis", https://www.cia.gov/library/center-for-the-study-of-intelligence/csi-publications/books-and-monographs/Tradecraft%20Primer-apr09.pdf, 2018-5-15.

③ The U. S. Department of Justice's Global Justice Information Sharing Initiative, International Association of Law Enforcement Intelligence Analysts, Inc., "Law Enforcement Analytic Standards (2nd edition)", April 2012, p. 22.

④ The U. S. Department of Justice's Global Justice Information Sharing Initiative, International Association of Law Enforcement Intelligence Analysts, Inc., "Minimum Standards for Intermediate-Level Analytic Training Courses", October 2013, p. 17.

体包括形态分析、竞争性假设分析(ACH)、德尔菲法(Delphi)、SWOT 分析、基于证据的情景分析等分析方法。[①] 目前结构化分析技术已经成为西方情报界流行的情报分析发展潮流,已产生大量结构化分析技术相关成果并在实践中得到广泛应用。《情报技术入门:改进情报分析的结构化分析技术》[②]《情报分析中的结构化分析技术》[③]《情报分析案例:结构化分析技术实操》[④]等著作对结构化分析方法进行了系统的梳理和总结。例如,《情报分析中的结构化分析技术》一书介绍了结构化头脑风暴法、交叉影响矩阵、形态分析法、诊断推理法、竞争假设分析法、参数映射法、欺骗检测法、角色模拟法、红帽分析法、"What If?"分析法、魔鬼辩护法、红队分析法、德尔菲法、决策矩阵法、力场分析法、关键假设检查法、SWOT 分析法等 50 种结构化分析方法,广泛涉及"分解与可视化、构思产生、情景与指示、假设与验证、因果评估、挑战分析、决策支持"等诸多方面。

(三)威胁、风险与脆弱性评估

威胁、风险与脆弱性评估(Threat & Risk Assessments)是指运用定性与定量方法评估风险,预测威胁和风险,为规避风险提供建议,制作威胁与脆弱性评估报告,传递风险评估结果。[⑤]

1. 风险分析/评估(Risk Analysis/Assessment)。《执法分析标准》将风险评估定义为"对案(事)件的不良后果进行评估,评估犯罪分子或犯罪组织对潜在的受害者、公众和执法机构造成风险与后果的可能性,并

---

① Criminal Intelligence Coordinating Council, "Common Competencies for State, Local, and Tribal Intelligence Analysts", June 2010, pp. 6—19.

② Central Intelligence Agency (CIA), "A Tradecraft Primer: Structured Analytic Techniques for Improving Intelligence Analysis", CreateSpace Independent Publishing Platform, 2012.

③ Richards J. Heuer, Randolph H. Pherson, "Structured Analytic Techniques for Intelligence Analysis (Second Edition)", CQ Press, 2014.

④ Sarah Miller Beebe, Randolph H. Pherson, "Cases in Intelligence Analysis: Structured Analytic Techniques in Action (Second Edition)", CQ Prcss, 2014.

⑤ The U. S. Department of Justice's U. S. Department of Justice's Global Justice Information Sharing Initiative, U. S. Department of Homeland Security, "The Common Competencies for State, Local, and Tribal Intelligence Analysts", June 2010, p. 10.

提供预防措施以降低风险”。[①]《州、地区与部落情报分析师通用胜任能力》认为，风险评估是定性或定量地确定不良事件发生的概率及其对资产影响的严重程度的过程，是威胁（Threat）、脆弱性（Vulnerability）和后果（Consequence）的函数式，即“风险 = 风险威胁（攻击发生的可能性）×脆弱性×后果（攻击的曝光程度和预期影响）”。[②] 风险评估能够为风险的等级排序和确立对策的优先次序提供依据。风险评估结果可用于确定优先信息需求，支持国土安全应急准备规划工作，以分配资金、能力和其他资源。《犯罪情报培训最低标准》《融合中心指南》《州与主要城市地区融合中心基准能力》将风险评估界定为“对目标、非法物品、受害者进行分析，以确定被攻击或被侵害的可能性，并分析漏洞”。[③] 例如，一名性犯罪前科人员刑满释放后，当地警方对其进行风险评估，包括对此人以往的犯罪模式、与其他性犯罪者交往的性质、社区反应（包括受害者亲属的反应）等进行综合分析评估，认为该人风险等级很高，因此刑满释放后对其进行监控，结果释放后不久该人又因再次试图实施犯罪被逮捕。[④]

2. 威胁评估（Threat Assessment）。美国《国家犯罪情报共享计划》援引玛丽莲·B. 彼得森（Marilyn B. Peterson）的观点，将威胁评估理解为“研究某一群体的暴力倾向或犯罪倾向，或某一特定时间或地点可能

① The U. S. Department of Justice's Global Justice Information Sharing Initiative, International Association of Law Enforcement Intelligence Analysts, Inc. , "Law Enforcement Analytic Standards (2nd edition)", April 2012, p. 30; Global Justice Information Sharing Initiative, International Association of Law Enforcement Intelligence Analysts, Inc. , "Minimum Standards for Intermediate-Level Analytic Training Courses", October 2013, p. 26.

② Criminal Intelligence Coordinating Council, "Common Competencies for State, Local, and Tribal Intelligence Analysts", June 2010.

③ The U. S. Department of Justice's Global Justice Information Sharing Initiative (Global), "Minimum Criminal Intelligence Training Standards (Version 2)", October 2007, p. 45. ; U. S. Department of Justice's Global Justice Information Sharing Initiative, U. S. Department of Homeland Security, "Fusion Center Guidelines——Developing and Sharing Information and Intelligence in a New Era", August 2006, F-4; The U. S. Department of Justice's Global Justice Information Sharing Initiative, "Baseline Capabilities for State and Major Urban Area Fusion Centers——A Supplement to the Fusion Center Guidelines", September 2008, p. 53.

④ National Criminal Intelligence Service, "The National Intelligence Model", 2000, p. 35, http://www. intelligenceanalysis. net/National%20Intelligence%20Model. pdf, 2018-5-15.

发生的犯罪活动”。[①]《执法分析标准》《中级分析培训课程最低标准》将其定义为“对危害或可能危害生命、信息、运行、环境和/或财产的自然或人为事件、个人、机构、行为等进行评估，旨在评估当前或未来的威胁，并提出减少影响的建议”。[②]《犯罪情报培训最低标准》《州、地区与部落情报分析师通用胜任能力》将其定义为“对辖区内存在犯罪分子、恐怖分子的威胁评估，包括犯罪分子或恐怖分子对潜在目标实施非法行为的可能性评估。评估的重点是罪犯或恐怖分子实施威胁的机会、能力和意愿”。[③]《融合中心指南》则采纳了《国家犯罪情报共享计划》与《犯罪情报培训最低标准》提出的双重定义。[④] 综合上述理解，可将威胁评估内涵归纳如下：一是评估对象，包括具有社会危害性的事件、人员、机构或行为，重点是有暴力极端倾向、犯罪倾向的群体或个人，如犯罪分子、恐怖分子；二是评估内容，包括犯罪分子、恐怖分子等主体对潜在目标实施非法行为的可能性，重点是犯罪分子和恐怖分子实施非法行为的机会、能力和意愿。

3. 脆弱性评估（Vulnerability Assessment）。《国家犯罪情报共享计划》从狭义角度理解脆弱性评估，将脆弱性评估报告定义为“审视系统可能被犯罪活动利用的脆弱性的战略报告”。[⑤]《执法分析标准》《中级

---

① Marilyn B. Peterson, "Applications in Criminal Analysis: A Sourcebook", Praeger, Westport, 1994, pp. 56—57; The Bureau of Justice Assistance, Office of Justice Programs, U. S. Department of Justice's Global Justice Information Sharing Initiative, "The National Criminal Intelligence Sharing Plan", October 2003, p. 29.

② Global Justice Information Sharing Initiative, International Association of Law Enforcement Intelligence Analysts, Inc., "Law Enforcement Analytic Standards (2nd edition)", April 2012, p. 31; Global Justice Information Sharing Initiative, International Association of Law Enforcement Intelligence Analysts, Inc., "Minimum Standards for Intermediate-Level Analytic Training Courses", October 2013, p. 26.

③ The U. S. Department of Justice's Global Justice Information Sharing Initiative, "Minimum Criminal Intelligence Training Standards (Version 2)", October 2007, p. 47; U. S. Department of Justice's Global Justice Information Sharing Initiative, U. S. Department of Homeland Security, "The Common Competencies for State, Local, and Tribal Intelligence Analysts", June 2010, p. 56.

④ The U. S. Department of Justice's Global Justice Information Sharing Initiative, U. S. Department of Homeland Security, "Fusion Center Guidelines——Developing and Sharing Information and Intelligence in a New Era", August 2006, F-4.

⑤ The Bureau of Justice Assistance, Office of Justice Programs, U. S. Department of Justice's Global Justice Information Sharing Initiative, "The National Criminal Intelligence Sharing Plan", October 2003, p. 29.

分析培训课程最低标准》则从更广泛的视角理解脆弱性评估，将其界定为“评估使机构、资产、系统、网络、地理区域容易受特定威胁影响或利用的物理特性或运作特点，为减少或消除安全隐患提供建议”①，评估对象从系统扩展到机构、资产、系统、网络、地理区域等，评估内容包括物理特性和运作特点。《犯罪情报培训最低标准》《州与主要城市地区融合中心基准能力》进一步扩张和深化对脆弱性评估的理解，将其定义为“对辖区内犯罪或恐怖组织袭击目标的评估，包括对目标的脆弱性、被袭击的可能性和抵御攻击的能力评估”②，从而使得评估的内容不局限于脆弱性（弱点或漏洞），还包括被袭击的可能性以及抵御攻击的能力评估。

二、执法情报分析常用软件工具

（一）分析工具相关政策与标准

2003 年司法部、国土安全部和诸多执法组织审议通过的《国家犯罪情报共享计划》提出了 28 项推行情报主导警务的重要建议，其中有两项建议旨在为情报分析师提供必要的工具。一是“建议 12”要求“国际执法情报分析师协会（IALEIA）应代表犯罪情报协调委员会（CCIC）制定情报分析最低标准，以确保情报产品准确、及时、真实和相关”；二是“建议 28”要求 CICC 和司法部项目办公室（OJP）等机构合作，“开发一种获取机制或集中站点，使执法机构能够访问共享的数据可视化和分析工具”。根据“建议 12”，IALEIA 起草了《执法分析标准》，《执法分析标准》第 16 项标准规定“情报分析师在分析工作中应

① The U. S. Department of Justice's Global Justice Information Sharing Initiative, International Association of Law Enforcement Intelligence Analysts, Inc. , "Law Enforcement Analytic Standards (2nd edition)", April 2012, p. 31; Global Justice Information Sharing Initiative, International Association of Law Enforcement Intelligence Analysts, Inc. , "Minimum Standards for Intermediate-Level Analytic Training Courses", October 2013, p. 4.

② The U. S. Department of Justice's Global Justice Information Sharing Initiative (Global), "Minimum Criminal Intelligence Training Standards (Version 2)", October 2007, p. 48. ; The U. S. Department of Justice's Global Justice Information Sharing Initiative, "Baseline Capabilities for State and Major Urban Area Fusion Centers——A Supplement to the Fusion Center Guidelines", September 2008, p. 56.

运用最好的、最新的计算机可视化与分析工具。”Global 情报工作组(GIWG)要求互联/系统委员会(Connectivity/Systems Committee)制定一份工具清单，以满足《国家犯罪情报共享计划》第 28 项建议的要求。随后，GIWG 组织了广泛的调查，最终于 2006 年制定发布《分析师工具箱》，该工具箱列举了 16 类软件工具，并在附件中提供了硬软件需求调查结果，此外，还与国家禁毒政策办公室(Office of National Drug Control Policy)合作修订了用于警务网络协作项目的安全技术工具箱(Technology Toolbox)，为分析软件提供讨论论坛，为分析人员提供安全的讨论机制，探讨这些工具“如何用”的问题。①《分析师工具箱》在各类标准文件中被广泛援引，成为美国执法情报分析师的基础工具标准清单。

《犯罪情报培训最低标准》将情报分析工具列入课程标准，要求情报分析师必须掌握表格软件(Spreadsheets)、流程图应用程序(Flowcharting Applications)、分析软件(Analytic Software)、演示软件(Presentation Software)。②《中级分析培训课程最低标准》将“运用结构化分析技术和工具”列为中级情报分析师培训标准内容，要求情报分析师广泛集成和运用可用工具(包括软件)开展分析工作。③《州、地区与部落情报分析师通用胜任能力》将运用分析方法、技术和工具列为情报分析师 5 项基本能力之一，明确要求情报分析师能够运用以下软件工具分析信息：表格和矩阵制作软件、流程图和甘特图制作软件、社会网络与关联分析工具、竞争性假设分析与其他结构化分析技术软件、定量分析软件、数据管理与存储软件。④

① The U. S. Department of Justice's Global Justice Information Sharing Initiative Intelligence Working Group, “Analyst Toolbox——A Toolbox for the Intelligence Analyst”, Issued: November 2006, Reprinted: November 2007.

② The U. S. Department of Justice's Global Justice Information Sharing Initiative, “Minimum Criminal Intelligence Training Standards(Version 2)”, October 2007, p. 6.

③ The U. S. Department of Justice's Global Justice Information Sharing Initiative, International Association of Law Enforcement Intelligence Analysts, Inc., “Minimum Standards for Intermediate-Level Analytic Training Courses”, October 2013, p. 17.

④ The U. S. Department of Justice's Global Justice Information Sharing Initiative, U. S. Department of Homeland Security, “The Common Competencies for State, Local, and Tribal Intelligence Analysts”, June 2010, p. 19.

（二）常用分析工具类型①

以《分析师工具箱》为蓝本，梳理上述标准文件要求分析师掌握的分析工具，共有16种必备软件工具，按照功能大致可分为三大类：一是数据处理与呈现类软件工具，具体包括文字处理软件、表格制作软件、演示软件、图像处理软件、PDF制作软件、排版发布软件、时间线图/流程图软件、数据可视化软件8类软件工具；二是数据存储管理与统计分析软件或系统，包括关系型数据库、地图/地理信息系统、统计分析软件、通信/话单记录分析软件、关联分析软件、数据挖掘软件、公共信息数据库7类软件工具或系统；三是案件调查管理软件系统。这16种软件工具的类型划分主要依据软件功能与用途进行分类，相互之间并无"黑白分明"的界限，各类软件的功能存在交叉现象，例如，表格制作软件，除了一般的数据处理、存储与呈现功能外，还具备统计分析功能。除了上述16种软件，《分析师工具箱》在附件中还推荐了一批软硬件系统。

1. 数据处理与呈现类软件

（1）文字处理软件（Word Processing）。文字处理软件主要用于制作文本报告，包括简报、事实列表、调查总结、分析报告。情报分析产品通常表现为特定格式的书面报告，一般使用word处理软件制作，最常用的功能如下：一是格式工具，如脚注、页眉、页脚注释、邮件标签和信函格式；二是插入对象，即将照片、图形、表格等对象嵌入文档；三是多人修订文档的编辑和更改情况追踪。

（2）表格制作软件（Spreadsheet）。表格处理软件主要用于处理数值型数据，建立二维表格，用于数据和数据图表的汇总与比较分析。在情报分析工作中常用的功能如下：一是使用电子表格进行计算和基本的统计、搜索、数据过滤和数据排序，尤其是财务数据、话单数据存储与整理工作；二是运用电子表格工具生成图形和表格，可视化呈现数据，此外，绘图工具栏可用于创建基本的关联图（Link Charts）和流程图（Flow Charts）。

① The U. S. Department of Justice's Global Justice Information Sharing Initiative Intelligence Working Group, "Analyst Toolbox——A Toolbox for the Intelligence Analyst", Issued: November 2006, Reprinted: November 2007.

(3)演示软件(Presentation Software)。演示软件主要用于综合运用文本、照片、图形、动画等制作专业化的幻灯片演示文档。演示软件不仅提供幻灯片,还提供讲义、演示大纲,辅助口头情报汇报。该工具还可用于提供与所讨论的侦查或其他主题相关的信息摘要。目前全球最常用的演示软件为微软公司开发的 Microsoft Office PowerPoint(简称 PPT),利用 PPT 不仅可以创建演示文稿,还可以在互联网上召开面对面会议、远程会议或在网上给观众展示演示文稿。

(4)图像处理软件(Graphics Software)。使用图形艺术来说明概念或结论更为形象直观,易于理解。图像软件允许将图片剪切、粘贴和处理,能够弥补文字处理软件、电子表格软件图形功能之不足,为情报分析提供更为完整而详细的应用数据展示。

(5)PDF 制作软件(PDF File Creation Software)。PDF 制作软件允许创建 PDF 格式文档,PDF 文档可以在 Mac OS X、Miscoroft Windows、Unix 系统上查看和打印,有助于信息共享。PDF 文档能够保留原文件信息,包括文本、图形、3D、全彩图、照片等,而不用考虑信息创建的应用程序。PDF 还支持全文检索、标记等功能,此软件还可用于扫描纸质原件创建电子文档。

(6)排版发布软件(Publishing Software)。排版软件主要用于制作外观专业的出版物,如新闻通讯或公告等。发布软件允许用户创建用于广泛分发的出版物,将要传播的情报转换为与 PDF 类似的格式,以确保文件的质量不被改变。

(7)数据可视化软件(Data Visualization)。可视化软件具备自动以图形格式显示信息的功能,这种功能有时是大型软件应用程序组成部分,如电子表格软件拥有数据可视化功能。数据可视化软件以易于阅读的格式显示数据关系和结果,如链接图表、流程图或电话收费分析图表等,对于提高分析研判水平,促进分析员和用户理解数据和情报产品,有突出的作用。

(8)时间线图/流程图软件(Timeline/Flowcharting)。此类软件以易于理解的格式按时间顺序显示和排列事件,阐明流向。时间线图/流程图可用于支持战术或战略规划以及调查。时间线图工具可以直观显示已确认或疑似刑事案件的时间顺序。流程图可以直观地显示犯罪团伙的物品流向、行为流程等。时间线图和流程图也可用于支持管理工作,例如,用于可视化项目追踪。

2. 数据存储管理与统计分析软件

(1)关系型数据库(Relational Database)。关系数据库工具可用于记录的保存、查询、统计分析等,通过建立诸多二维表记录数据,允许数据库中的记录/字段选项和其他字段建立关联,如事件名、时间、日期、主题等。建立关联后,查询特定主题的记录将显示与该主题关联的所有记录,例如,查询某位警官的报告记录将检索出该警官报告的所有事件。关系数据库也可以作为信息管理工具,用户界面可以通过简单的表单呈现,通过这些表单可以直接将数据输入数据库或进行检索。

(2)地图/地理信息系统(Mapping/Geographic Information System)。此软件可以用于绘制和分析与犯罪或其他模式(如日期、时间、活动地点、缓冲区)相关的数据点或区域,为观察与犯罪相关的分布规律和变化模式,划定"狩猎区",为减少掠夺性犯罪提供助力。

(3)公共信息数据库资源(Public Information Database Resources)。公共信息记录通常包括个人信息(地址、电话号码、出生日期)、资产信息(房地产、车辆、企业)等。这些类型的数据库并非执法工作的主要数据源,主要来自其他资源的汇集,因此,相关信息应进行验证。执法机构可以直接访问这些数据库,或者通过区域信息共享系统(Regional Information Sharing Systems,简称 RISS)、金融犯罪执法网络(Financial Crimes Enforcement Network,简称 FinCEN)、国家白领犯罪中心(National White Collar Crime Center,简称 NW3C)、高危贩毒地区(High Intensity Drug Trafficking Areas,简称 HIDTA)系统等直接获取数据资源。

(4)统计分析软件(Statistical Analysis Software)。统计分析软件主要用于分析大量数据,确定变化趋势。一是能够进行描述性统计,允许使用频率、百分比、平均值、中位数、众数、方差等,对定性和定量数据进行汇总和分析;二是能够进行推断统计分析,推断统计用于对人群进行随机抽样,利用样本数据来推断总体特征。

(5)通信/话单记录分析软件[Communications/Telephone (Toll) Record Software]。通信/电话记录分析软件可将从电话计费系统、记录器和拨号号码记录器收集的通信信息和通信联系信息等进行结构化处理,并开展多维分析,包括分析通话的来源或目的地、通话时间、通话日期、通话频率、通话顺序、通话模式、持续时间等。并且,随着通信技术的发展,还可处理电子邮件、即时通信信息(IM)、寻呼、互联网语音协议(VoIP)和直接连接技术信息,此外,此类软件包还应能够处理非传统通信数据元素,如互联网协议(IP)地址、电子邮件地址、直接连接专用标识识别码、IM 账号或昵称等。

(6)关联分析(Link Analysis)软件。关联分析软件从结构化的数据源链接相关信息,并通过图形显示各个节点的关联,直观地显示关系,便于在大型复杂数据集中查找联系,开展关联分析和层次关系分析(如分析有组织犯罪的层次结构)。此外,这种类型的软件还具备时间线图或流程图制作功能。

(7)数据挖掘(Data Mining/Text Mining)软件。数据挖掘软件能够对难以通过人工处理的海量信息(统计信息或文本信息)进行自动、高效的分析处理,以识别隐藏的模式与关系,此外,还可为复杂的案件管理提供支持。

3. 案件调查管理软件系统

案件调查管理(Investigative Case Management)软件主要用于跟踪调查、指挥和支持侦查活动,为侦查取证或诉讼保存记录,为侦查员和分析师的工作流程管理提供支持。案件调查管理工具提供了与案件相关的信息中心库,用户可以查询此类系统以确定目标是否已经发现以及当前的案件情况。该工具还可以为执法人员提供战略规划方面的信息和报告。

4. 其他硬件与软件系统

除了上述 3 大类 16 种软件工具外,《分析师工具箱》在附件中刊载的关于情报分析师所需工具调查结果显示,情报分析师还应配备和熟练使用以下软硬件工具:①

(1)硬件。硬件方面需要配备以下 10 类设备:一是计算机,配备具备一定处理速度和硬盘驱动能力的计算机,能够运行高端程序和数据存

① The U. S. Department of Justice's Global Justice Information Sharing Initiative Intelligence Working Group, "Appendix A: Results of Analyst Survey to Determine Tools Needed by Analysts", November 2005, pp. 10—11. // "Analyst Toolbox——A Toolbox for the Intelligence Analyst", Issued: November 2006, Reprinted: November 2007.

储/内存服务器，配备具有 CD 和 DVD 刻录功能、备份设备、视频抓取等功能的便携式笔记本电脑；二是打印机，要求配备具有印刷功能的高速黑白激光打印机、彩色打印机以及能够打印大图标的图形绘图仪；三是配备带自动进纸功能和光学字符识别（OCR）软件的文档扫描仪；四是配备 500 万像素的数码相机，用于监视、拍摄图片和事后分析；五是配备数字摄像机；六是配备传真机；七是配备彩色复印机；八是配备统计计算器；九是配备摄影设备；十是配备有线或卫星电视。

（2）软件。软件方面还需要配置网络浏览器、电子邮件程序（含办公室日历/任务功能）、桌面搜索引擎、安全软件（杀毒防毒、网络限制、网络防火墙、智能通行或其他加密软件）四类软件。

（3）数据系统。情报分析师需要熟悉的系统主要有机构文件管理系统、机构情报系统、未过滤的互联网连接系统、州犯罪信息系统、国家犯罪信息系统、州驾驶执照数据库、含个人身份信息的商业数据库、区域信息共享系统（RISS）、执法在线（LEO）、国土安全信息网（HSIN）、通信数据库、监狱管理数据库、金融犯罪执法网络（FinCEN）、移民数据库、州工资和工时数据库、州性犯罪系统、犯罪列表服务程序（Crime-specific listservs）、简易聚合阅读器（RSS readers）、情报中心数据库（包括州、高危贩毒地区 HIDTA 情报中心、电子隐私信息中心 EPIC、国家毒品情报中心 NDIC 等）、州矫正和缓刑数据库、青少年司法数据库以及无线网络接入、移动电话和 PDA 等。

需要注意的是，上述分析工具集于 2007 年修订发布，而近几年来信息技术发展迅速，分析工具集中的部分硬软件工具已经过时而不再适用，但美国这种为全国范围内的情报分析师梳理和归纳通用分析工具集，并将其纳入情报制度标准体系的做法值得我国借鉴。

第六章　美国执法情报产品标准与质量控制机制[①]

情报产品（Intelligence Products）是指通过分析程序形成的报告（含口头报告）或文档，包括评估报告、预测报告、关联分析报告以及其他类型的分析产品，在执法领域，情报产品主要用于执法机构预防犯罪、拘捕罪犯和起诉等。[②] 情报产品是情报工作的生命线，是判断情报部门存在价值最常用的标准。[③] 近20年来，在情报主导警务的战略理念指引下，我国警务情报工作快速发展，取得了突出成效，但也存在诸多问题，集中表现为粗放式快速增长，精细化、标准化、规范化、制度化不足。这充分反映在情报产品环节，尽管各级执法情报机构在长期的情报产品开发实践中积累了大量的经验，却一直未形成全国统一的情报产品规划、标准规范与质量控制机制。理论界对情报产品开发技巧与规范作了诸多探讨，但大多属于“自说自话”，缺乏对实践中情报产品的实际调查，所形成的成果与实战需求有较大差距。近年来，我国安全与情报立法频频，2015年颁布实施的国家安全法提出“情报信息的报送应当及时、准确、客观，不得迟报、漏报、瞒报和谎报”[④]，对情报产品质量标准提出了总纲，但目前业界与学界尚未将这一要求细化为可操作的情报产品开发标

① 谢晓专：《美国情报产品标准与质量控制机制研究》，《图书情报工作》2019年第15期。

② The U. S. Department of Justice's Global Justice Information Sharing Initiative (Global), "Minimum Criminal Intelligence Training Standards (Version 2)", October 2007, p. 41; U. S. Department of Justice's Global Justice Information Sharing Initiative, U. S. Department of Homeland Security, "Fusion Center Guidelines——Developing and Sharing Information and Intelligence in a New Era", August 2006, F-3.

③ Parks, Dean, Marilyn Peterson, "Intelligence Reports"// Marilyn B. Peterson, Bob Morehouse, Richard Wright (Eds.), "Intelligence 2000: Revising the Basic Elements", Sacramento, CA: Law Enforcement Intelligence Unit, and Lawrenceville, NJ: International Association of Law Enforcement Intelligence Analysts, Inc., 2000, pp. 121—133.

④ 《中华人民共和国国家安全法》第54条，2015年7月1日颁布实施。

准或指南。我国《国家情报法》于 2017 年颁布实施并于 2018 年进行修正,如何在《国家情报法》框架下建立科学合理、统一规范的执法情报分析产品类目体系、规范体系和质量监控机制,为情报产品的开发提供全面的指引,意义深远。正如美国情报界指令(ICD-203)所言:分析标准(含分析产品标准)可作为情报界产品定期审查的基本评估标准;可用于改进分析知识、技能、能力、情报技术的教育培训素材和项目,为情报界分析技能教育与培训提供基础;可为情报分析人员提供统一的职业准则,确保情报产品遵循相关标准,避免偏见、政治化或其他问题,使分析产品更为严谨和卓越;是确保分析产品中使用的个人可识别信息(PII)的客观性、及时性、相关性、准确性,以保护隐私和公民自由权利的有效措施。[①] 概言之,情报产品标准规范是情报产品评估、情报质量保障、情报分析改进、情报分析职业准则建设以及公民隐私与自由权利保护的重要依据。鉴于此,美国情报界、执法界和国土安全界在长期情报实践基础上围绕情报产品的制作生产与监管形成了较为完备的法律政策和标准规范体系,用以引导和规范情报界、执法界、国土安全界的情报分析和情报产品制作与传递活动,取得了较好成效。本章旨在对美国情报产品相关法律法规与标准规范等政策文本进行考察,归纳美国执法界与情报界情报产品标准与质量监控制机制,分析其基本思想,为我国执法机构、安全机构以及其他有关部门的情报产品开发与制作提供参考。

第一节 美国情报分析产品相关政策法规与标准

美国情报方面的立法、行政命令以及国家标准文件繁多,这些法律政策和标准都遵循一个基本准则,即一致性、统一性、兼容性和延续性。"一致性"是指不同的法律政策关于情报产品的质量要求相同或类似;"统一性"是指不同的法律政策对情报产品的质量要求具有互补性;"兼容性"是指不同的法律政策对情报产品的质量要求相互协调,鲜有冲突

① Intelligence Community Directive 203 (ICD 203),"Analytic Standards", https://www.dni.gov/files/documents/ICD/ICD%20203%20Analytic%20Standards.pdf,2018-5-20.

或“打架”现象;“延续性”是指新出台的法律政策对情报产品的质量要求与之前颁布的相关法律政策一脉相承。本章选择的考察样本如下:一是法律法规方面,选取《情报改革与恐怖主义预防法》(2004 年)、《2007 年“9·11”委员会建议实施法》(2007 年)、美国第 13470 号总统行政令《第 12333 号行政命令的进一步修订:美国情报活动》(2008 年)以及第 28 号总统政策指令《信号情报活动》(2014 年)4 部情报法规作为考察对象,之所以选择这 4 部法规作为研究对象是因为这 4 部法规均对情报产品质量提出了具体要求,前两部系国会立法,是美国 1947 年《国家安全法》颁布以来最重要的情报改革法,奠定了“9·11”事件后美国情报改革的蓝图,后两部为行政法规,对美国情报活动、信号情报活动作了系统的规定,4 部法规能够较为全面地反映美国立法对情报产品的质量要求。二是标准文件方面,选取情报界 ICD-203、执法界《执法分析标准》以及国土安全部门与执法部门联合开发的《融合中心指南》《州和主要城市地区融合中心基准能力》等规范性文件作为考察对象,这些文件分别反映了情报界、执法界和国土安全界对情报产品的要求。

一、政策法规

美国第 13470 号总统行政命令《第 12333 号行政命令的进一步修订:美国情报活动》明确情报产品应“及时、准确、有见地”,在目标陈述中指出要“特别重视及时、准确、有见地的报告制作,以响应行政部门决策者的需求,报告应利用包括开源信息在内的所有适当的信息,遵循严格的分析标准,考虑各种不同的分析观点,准确呈现妥当的可供选择的见解”,并要求国家情报主任“建立统一的安全与访问标准,以管理和处理情报系统、信息和产品”,并要求“保护情报来源、方法和活动,避免非授权披露”。[①]《情报改革与恐怖主义预防法》要求建立情报产品监管机制,授权国家情报主任指派专人或专门机构负责情

① The White House, Executive Order 13470, "Further Amendments to Executive Order 12333, United States Intelligence Activities", July 30, 2008. [注:美国第 12333 号总统行政令《美国情报活动》(United States Intelligence Activities)于 1981 年签发,后经 2003 年第 13284 号、2004 年第 13355 号、2008 年第 13470 号行政令修订。]

报界各成员单位[1]的情报产品的监督、审查和管理,明确要求情报产品"以所有可用情报源为基础,采用适当的分析技术标准",确保"及时、客观、独立于政治考虑"。[2]《2007 年"9·11"委员会建议实施法》授权建立情报产品用户反馈机制和产品政策标准设计规划,要求国土安全部为地区、部落执法官员以及其他应急响应服务提供者等各类情报用户创建一个自愿机制,以确保用户向国土安全部反馈情报产品的质量和效用,并要求国土安全部部长或部长指定的官员负责与国家反恐中心主任以及 ITACG 顾问委员会协调,为信息共享环境(包括国土安全信息、恐怖主义信息、大规模杀伤性武器信息等)中的信息产品生产设计政策和标准。[3] 2014 年白宫发布的第 28 号总统政策指令《信号情报活动》(PPD-28)对信号情报提出了更为具体的标准:"情报界各部门要努力为国家安全决策者提供及时、准确、有见地的情报,不准确的记录和报告不仅会损害美国国家安全利益,而且可能导致收集或分析非外国情报或无反情报价值的人员活动信息。因此,个人信息只有符合情报界相关指令设定的准确性、客观性标准才能纳入情报产品。此外,情报界各部门应运用情报界分析标准,应特别注意信息质量与可靠性标准的应用,考虑供选信息来源和数据的解释,以及分析的客观性。"[4]

综上所述,美国法律政策提出的情报产品标准如下:一是 5 项质量标准,即"及时、准确、客观、独立、有见地";二是 5 项基本要求,即"利用所有可用情报源、遵循情报分析标准、保护情报和情报来源/方法/活动,避免未经授权泄露、重视情报用户反馈与情报产品审查机制"。这些规

---

① 根据《美国法典》,情报界(Intelligence Community,简称 IC)包括国家情报主任办公室、中央情报局、国家安全局、国防情报局、国家地理空间情报局、国家侦察办公室、国防部下属的其他特种情报部门、海陆空与海军陆战队、联邦调查局、能源部内部情报组织、国务院情报与研究司、财政部情报与分析办公室、国土安全部情报信息分析部门(含海岸警卫队情报办公室)、总统指定的或国家情报主任及情报界有关机构和部门的负责人共同指定的其他部门或机构的内部情报部门。

② Public Law 108—458, "Intelligence Reform and Terrorism Prevention Act of 2004", December 17, 2004.

③ Public Law 110—53, "Implementing Recommendations of the 9 · 11 Commission Act of 2007", August. 3, 2007.

④ The White House, Office of the Press Secretary, "Presidential Policy Directive-Signals Intelligence Activities (PPD-28)", January 17, 2014.

定为美国情报产品标准与质量控制机制建设提供了基准要求，奠定了坚实的法律基础。

二、分析标准

（一）情报界分析标准

美国情报界指令（Intelligence Community Directive，简称 ICD）是国家情报主任签署的为情报界提供指导、政策和方向的政策工具。2007年国家情报主任签发的 203 号情报界指令（ICD-203）《分析标准》（2015年修订）系统阐述了情报分析准则，为情报界的情报分析和产品开发提供了统一的要求和规范（具体内容见表 6－1）。此外，ICD-206、ICD-208、ICD-209 等系列指令围绕情报产品如何参引信源[1]、情报产品如何实现效用最大化[2]以及"撕裂线"情报产品的制作与分发[3]等作了专门规定，旨在提高情报产品的质量并充分发挥情报产品的价值。

表 6－1　情报分析与情报产品应遵循的基本规范[4]

分析标准 Analytic Standards	1. 客观（Objective） 2. 独立于政治考虑（Independent of Political Consideration） 3. 及时（Timely） 4. 基于所有可用情报信息源（Based on all Available Sources of Intelligence Information） 5. 遵循分析行业标准（Implements and Exhibits Analytic Tradecraft Standards）

① Intelligence Community Directive 206 （ICD-206），"Sourcing Requirements for Disseminated Analytic Products"，https://www.dni.gov/files/documents/ICD/ICD%20206.pdf，2018-5-20.

② Intelligence Community Directive 208 （ICD-208），"Maximizing the Utility of Analytic Products"，https://www.dni.gov/files/documents/ICD/ICD%20208%20-%20Maximizing%20the%20Utility%20of%20Analytic%20Products%20(09%20Jan%202017).pdf，2018-5-20.

③ Intelligence Community Directive 209 （ICD-209），"Tearline Production and Dissemination"，https://www.dni.gov/files/documents/ICD/ICD%20209%20Tearline%20Production%20and%20Dissemination.pdf，2018-5-20.

④ Intelligence Community Directive 203 （ICD-203），"Analytic Standards"，https://www.dni.gov/files/documents/ICD/ICD%20203%20Analytic%20Standards.pdf，2018-5-20.

续表

分析技术标准 Analytic Tradecraft Standards	1. 正确描述基础来源、数据和方法的质量及其可靠性 2. 正确表达和解释与主要分析判断有关的不确定性问题 3. 正确区分基础性的情报信息和分析师的假设与判断 4. 提供替代方案(备选方案)分析 5. 阐明与用户的相关性及其意义 6. 运用清晰、符合逻辑的论证 7. 解释分析判断的一致性和变化 8. 作出准确的判断和评估 9. 适当运用可视化信息

(二)执法界分析标准

2002 年美国举行国际警察局长协会情报峰会(COPS/IACP Intelligence Summit),针对"9·11"事件反映出的情报问题,形成战略建议报告《犯罪情报共享:地方、州和联邦情报主导警务国家计划》[1],为美国情报主导警务发展提供战略建议。2003 年,美国司法部 Global 情报工作组(GIWG)以该报告为基础,起草了美国情报主导警务改革蓝图《国家犯罪情报共享计划》(NCISP)[2]并获批颁布,NCISP 要求执法情报部门围绕紧迫性的中心任务开展情报分析,通过认真仔细、周密全面地综合各类信息,形成类型、格式多样的情报分析产品,不管这些产品的类型和格式如何,要"确保准确、及时、客观和相关,并提供实施策略和行动建议"。NCISP 第 12 条建议执法机构领导人以及情报部门管理者"支持开发科学、专业的分析产品",并要求"国际执法情报分析师协会(IALEIA)代表犯罪情报协调委员会(CICC)于 2004 年 6 月 30 日之前开发情报分析最低标准"。根据该要求,《执法分析标准 1.0》正式发布,从"分析准确性、产品内容、产品形式、分析报告、数据资源属性、反馈与产品评估、陈述、法庭证词、法律考量"9 个方面对情报分析产品提出具体

① International Association of Chiefs of Police, "Criminal Intelligence Sharing: A National Plan for Intelligence-led Policing at the Local, State and Federal Levels", Alexandria, Virginia: International Association of Chiefs of Police, 2002.

② Global Intelligence Working Group, "The National Criminal Intelligence Sharing Plan", October 2003, pp. 14—15.

要求，建立了执法情报产品基本规范。[1] 2006 年国土安全部和司法部联合研究制定的《融合中心指南》作为全国情报融合中心建设的指南，要求融合中心的情报服务与产品开发要遵守《执法分析标准》。[2] 2008 年发布的另一份重要文件《州和主要城市地区融合中心基准能力》在信息搜集能力和情报分析能力指标中均强调要遵守《执法分析标准》，并要求将这些标准纳入融合中心的情报培训计划。[3] 此外，《犯罪情报培训最低标准》《中级分析培训课程最低标准》《分析师职业发展路线图》《州、地区与部落情报分析师通用胜任能力》等规范性文件均对情报分析和情报产品提出了类似要求。

情报界的 ICD-203 和执法界的《执法分析标准》全面吸收和反映了关于情报产品应“客观、准确、及时、独立”的立法精神和要求，同时对情报产品提出了更为细致的要求和规范，归纳起来主要有“一般质量要求、内容规范、形式规范、信源属性、反馈与监管、法庭证词与法律考量”6 个重点方面，下文逐项归纳这些标准的具体内容与要求。

第二节 美国情报产品标准的具体内容

一、情报分析产品的类型

情报产品类目体系是情报机构产品开发的“指南针”，也是满足用户情报需求的导航或索引。按照不同的分类标准可将执法情报产品分为不同的类型，国内代表性的分类框架有：一是按照领域分为涉毒类、涉恐类、涉稳类、涉案类、国家安全类等情报产品；二是按照应用层次分为战略、战术（行动）情报产品；三是按照产品内容性质与作用划分，观点

① Global Justice Information Sharing Initiative, International Association of Law Enforcement Intelligence Analysts, Inc. ,“Law Enforcement Analytic Standards”, November 2004; Global Justice Information Sharing Initiative, International Association of Law Enforcement Intelligence Analysts, Inc. ,“Law Enforcement Analytic Standards (2nd edition)”, April 2012.

② U. S. Department of Justice, Department of Homeland Security,“Fusion Center Guidelines—Developing and Sharing Information in a New Era”, August 2006, pp. 57—58.

③ Global Justice Information Sharing Initiative,“Baseline Capabilities for State and Major Urban Area Fusion Centers”, September 2008.

多样，例如，20 世纪 80 年代出版的公安高等院校统编教材《刑事犯罪情报》将刑事犯罪情报分为资料性、线索性和预测性 3 类；[①]20 世纪 90 年代公安部政治部组织编写的《刑事侦查情报学》将情报研究成果分为综合性研究报告、评述性研究报告、预测性研究报告 3 类；[②]2014 年公安部政治部组编写的全国公安高等教育（本科）规划教材《公安情报学》将情报产品分为国家安全、社会稳定、案件侦办、灾害事故、决策参考 5 类；[③]中国人民公安大学彭知辉教授将公安情报产品分为情况反映类、系统资料类、综合研究类 3 类[④]，这与沙勇忠、江三宝等学者将信息分析产品分为动态报道类（信息报道类）、系统资料类、研究报告类的观点一致[⑤]。除了警务执法领域的研究者提供的分类方案外，信息管理领域的学者提供了更为丰富的分类框架，例如，北京大学的王延飞教授将情报研究成果分为动态快报类、基本情况类、研究报告类、预测研究类；[⑥]李勇等人将情报研究产品划分为跟踪研究类、比较借鉴类、预测研究类、技术评价类等[⑦]。此外，还有大量普适性的分类方案，如按照产品的表现形式（例如，分为文字、图片、音频、视频类）、表达方式（例如，分为书面报告、口头报告等）、密级（一般分为公开、内部、秘密、机密、绝密类）、地域（例如，分为境内、境外类）、篇幅（例如，分为长篇、中篇、短篇类）等标准进行分类。

美国执法与国土安全界对情报产品的类型划分与我国理论界的分类框架完全不同，抛开了严密的逻辑分类，纯粹从实用的角度，根据实战部门的经验与需要罗列情报产品类目清单。美国《州和主要城市地区融合中心基准能力》要求融合中心制定并实施产品计划，最低限度要生产“风险评估报告（Risk Assessments）、可疑活动报告（Suspicious Activity

---

① 解衡主编：《刑事犯罪情报》，中国人民公安大学出版社 1987 年版，第 14—15 页。

② 公安部政治部编：《刑事侦查情报学》，中国人民公安大学出版社 1998 年版，第 263—265 页。

③ 曹凤主编：《公安情报学》，中国人民公安大学出版社 2015 年版，第 246—248 页。

④ 彭知辉：《论公安情报产品及其构成》，《情报杂志》2013 年第 5 期，第 63 页。

⑤ 沙勇忠、牛春华等编著：《信息分析》，科学出版社 2009 年版，第 64 页；江三宝、毛振鹏主编：《信息分析与预测》，清华大学出版社 2008 年版，第 195 页。

⑥ 王延飞、杜元清、钟灿涛编著：《情报研究论》，北京大学出版社 2017 年版，第 123—136 页。

⑦ 李勇、徐东、夏立新等：《现代情报研究导论》，湖北人民出版社 2004 年版，第 107 页。

Reporting)、警告/警报与通报(Alerts, Warnings, and Notifications)、态势感知报告(Situational Awareness Reporting)"4类情报产品，此外还包括咨询建议报告(Advisories)、行政管理报告(Executive Reports)、简报(Briefings)等。[①]《执法分析标准》要求根据用户的需求量身定制分析产品的形式，罗列了以下产品类型：通信/话单分析、犯罪模式分析、犯罪活动分析、人口统计/社会趋势分析、财务分析、流程分析、地理分析、地理空间分析、犯罪指标分析、市场分析、网络分析、问题与目标分析、结果分析、风险分析、威胁分析、脆弱性分析、战略和战术评估等。该标准进一步指出，上述任意一种形式的产品都可以定义为一个独立的"产品"，也可以由多个子分析产品集成构成独立的综合性"产品"，例如，网络分析可能包括关联矩阵、关联图、地图、地理空间图、摘要、结论和建议等，问题刻画可能包括犯罪模式分析、地理空间分析、人口和/或社会趋势分析、统计分析、犯罪指标分析、结论和建议等。显而易见，上述两类产品类目均非逻辑分类的产物，而是对实践中常用的情报产品类型的反映，充分体现了美国执法情报界的实用主义倾向。《执法分析标准》提供的产品类目清单影响深远，被《犯罪情报培训最低标准》《中级分析培训课程最低标准》《分析师职业发展路线图》《州、地区与部落情报分析师通用胜任能力》《融合中心指南》《州与主要城市地区融合中心基准能力》等重要文件援引，用于情报分析培训、考核、认证等各环节，为执法情报分析人才培养和情报产品开发提供了重要的指引。

二、情报分析产品内容与形式规范

(一)质量要求

1. 客观性(Objective)。所谓客观性，与主观性相对，是指情报产品应反映事物的本来面目。ICD-203从情报分析人员的主观认知视角提出系列规程以确保情报产品的客观性：分析员应合理运用推理技术以及其他有效机制揭示和克服偏见；应警惕已有的分析立场和判断，避免先入为主

① The U. S. Department of Justice's Global Justice Information Sharing Initiative, "Baseline Capabilities for State and Major Urban Area Fusion Centers——A Supplement to the Fusion Center Guidelines", September 2008.

的影响；应重视正反两方面的观点与证据，重视并充分考虑不同的观点、相左的信息；应保持开放的理念，当出现新证据、新信息、新情况时，应及时吸收并修正自己的观点，而不能被已有的判断所束缚。受情报界的影响，国土安全与执法部门合作制定的《州、地区与部落情报分析师通用胜任能力》也强调"克服心理思维定式，避免在选择和使用数据以及论证和结论中出现常见的谬误"。[①]《执法分析标准》则从情报产品的陈述策略角度提出确保客观性的规程，重点要求明确区分主观判断、个人意见与客观事实，具体策略如下：一是分开论述，即在陈述事实以及论证过程时不要夹杂分析员的个人观点和意见，事实和结论完成后，再阐述分析员的个人意见；二是进行标注，即对主观性的意见要进行适当的标注，避免与事实混淆；三是强调运用客观的、不带情感倾向的语言进行陈述。[②]

2. 准确性(Accurate)。准确性是情报分析产品质量的灵魂，为确保情报分析产品的准确性，美国提出以下标准：(1)从源头上把关，确保原始数据与证据准确。一是调查人员在搜集和传递信息时应尽可能准确，分析产品的准确性取决于原始数据是否准确，原始数据不准确，分析产品不可能准确。二是分析师在分析研判前有责任核实数据，从数据录入和传递看，数据谬误难以避免，例如，数据录入时字母顺序颠倒，线人或其他相关人员提供的错误信息在各个机构之间流转，这些情况时有出现，因此，分析师应做到：当怀疑数据的真实性时，必须注明；当信息与假设以及支持假设的其他数据相矛盾时必须指出；当信息有多个版本时应指出版本差异并选择最可能的版本；搜集犯罪证据过程中发现的犯罪证据以及证明无罪的数据，均应写入分析产品；所获信息都应对其进行评估[③]，评估标准包括来源的可靠性、内容的有效性与相关性。(2)从分析过程与成果方面把关，确保分析过程严谨，分析结果准确。具体要求包

---

① U. S. Department of Justice's Global Justice Information Sharing Initiative, U. S. Department of Homeland Security, "The Common Competencies for State, Local, and Tribal Intelligence Analysts", June 2010.

② Global Justice Information Sharing Initiative, International Association of Law Enforcement Intelligence Analysts, Inc., "Law Enforcement Analytic Standards", November 2004; Global Justice Information Sharing Initiative, International Association of Law Enforcement Intelligence Analysts, Inc., "Law Enforcement Analytic Standards(2nd edition)", April 2012.

③ United Nations Office on Drugs and Crime (UNODC), "Criminal Intelligence: Manual for Analysts", New York, 2011, p. 26.

括:所有分析判断都应有相关的情报信息与逻辑支持;对不一致性的数据作出解释;[①]使用所有可用信息源,严格遵循分析标准;尽可能避免先入为主,用数据说话;阐明对所有假设的评估,并判断最可能成立的假设,推荐使用竞争性假设分析(Analysis of Competing Hypotheses)[②]开展假设评估;正确区分情报信息和分析师的假设与判断;正确阐述和解释不确定的分析判断,运用规范的术语(见表6-2)精准表达不确定性;阐释分析判断的一致性和变化,若分析判断与其他产品的判断存在显著差异,应予以慎重考虑,并提示用户注意;尤其要重视无罪证据,建议运用魔鬼辩护法(Devil's Advocate),从不同的视角分析案件,从无罪辩护的立场质疑所有证据和分析过程,以查检漏洞与问题,确保证据和分析过程准确无误。[③]

表6-2 表达可能性/概率的术语列表[④]

表达方式	可能性/概率						
	几乎不可能	可能性很小	不太可能	成败机会相等	可能	很可能	几乎可以确定
似然度 Degree of Likelihood	Almost No Chance	Very Unlikely	Unlikely	Roughly Even Chance	Likely	Very Likely	Almost Certain(ly)
置信度 Confidence Level	Remote	Highly Improbable	Improbable (Improbably)	Roughly Even Odds	Probable (Probably)	Highly Probable	Nearly Certain
概率 Probability	1%—5%	5%—20%	20%—45%	45%—55%	55%—80%	80%—95%	95%—99%

---

① U. S. Department of Justice's Global Justice Information Sharing Initiative, U. S. Department of Homeland Security, "The Common Competencies for State, Local, and Tribal Intelligence Analysts", June 2010.

② Richards J. Heuer, "Psychology of Intelligence Analysis", Central Intelligence Agency, 1999.

③ Intelligence community Directive 203 (ICD-203), "Analytic standards," https://www.dni.gov/files/documents/ICD/ICD%20203%20Analytic%20Standards.pdf.; Global Justice Information Sharing Initiative, International Association of Law Enforcement Intelligence Analysts, Inc., "Law Enforcement Analytic Standards", November 2004; Global Justice Information Sharing Initiative, International Association of Law Enforcement Intelligence Analysts, Inc., "Law Enforcement Analytic Standards(2nd edition)", April 2012.

④ Intelligence community Directive 203 (ICD-203), "Analytic Standards", https://www.dni.gov/files/documents/ICD/ICD%20203%20Analytic%20Standards.pdf, 2018-5-20.

3. 及时性(Timely)。情报具有强烈的时效性特点,情报的价值随着时间的推移不断发生改变。ICD-203 对"及时性"作了明确要求:分析产品必须及时分发,以便用户采取行动,分析部门有责任不断了解用户活动及其时间表、情报需求和优先事项等,以便在合适的时候提供有用的分析成果。①

4. 独立性(Independent)。情报与决策的关系一直是一个令人困惑的难题。美国战略情报之父谢尔曼·肯特指出,情报服务于决策,情报必须贴近决策、计划和行动,但又不能太近,情报与决策的关系过于密切,会产生危害,容易导致情报屈从于决策,为权力而不是为真理服务。②美国 12333 号总统行政令、《年情报改革与恐怖主义预防法》等法律法规均明确了"独立性"准则,要求情报分析"独立于政治",ICD-203 强调分析评估不能被某一特定受众、议程或政策观点的主张所扭曲或塑造,分析判断绝不能受特定政策偏好的影响。③

5. 有见地(Insightful)。可能是因为"有见地"的标准相对模糊、主观性强,美国相关标准文件并未对"有见地"这一标准提出具体要求。

(二)内容规范

美国情报产品标准主要从以下 6 个方面规范了产品内容④:一是明确了情报产品的内容要素,通常由"分析、评估、数据、判断、结论、建议和注意事项"7 要素构成,必要时还包括"展望、评价和模型开发"。二是强调用户需求导向,要求情报产品反映用户的情报需求,分析人员应了解情报用户,努力将用户所需转化为情报需求,确保分析产品

---

① Intelligence community Directive 203 (ICD-203), "Analytic Standards", https://www.dni.gov/files/documents/ICD/ICD%20203%20Analytic%20Standards.pdf,2018-5-20.

② [美]谢尔曼·肯特著,刘微、肖皓元译:《战略情报:为世界政策服务》,金城出版社 2012 年版,第 193—196 页。

③ Intelligence community Directive 203 (ICD-203), "Analytic Standards", https://www.dni.gov/files/documents/ICD/ICD%20203%20Analytic%20Standards.pdf,2018-5-20.

④ Intelligence community Directive 203 (ICD-203), "Analytic Standards", https://www.dni.gov/files/documents/ICD/ICD%20203%20Analytic%20Standards.pdf.; Global Justice Information Sharing Initiative, International Association of Law Enforcement Intelligence Analysts, Inc., "Law Enforcement Analytic Standards", November 2004; Global Justice Information Sharing Initiative, International Association of Law Enforcement Intelligence Analysts, Inc., "Law Enforcement Analytic Standards(2nd edition)", April 2012.

响应用户需求、问题或目的，并阐明情报产品对用户的价值与意义。三是要求事实完整，分析过程透明，要求情报产品详细介绍有关威胁、问题、犯罪、调查或审讯等情况，既要提供结论和建议，还应详细反映分析过程。四是要求信息传达全面，形成多元假设和多种行动建议，运用竞争性假设分析得出最可能的假设，同时也不能遗漏其他假设；分析产品应阐述所有对用户有价值的判断，而不能因判断存在困难、有出错的风险而不给出判断；应提供多种备选方案；应阐明前景、背景威胁以及影响行动机会的因素以增加价值。五是重点阐明分析判断的一致性和变化问题，即若关于某个主题的判断与之前发布的分析产品的判断不一致，应明确说明新判断的信息与推理依据，若不同情报部门对同一问题的判断存在显著差异，应予以标注，提醒用户注意。六是重点阐明不确定性问题，即分析产品应指明并解释那些得出主要分析判断但却无把握的依据，阐明事件发生或发展的可能性（概率）以及分析人员对判断依据的信心（置信水平），指出不确定性的原因及其对分析过程的影响。

情报分析产品是整个情报工作成果的集中体现，是情报工作发挥价值的关键所在。情报分析产品如此重要，但在我国公安情报工作实践中鲜见从业者归纳总结情报分析产品的内容构成规范，更缺乏全国范围内的情报分析报告内容标准。建立情报分析产品内容规范，明确情报分析报告必备的基本内容要素，形成全国范围内的统一标准，有助于提高全国范围内执法机构情报分析产品的质量。而且，规范的情报产品内容结构能够促进情报产品的流转、阅读、理解、使用，并能够为情报产品数据的结构化、智能化、计算机化处理奠定良好的基础。参考美国情报分析产品内容标准，结合我国情报工作实际，情报分析产品通常应由以下关键要素构成：一是研究命题（问题），往往根据情报需求确定；二是数据及数据源，这是分析的原材料；三是对数据（证据）的评估，包括对数据可靠性、有效性、相关性的评估等；四是分析过程，阐明结论是如何推导出来的，包括分析方法、工具与技术以及逻辑推理过程；五是假设与判断，明确有哪些可能；六是情报分析的结论与建议；七是在分析过程中生成的各类数据图表，通常用于辅助分析或展示数据关系与分析成果。

(三)形式规范

情报产品的形式有口头报告、书面报告和多媒体报告3类。[①] 高质量的"陈述"或"表达"是连通情报产品与情报用户的重要"桥梁"。美国《执法分析标准2.0》专门增设了"陈述"(Presentations)标准,认为"简要介绍(Briefings)和业务陈述(Presentations)是传达情报分析要点的关键方式",并针对陈述提出以下规范要求:

1. 口头表达方面,要求口头报告应简洁、有效,能够根据目标受众进行适当调整,传达分析判断结论以及情报不足;要求优秀的情报官在传递分析结论和判断时应泰然自若、准备充分并精确表达;要求适当使用可视化的演示软件和图表支持情报产品陈述;高质量的陈述应符合时间限制和用户需求。[②]

2. 书面表达方面,要求书面报告以情报用户容易发现、获取、使用、传播的格式制作[③],产品应逻辑严密、条理分明、事实完整、表达精炼,[④] 具体说来应遵循以下准则:一是分析论证方面,报告应提供逻辑论证过程,强调严密、合乎逻辑地组织事实材料,全面呈现结论是如何得出来的,分析过程对读者应是透明的;二是语言表达方面,强调简练、清晰、客观的表达,要求分析师应像训练有素的作家一样以精炼的方式全面传达信息,事实材料的组织要简明扼要、条理分明,分析过程应运用客观的、不带情感倾向的语言进行简洁而清晰的陈述;三是信息展现方式方面,必要时提倡采用可视化信息,所谓"必要"是指当信息或概念以图形(如表格、流程图、图像)表达比书面文字表达能更好传达信息时,应当使用可视化呈现;四是必要时应提供"详、简"两个版本的情报产品,一个版

① U. S. Department of Justice's Global Justice Information Sharing Initiative, U. S. Department of Homeland Security, "The Common Competencies for State, Local, and Tribal Intelligence Analysts", June 2010.

② Global Justice Information Sharing Initiative, International Association of Law Enforcement Intelligence Analysts, Inc., "Law Enforcement Analytic Standards", November 2004.

③ Intelligence community Directive 206 (ICD 206), "Sourcing Requirements for Disseminated Analytic Products", https://www.dni.gov/files/documents/ICD/ICD%20206.pdf, 2018-5-20.

④ Global Justice Information Sharing Initiative, International Association of Law Enforcement Intelligence Analysts, Inc., "Law Enforcement Analytic Standards (2nd edition)", April 2012.

本提供详细的信息和具体的行动建议，另一版本没有建议并删除涉密/敏感信息，后者可供更广泛的使用。①

根据上述标准，可将分析产品的表达基准要求归纳为5个关键词，具体如表6－3所示：

表6－3　情报分析报告要求

标准	释义
清晰	分析报告条理清晰
简洁	语言表达简明扼要
全面	事实证据要完整，分析过程要透明，信息传达要全面
客观	区分事实与观点，存疑问题要标注，事实陈述要客观
缜密	逻辑论证要缜密

美国执法界非常重视培养分析师的陈述能力，不仅《执法分析标准》对分析师的陈述提出了明确标准，情报分析师通用能力标准、情报分析师培训最低标准等重要的规范性文件也均强调“陈述”能力或技巧。“陈述”在执法情报体系中扮演着重要的角色，无论多精准的、高质量的情报产品，最终要让情报用户理解、重视并运用，才能真正产生作用，发挥其价值，而有效的“陈述”是实现预期效果，架起情报产品与情报用户这对主客体关系的“桥梁”。我国执法机构非常重视执法情报人员书面陈述技巧的培养，重视情报工作者情报报告撰写能力的培养，但往往忽视口头、多媒体陈述的训练。无论是公安情报职业培训课程体系，还是公安情报专业学历教育体系，口头陈述与多媒体表达技能都未给予足够的重视。

（四）信源属性

信源以及源信息的质量与可靠性从源头上决定了情报产品的质量，美国情报产品标准要求交代分析判断所依据的信源、源信息及其属性。

① Global Justice Information Sharing Initiative, International Association of Law Enforcement Intelligence Analysts, Inc.,“Law Enforcement Analytic Standards”, November 2004; Global Justice Information Sharing Initiative, International Association of Law Enforcement Intelligence Analysts, Inc.,“Law Enforcement Analytic Standards(2nd edition)”, April 2012.

具体要求如下：

1. 正确描述基本信源、数据、方法的质量和可信度，阐述影响信源质量和可信度的因素，这些因素可能包括准确性、完整性、可能的拒止和欺骗、信息产生的时间和传递情况、搜集技术要素以及获取来源/验证/动机、可能的偏见或专业知识等，鼓励按照ICD-206的要求提供描述源信息的概要说明和整体性评估。ICD-206规定了来源参引（Source Reference Citation，简称SRC）、附加参引（Appended Reference Citation，简称ARC）、来源描述符以及来源摘要介绍等信源描述方式，旨在提高信源参引清晰度和规范性，以便于读者理解，便于读者对信源进行知情评估和检索查证。[①]

2. 标识数据资源属性，情报产品应明确区分哪些内容是公开的或是一般性的非涉密信息，哪些信息是受限的或涉密的，哪些内容反映了分析师或其他专业人士的判断或意见；分析师应熟知现行的涉密或非涉密信息标记规则，并且正确使用标识以确保所有情报产品能够传递给合适的合作伙伴；必须将意见与案件事实区别开来，意见必须进行标注，而且不应穿插在报告的事实部分；分析师必须密切关注信息密级标准政策变化，以确保与联邦、州、地区和私营机构信息共享的安全。[②] 保密制度是世界各国保护情报安全通行的做法，美国执法情报联盟（Law Enforcement Intelligence Units）制定的《犯罪情报文档指南》指出：犯罪情报信息的密级是动态变化的，随着时间推移、调查结论以及其他各种因素的变化而需要作出调整；各机构的保密机制也各不相同，在建立保密制度时，各机构应该定义各类信息的安全等级、传播标准以及公开权限[③]。该指南还提供了犯罪情报文档保密等级分类标准供各执法机构参考（如表6－4所示）。

---

① Intelligence Community Directive 206（ICD-206），"Sourcing Requirements for Disseminated Analytic Products"，https://www.dni.gov/files/documents/ICD/ICD%20206.pdf，2018-5-20.

② Global Justice Information Sharing Initiative，International Association of Law Enforcement Intelligence Analysts，Inc.，"Law Enforcement Analytic Standards"，November 2004；Global Justice Information Sharing Initiative，International Association of Law Enforcement Intelligence Analysts，Inc.，"Law Enforcement Analytic Standards（2nd edition）"，April 2012.

③ Law Enforcement Intelligence Units，"Criminal Intelligence File Guidelines"，Revised：November 3，2008，p. 6.

表 6－4　执法情报保密等级与范围①

安全等级	具体范围
敏感级 (Sensitive)	1. 与目前正在调查的重大执法安全有关的信息 2. 警察或其他政府官员腐败或是其他敏感信息 3. 线人身份信息 4. 传递和发布标准严格的犯罪情报报告
秘密级 (Confidential)	1. 未指定为敏感级的犯罪情报报告 2. 通过情报部门渠道获得、未归为敏感级、仅供执法部门使用的信息
限制级 (Restricted)	1. 早期被归为敏感或机密，而后高级安全需求已不复存在的信息 2. 执法机构准备的或为执法机构准备的非机密信息
不保密 (Unclassified)	1. 与公民有关的原始信息，一般工种可直接查阅（如公共记录数据） 2. 新闻媒体信息，包括报纸、杂志以及处理具体犯罪类型的剪报

（五）法庭证词与法律考量

1. 法庭证词。《执法分析标准》要求“分析师应具备提供事实和概要证词以及作为专家证人的能力，能够出庭作证，并为其证人资格以及提供的材料进行解释和辩护”。《执法分析标准》指出，分析师的一项重要任务是制作产品，向大陪审团或法院陈述情况，因此，分析师应具备在这种场合陈述材料的能力。具体说来，执法情报分析师出庭作证有两种情形：一是作为事实/概要证人（Fact/Summary Witness），这种作证任务相对容易，可能只需要复述汇总到图表中的事实材料，如表格、图形或电子表格的内容即可；二是作为专家证人（Expert Witness），要求分析师能够就刑事犯罪诉讼提供专业意见。为提高情报分析师在法庭提供证词的能力，分析师应接受适当的法庭行为训练，包括如何应对被告律师的预先审查（Voir Dire Examination）②以及如何以适当的方式应对交叉询

① Law Enforcement Intelligence Units, “Criminal Intelligence File Guidelines”, Revised: November 3, 2008, p. 6.

② 国内有学者将其翻译为“妥当性寻问”，是指法院对该陪审员是否适合参加该案件的陪审所进行的调查。在美国的妥当性寻问中，典型的寻问内容包括“是否具有判断该案件的知识、是否也遇到过同类案件、是否认识该案件的当事人或该案件的律师，等等。参见：[日]高木新二郎：《最新美国民事诉讼》，第 185 页；张卫平：《大陆法系民事诉讼与英美法系民事诉讼——两种诉讼体制的比较分析（下）》，《法学评论》1996 年第 5 期，第 74—77 页。

问(Cross-examination)等。[①]

警察出庭作证,在英美法系国家是一种普遍现象,《美国联邦证据规则》第601条规定:"除本证据规则另有规定外,每个人都有资格作为证人。"这里的"另有规定"仅仅排除了法官和陪审员的证人资格,并未排除警察的作证资格,换言之,在美国,办案警察具有证人资格。司法实践中,美国警察出庭作证现象非常普遍,只要案情需要,警察就应出庭作证,而且是必须出庭作证,接受辩护方的讯问和质证,如果提供假证供,将构成伪证罪,如果置法院的通知于不顾,则可能构成妨害司法罪[②]。而在大陆法系国家,警察出庭作证在理论上存在争议,在法律上也往往未予以明确。在我国司法实践中,普遍的做法是警察不出庭作证[③]。学术界一般认为警察应具备证人资格,中国人民公安大学崔敏教授指出,警察不出庭作证反映了司法公正观念的缺失和错位,在坚持和实行依法治国和倡导法治文明的今天,证人与警察都不出庭作证的"怪现状"反映了我国法治建设的滞后[④]。近年来,我国刑事诉讼法修订采纳了学术界的观点,刑事诉讼法第59条第2款明确规定,人民法院可以通知有关侦查人员或者其他人员出庭说明情况。有关侦查人员或者其他人员也可以要求出庭说明情况。此外,刑事诉讼法第192条第2款也规定,人民警察可就其执行职务时目击的犯罪情况作为证人出庭作证。尽管法律已明确警察具备证人资格,但在我国的各级各类执法培训中,出庭作证训练未引起重视,近乎空白。美国《执法分析标准》对执法情报分析师提出的"证词"要求并强化出庭作证训练的做法值得我国执法情报界学习和借鉴。

2. 法律考虑。《犯罪情报系统运行政策》明确规定,违反州或联邦法律取得的任何原始数据均不应写入分析产品;对于从可疑来源所获数据应慎重对待,并在分析报告中注明;若在情报产品发布后,分析师发现

---

① Global Justice Information Sharing Initiative, International Association of Law Enforcement Intelligence Analysts, Inc. ,"Law Enforcement Analytic Standards", November 2004; Global Justice Information Sharing Initiative, International Association of Law Enforcement Intelligence Analysts, Inc. ,"Law Enforcement Analytic Standards(2nd edition)", April 2012.

② 刘仁文:《警察要不要作证》,《南方周末》,2002年2月11日。

③ 余丰泳:《略论我国警察证人资格》,《法治与社会》2010年第35期,第252页。

④ 崔敏:《关于警察出庭作证的若干问题》,《中国人民公安大学学报(社会科学版)》2005第5期,第125—130页。

所获信息不准确，应尽一切合理的努力以书面通知信息提供者和产品用户，告知因数据质量问题不能使用，撤回情报产品。[①]《执法分析标准》指出，由于信息收集、保存、使用和共享的目的及其方式可能会影响个人隐私、公民权利和公民自由权利，因此，各执法机构应确保隐私，公民权利和公民自由得到保护；地方或州一级机构收集的信息必须符合地方或州法律，尤其是在国家安全以及跨部门的业务环境中，如特勤部队（Task Forces）、融合和情报中心（Fusion and Intelligence Centers）、合作情报计划小组（Cooperative Intelligence Initiatives）等情报力量是否能够正确处理和保护个人可识别信息（Personally Identifiable Information，简称 PII）至关重要。鉴于此，《执法分析标准》要求分析师必须熟悉相关法律、隐私、公民权利与自由、伦理准则以及情报工作有关的运行安全等问题，具体包括隐私、公民权利与公民自由保护、信息安全、业务运行安全、执法情报信息存储与保留等方面的法律政策，在情报产品生产与传递过程中必须能够运用所在机构的政策、指南、工作程序推进情报信息共享、分析、传递，正确处理和保护个人可识别信息（PII）。[②]

三、情报分析产品质量控制机制

美国通过情报分析员自我把关机制、用户反馈机制、同行评议机制、机构监管机制等多管齐下，以确保情报产品符合“准确、客观、及时、独立”的质量标准，具体如下：

（一）自我把关机制

《执法分析标准》指出，执法部门情报工作缺乏对其工作成果的评估，传统警务主要通过逮捕率、定罪率等衡量业绩，而情报并不是总能产生作用，因此，其价值很难量化，开发《执法分析标准》的目的在于确保情报产品符合《国家犯罪情报共享计划》（NCISP）提出的标准要求，“确

---

① Executive Order 12291, “Criminal intelligence systems operating policies (28 CFR Part 23)”, https://it.ojp.gov/documents/28cfr_part_23.pdf, 2018-5-20.

② Global Justice Information Sharing Initiative, International Association of Law Enforcement Intelligence Analysts, Inc., “Law Enforcement Analytic Standards,” November 2004; Global Justice Information Sharing Initiative, International Association of Law Enforcement Intelligence Analysts, Inc., “Law Enforcement Analytic Standards(2nd edition)”, April 2012.

保情报产品准确、及时、客观和相关，并提供实施策略和行动建议”①。该要求不仅是对情报产品评估问题的总体回应，也是确保情报产品专业、可靠的指南。《执法分析标准》要求分析人员在分析过程中运用结构化分析技术、批判性思维和严谨的评估程序提出关键的判断、结论和建议，并要求在最终的情报产品评估环节也要采取类似的技术，思考和回答以下问题以开展自我审查②：

- 我要完成整体图景还需要哪些其他的信息？
- 我是否能够搜集到其他所需信息，值得吗？
- 有了这些额外的信息，我是否能够对该问题有新发现？
- 问题的关键要素是什么？
- 我是否能够将手头掌握的信息和系统中存储的其他信息进行匹配，以促进我对整个问题的理解？
- 整合所有信息片段是否能够重建整个问题？
- 与我开始这项工作之前相比，结果是否呈现出更为清晰的图景？
- 我是否能够从这幅新的整体图景中得到一些重要判断？
- 我对自己的判断是否有信心？

（二）用户反馈机制

用户对分析产品的评价至关重要，其评价意见有助于开发更好、更有针对性的产品。③《2007 年“9·11”委员会建议实施法》要求国土安全部为情报用户创建一个反馈机制，以获得有关情报产品质量和效用的反馈信息。《执法分析标准》明确要求“在适当的情况下，分析产品应由用户评价”，并规定了用户评价反馈方式：一是在情报产品后面附上意见反馈表供用户评论；二是在提供情报产品之前、期间以及之后同用户进行交流。《州与主要城市地区融合中心基准能力》亦要求融合中心建

---

① Global Intelligence Working Group, “The National Criminal Intelligence Sharing Plan”, October 2003: 14—15, https://it.ojp.gov/docdownloader.aspx? ddid = 1153, 2018-5-20.

② Global Justice Information Sharing Initiative, International Association of Law Enforcement Intelligence Analysts, Inc., “Law Enforcement Analytic Standards (2nd edition)”, April 2012.

③ Global Justice Information Sharing Initiative, International Association of Law Enforcement Intelligence Analysts, Inc., “Law Enforcement Analytic Standards”, November 2004; Global Justice Information Sharing Initiative, International Association of Law Enforcement Intelligence Analysts, Inc., “Law Enforcement Analytic Standards (2nd edition)”, April 2012.

立交互机制和反馈机制，积极从融合中心管理者与工作人员、利益相关者、信息用户获取反馈信息，尤其是向用户请求反馈，以了解情报产品的效用，收集建议，指导和改进情报产品开发。

（三）同行评议机制

同行评议是发现问题与错误、保障情报产品质量的有效措施。《执法分析标准》指出，对分析产品的结论解读应该开放，产品应由其他情报专业人士进行审查和评估，同行评议不仅限于实际内容的准确性，还包括对有关内容和建议的评议，要求情报产品应接受其他情报专业人士的审查和评估，同行可能依据相同的事实数据得到不同的判断或结论，这些不同的结论或建议都应该纳入情报产品，在实践操作中最常见的做法是通过共享情报产品以供同行评议和查检错误。[1]

（四）专门机构监管机制

《情报改革与恐怖主义预防法》建立了情报产品质量监管机制：一是主管情报整合的国家情报副主任（The Deputy DNI for Intelligence Integration，简称 DDNIIII）监管机制：授权 DDNIIII 支持和指导情报界各成员单位在情报产品中有效应用分析标准，监督各成员单位的分析产品评估计划，确保标准和实践与整个情报界的计划一致；同时负责推行情报界定期审查计划和情报产品评估计划，包括向情报界各部门推广分析行业标准评估评级准则，形成分析产品的审查结论，向国会和情报界各成员单位报告，总结经验教训和确定示范性产品，供情报界各成员单位培训推广使用，基于经验教训和最佳实践优化情报界定期审查和评估计划等。二是分析集成和标准组（Analytic Integrity and Standards Group）工作机制：该工作组的负责人作为国家情报主任办公室分析监察官（ODNI Analytic Ombuds），负责向情报界的分析师提供标准，回答情报界分析师提出的问题和疑虑，处理跨机构问题。三是情报界成员单位负责人责任

① Global Justice Information Sharing Initiative, International Association of Law Enforcement Intelligence Analysts, Inc. ,"Law Enforcement Analytic Standards", November 2004; Global Justice Information Sharing Initiative, International Association of Law Enforcement Intelligence Analysts, Inc. ,"Law Enforcement Analytic Standards(2nd edition)", April 2012.

机制:情报界成员单位负责人应确保情报产品生产和传递正确运用情报界分析标准,指定专门人员或办公室负责响应本单位的分析师就遵守分析标准提出的疑虑或问题,以情报界分析标准作为核心标准开展情报产品的内部审查和评估,并向 DDNIIII 提供年度状况报告,确保情报界分析标准在各部门的教育和培训计划中得到贯彻等。①

第三节 美国执法情报产品规范与质量控制思想及其启示

美国情报产品标准与质量控制机制设计深受认知心理科学、行为科学、批判思维与结构化分析技术、实证与实用主义传统的影响,其内在思想与逻辑主要表现如下:

一、情报产品标准设计逻辑

美国情报产品标准的设计思路贯穿着两条基本逻辑线条:项目流程管理和要素规范思想。项目流程管理思想具体表现为四个环节的质量控制规范:一是"上游"控制规范,即注意源头把关,要求调查人员和搜集人员对源数据的准确性负责,要求分析员审核、评估源数据,标注可疑数据。二是"中游"分析过程控制,要求分析员了解用户需求,运用所有可用信息,遵循分析标准,运用科学的分析方法工具进行分析研判,确保所有判断与结论均应有信息和逻辑依据。三是"下游"最终产品的规范控制,要求提出所有可能对用户有价值的假设或判断,判明最可能的假设,注明可疑情况,说明变化与冲突情况,区分事实与假设、数据与意见建议等。四是反馈与评估控制,要求建立用户反馈、同行评议和质量控制机制,定期进行产品质量与效用评估与审查。要素管理思想主要体现为对情报产品类型、产品形式、产品内容、逻辑论证与方法论、数据源与源数据标准、表达/陈述以及结构和过程等情报产品基本构成要素的规范。

① Public Law 108—458, "Intelligence Reform and Terrorism Prevention Act of 2004", December 17,2004.

二、情报产品质量控制思想

美国对情报产品的总体质量要求为“客观、准确、及时、独立、有见地”,为确保情报产品满足这五个标准,形成了“4 +4 +4”的情报产品质量控制思想,内涵如下:

第一个“4”是指建立了由“分析员自我把关、用户反馈、同行评议和主管机构监管”构成的四位一体质量控制机制。

第二个“4”是指美国情报产品标准特别强调遵循“合法性”“实用性”“实证性”“用户需求导向”四大基本理念。情报产品的“合法性”从根本上决定了情报产品是否能够发挥价值,美国情报产品标准设计要求情报产品“遵守联邦和州法律规范”,重点就“隐私”“涉密”“敏感”等提出了系列要求,明确规定“违反州或联邦法律取得的任何原始数据均不应写入分析产品”。“实用性”具体表现在美国情报产品标准并不重视结构的完整性和分类的逻辑性,而遵循实用主义理念,从实践需求出发设计情报产品规范,例如,情报产品的分类并无统一标准和严密的逻辑,根据实践部门常用的产品类型建构产品类目清单。“实证性”强调一切分析判断都必须有证据和逻辑依据,尤其重视无罪证据,美国情报产品标准没有重点就标题如何拟定、报告结构如何规划、文字表达如何优化等提出具体标准,而主要着眼于假设评估、科学求证、证据/数据支持、运用批判性思维技巧克服认知偏见与思维定式、区分事实与假设/个人意见/建议等,充分反映了美国情报分析的科学实证主义传统。此外,美国情报界和执法界均强调情报产品的开发应以“用户需求导向”,要求分析员了解用户需求并将其转化为情报需求,情报产品的制作也必须重点考虑用户偏好,并将用户反馈作为情报产品评估和质量改进的重要依据。

第三个“4”是指从“源数据控制、认知缺陷控制、分析过程控制和陈述规范控制”四个方面控制情报产品质量。具体如下:一是数据维:建立源数据与数据源控制规范。如前文所述,美国情报产品标准文件重视源头把关,对数据获取者、情报分析者都提出了审核源数据真实可靠性的责任,并要求情报产品写作过程中要交代分析判断所依据的信源、源信息及其属性,说明来源、数据和方法的质量和可信度,并提出了信源参引格式规范,以确保数据源和源数据准确可靠,并可供读者查证。二是认知维:重视分析人员认知缺陷控制。情报产品开发主体是情报产品质量的决定性因素,因此,美国情报产品标准紧紧围绕克服情报分析主体的心理认知缺陷,提倡运用"竞争性假设分析""魔鬼代言法"等批判思维技巧与结构化分析方法克服分析人员的认知偏见和思维定式,强调从无罪辩护的立场质疑所有证据和分析过程以查检漏洞和问题,强调分析评估不能被某一特定受众、议程或政策偏好扭曲或塑造,要求分析人员应秉持开放思维,接受新事物、新观点、新信息,不断修正自己的观点。三是过程维:重视分析过程质量控制。美国情报产品标准提倡以"客观准确"为准绳,按照"假设—证据(信息)—结论(判断与建议)"的分析框架规范情报产品的生产,要求分析过程对用户透明,情报产品不仅应提供结论和建议,还应详细阐述分析过程。针对假设,要求不仅要阐明对所有假设的评估,还要指出最可能的假设;针对证据和逻辑,要求阐明正反两方面的证据,尤其重视无罪证据,要求所有分析判断应有信息和逻辑依据;针对结论,要求阐明所有对用户有价值的判断,提供多元方案供选择;此外,尤其重视"可疑""矛盾""冲突""变化""非一致""不确定性"事项的阐释与规范表达。四是陈述维:重视书面与口头陈述规范控制。情报产品最终以书面报告或口头陈述的方式呈现,美国情报产品标准主张按照方便情报用户发现、获取、使用和传播的基准要求规范情报产品的陈述与可视化呈现,既重视书面陈述,也重视口头陈述,强调简练、清晰、客观的表达,提倡运用可视化的演示软件和图表阐释分析过程与分析结论,强调区分主观判断/意见和客观事实,区分假设和判断。

三、启示与建议

情报产品标准既是指引情报分析师开发高质量情报产品的操作指南,也是情报机构评估情报产品质量的核心指标,制定科学合理的情报产品标准,建立统一的情报产品质量控制机制,意义重大。我国执法领域尚未建立统一的情报产品标准,亦未形成全面系统的情报产品质量控制机制,情报产品质量评价主要以决策者的批示以及产品在案件侦查或防范中产生的实际成效为标准,强调结果导向,缺乏全程控制,评价标准粗放,无法为情报产品制作提供有效的指引。根据美国情报产品标准与质量控制经验,提出以下建议供我国有关部门参考：

一是通过法律实施细则明确情报产品基本要求。我国近年颁布的《中华人民共和国反恐怖主义法》《中华人民共和国国家安全法》《中华人民共和国国家情报法》均设有专门条款对情报信息分析研判作出明确规定，要求国家情报工作机构（包括国家安全机构、军事情报机构、公安情报机构、反恐怖情报机构等）运用科学技术手段，对情报信息进行鉴别、筛选、综合和研判，提高情报分析研判水平，"及时、准确、客观"报送情报信息。这些立法为情报产品开发提供了基本准则，建议在制定相关实施细则时考虑增加情报产品标准，充分吸收和细化"客观、准确、及时、独立、有见地"等要求，为情报产品标准制定提供法律依据。

二是制定情报分析行业标准确立情报产品规范。借鉴美国情报界、执法界的情报产品标准与规范，结合我国安全、执法情报工作实际要求，突破我国单一的"结果导向"标准，基于"全要素、全过程"控制的理念，围绕情报产品的质量、内容、形式、信源属性、法庭证词、隐私保护等要素研究制定统一的情报产品规范或准则，重点从数据源与源数据控制、情报分析主体的认知缺陷控制、情报分析过程控制、情报产品内容与形式控制等方面为情报产品开发提供统一的规范和指引，以提升情报产品的总体质量与规范化程度。

三是提供情报产品样本供全国执法机构参考。建议有关部门调查、总结和梳理各级各类执法机构的情报产品，建立合理的情报产品类目清单，并提供高质量的情报产品样本，供全国参考与遵循。

四是建立有效的情报产品质量审查、评估与追责机制。在情报产品质量标准的基础上，借鉴美国做法，建立"分析员自我审查、同行评议、用户反馈、主管机构监管"等多重质量控制机制，定期开展情报产品质量审查评估，改进和优化情报分析产品。

五是破除经验思维传统，重视批判性思维与结构化分析技术的推广与应用，将批判性思维与结构化分析技术列为情报分析师必备的基本技能[1]，强化情报分析人员批判思维技巧训练，确保情报产品准确；

① Hendrickson N, "Critical Thinking in Intelligence Analysis", International Journal of Intelligence and Counter Lntelligence, vol. 21, no. 4, 2008, pp. 679—693.

突破我国行政体制重视执法情报人员书面表达、忽视口头陈述与多媒体表达的传统，重视口头报告/陈述，建立口头报告规范，强化情报分析人员的口头报告能力与多媒体产品制作能力，以更有效地向用户传达情报。

最后，参考美国情报产品标准，提供情报产品标准要素与关键指标如表6－5所示。该要素框架与具体指标根据美国标准整理归纳而成，仅供我国有关部门参考。

表6－5　情报产品标准的要素框架与参考指标

要素	参考指标
一般质量要求	1. 总要求：客观、准确、及时、独立、有见地 2. 原始数据准确无误 • 建立原始数据核实、评估、责任倒查机制 • 所有数据均应评估方可使用 • 存疑数据要核实并注明，矛盾数据重点评估并注明 • 证明有罪、无罪的证据均应写入报告，尤其要重视无罪证据 3. 分析过程科学严谨 • 所有分析判断均应有证据和逻辑依据 • 用尽用足可用信源与可用信息 • 提出所有可能的假设与判断 • 对所有假设作出评估并指出最可能的假设 • 推荐使用竞争性假设分析进行假设评估 4. 克服分析主体的认知缺陷 • 合理运用推理技术以及其他有效机制克服认知偏见 • 警惕已有的分析立场和判断，避免先入为主的影响 • 重视正反两方面的观点与证据，充分考虑不同的观点、相左的信息 • 保持开放的理念，避免被已有判断束缚，根据新证据、新信息修正个人观点 • 运用批判性思维与结构化分析技术从无罪辩护立场质疑所有证据和分析过程 5. 情报产品分发与传递及时 • 情报部门应及时了解主要用户的活动及其时间安排、情报需求和优先事项等 • 及时提供和传递情报产品，以便用户采取行动 6. 保持情报分析产品的独立性 • 分析判断不受某一特定受众、议程或政策观点的主张或偏好的影响

续表

要素	参考指标
内容规范	1. 基本构成要素 • 研究命题和目的　• 数据与数据源　• 数据（证据）评估 • 分析方法与过程　• 假设与判断　• 结论 • 建议　• 注意事项 2. 总体要求：响应用户需求、事实证据完整、信息表达全面、分析过程透明、事实与观点区分、存疑问题注明、重视无罪证据、重点阐明非一致和不确定性问题 3. 重点规范 • 努力将用户所需转化为情报需求，确保情报产品响应用户需求 • 阐明情报产品对用户的价值与意义 • 阐明分析过程，确保分析过程对读者是透明的 • 指出所有对用户有价值的判断，提供多种方案供选，避免单一方案 • 重点阐明与其他产品不一致的判断及其依据 • 重点阐明不确定性问题，指出事件发生或发展的可能性（概率）以及分析人员对判断的信心，阐释不确定性的原因及其对分析过程的影响 • 区分事实与证据、假设和判断，避免混淆
形式规范	1. 总体要求：报告条理清晰、语言简明扼要、事实客观陈述、逻辑论证缜密 2. 口头报告 • 能够灵活根据目标受众情况进行适当调整 • 陈述分析结论和判断时泰然自若、准备充分 • 熟练使用演示软件和可视化图表等工具辅助陈述 • 精确表达观点，符合时间限制和用户需求 3. 书面报告 • 合乎逻辑地组织事实材料，全面呈现结论是如何得出来的 • 事实材料的组织简明扼要、条理分明，简练、清晰、客观、全面传达信息 • 使用客观的、不带情感倾向的语言进行简洁而清晰的陈述 • 适当时运用表格、流程图、图像等可视化信息进行表达 • 必要时提供两类版本，一是提供详细的信息和具体的行动建议，二是只提供基本信息，不提供建议并删除涉密/敏感信息，供更广泛传递和使用
产品类型	1. 根据数据内容划分 • 通信/话单分析　• 财务/金融分析　• 人口/社会趋势分析 • 犯罪模式分析　• 地理空间分析　• 流程分析（商品/行为/事件） • 犯罪征兆分析　• 犯罪市场分析　• 关联/网络分析 • 犯罪活动分析　• 犯罪问题分析　• 目标分析（人/组织） • 结果/后果分析　• 风险分析/威胁评估/脆弱性评估……

续表

要素	参考指标
产品类型	2. 根据应用需求划分 • 风险评估报告 • 可疑活动报告 • 警告/警报与通报 • 态势感知报告 • 咨询建议报告 • 简报……
信源与产品属性	1. 提供信源并作概要说明 • 正确描述信源以及源数据的质量和可信度 • 阐述影响信源质量和可信度的因素 • 按照参引规范提供信源，便于读者理解以及对信源进行知情评估和检索查证 2. 标识密级或公开范围与限制 • 正确区分公开信息、涉密或非涉密敏感信息 • 运用正确的标识标记情报产品的密级和传递限制 3. 将见解与事实区别开来，对见解进行标注
法庭证词	1. 提供概要证词，复述情报分析报告中的事实材料 2. 提供专家证词，就刑事犯罪诉讼提供专业意见
法律考虑	1. 分析师应熟悉隐私保护、安全保密等法律规范与伦理准则 2. 熟练运用相关政策、指南、程序正确处理和保护公民个人信息 3. 违法所获数据均不能写入情报产品 4. 对于从可疑来源所获数据应慎重对待，并在分析报告中注明 5. 一旦发现不准确的信息，应尽一切合理努力以书面形式通知信息提供者和情报用户，并撤回情报产品
产品评估与监管	1. 自我审查：情报分析人员应对自己生产的情报产品负责，严格评估情报产品 2. 用户反馈：附用户意见反馈表，加强与用户沟通交流，吸收反馈意见与建议 3. 同行评议：共享产品以供同行审查评估，若有不同的结论或建议写入产品 4. 主管机构监管：建立专门的情报产品评估与监管机构负责情报产品监管 • 支持和指导各单位有效应用情报产品标准 • 定期审查和评估情报产品质量与成效 • 总结经验教训，确定示范性产品供各单位培训推广使用 • 基于经验教训和最佳实践优化情报产品审查和评估计划 • 答复和处理情报分析师提出的关于情报产品的问题 • 确保情报产品规范在情报教育和培训计划中得到宣贯落实

综上，本章通过考察美国情报界和执法界情报产品规范相关法律政策与标准文件，总结归纳了美国情报产品标准与质量控制机制，分析了

美国情报产品标准设计的基本逻辑与思想。美国按照项目流程和要素规范管理逻辑,秉持"合法性""实用性""实证性""用户需求导向"的基本理念,遵循"源数据控制、认知缺陷控制、分析过程控制和陈述规范控制"的基本思想,按照"假设—证据(信息)—结论(判断与建议)"的分析框架,从"一般质量要求、内容规范、形式规范、信源属性、用户反馈/质量监管、法庭证词与法律考量"出发规定情报产品标准,通过"情报分析人员自我把关、用户反馈、同行评议、主管机构监管"四类控制机制,确保情报产品符合"客观、准确、及时、独立、有见地"的质量标准,形成相对成熟的情报产品标准与质量控制机制。美国做法可供我国借鉴,建议我国借鉴美国经验,立足国家情报法,明确情报产品的基本要求,制定统一的情报产品标准,提供情报产品范本,建立有效的质量控制机制,以提高我国情报产品的质量。

第七章　美国执法情报分析师职业资格认证制度

认证制度是"证明某种产品达到某种质量标准的合格评定程序，由国家质量监控机关或某一得到质量标准管理组织授权的质量评定机构对产品质量或质量控制体系进行验证……"①职业资格认证是最常见的认证类型，根据我国官方制定的《职业资格证书制度暂行办法》，所谓职业资格，是指从事某一职业所必备的学识、技术和能力的基本要求，包括从业资格和执业资格。从业资格是政府规定专业技术人员从事某种专业技术性工作的学识、技术和能力的起点标准②，通常通过认证考试（Certification Test）来确认，其实质是确认个体是否具备胜任特定职业领域的知识，并给其贴上拥有该领域的实践能力"标签"的过程③，通过资格审查和认证考试后一般颁发从业资格证书（Certification）。从业资格证书（Certification）不具备法律效力，并非强制性要求，一般是由专业团体颁发给符合其标准及条件的个人，属于自愿参加的性质。④ 执业资格则是政府对某些责任较大，社会通用性强，关系公共利益的专业技术工作实行的准入控制，是专业技术人员依法独立开业或独立从事某种专业技术工作学识、技术和能力的必备标准⑤，通常通过执业资格审查和考试（Licensure Testing）后由政府或政府授权的权威机构颁发执业证书（License），具有强制性，不具备某职业的执业资格不能从事该职业，否

---

① 夏征农主编：《辞海：1999 年缩印本》，上海辞书出版社 2002 年版，第 1402 页。

② 中华人民共和国人事部：《关于印发〈职业资格证书制度暂行办法〉的通知》，1995 年 1 月 17 日。

③ The National Council on Measurement in Education, "Glossary of Important Assessment and Measurement Terms", http://www.ncme.org/ncme/NCME/Resource_Center/Glossary/NCME/Resource_Center/Glossary1.aspx? hkey = 4bb87415-44dc-4088-9ed9-e8515326a061, 2018-11-20.

④ Ruby Trow, "Testing for Teacher Certification and Licensing", Teacher Education Quarterly, Vol. 14, No. 3, pp. 93—104.

⑤ 中华人民共和国人事部：《关于印发〈职业资格证书制度暂行办法〉的通知》，1995 年 1 月 17 日。

则属于非法执业,其目的在于防止不适任者任职,并保护大众权益。美国执法情报分析师职业资格认证制度是一种从业资格认证,它通过审查、考核、确认申请人是否具备从事执法情报分析师职业的知识、能力、素质,颁发从业资格证书(Certification),证明申请者拥有从事执法情报分析职业所必备的学识、技术和能力的基本要求。美国《执法分析师认证标准》开篇指出,"在执法界,认证对于分析师职业的制度化非常重要。它承认并使执法分析师的角色合法化,且强化了确保执法分析师作为专业技术职业的必要性"①。

第一节 执法情报分析师职业资格认证的制度化

一、美国职业资格证书制度概述

在美国,职业资格证书主要有三类:一是限制进入的执照(Licensing),是指专业人员被授予准许从事特定的工作,这种准许具有排他性的行业准入功能,这是最为严格的一类职业资格,是否设置执照、如何设置执照都需要法律规定,审查和授予执照的主体是政府内部主管该行业的职业资格委员会,而非其他政府部门或民间组织,对于执照的立法需要受到严格的程序限制,如遵循行政程序法的规定,获取执照是从事具体工作的前提条件,如果未经政府批准而从事某项工作,则会被认定为非法行为。② 二是认证(Certification)。认证不具有排他性,其本质是授予从业人员使用特定称号或头衔的权利,没有获得此类认证证书或称号、头衔的人也可以从事此类工作,只是不能对外使用特定的称号和头衔,本章所介绍的美国执法情报分析师认证证书属于此类。三是登记(Registration)。即政府只是管理从业人员的花名册,但不介入具体职业活动管理,也不限制职业活动和使用相关头衔。"认证"和"登记"制

---

① The U.S. Department of Justice's Global Justice Information Sharing Initiative, "Law Enforcement Analyst Certification Standards: Based on the Law Enforcement Analytic Standards", August 2006.

② 王竞:《我国职业资格证书制度的走向及其政策研究》,《职业技术教育》2003 年第 28 期,第 59 页。

度设立目的是对专业人员的技能水平作出客观评价，以供雇用单位参考。① 美国执法情报分析师认证属于认证（Certification）类型。

二、早期的执法情报分析师职业资格认证

美国开展执法情报分析师职业资格认证工作由来已久，早在20世纪80年代，执法情报分析师国际协会（International Association of Law Enforcement Intelligence Analysts，简称IALEIA）制定的章程便要求IALEIA"开发职业资格标准和职业胜任能力指标"（《章程》第二章第2节）。为落实该要求，IALEIA成立了标准和认证委员会（Standards and Accreditation Committee），负责开发认证项目，不过，在IALEIA成立后的10年间，该委员会并未实现建立认证机制的目标。② 进入20世纪90年代，美国开始出现具体的认证项目，例如，注册犯罪分析师协会的认证项目、加利福尼亚州司法部主管的认证项目以及佛罗里达执法部的认证项目等是典型代表。③ 其中最有影响力的当属注册犯罪分析师协会（The Society of Certified Criminal Analysts，简称SCCA）提供的认证项目。SCCA成立于1989年。1991年，IALEIA与SCCA为执法分析师创设认证项目，为符合教育、培训、工作经验、考核等条件要求的IALEIA会员提供认证证书。1996年，IALEIA通过SCCA认证，承认并接受SCCA的认证程序，而不是建立自己的认证项目，依托SCCA建立了IALEIA分析师认证项目（IALEIA Analyst Certification Program），以鼓励执法情报分析师接受继续教育，考察其知识与技能，确认其卓越的工作经历。后来美国区域信息共享系统（RISS）中心对其分析师提出SCCA认证要求，美国其他很多执法机构也开始以奖金等方式鼓励其雇员通过SCCA认证

① 王竞：《我国职业资格证书制度的走向及其政策研究》，《职业技术教育》2003年第28期，第59页。

② The U.S. Department of Justice's Global Justice Information Sharing Initiative, "International Association of Law Enforcement Intelligence Analysts. Law Enforcement Analytic Standards", 2004, p. 12.

③ The U.S. Department of Justice's Global Justice Information Sharing Initiative, "International Association of Law Enforcement Intelligence Analysts. Law Enforcement Analytic Standards", 2004, p. 12.

以提升专业素养与能力,[①]SCCA认证逐渐被越来越多的美国执法机构所认可。鉴于美国执法界对情报分析师认证需求增长,美国一些学院和大学开始提供情报分析“认证培训项目”,例如,美国梅西赫斯特学院(Mercyhurst College)、美国军事大学(American Military University)、密歇根州立大学(Michigan State University)、圣约瑟夫大学(St. Joseph's University)等提供情报分析相关的认证项目或学历项目。[②]这一时期美国执法情报分析职业资格认证工作由协会组织发起,国家层面没有统一的执法情报分析师认证制度与标准,也没有建立对情报分析师认证项目进行审核管理的机制,情报分析师认证程序、标准等各行其是,质量与效果缺乏保障。

三、执法情报分析师职业资格认证的制度化

美国走上执法情报分析师认证标准化、制度化的道路,始于美国情报界与执法界对“9·11”恐怖袭击事件的反思与改革,旨在通过分析师认证机制提升执法情报分析队伍的专业化水平,以提升执法情报分析能力。

(一)认证标准

2002年,IACP犯罪情报共享峰会(IACP Criminal Intelligence Sharing Summit)参会代表认为“9·11”事件之所以未能避免,情报不能共享,情报分析能力不强是重要因素,并提出尖锐批评,认为“一些情报分析师在实际工作中更像信息检索者而不是情报生产者”,建议“犯罪情报协调委员会和所有执法机构都应重视真正意义上的情报分析,推进情报分析师职业的发展并为分析师高效从事情报工作提供条件”[③]。2003年,《国家犯罪情报共享计划》明确犯罪情报培训核心标准,要求所有参与

① Deborah Osborne, Susan Wernicke, “Introduction to Crime Analysis: Basic Resources for Criminal Justice Practice”, Routledge, 2013.

② The U. S. Department of Justice's Global Justice Information Sharing Initiative, International Association of Law Enforcement Intelligence Analysts, “Law Enforcement Analytic Standards”, 2004, p. 12.

③ International Association of Chiefs of Police (IACP), “Criminal Intelligence Sharing: A National Plan for Intelligence Led Policing at the Local, State and Federal Levels”, August 2002.

犯罪情报工作的执法人员都应接受符合该标准的培训，并建议对于顺利完成犯罪情报培训的人员应予以认证并颁发证书。[①] 为贯彻落实该条款，全球司法信息共享领导小组（Global）情报工作组（GIWG）与执法情报分析师国际协会（IALEIA）于2004年制定了《执法分析标准》，该文件对执法分析师的认证标准（Certification）作了明确规定，指出认证（Certification）对于推动执法情报工作的开展意义深远，能够为雇主考察分析师的能力和实践经验提供有效工具，有助于强化分析师的公信力，有助于分析师的专业能力和技巧得到广泛承认，有助于培育情报分析界的专业主义精神和领导力，有助于鼓励分析师积极参加和接受教育，获得证书，从而促进整个执法情报工作的开展。鉴于此，《执法分析标准》就分析师认证提出明确要求：一是分析师在完成培训认证考核项目后，有关机构或组织（政府、行业协会或高等教育机构）应给予认证，颁发证书；二是这些分析认证项目应能够反映分析师的实践经验、教育背景、培训经历以及教学技巧与能力测试。[②]

根据《执法分析标准》提出的基准要求，2005年，美国司法部（DOJ）全球司法信息共享领导小组（Global）情报工作组（GIWG）与国际执法情报分析师协会（IALEIA）合作，开发了分析师认证项目与认证程序标准，并于2006年正式发布《执法分析师认证标准》（Law Enforcement Analyst Certification Standards）[③]，明确了执法分析师认证机构的资质条件与要求，规定了执法分析师认证条件与程序，成为实施执法分析职业认证的指南性文件，标志着美国执法情报分析师职业资格认证制度的确立。此后，美国执法界出台的诸多标准性、指南性文件均将认证需求纳入其中。2005年出台的《融合中心指南》明确要求对情报融合中心工作人员进行培训和认证，并建议情报融合中心在

① Criminal Intelligence Coordinating Council, "The National Criminal Intelligence Sharing Plan", October 2003.

② The U. S. Department of Justice's Global Justice Information Sharing Initiative, International Association of Law Enforcement Intelligence Analysts, "Law Enforcement Analytic Standards", 2004, p. 12.

③ The U. S. Department of Justice's Global Justice Information Sharing Initiative, "Law Enforcement Analyst Certification Standards——Based on the Law Enforcement Analytic Standards", August 2006.

雇用和培训分析人员时遵循这些认证标准。[①] 2007 年发布的《犯罪情报培训最低标准》将"了解分析师职业标准/认证项目"(Professional Standards/Certification Program for Analysts)作为情报分析师培训的重要内容。[②] 2013 年制定的《中级分析培训课程最低标准》进一步指出,认证是分析师专业化(Professionalization)的重要组成部分,明确要求将该标准确立的培训目标、标准内容集成到分析师认证程序,认证培训提供商应遵守该文件规定的培训目标,培训课程应符合分析师认证标准,各机构在开发以及建立分析制度时应该学习了解国际执法情报分析协会(IALEIA)和国际犯罪分析师协会(IACA)提供的分析师认证项目以及州认证项目。该文件甚至将"鼓励分析师从公认的专业协会考取职业证书(Professional Certification)"作为中级分析师"领导力"的重要组成部分。[③]

(二)相关立法

美国不仅仅是通过行业标准的方式推动执法情报分析师职业资格认证制度建设,还将情报职业资格认证纳入法律制度。2004 年,美国国会通过《情报改革与恐怖主义预防法》,该法在第 2001 节(SEC. 2001)"提升联邦调查局的情报能力"以立法方式提出了系列强化 FBI 情报能力的举措,其核心措施是加强情报队伍建设,要求 FBI 局长发展专业化的、集成的国家情报工作队伍(National Intelligence Workforce),这支队伍由特工(Agents)、分析师(Analysts)、语言专家(Linguists)和监控专家(Surveillance Specialists)组成,要求 FBI 建立合理的招募、培训、奖励机制,确保在 FBI 内部培育一种具备丰富的专业知识并忠于 FBI 情报使命的组织文化。该法明确要求自颁布实施之日起,地方情报工作组(Field

---

① U. S. Department of Justice's Global Justice Information Sharing Initiative, U. S. Department of Homeland Security, "Fusion Center Guidelines——Developing and Sharing Information and Intelligence in a New Era", August 2006.

② The U. S. Department of Justice's Global Justice Information Sharing Initiative, "Minimum Criminal Intelligence Training Standards(Version 2)", October 2007, p. 4.

③ Global Justice Information Sharing Initiative, International Association of Law Enforcement Intelligence Analysts, Inc, "Minimum Standards for Intermediate-Level Analytic Training Courses", October 2013, pp. 11—21.

Intelligence Group)[①]的直接主管(Direct Supervisor)以及所有局内部门负责人(Section Chief)、助理特工主管(Assistant Special Agent in Charge,简称 ASAC)[②]级别以上的局内业务管理者(Bureau Operational Manager)必须是认证注册的情报官员(Certified Intelligence Officer),[③]情报认证制度上升到法律层面。随后,FBI 建立了联邦调查局情报官认证项目(FBI Intelligence Officer Certification Program,简称 FIOC),作为“情报界官员(ICO)项目”的补充,旨在培养高级情报专业人员担任情报界未来的领导者。[④]

上述法律、文件、标准共同构成执法情报分析师职业认证制度体系。由于执法界对认证分析师的需求日益凸显,针对情报分析师认证的项目大量出现,州、地方、联邦层面的执法机构以及学术研究机构、公司企业、国际组织等各类主体纷纷参与开发和提供情报分析师认证项目,美国执法情报分析职业培训认证市场呈现繁荣景象。

第二节　执法情报分析师职业资格认证标准

《执法分析标准》(2004 年)和《执法分析师认证标准》(2006 年)从以下两个方面对执法情报分析师职业资格认证标准作了详细规定:一是认证机构标准,明确了分析师认证提供者的资格条件;二是分析师认证标准,明确了分析师申请认证的资格条件与认证程序。

---

① 地方情报组(Field Intelligence Groups)是美国联邦调查局 56 个地区办事处重要组成部分,主要负责地区情报搜集和分析,为 FBI 的调查人员以及其他执法、情报合作伙伴提供情报支持。(参见:Focus on FIGs: Networking Intelligence Across the U. S. to Prevent Crimes and Terror, https://archives. fbi. gov/archives/news/stories/2005/april/figs_042705.)

② 联邦调查局(FBI)将地区特工(Field Agents)分为以下等级序列,依次为:见习特工(New Agent Trainee)、特工(Special Agent)、高级特工(Senior Special Agent)、特工督察(Supervisory Special Agent)、助理特工主管(Assistant Special Agent-in-Charge,简称 ASAC)、特工主管(Special Agent-in-Charge,简称 SAC)。

③ “Intelligence Reform and Terrorism Prevention Act of 2004”, https://www. gpo. gov/fdsys/pkg/PLAW-108publ458/pdf/PLAW-108publ458. pdf,2018-11-20.

④ John S. Pistole (Deputy Director, Federal Bureau of Investigation), “Statement Before the Senate Select Committee on Intelligence”, Washington, DC, January 25, 2007, https://archives. fbi. gov/archives/news/testimony/implementing-the-intelligence-reform-and-terrorism-prevention-act,2018-11-20.

一、认证机构标准

认证机构(组织)是指提供认证项目的机构。《执法分析标准》将认证列为分析师的基本要求,规定"情报分析师应接受认证机构或组织(包括政府、专业协会、高等院校等)的认证",由此可见,执法情报分析师的认证机构可以是政府机关,也可以是专业协会或高等院校。

《执法分析师认证标准》对认证机构提出了10项标准,涉及政策文件依据、审查程序、伦理规范、隐私政策、申请程序、认证考试、重新认证程序、课程标准、协作网络、专业化/制度化机制10个方面的标准要求,具体内容如表7-1所示:

表7-1　认证机构标准①

标准		具体要求
标准1	认证机构应遵循《国家犯罪情报共享计划》的基本原则和《执法分析标准》所列标准	1. 在官方主页建立《国家犯罪情报共享计划》和《执法分析标准》文件的链接 2. 鼓励认证申请者在开发和制作情报分析产品以及在职业发展过程中不断学习和运用这些文件
标准2	认证机构应建立审查委员会,负责审核认证申请者的资格,批准认证申请,并处理异议	1. 认证机构应从已经获得分析师证书的队伍中挑选代表组建管理团队 2. 制定和发布运行管理章程或规章制度 3. 确保认证组织建立一整套工作准则和规程,并确保机构雇员和认证申请者能够查阅认证指引和程序要求,具体规章与程序至少应包括审批程序、重复认证程序、职业道德规范、隐私保护要求、申诉程序、撤销认证分析师资格的程序6个方面
标准3	制定、遵守和发布伦理道德规范	1. 提供一套基于价值观的准则供人们遵循 2. 运用伦理道德规范促进情报分析职位的制度化与专业化 3. 阐明情报分析师履行分析职能的责任与要求

① The U. S. Department of Justice's Global Justice Information Sharing Initiative, "Law Enforcement Analyst Certification Standards——Based on the Law Enforcement Analytic Standards", August 2006, http://www.cops.usdoj.gov/files/ric/CDROMs/LEIntelGuide/pubs/LawEnforcement-AnalystCertStandards.pdf,2018-11-20.

续表

标准		具体要求
标准 4	制定、遵守和发布隐私政策	1. 参考《公平信息处理条例》 2. 明确公民个人数据搜集的目的 3. 阐明信息安全保障措施 4. 将隐私保护政策传达到所有成员
标准 5	运用申请程序	1. 保护好申请者的个人信息，防止信息外泄 2. 明确信息获取的类型以及如何使用、保存和删除信息 3. 提供清晰的申请指引与申请程序，并公开供申请者查阅 4. 明确需要提交的材料清单 5. 确保申请者清楚认证通过或被拒的标准 6. 公布认证程序周期以及通知认证结果的方式 7. 如果认证被拒，认证机构应在 30 天内以书面形式通知申请者，并向申请者反馈拒绝的原因
标准 6	认证程序应包含能力水平测试	1. 应确保测试涵盖各类情报、分析议题以及产品和服务 2. 应公布测试时长、考题数量和考试基本大纲 3. 确保测试由认证机构的监考人员或分析师任职单位的管理者负责监考 4. 定期审核更新测试流程与题库
标准 7	如果认证机构提供重新认证项目，应制定、遵守和公布相关政策和程序	1. 明确重新认证的具体标准 2. 确立重新认证流程
标准 8	如果机构提供培训，课程必须满足《犯罪情报培训最低标准》	1. 培训课程应遵循《犯罪情报培训最低标准》，尤其是情报分析师和情报官两类培训标准 2. 培训课程的教员应遵循现行的培训教员最低标准
标准 9	为分配到分析部门的人员提供资源、研讨会、论坛或其他类型的交流和人际交往机会	1. 创建一个协作环境，让经过认证的分析师能够与其他分析师建立联系，相互学习，紧跟情报领域的发展变化 2. 支持和鼓励建立信任关系 3. 建立一个包含认证程序的网站
标准 10	为情报分析岗位的专业化提供制度化支持机制	1. 承认分析职位的专业性和相关性 2. 参与各类活动并创造机会展示认证分析师的成就 3. 向行政长官和其他适当的人员提供宣传资料，宣传认证的专业性及其好处

该标准呈现出以下6个方面的突出特点：一是政策延续性原则，即认证标准应遵循《国家犯罪情报共享计划》《执法分析标准》等文件规定，认证培训课程必须满足《犯罪情报培训最低标准》的要求，确保标准的延续性与一致性；二是程序详尽规范原则，要求认证程序详尽，制度建设规范，明确审批程序、重复认证程序、职业道德规范、隐私保护要求、申诉程序、撤销认证分析师资格的程序，为认证程序提供了全面框架；三是强调建立职业道德伦理准则，要求建立一整套明确的情报分析师职业伦理规范，并制定和遵从隐私保护政策，保护公民隐私；四是强调程序公开透明原则，要求认证程序必须公布，考核结果必须公开，对于未通过认证的人员需要反馈未通过的理由；五是能力标准原则，明确要求认证程序应包含能力水平测试，并确保测试涵盖各类情报、分析议题以及产品和服务；六是职业化与专业化原则，旨在通过认证及其推广，促进情报分析行业的职业化与专业化发展。

二、认证程序标准

《执法分析师认证标准》明确要求认证机构的认证项目"应反映分析师的工作经历、教育背景、培训情况和水平测试"，并详细规定了分析师认证程序标准，具体包括认证申请、资格审查、认证考试、会员资格、培训教育经历、背景调查、重新认证等环节。具体认证程序标准如表7-2所示：

表7-2 认证程序标准①

认证程序	具体要求
标准1 认证申请	提交认证申请，资料必须完整、准确，申请者必须亲笔签名确认提交的信息准确无误。申请表至少包括以下信息：①申请者的姓名、地址、联系方式；②申请者任职单位信息；③单位领导的联系信息；④教育和工作经历；⑤培训经历；⑥专业协会会员或成就

① The U. S. Department of Justice's Global Justice Information Sharing Initiative, "Law Enforcement Analyst Certification Standards——Based on the Law Enforcement Analytic Standards", http://www.cops.usdoj.gov/files/ric/CDROMs/LEIntelGuide/pubs/LawEnforcement-AnalystCertStandards.pdf, 2018-11-20.

续表

认证程序	具体要求
标准 2 资格条件	认证申请者应具备分析领域最低从业年限和教育背景：一是申请者应具备情报分析领域的最低从业年限，并提交工作证明、岗位说明复印件以及工作范例等材料；二是申请者应具有国家认可的高等院校的大学教育背景或相当的工作经历，具体如下：①拥有 4 年制的大学本科学历；②或者拥有 2 年制的大专学历，且有 5 年以上的研究、分析、情报方向的工作经验；③或者没有大学学历，有 10 年以上研究、分析、情报方向的工作经验
标准 3 认证考核	申请者应通过认证考试，具体标准如下：①确保申请者遵守考试政策和程序；②要有考试通过的最低分数线；③公示考试通过分数线信息、申请者能够参加考试的次数以及考试费用；④向申请者反馈其不足
标准 4 协会会员	申请者应具备专业协会或专业组织的会员资格，通过建立人际网络关系，最大限度地利用协会会员的资源和专家知识，创建协作环境；提交认证申请表时应提供会员证明以及参与协会活动所获奖励或荣誉
标准 5 培训经历	申请者在近 3 年内接受最少 40 小时的犯罪分析培训，所参加的培训项目应符合美国《国家犯罪情报共享计划》的核心培训目标以及《犯罪情报培训最低标准》所列标准
标准 6 继续教育	遵守重新认证标准以维持认证的有效性，每年参加至少 8 小时的继续教育
标准 7 背景调查	作为初任分析师应通过基于指纹的背景调查，随后在 3 年内通过基于姓名的记录审查，成功通过背景调查后获得雇用机构的确认信
标准 8 坚持标准	申请者应遵守《国家犯罪情报共享计划》与《执法分析标准》所列标准，认证申请表应能够反映申请者是否阅读过《执法分析标准》和《国家犯罪情报共享计划》

美国执法情报分析师认证程序标准有以下 4 个方面的特点：一是资格条件要求，重视审查申请者的工作经历、教育经历，没有一定的工作经历和学历，没有资格申请执法情报分析师认证；二是重视协作与职业网络建设，要求申请者应具备专业协会会员资格，并善于利用协会会员资格和资源建立人际关系网络与协作网络；三是重视继续教育学习，重新认证必须接受继续教育方有资格再次申请；四是重视安全，要求对申请者进行安全背景审查。

第三节 执法情报分析师职业资格证书项目

美国执法情报分析师认证制度一个突出特点是，政府负责制定相关标准，并对认证是否符合标准进行质量审查，具体认证工作主要由协会组织承担，此外，由于执法界对认证情报分析师的需求旺盛，近年来美国情报分析师证书项目激增，州、地方、联邦层面的执法机构以及学术研究机构、公司企业、国际协会等各类组织积极参与开发和提供情报分析师证书项目。[①] 本节主要介绍国际执法情报分析师协会（IALEIA）和国际犯罪分析师协会（IACA）提供的分析师职业资格证书项目。

一、国际执法情报分析师协会的证书项目

（一）IALEIA 职业资格证书项目简介

国际执法情报分析师协会（IALEIA）职业发展委员会（The IALEIA Professional Development Committee）根据《国家犯罪情报共享计划》（NCISP）关于情报分析培训和专业标准的建议，按照《执法分析标准》关于“分析师应通过完成专门为情报分析师开发的、由某机构或组织（政府、专业协会或高等院校）提供并认证的项目获得证书。此类分析证书项目应反映从业经验、教育、培训、成熟的教学技术知识和能力测试”的具体要求，开发了 IALEIA 职业资格证书项目（IALEIA Professional Certification Program，简称 PCP）。在 IALEIA 职业资格证书项目推出之前，此类证书需求主要通过注册犯罪分析师协会（Society of Certified Criminal Analysts，简称 SCCA）来解决。1990 年 SCCA 创建，随即明确了分析师专业标准，并开发出国际认可的分析师职业认证项目。2006 年，SCCA 项目正式并入 IALEIA，并由职业发展主管（Director of Professional

---

① The U. S. Department of Justice's Global Justice Information Sharing Initiative, International Association of Law Enforcement Intelligence Analysts, "Law Enforcement Analytic Standards (2nd edition)", April 2012, p. 10.

Development)负责管理。[①] IALEIA 职业认证项目根植于 SCCA 提出的专业主义理念,根据 NCISP 的建议以及《执法分析师认证标准》,建立了初级分析师(Basic Analyst Classification)、犯罪情报注册分析师(Criminal Intelligence Certified Analyst)和终身犯罪情报注册分析师(Lifetime Criminal Intelligence Certified Analyst)三级分析师认证机制。IALEIA 的会员都可以参加 PCP 职业认证计划,但要求其声誉良好,从未违反 IALEIA 章程、行为准则和伦理标准而被处分。参加专业认证计划首先必须完成 IALEIA 认可的 40 个小时犯罪情报最低培训课程。PCP 要求认证培训课程必须遵循《执法分析标准》《国家犯罪情报共享计划》以及《犯罪情报培训最低标准》所列标准。IALEIA 职业发展委员会根据这些标准,依托 PCP 认证项目提供统一的、广泛的认证平台。

(二)初级分析师证书[②]

初级分析师(Basic Analyst Classification)是 IALEIA 职业资格证书项目的第一层级,该证书项目主要面向那些还不具备犯罪情报注册分析师(CICA)认证条件的分析行业新人,该证书本质上并非职业资格证书,而是职业资格认证项目(PCP)的起点,获该证书的分析师无权自称为 IALEIA 的犯罪情报注册分析师或使用 CICA 这一缩写,该证书不需要重新认证,只要是 IALEIA 会员就长期有效,但如果离开 IALEIA,那么该证书失效。初级分析师认定的标准主要有以下 7 个方面:

1. 是 IALEIA 的正式会员且信誉良好;
2. 5 年内完成公认的 40 小时的情报分析基本课程;
3. 在政府、刑事司法机构、军事或私营部门从事犯罪情报或分析岗位工作的全职工作人员;
4. 其职责分工包括分析和情报技术方法的运用;
5. 拥有证书证明培训课程完成情况,并提供官方职位说明书证明分析工作职责属实;

---

① International Association of Law Enforcement Intelligence Analysts,“Background”, https://www. ialeia. org/background. php,2018-11-20.

② “Basic Analyst Classification”, https://www. ialeia. org/basic_analyst_classification. php, 2018-11-20.

6. 坚持 IALEIA 道德伦理标准和职业操守;

7. 提交初级分析师等级申请表,并支付认证费用,目前须一次性向 IALEIA 支付 50 美元费用,无论是否通过,均不退款。

(三)犯罪情报注册分析师证书[①]

美国《执法分析标准》明确推荐国际执法情报分析师协会(IALEIA)“执法犯罪情报注册分析师”(Law Enforcement Criminal Intelligence Certified Analyst,简称 CICA)证书项目,认为该证书项目是“建立在大量实战训练、教育、情报培训和能力检验的基础上提供的认证服务”[②]。犯罪情报注册分析师(CICA)是 IALEIA 职业认证项目的第二层次。申请 CICA 的分析师应在情报分析领域取得一定的职业成就,已具备相关工作经验基础,并在培训和职业发展中表现出良好的分析能力素质,其具体要求和认证程序如下:

1. 认证标准与程序

(1)认证标准。申请者在犯罪情报或分析岗位任职一段时间后,可以申请犯罪情报注册分析师(CICA)证书。申请者不需要获得初级分析师证书便可直接申请 CICA 资格认证,但若拥有初级分析师证书有助于加快 CICA 认证的进程,申请 CICA 证书的资格条件如下:

①一般要求是 IALEIA 的正式会员,并且会员资格满 1 年,遵守 IALEIA 的伦理标准和职业操守,信誉良好。

②完成 40 小时符合最低标准的初级情报分析课程的学习或拥有初级分析师证书,提供完成正式培训的证明或有效的初级分析师证书。

③在政府、刑事司法机构、军队或私营部门的犯罪情报或分析岗位全职工作。所任职的工作岗位涉及分析和情报技术方法的应用。提供官方的职位描述,提供从事分析工作年限的证明。

④拥有 4 年制大学本科学历(或同等学历),并有 3 年工作经验;或者 2 年制大专学历(或同等学历),并有 5 年工作经验;或者没有大学学历,但拥有 7 年工作经验。大学学分必须有正式成绩单或学位证书等证明文件,并反映出每年大学学分要求,大学学分必须是从国家认可的学

---

① “CICA Certification”, https://www.ialeia.org/cica_certification.php,2018-11-20.

② “CICA Certification”, https://www.ialeia.org/cica_certification.php,2018-11-20.

术机构或军事项目中获得的。

（2）认证程序。符合上述条件的申请者应提交犯罪情报注册分析师申请表和相关费用，申请认证需要一次性交付 100 美元申请费，申请者有责任确保在申请前获得资格，如果申请者不具备 CICA 资格，申请费不予退还。如果申请批准，申请者必须在 2 年内参加 CICA 考试，参加该考试需要缴纳 100 美元的考试费，无论是否考过均不退费。若 2 年内未参加考试，申请作废，须重新履行申请程序，重新支付申请费用。通过 CICA 考试的最低分数线为 70 分（总分 100）。如果申请者考试不及格，可以再安排一次考试，并另行支付考试费用。每位申请者最多可以参加 3 次考试。一旦申请者通过 CICA 考试，将授予 CICA 证书，可以在 CICA 证书有效期内使用 CICA 名义。

（3）考试内容。CICA 考试设计旨在评估申请者是否具备 CICA 层次的知识和能力，培训与工作经验审查被认为是考核的最佳方案，两大要素构成了认证考核的基础。认证考试题型主要有两类：一是选择题，考核申请人掌握的知识；二是应用题，考察申请人对情报的理解。考试重点内容主要涉及以下方面：分析技术与方法、情报主导警务、创新思维与批判性思维、情报产品开发、犯罪指标、法律/隐私/伦理问题、犯罪模式分析、逻辑推理、提出建议、信息管理—分类/整理、信息共享、结构化分析技术、信息资源、战略分析、情报周期/流程、战术分析等。该考试在 IALEIA/LEIU 年会上进行，考试时间为 4 小时，并且考试需要携带笔记本电脑以完成论文写作部分。

（4）参考资料。IALEIA 为犯罪情报注册分析师（CICA）申请者推荐了学习材料，并指出与考试相关的大部分信息都可以在这些资料中找到，这些推荐资料主要如下：《21 世纪的犯罪情报》（2011 年）①、《执法情报：州、地区、部落执法机构指南》（2009 年）②、《犯罪情报：分析师手

---

① The Association of Law Enforcement Intelligence Units (LEIU), the International Association of Law Enforcement Intelligence Analysts (IALEIA), "Criminal Intelligence for the 21st Century: A Guide for Intelligence Professionals", 2011.

② D. Carter, "Law Enforcement Intelligence: A Guide for State, Local, and Tribal Law Enforcement Agencies", CreateSpace Independent Publishing Platform, 2012.

册》(2011年)、[1]《执法分析标准》(2012年)、《情报分析心理学》(1999年)[2]、《情报技巧入门:改进情报分析的结构化分析技术》(2009年)[3]、《批判性思维与情报分析》(2007年)[4]。

(5)重新认证标准。犯罪情报注册分析师(CICA)认证的有效期为5年,满5年后必须重新认证,否则CICA证书失效,重新认证考试的费用为75美元。重新认证程序与要求如下:

①CICA重新认证申请必须支付认证费用。

②CICA证书拥有者必须证明其分析技能和职业能力有发展和进步,以延续CICA证书的有效性。

③重新认证申请者必须提供证明材料,证明自从他上次认证或重新认证以来,完成了符合资格条件的活动,至少包括以下条件中的3项:一是在情报或分析领域发表1000字以上的文章,合作者不超过两个;二是至少开发2个小时的情报与分析培训课程;三是根据他人开发的培训课程提供至少2个小时的情报或分析培训课程的演讲;四是参与由公认的提供商或政府机构提供的16小时以上的高级培训;五是给IALEIA《情报杂志》(Journal of Intelligence)或其他学术、同行评价出版物撰写文章或提出分析方法技术;六是获得IALEIA专业奖提名或获奖[5];七是参加一个需要使用重要分析方法和技巧的复杂案件或至少3个月的评估工作;八是必须由管理者出具证明;九是完成一个被职业证书委员会或奖励委员会认定为重大的专题项目(此类项目包括定期向情报出版物供稿);十是担任情报机构的官员或担任情报组织委员会主席;十一是作

---

① The United Nations Office on Drugs and Crime (UNODC),"Criminal Intelligence: Manual for Analysts", New York,2011.

② Richards J. Heuer,"Psychology of Intelligence Analysis", Central Intelligence Agency, 1999.

③ Defense Intelligence Agency,"A Tradecraft Primer: Structured Analytic Techniques for Improving Intelligence Analysis", 2009,http://cryptome.org/2014/10/cia-tradecraft-primer-2009.pdf, 2018-11-22.

④ Moore, David T.,"Critical Thinking and Intelligence Analysis", Government Printing Office,2007.

⑤ IALEIA设有总统奖(President's Award),分为3类:卓越组织奖(Award for Excellence: Organization)、卓越个人奖(Award for Excellence: Individual)、卓越领袖奖(Award for Excellence: Executive, Manager, or Supervisor)。参见:IALEIA官网,https://www.ialeia.org/awards.php, 2018-10-9.

为积极的"情报分析基础培训项目"(Foundations of Intelligence Analysis Training Program,简称 FIAT) 讲师,定期参与 FIAT 授课计划。

④继续担任 IALEIA 会员。

⑤提供每年至少 8 小时的继续教育学时/学分证明文件。

⑥经批准后,将向分析师发送一封祝贺信,并提供一份新的证书,证明重新认证的日期。

⑦如果被拒,将向分析师发送通知,说明拒绝的理由。

(四)终身犯罪情报注册分析师证书[①]

终身犯罪情报注册分析师(Lifetime Criminal Intelligence Certified Analyst,简称终身 CICA)是第三层次的 IALEIA 职业认证项目,该认证旨在表彰那些长期在分析行业工作,体现出行业献身精神的人员。终身犯罪情报注册分析师(CICA)是那些进入分析行业但缺乏经验的分析师的榜样和导师,因此,终身 CICA 的身份是对长期的卓越工作和能力的承认。一旦申请者获得终身犯罪情报注册分析师证书,只要信誉良好,并一直担任 IALEIA 会员,则该证书终身有效,不需要重新认证,但若离开 IALEIA,则该证书失效。终身犯罪情报注册分析师认证标准如下:

①申请者在犯罪情报或分析岗位从业 20 年以上,任职岗位需要运用分析和情报技术方法;

②担任 IALEIA 会员最少 10 年,且至今仍为 IALEIA 会员;

③持有有效的 CICA 证书,且至少满 5 年;

④坚持 IALEIA 职业道德伦理标准和职业操守,信誉良好;

⑤提交申请和费用(须缴纳 150 美元费用,无论申请者是否获得资格认证概不退还);

⑥申请者还必须满足 CICA 重新认证要求,该要求是终身 CICA 申请程序的组成部分。

(五)终身荣誉犯罪情报注册分析师[②]

终身荣誉犯罪情报注册分析师(Lifetime Tenured Criminal Intelligence

① "Lifetime CICA", https://www.ialeia.org/lifetime_cica.php,2018-10-9.

② "Lifetime CICA", https://www.ialeia.org/lifetime_cica.php,2018-10-10.

Certified Analyst)是为那些拥有终身 CICA 证书,但从全职犯罪情报或分析岗位退休的人员设的一种荣誉认证。终身荣誉 CICA 是一种荣誉身份,由职业发展主管(Director of Professional Development)负责,不收取任何费用,也不要求接受者做任何事情。获得终身荣誉 ICIA 的分析师就分析职业而言,进入退休状态,因此不需要进行重新认证,或是维持其 IALEIA 会员身份等。其申请程序与标准如下:

①申请者必须书面向认证主管提交申请;

②申请者必须拥有有效的终身 CICA 证书;

③申请者必须提供其任职机构的正式退休批文;

④作为 IALEIA 会员最少 10 年以上;

⑤维持该荣誉身份并不要求其必须是 IALEIA 会员。

二、国际犯罪分析师协会的证书项目

国际犯罪分析师协会(The International Association of Crime Analysts,简称 IACA)成立于 1990 年,旨在通过职业培训、从业人员职业网络和专业出版物帮助全球犯罪分析师改进分析技能,建立职业网络,帮助执法机构最大限度发挥犯罪分析的作用,倡导建立犯罪分析行业的技术和绩效标准。[①] IACA 是全球最大的犯罪分析师专业协会,在推动犯罪分析技术发展、人才培养以及行业标准化、规范化、制度化建设方面发挥了重要作用。IACA 开发的注册执法分析师(Certified Law Enforcement Analyst,简称 CLEA)认证项目被很多国家执法界承认。

(一)认证目标

IACA 注册执法分析师(Certified Law Enforcement Analyst,简称 CLEA)证书项目通过严格的认证标准和考核程序,以确认分析师具备履行执法分析工作职责与任务所必备的知识、技能和能力。犯罪分析、情报分析、调查分析、地理画像、警务研究和规划部门及其工作人员均应掌握通用技能,因此,IACA 通过开发注册执法分析师(CLEA)证书项目,为分析师以及相关部门提供一个综合性的培训和资格认证的卓越框架

① "About the IACA", https://www.iaca.net/about.asp,2018-10-10.

和有效机制，并向美国各地方、州、联邦以及国际执法机构、私营和公共机构推广使用，鼓励地方协会、培训机构、高等院校围绕该认证模型建立教育项目，同时，鼓励美国地方、州、联邦和州有关机构采纳这一卓越人才标准。具体说来，IACA 注册执法分析师（CLEA）证书项目旨在达成以下目标：

①确认执法分析师的专业能力和成就；

②促进和鼓励个人在执法分析领域的职业发展；

③为执法分析师的雇主提供可靠的职业能力评估；

④为执法分析师的雇主提供职位说明依据；

⑤向警察首长、管理者和整个刑事司法界推广执法分析职业；

⑥更好地推动执法分析成为合法的、独立的职业。

（二）资格条件

IACA 建立了严格的认证资格审查机制，通过设立前置资格条件建立认证的门槛，成立认证委员会负责审查申请者是否具备参考资格，重点考察申请者的学习经历和工作经历，并建立量化的积分制衡量申请认证者是否具备参加认证考试的资格。要成为 IACA 注册执法分析师首先必须向 IACA 认证委员会提交申请，通过资格审查后方能够获得考试资格。申请的基本条件如下：①每位申请者都必须在执法、情报、司法矫正以及相关领域担任全职分析师至少 3 年；②申请者必须是国际犯罪分析师协会的现任会员；③申请人必须向认证委员会提交申请和相关材料；④申请者必须在工作和教育经历方面满 100 分，该标准通过积分系统（Point System）综合评估申请者的工作经历和教育经历来确定，满 100 分视为合格。计分标准如表 7－3 所示。

上述资格标准主要是根据申请者的教育背景、工作经历赋予分数等级，IACA 认证委员会认为接受正规教育和工作经验都很重要，通过这种积分方式，拥有不同教育背景和工作经历的分析师都能够有机会参加资格认证考试。IACA 公布该积分标准供每位申请者查阅，申请者可在申请认证之前进行自我评估。上述计分标准的具体内容和具体计分规则如下：

表 7－3　IACA 注册执法分析师考试资格积分标准①

<table>
<tr><th colspan="3">计分指标</th><th>分值</th><th colspan="2">计分指标</th><th>分值</th></tr>
<tr><td rowspan="3">大学学历</td><td colspan="2">副学士（Associate）</td><td>10</td><td rowspan="6">大学证书课程</td><td>地理信息系统（GIS）</td><td>6</td></tr>
<tr><td colspan="2">学士（Bachelor）</td><td>20</td><td>研究方法</td><td>6</td></tr>
<tr><td colspan="2">研究生（Graduate）</td><td>30</td><td>统计学</td><td>6</td></tr>
<tr><td rowspan="4">工作经历</td><td rowspan="3">犯罪分析师或犯罪分析管理人员</td><td>3 年</td><td>20</td><td>犯罪分析概述</td><td>6</td></tr>
<tr><td>5 年</td><td>40</td><td>刑事司法概述</td><td>6</td></tr>
<tr><td>10 年</td><td>60</td><td>犯罪行为/犯罪学概述</td><td>6</td></tr>
<tr><td>其他刑事司法工作经验</td><td>2 分/年</td><td>0—20</td><td>研讨会/会议</td><td>1 分/次，上限 5 分</td><td>0—5</td></tr>
<tr><td>继续职业教育</td><td colspan="2">1 分/12 课时，上限 20 分</td><td>0—20</td><td>演讲</td><td>2 分/次，上限 6 分</td><td>0—6</td></tr>
<tr><td>职业协会会员</td><td colspan="2">1 分/个，上限 5 分</td><td>0—5</td><td>课堂授课</td><td>3 分/次，上限 12 分</td><td>0—12</td></tr>
<tr><td>出版物</td><td colspan="2">3 分/份，上限 15 分</td><td>0—15</td><td></td><td></td><td></td></tr>
</table>

1. 教育经历。对大学学历的认定以被政府承认的大学的学位证书为准，该指标对专业背景没有具体要求，不局限于犯罪分析、刑事司法等专业领域，也不限文理科。IACA 认为从官方认可的大学获得学位的申请者已经证明了他/她的学术研究能力，并具备拿到学位所必备的技能，包括学习能力以及展现所学知识的能力，这些技能和能力对于犯罪分析师至关重要，因此将大学学历作为重要计分项，具体计分规则如下：拥有 2 年制的副学士学位（大专学历）计 10 分，拥有 4 年制的学士学位计 20 分，拥有研究生学历计 30 分；按最高学历计分，例如有学士学位和硕士学位，按照硕士学位计分；对于拥有多个同层次学位的情况，分数不累加，例如，拥有两个硕士学位不额外加分；对于博士学位不给予额外加分，IACA 认证委员会认为高于学士学位的学历就已经超出了犯罪分析师工作的基本要求，为博士学位提供更高的分数将导致计分制度不公平地偏向教育背景。

① The International Association of Crime Analysts, "Certified Law Enforcement Analyst (CLEA) Certification Program Outline", https://www.iaca.net/Certification/Documents/clea_program_outline.pdf, 2018-10-20.

2. 工作经历。若申请者有多年的犯罪分析师或犯罪分析管理工作经验,或兼有两类岗位的工作经验,可计分。情报分析师、其他类型执法分析师或是军事分析师等工作经验,等同于犯罪分析师工作经验。具体计分规则如下:有 3 年以上的工作经验计 20 分,5 年以上的工作经验计 40 分,10 年以上的工作经验计 60 分;此外,若具有其他刑事司法领域的工作经验,包括警察、调度员以及其他刑事司法岗位,每增加 1 年工作经验,可加 2 分,上限为 20 分;申请者若拥有犯罪分析和其他刑事司法领域的双重工作经验,可以累计加分,例如,如果某人拥有 3 年以上犯罪分析师经验,可加 20 分,若再有 10 年以上其他警务工作经验,可另加 20 分,两项累加可得 40 分。该方案旨在让那些未接受高等教育或学历有限但工作经验丰富的人也可以申请认证。

3. 大学认证课程。如果在大学修读过与犯罪分析高度相关的课程,且成绩在 C 以上(申请者必须提交大学官方提供的成绩单),可计分。“与犯罪分析高度相关的课程”特指以下 6 门课程:一是地理信息系统(GIS)大学水平的课程,具体讲授地理信息系统的应用,包括 ArcView、MapInfo 等;二是研究方法,即社会科学研究方法类课程;三是统计学,包括统计学概论或更高级别的统计课程;四是犯罪分析概论,这是犯罪分析基础课程,包括犯罪分析基本原理以及基本方法技术;五是刑事司法概论,包括刑事司法概述课程或更高级的刑事司法课程;六是犯罪行为概论,包括犯罪行为、犯罪学或是更高层次的相关课程。IACA 指出,强调这 6 门课程的重要性,旨在优先考虑那些修读刑事司法专业相关的大学学位的申请者提供竞争优势。具体计分规则如下:每门课计 6 分,6 门课总计 36 分。申请者学历教育分数和修读上述 6 门课程的分数可累计,例如,某申请者拥有刑事司法专业学士学位,计 20 分,若他/她修读的课程中有计分标准规定的 6 门课程,则每门课可加 6 分,共计 36 分,分数累加后可得 56 分。

4. 职业继续教育。职业继续教育包括大学、其他教育组织提供的学分、继续教育、结业证书培训班或其他培训计划,若参加的培训课程与犯罪分析技能集(Skill Set Items)有关,且培训或课程考核及格,可计分,计分规则如下:每 12 课时计 1 分,上限为 20 分;完成为期 12 周的 IACA 职业培训在线系列课程可计 4 分;若是培训内容属于与分析技能无关的教育类别,应提交认证委员会审议决定是否计分。值得注意的是,职业继续教育的大学课程不是指学历教育课程,例如,大学本科期间修读的大学课程不属此列,不过,如果申请者没有大学学位,任何与分析师技能集有关的课程都可算作此类课程。

5. 会议/研讨会。参加各类研讨会或专业会议有助于分析师学习相关方法技术手段与工具,并建立广泛的职业网络,这是分析师取得成就的关键,它能够帮助分析师跟上犯罪分析领域的发展前沿。因此,分析师出席地区或国家级会议,提交会议出席证书或证明可获得加分,每次会议可计 1 分,上限为 5 分。

6. 演讲与课堂授课。演讲是指申请者在会议上或其他培训场合发表的演说,演讲发言至少 30 分钟,每次 2 分,上限为 6 分。非正式的、内部的陈述是分析师本身工作职责所在,不计分。例如,以下演讲不给计分:定期巡逻或调查报告,日常信息共享,邻里守望会议,Compstat 报告,指挥会议,新任雇员任职培训,向城市委员会就犯罪趋势和统计数据所做的非正式介绍,以及其他所有不涉及犯罪分析和技能的演讲等。申请者在提交材料时应提供证明文件,包括大纲、讲义、PPT 讲稿,或主办方的书面证明。必要时认证委员会可运用自由裁量权决定该演讲或授课是否属于计分事项。如果申请人认为他们的课程或演讲尽管不符合上述原则但有资格,可以向认证委员会申请裁定。

7. 出版物。发表或出版犯罪分析主题的论文、著作,每篇/部可计 3 分,上限为 15 分。具体包括申请者出版的犯罪分析相关主题的书籍以及在《IACA 预测者》(IACA Forecaster)、同行评议期刊、各类执法出版物发表的论文,在网上发表的文章不计分。申请者需要提交出版物和文件的复印件,认证委员会有权决定该出版物是否符合标准。

8. 专业协会会员。积极参加专业协会组织,能够获得思想观点碰撞和改进职业网络的机会,因此,计分标准规定:参加刑事司法相关的专业协会,可加 1 分,若是协会董事会或执委会成员可计 3 分,分数由申请人参与的协会组织数量决定,而不是由年限决定,总分不超过 5 分。参加的协会可以是地区性的犯罪分析协会,也可以是刑事司法、社会科学领域的学术协会。对于会员资格过期失效的前会员,分两种情况,若是 IACA 的前会员计分,若是其他协会的前会员不计分。申请认证者提交申请材料时必须向认证委员会提交会员资格证书,以供审查。

（三）技能要求

IACA 为认证人员提供了《注册执法情报分析师认证项目技能集》[Certified Law Enforcement Analyst（CLEA）Certification Program Skill Sets]，根据该技能集，注册执法情报分析师参考人员需要学习的知识与技能涉及 20 个方面，包括犯罪分析基础知识、信息整体性评估、犯罪行为知识、刑事司法系统、时间分析、描述性统计、推论统计、人口统计分析、解读犯罪统计资料、空间分析、调查/情报分析制图、阅读理解、叙述文写作技能、有效陈述、文字处理技能、表格操作能力、互联网/局域网技能、犯罪分析应用研究方法、质性信息评估、批判性思维技巧（详情参见表 7－4）。与此同时，IACA 还为认证申请者提供了配套学习指南《注册执法分析师（CLEA）认证项目学习指南》，该学习指南提供了申请者需要学习的知识与技能大纲。

表 7－4　注册执法情报分析师认证项目技能集①

类型	知识点
犯罪分析基础知识	犯罪分析历史、执法分析类型、犯罪分析类型、系列案件/犯罪模式/犯罪趋势、犯罪分析流程、分析方法、战略发展
信息整体性评估	数据误差、数据清洗、搜索与替换操作、解析和关联、元数据、别名表
犯罪行为知识	犯罪要素、刑事案件展望、日常活动理论、犯罪手法、签名行为、接近和袭击方法、系列案件剖析、地理画像与环境犯罪学、刑事案件空间特征
理解刑事司法系统	事后诉讼（Ex post facto）、宪法第四修正案、制度模式、刑事司法制度各阶段、法院的作用/职责/类型、矫正的目的/模式/类型、判决类型、合理依据
时间模式分析	估测时间、时间序列分析、频率分析、中位数法、加权法
描述统计	计量尺度、频数分布、集中趋势、百分比、偏度、标准差、比率、百分比变化、相关分析
推论统计	推论统计的目的、抽样类型、抽样设计、显著性水平、置信区间、零假设

① The International Association of Crime Analysts, "Certified Law Enforcement Analyst (CLEA) Certification Program Study Guide", August 2014, https://iaca.net/wp-content/uploads/2019/01/clea_study_guide.pdf, 2018-10-20.

续表

类型	知识点
人口统计分析	犯罪关联、年龄/性别/社会经济因素、美国人口普查数据搜集措施、人口普查局地理统计分部、司法统计局的数据
解释犯罪统计数据	主要数据源、警务数据系统、统一犯罪报告(UCR)、国家突发事件报告系统(NIBRS)、全国犯罪受害人调查、请求服务数据、比率、相关、统计显著性
空间分析	制图、地理信息系统、地理编码、地图投影、坐标系统、空间数据模型、主题地图、犯罪热点、距离衰减
调查/情报分析图表	情报主导警务、关联图的目的与结构、简单图表(如条形图、饼状图)、时间线图、组织结构图、商品流程图、事件流程图、通信数据分析、最终产品/出版物
阅读理解	文献综述、文献注释、摘要数据库、学术期刊与其他出版物、犯罪分析师在线资源、犯罪分析师政府资源、资料引用基础
说明性叙事	说明文写作、客观性、确定受众、确定相关信息、抽象和具体术语、一般及具体条款、高层摘要、分析大纲
有效的陈述技巧	各种情景下合适的陈述风格、有效与无效陈述的要素、演示文稿策划、科技运用的有效性、演示文稿的风格与形式、避免冷场技巧
文字处理技能	犯罪分析出版物类型、制作有价值的犯罪公告、出版物表达风格、制作电子出版物
电子表格操作	单元格引用、数据存储、图表制作、犯罪分析公式、宏指令
互联网/局域网技能	资源定位符(URLs)、网络培训、明网与暗网、搜索引擎、邮件列表、执法网站、信息服务提供商 ISPs、局域网、超链接、引用网络参考文献
犯罪分析应用研究方法	机会理论、情境犯罪预防、利益转移与扩散、长期趋势分析、数据收集、环境调查、SARA 模型(Scan, Analysis, Response, Assessment)
定性信息评估	定性分析、问题导向警务、1987 年以来斯佩尔曼(Spelman)和艾克(Eck)的出版物、定性信息源、街道编码的主要成果、定性研究方法、归纳模式、演绎模式、开放式问题与封闭式问题
批判性思维技巧	推理的类型、推理要素、推理谬误、创造性思维、问题解决、元认知

(四)认证程序

1. 资格审查。第一阶段为资格审查阶段,申请者首先要满足两个方面的条件:一是有 3 年工作经验;二是 IACA 的现任会员。若满足上述两个条件，将由认证委员会审查其提交的申请资料，并按照计分标准给每位申请者评分，如果分数不合格，没有资格参加认证考试；如果合格，则获得参加认证考试的资格，成为候选人。申请者需要向 IACA 提交 10 美元的管理成本费。IACA 网站提供犯罪分析培训和出版物列表以及学习指南，帮助每一位有兴趣的申请者准备考试和掌握技能集。申请资格审查费用为 150 美元，这些经费将进入 IACA 账户，用于支持该认证项目的持续发展，包括资助 IACA 系列培训项目、《探索犯罪分析》、委员会委员和董事会成员的现场会议、奖学金程序等。

2. 认证考试。第二阶段即认证考试阶段。认证考试每年举行两次，与州和地区协会会议以及 IACA 培训年会时间一致，认证考试通过皮尔森公开课程（Pearson Open Class）学习管理系统以电子方式进行。通过第一阶段资格审核的候选人可参加认证考试。考试内容涉及 20 个技能模块，每个模块 10 道题，共计 200 道题，这 200 道题覆盖了认证委员会认定的 20 个技能清单模块，每个技能模块随机选择 10 个问题组成，每个模块答对 7 个问题（70%）视为通过。考试题型包括多项选择题、对错判断题、填空题和简答题。考试为闭卷考试，监考者不得向申请者提供任何援助，在考试过程中不能回答任何问题，任何外部材料均禁止带入考场。考试时间为 4 小时，据估计，有充分准备的申请者大约 3 小时能够完成考试。如果没有通过考试，候选人将收到信函，告知考试没有通过。候选人一年内还可以参加第二次考试，第二次参加考试需要支付 25 美元的管理费用。如果考试依然失败，那么候选人就需要隔一年方能重新参加考试。第三次重新参加考试的候选人要支付全部费用，考生总共可以参加 4 次考试。

为了确保考试试题的有效性，考试监督委员会从每个技能模块的讲师或作者那搜集 20 个问题，这些讲师和作者由独立的专业培训系列丛书/手册遴选委员会选出，最终产生 400 个问题。选定的考试试题来源多元化，均以专业技术知识为基础，没有固定的试题来源，IACA 培训系列丛书和培训教材《探索犯罪分析》并非唯一的知识源，在选择考题时要充分考虑学习指南、参考书目、推荐的培训课程、大学认证、学位项目等诸多资料来源。试题库要经过严格的测试审查，监督委员会为了公正客观，根据适用于封闭和开放式问题的研究原则，整个试题库交给专家（高级分析师、退休分析师、犯罪分析顾问以及犯罪学、刑事司法、研究方法和犯罪分析领域的大学教授),要求每位专家审核考试试题,对每个问题的有效性进行评估,包括是否存在双关或排他性,是否模糊或清晰等,有疑问的试题全部剔除或修改。

3. 认证结果。完成资格审查和考核后,IACA 将通知申请者关于考试的结果,若通过考试,申请者将获得注册执法分析师(Certified Law Enforcement Analyst,简称 CLEA)称号,并将收到来自 IACA 的正式证书和认定。如果没有通过考试,将给申请人发送信件,说明其未通过的原因和不足。

(五)重新认证

IACA 注册执法分析师证书有效期为 5 年,每 5 年换发一次新证,换发新证需要重新参加认证。在证书满 4 年后,IACA 会发送信件提醒注册分析师重新认证的标准和时间,在证书到期前 90 天,发出第二份通知,90 天过后证书到期,分析师必须重新认证。重新认证至少要满足以下条件中的 3 项:

1. 开发并讲授 1 小时(或更长时间)的大学水平或培训会议的培训课程,主题必须与犯罪/情报分析有关,课程内容必须为原创,但可以引用其他来源。

2. 讲授过 2 小时犯罪/情报分析的非原创课程。本条款是指分析师所讲授的犯罪/情报分析师课程的课程材料可以是其他人设计和教授的。例如,申请者可以从过去的会议材料中下载演讲稿,使用该演讲稿为另一地区的分析师授课。再例如,申请者可以在当地学校教授犯罪分析课程,该课程内容和教学大纲等前人均已经设计好。

3. 参加被认可的机构或供应商提供的犯罪/情报相关培训满 40 小时或更长时间。该条件与初次认证申请的“继续职业教育”标准一致,成绩要求 C 级以上,或者“通过”并获得“学分”。40 小时的课程可以通过修读多门课程累计,例如,修读 1 门 16 课时的课程再加另一门 24 课时的课程可满足该条件。本条款的课程是在职培训课程,而非大学课程。

4. 开发一项计算机辅助分析技术,并与同行分享。申请人自己开发一种计算机辅助分析技术,促进本领域的发展,或有助于某个特定技能集的具体应用。应以书面形式介绍其应用价值、优点、缺点、有效性和准确性。此外,申请人必须通过专业杂志(例如,《美国刑事司法杂志》《IACA 预测者》)或网站(例如,IACA 官方网站 http://www.iaca.net)向业内同行分享和传播这种技术。

5. 参加需要运用重要的分析专业技术知识的大型复杂案件或分析任务。申请者可以提交参与办理复杂案件的简介和证明文件,来自机构负责人或管理者发来的部门表彰函可视为完成该指标的证明。这些材料必须删除或处理涉密信息。此外,申请者可以提交他认为能够满足该条件的所有材料,认证委员会将审查这些材料是否符合该标准。

6. 技能清单所列相关领域的大学课程学习,至少获得 3 个学分,成绩在 C 以上。大学课程包括大学提供的课程、其他教育机构的学分课程以及继续教育机构提供的课程。"大学课程"并非"培训课程",不过,如果申请者没有大学学位,任何与分析师技能清单相关的课程均可归于此类,申请人可以通过完成一个学期的大学课程(36—40 课时)来达到该标准。

7. 在专业或同行评议期刊上发表犯罪/情报相关论文。申请人可以通过发表与犯罪分析领域相关的论文或著作来满足这一标准,具体包括出版的犯罪分析相关书籍以及在《IACA 预测者》、同行评议期刊、各类执法出版物上发表论文,但不包括网上发布的出版物。

8. 完成其他被 IACA 认证委员会认定为重大的任何活动或工作,但不包括前述条件。包括成为犯罪/情报相关出版物的定期撰稿人,或者任何其他能够反映申请者对犯罪/情报分析领域的持续兴趣和积极性的活动。

上述条件可以在指定的时间范围内应用 3 次,同一主题内容或活动不能重复。例如,如果申请人进行了两次相同的演讲,那么只算一次。对上述条件,分析师必须提交证明文件。IACA 认证委员会将投票批准或不批准重新认证。如果批准,将向分析师发送重新认证信。如果未批准,将发送一封信件向分析师说明未批准的原因。IACA 建议认证分析师重新认证程序尽早启动,在 5 年认证有效期内可以持续申请,即便第一次申请未获得批准,只要在上述时间范围内就可以重新申请。

(六)申诉程序

在认证资格审查和考试过程中,若有任何问题或异议都可以书面形式(电子邮件或普通邮件)提交给认证委员会申诉,申诉的问题主要有认证资格、计分以及考试分数等方面。认证委员会在收到信函后30天内审查申诉并答复申请人,若对认证委员会的裁决有异议,申请者可向IACA主席提出申诉,IACA主席将与IACA执行委员会讨论,以书面方式反馈决定,该决定为最终裁决。

三、IALEIA与IACA职业资格证书比较分析

国际执法情报分析师协会(IALEIA)与国际犯罪分析师协会(IACA)是国际社会最有影响力的执法情报分析和犯罪分析从业人员专业协会组织,两大协会提供的认证项目历史悠久,在行业内具有权威性,为美国以及全球诸多国家执法机构所认可。两大协会组织提供的情报分析师认证项目各有特点,各有千秋,其异同集中体现在申请认证的前置条件以及认证程序和内容上:

(一)申请认证前置条件

国际执法情报分析师协会(IALEIA)的执法犯罪情报注册分析师(CICA)证书项目和国际犯罪分析师协会(IACA)的执法分析师(CLEA)证书项目都强调两个方面的条件:一是必须是协会会员,二是重视教育背景和工作经历,原则上都要求有4年大学本科学历并且3年以上情报相关领域从业经验,若学历没有达到要求可通过相应的工作年限弥补学历之不足。

但两者的前置条件设置有较大区别,CICA证书前置条件强调"会员资格、培训经历、工作经验、学历"四项条件,以"一刀切"的方式强制要求必须同时满足4项条件方有资格申请认证。而IACA证书前置条件则相对灵活,除了强制规定工作年限和会员资格外,其他条件通过灵活的积分方式来确定,而且把反映申请者情报专业素养的学历、工作经历、继续教育经历、大学证书课程学习经历、协会会员资格、出版物、参加研讨会/会议、演讲和授课等均纳入计分范畴,积分满100分即满足条件。显然,这种积分制相比"一刀切"的硬性要求要灵活,且更为科学。

(二)认证程序与内容

从认证程序和内容看,CICA和CLEA均通过前置条件审核与考试

方式审查申请者是否具备从事情报分析工作的能力素质,据此决定是否颁发证书,两者都规定证书的有效期为5年,届满需要重新认证,确保情报分析师不断学习和更新知识与技能。在考核内容设计上,以应用技能的学习和考察为主,重点包括4类技能:一是信息处理技能,包括信息分类整理、表格操作、计算机制图等技能;二是逻辑推理与批判性思维技巧;三是分析方法与技能,包括信息评估、战略分析、战术分析、结构化分析技术、统计分析技能等;四是情报产品制作,包括写作、陈述等。其中,尤以分析方法与技能为核心。

但两者也存在明显区别,突出地表现在两个方面:一是对基础知识的关注和侧重不同,CICA考试重点内容关注情报主导警务、法律/隐私/伦理问题、信息资源与信息共享、情报周期/流程等基础知识,而CLEA在基础知识方面则侧重于犯罪分析历史、执法分析类型、犯罪分析类型、系列案件/犯罪模式/犯罪趋势、犯罪行为知识、刑事司法系统等;二是对技能的要求不同,CLEA对技能的要求相对更为全面,不仅要求掌握常见的业务分析方法和技能,还重视基础性信息技能与数据统计技能,包括计算机制图、文字处理技能、表格处理技能、描述性统计、推论性统计以及其他计算机网络技能等,这些要求并未列入CICA考核内容。

(三)证书类型

国际执法情报分析师协会(IALEIA)提供的分析师证书有“初级分析师、注册犯罪情报分析师、终身注册犯罪情报分析师、终身荣誉注册犯罪情报分析师”四类,初级分析师不用考试,符合基本条件可直接颁发证书;“终身注册犯罪情报分析师”“终身荣誉注册犯罪情报分析师”则是对那些长期致力于情报分析工作并取得卓越成绩,具有行业献身精神的人员颁发的终身证书,是对其长期的卓越工作和能力的承认,只有“注册犯罪情报分析师”才需要经过严格的考核认证。而执法犯罪情报注册分析师(CICA)证书项目只提供单一的CICA证书类型。

第四节　特点与启示

由前文可见,美国执法界建立了较为成熟的执法情报分析师认证制度,为推进执法情报分析师的职业化与专业化提供了良好条件。该认证制度有以下几个方面的突出特点与启示:

1. 认证程序与内容主要由资格审查、课程培训和水平考试构成。从认证程序内容看,核心环节主要有三个方面:一是资格审查,强调学历要求和工作经历要求,学历与工作经历是能力素质的直接反映,通过学历和工作经历前置条件审查,建立认证者能力素质入行门槛;二是课程培训,认证标准明确要求培训课程应满足《犯罪情报培训最低标准》,尤其强调符合情报分析师、情报官和培训教官三大培训标准,从而确保各类认证机构提供的培训有统一的质量保证;三是认证标准强调水平测试,即认证者是否掌握相关技能并能够灵活运用,需要通过考试机制来测定,认证程序标准要求考试范围应涵盖情报分析主要议题、产品与服务,并要求规范考试监考工作,建立健全考试流程、考试大纲、试题库等,从而建立系统、成熟、规范的认证考试机制。

2. 强调为情报分析岗位的专业化提供制度化机制。认证机构标准第 10 项要求认证机构承认分析职业的专业性,并积极参与各类活动展示分析师的成就,向行政官员以及其他相关人员宣传认证的好处,其实质是要求认证机构承担行业发展与推广的职责,塑造行业形象,提升执法情报分析行业的社会认同度和社会影响力,激发从业人员的责任感和荣誉感,努力为行业发展营造良好的环境,促进情报分析行业共同体的发展壮大。这一举措是推动执法情报分析师职业化发展的有效措施。

3. 强调终身学习,定期重新认证,破除一劳永逸。执法情报分析领域的政策、知识、方法、技能等随着执法环境变化不断发展变化,更新换代,为确保分析师跟上行业与环境的变化发展,认证证书设有效期,证件有效期满后自动失效,需要重新申请和考核认证,即“重新认证”。美国执法情报分析师认证机构标准明确要求认证机构提供“重新认证”机制,并且必须明确“重新认证”所需的具体条件以及重新认证的周期,明确重新认证的具体标准和程序,美国执法情报分析师认证程序标准第六条明确要求分析师遵守重新认证标准以维持认证的有效性。通过重新认证机制确保分析师持续不断地学习情报分析领域的新知识与技能,避免一劳永逸,紧跟时代发展步伐。

4. 重视通过认证机制创设情报交流与协作网络。《执法分析师认证标准》要求认证机构应为分配到分析部门的人员提供资源、研讨会、论坛或其他形式的交流联系机会,为促进全国范围内的情报分析师进行交互和合作提供了便利条件。同行关系网络是交流和分享知识、经验、情报信息,推进协作的有效渠道。美国执法机构非常重视并强调建立同行关系网络在执法情报工作中的价值,《国家犯罪情报共享计划》鼓励情报分析师积极参加专业情报组织(协会),接受标准化的情报专业培训,以达成共识,强化交流,建立良好的正式与非正式互动关系,从而促进信任与合作关系的形成。[①]《执法分析标准》明确指出,分析师在单一的工作环境中无法获得其他分析师的建议,分析师之间应建立联系网络,分享文档、方法、技术,要求将构建职业网络作为情报分析师的标准之一。[②] 美国情报界第610号指令《情报界工作人员胜任能力目录》明确将“联系和协作”列为情报界雇员的核心能力素质之一,提出情报工作人员有责任分享信息和知识,应有能力确定、评估、建立和利用不同的合作网络,这些合作网络包括同事、同行、客户、利益相关者、组织内部的团队乃至整个情报界。[③]《州、地区与部落情报分析师通用胜任能力》将“信息共享与协作”作为情报分析师的五大核心能力素质之一,要求情报分析师能够在国土安全和执法界的主要贡献者之间建立分享信息和

---

① The Bureau of Justice Assistance, Office of Justice Programs, U. S. Department of Justice's Global Justice Information Sharing Initiative, "The National Criminal Intelligence Sharing Plan", October 2003.

② The U. S. Department of Justice's Global Justice Information Sharing Initiative, International Association of Law Enforcement Intelligence Analysts, Inc., "Law Enforcement Analytic Standards", November 2004; Global Justice Information Sharing Initiative, International Association of Law Enforcement Intelligence Analysts, Inc., "Law Enforcement Analytic Standards(2nd edition)", April 2012.

③ ODNI ICD 610, "Competency Directories for the Intelligence Community Workforce", http://www.dni.gov/files/documents/ICD/ICD_610.pdf, 2018-4-25.

分析成果的信任网络,以支持关键行动。[①] 总而言之,情报职业网络是知识与技术分享、情报信息共享的有效渠道与非制度化机制,很多时候,它比正式的制度化渠道更为高效和有效。美国执法情报界充分认识到这一点,并将其作为推进整个情报主导警务战略的重要举措。

5. 政策的延续性、一致性、透明性与标准化。美国分析师认证标准强调政策标准的延续性与一致性,认证机构标准 1、标准 8 强调认证机构和认证申请者应遵循《国家犯罪情报共享计划》《执法分析标准》等文件所列标准,认证程序标准 5 要求认证申请者近 3 年必须接受 40 个小时的犯罪分析培训,该培训应与《国家犯罪情报共享计划》和《犯罪情报培训最低标准》保持一致。《国家犯罪情报共享计划》是美国执法情报改革的蓝图,《执法分析标准》确立了分析师制度的基本框架和要求,《犯罪情报培训最低标准》则规定了初级情报分析师培训课程最低标准,三份文件具有基础性地位,美国执法情报分析师认证制度通过上述条款和标准的设置,将美国执法界情报改革的战略规划要求在执法情报分析师的认证程序中得到有效的贯彻落实。另一突出特点是建立健全认证程序与标准,并确保程序制度化和透明化。认证机构标准要求认证机构建立认证申请程序、资格审查程序、重新认证程序、审批程序、撤销资格证书程序、申诉程序 6 类程序,并明确认证通过或被拒的标准以及重新认证的标准,要求这些程序和标准必须公开发布供申请者查阅,而且还强调无论认证申请和测试是否通过,均必须通过书面形式告知申请者,反馈被拒的理由,上述规定确保了整个认证过程各环节皆有章可循、有据可查、公开透明。

6. 重视执法情报分析师职业伦理规范建设与隐私保护。职业伦理规范和隐私政策是确保情报分析专业化发展的重要条件,也是分析行业获得各方尊重与支持的重要变量。《执法分析师认证标准》提出的认证机构标准明确要求认证机构制定、遵守和发布伦理道德规范与隐私政策。根据美国《国家犯罪情报共享计划》《执法分析标准》《州、地区与部

---

① U. S. Department of Justice's Global Justice Information Sharing Initiative, U. S. Department of Homeland Security, "The Common Competencies for State, Local, and Tribal Intelligence Analysts", https://www.ncirc.gov/documents/public/common_competencies_state_local_and_Tribal_intelligence_analysts.pdf, 2018-4-20.

落情报分析师通用胜任能力》等有关标准和规范性文件的精神，执法情报分析师的核心价值观主要有公正、正直、诚实、客观、责任、敬业、共享、协作、负责等。关于执法情报分析师的职业伦理准则，执法情报分析师国际协会(IALEIA)的职业道德伦理准则值得参考，其具体内容如下①：

(1)对IALEIA会员提出了10条基本职业道德伦理准则，具体如下：①体现出最高标准的个人操守和职业操守；②代表IALEIA参加正式活动(包括会议、培训、分会活动等)应遵守IALEIA的章程、程序、政策和伦理准则；③向协会理事会举报违反IALEIA章程、政策和伦理准则的现象；④遵循犯罪情报分析职业标准与最佳实践；⑤在执行分析任务时遵守和应用《执法分析标准》的核心准则；⑥以官方身份出现时要克制自己的行为，避免削弱公众信任和信心，避免减损犯罪情报分析行业的信誉；⑦避免参与违法、不诚实、品格不端或不光彩的个人行为；⑧避免与从事犯罪活动的人员进行非官方的社会和商业联系；⑨在所有专业行动和情报项目中，努力保护公民权利、自由与个人隐私；⑩制止不利于IALEIA以及IALEIA会员声誉的任何活动。

(2)IALEIA规定了10条禁止性行为准则，具体包括：①禁止未经授权发布正在发生或即将发生的刑事案件、情报行动或其他敏感性执法信息；②不得故意歪曲任何案件证据、研究数据或分析结论；③不得故意提供虚假或误导性的学术背景、分析经验或专业资格信息；④不得索取或接受与公职有关的贿赂、礼物或恩惠；⑤不得故意就任何分析项目或正式程序作出虚假或误导性的陈述或隐瞒事实；⑥不得从事任何形式的非法活动，包括消费违禁物品；⑦不得诋毁IALEIA、成员机构、合作伙伴或犯罪分析职业；⑧不得基于种族、性别、信仰、民族或宗教歧视他人；⑨不得涉嫌任何形式的性骚扰或对任何少数族群或其他受保护群体的成员表现出恶意；⑩不得未经授权滥用或向非会员披露任何敏感的或专属于IALEIA的资料，包括官方LOGO、会员档案、管理程序、官方文件、培训材料或其他非公开数据。

公民隐私信息保护方面，《执法分析师认证标准》要求认证机构参考《公平信息处理条例》制定、遵守和发布隐私政策。《公平信息处理条例》(简称FIPPs)是1998年美国联邦贸易委员会针对公民个人信息的

① "Ethics", https://www.ialeia.org/ethics.php, 2018-7-26.

收集和使用问题提出的一整套标准，规定公民个人信息采集和使用应遵循告知/知情（Notice/Awareness）、选择/同意（Choice/Consent）、可访问/参与（Access/Participation）、完整/安全（Integrity/Security）和执行/救济（Enforcement/Redress）等基本原则。美国执法界历来重视公民隐私保护，美国宪法第一修正案、第四修正案确认了"隐私权是一种与生命权、财产权并列的宪法权利"，根据宪法精神，美国陆续颁布了大量有关隐私权利保护的法案，包括 1966 年《信息自由法》，1970 年《公平信用报告法》，1974 年《家庭教育权和隐私法》和《隐私权法》，1978 年《财务隐私权法》《联邦有线通信政策法》《计算机比对和隐私权保护法》《雇员测谎法》《录像带隐私权保护法》《驾驶员隐私权保护法》《消费者隐私保护法》《全国消费者隐私法》《在线隐私保护法》《消费者在线隐私公布法》《跟踪软件控制与隐私保护法》，1980 年《隐私保护法》，1986 年《电子通信隐私法》，1988 年《录像隐私保护法》，1991 年《电话购物消费者保护法》，1994 年《驾驶员隐私保护法》，1998 年《儿童网上隐私保护法》，1999 年《金融服务现代化法》，2003 年《反垃圾邮件法》等。执法界立足相关法律规定，为确保执法情报信息工作遵循有关隐私保护政策和规范，围绕执法情报信息采集、分析、共享等活动制定了一系列隐私保护政策，例如，美国执法界情报共享改革蓝图《国家犯罪情报共享计划》第 16 条专门指出："要鼓励参与犯罪情报共享的执法机构适当采用《司法信息隐私权指南：司法信息系统隐私政策开发、起草和评估》[①]提供的隐私指南，该指南旨在为司法系统的领导和专业人士提供帮助，以平衡公共安全、公众知情权和个人隐私权等利益。"2012 年的《州、地区、部落司法机构隐私、公民权利与公民自由政策制定指南》[②]为执法情报信息共享与应用过程中尊重和保护公民隐私与自由权利提供了具体的政策标准。

① National Criminal Justice Association, "Justice Information Privacy Guideline——Developing, Drafting and Assessing Privacy Policy for Justice Information Systems", September 2002.

② U. S. Department of Justice's Global Justice Information Sharing Initiative, "Privacy, Civil Rights, and Civil Liberties Policy Development Guide For State, Local, and Tribal Justice Entities", April 2012.

第八章　美国执法情报分析教育培训制度

美国经济学家、诺贝尔经济学奖得主舒尔茨发现，单纯从自然资源、实物资本、劳动力角度，无法解释生产力提高的全部原因，人的知识和能力是社会进步的决定性因素，但其取得不是没有代价的，它需要通过投资才能形成，组织培训就是这种投资的重要形式。[①] 通过有组织的、规范化的、标准化的培训，传递统一的知识、技能、信念、准则、规范与训诫等，是推动执法情报分析师队伍的专业化与职业化建设的有效手段，是"9·11"事件之后美国执法界情报改革的重要举措。2002 年，国际警察首长协会（IACP）针对"9·11"事件中的情报失误问题，向美国当局提交的战略建议报告《犯罪情报共享：一项推动地区、州、联邦层面情报主导警务战略的国家计划》指出，"没有合适的培训，很可能改变的只是整个执法系统的上层建筑，而不会改变动作与行为，形成新的情报文化"，建议"就犯罪情报及其运用建立共识来促进情报主导警务"。[②] 建立共识最直接、有效、快捷的方式便是建立统一、标准化的教育培训机制，通过教育培训宣贯共识，为目标达成奠定基础。此后，美国执法界开始有组织、有计划地推动执法情报教育培训工作的法制化、制度化、规范化和标准化建设，出台了一系列情报教育培训相关的法律、政策、规章与标准，推行"全员、分级、分类"的情报教育培训机制，旨在全国范围内建立情报共识，营造情报文化，提升情报能力。

第一节　美国执法情报教育培训制度体系

"9·11"事件后，美国情报界、执法界对情报教育培训重要性的认

① ［美］西奥多·W. 舒尔茨：《人力资本投资——教育和研究的作用》，商务印书馆 1990 年版。

② International Association of Chiefs of Police，"Criminal Intelligence Sharing：A National Plan for Intelligence-Led Policing At the Local，State and Federal Levels"，http://www. cops. usdoj. gov/Publications/criminalintelligencesharing_web. pdf，2018-7-20.

识上升到前所未有的高度，情报培训成为安全、反恐、情报等领域立法的重要议题，美国国会先后通过的《爱国者法案》（2001 年）、《2002 年国土安全法》（2002 年）、《情报改革与恐怖主义预防法》（2004 年）、《2007 年"9·11"委员会建议实施法》（2007 年）等一系列重要法律对情报培训提出明确要求。为落实这些立法精神，美国各有关部门研究制定了一系列情报培训政策标准，以推动情报教育培训的常态化、制度化、规范化和标准化，确保情报培训质量与效果。

一、情报教育培训相关立法

美国通过立法的方式明确了情报教育培训事务的授权、拨款、责任主体、培训对象与培训重点等问题，强调各有关部门，包括执法机构、国土安全机构、情报机构、相关政府机构、高等教育机构、非营利机构、私营机构等应就情报培训议题进行广泛的磋商与合作，共同推进情报教育培训工作，为情报培训工作提供了法律依据，相关法律法规主要如下：

（一）《爱国者法案》

"9·11"事件发生之后的第 45 天，美国国会便通过了《通过使用适当手段以阻止或避免恐怖主义以团结强化美国法案》（简称《爱国者法案》），该法第 SEC. 908 节"关于识别和运用外国情报的政府官员培训"，要求司法部部长与中央情报局局长协商，就美国政府官员发现和使用外国情报进行培训，并授权为司法部划拨专款，以建立相应的培训机制，旨在提高反恐情报获取和运用能力。此外，该法第 SEC. 1005 节"应急救援法"明确规定反恐培训拨款主要用于 6 个方面，其中第一个方面便是情报搜集与分析技术培训，反恐情报获取与分析能力培训成为政府关注的优先事项。[1]

（二）《情报改革与恐怖主义预防法》

2004 年出台的《情报改革与恐怖主义预防法》（简称 IRTPA）[2]非常

---

① "Uniting and Strengthening America by Providing Appropriate Tools Required to Intercept and Obstruct Terrorism Act of 2001", October 24, 2001.

② "Intelligence Reform and Terrorism Prevention Act of 2004", https://www.gpo.gov/fdsys/pkg/PLAW-108publ458/pdf/PLAW-108publ458.pdf, 2018-7-20.

重视情报培训工作，全文出现培训(training)一词多达140次，第SEC. 1041节明确了“教育和培训要求”，该节(C)款“专业情报培训”要求国家情报主任敦促主管专业情报培训的部门负责人定期审查和修订中高级专业情报培训课程，重点是情报搜集与分析课程。第SEC. 2001节“提升联邦调查局的情报能力”明确提出：在IRTPA颁布后，联邦调查局(FBI)雇用的所有特工均必须接受基础培训，培训内容包括刑事司法事务和国家情报事务两个方面；FBI局长应尽可能为分析师提供与情报界的其他情报机构相当的情报培训和职业机会。IRTPA第SEC. 1016节“信息共享”规定，IRTPA实施后一年内，总统应在信息共享环境项目主管(简称PM-ISE)的协助下向国会提交一份包含信息共享环境(ISE)实施计划的报告，该报告应包含对ISE培训需求的描述。为落实该要求，2006年，《信息共享环境实施计划》(简称ISE-IP)①正式颁布，ISE-IP第八章明确了ISE培训计划。上述规定以立法方式要求国家情报主管部门加强中高级专业情报培训课程建设，要求FBI的所有特工均必须接受情报方面的基础培训，要求FBI局长支持分析师的情报培训，要求情报部门的业务主管和相关管理者必须是经过培训认证的情报专业人士，要求制定培训计划以推进信息共享环境建设，为情报教育培训工作提供了强有力的法律依据。

(三)《2007年“9·11”委员会建议实施法》

2007年，美国出台的《2007年“9·11”委员会建议实施法》第SEC. 2001节第(12)款对“合格的情报分析师”(Qualified Intelligence Analyst)作了明确界定，该法认为合格的情报分析师应具备以下条件：顺利完成培训，确保情报分析与生产达到业务熟练水准；或者其工作经验能够在情报分析与生产方面达到与前款相当的业务水准。此外，该法第SEC. 503(a)款还对州和地方执法官员情报培训问题提出了明确要求：一是课程方面，要求负责情报与分析的次长在情报周期以及关涉情报信息开发、处理、审查的联邦法律、惯例、规章框架下推进州、地区和部落政府官员(包括执法官员、情报分析师以及其他突发事件应急响应者)培训课程的开发，确保州、地区、部落执法官员、情报分析师以及其他突发事件应急响应者等政府官员接受该课程培训。二是要求美国执法培训中心以及

① ISE-IP, “Information Sharing Environment Implementation Plan”, November 2006.

其他为州、地区和部落政府官员提供培训业务的联邦机构根据该法的要求开发情报教育培训项目,并且明确强调,如果这些机构没有足够的能力、资源提供此类培训,部长可批准其他机构负责该培训事项。三是国土安全部主管情报与分析的次长应与联邦执法培训中心主任、司法部部长、国家情报主任、联邦应急管理署署长以及其他有关方(如私营企业、高等教育机构、非营利机构以及联邦其他情报机构)磋商,以履行上述职责。[①]该法进一步强化了情报培训课程的开发力度,明确了情报教育培训项目开发的主体和培训对象,将州、地区和部落的执法官员、情报分析师、应急管理人员等均纳入培训范围,授权各有关执法部门与私营机构、高等教育机构、非营利机构以及联邦情报机构合作推动情报教育培训项目的开发,为最大限度利用各界资源促进情报教育培训工作夯实了法律基础。

二、情报教育培训政策与标准

为响应执法情报工作实际需求,贯彻落实有关法律政策规定,推动执法情报分析教育培训工作的发展,解决"9·11"事件所反映出来的突出问题,美国司法部、国土安全部等有关部门与协会组织合作,进一步研究制定了一系列规范性文件,谋划和推进执法情报培训计划的实施,主要举措如下:一是战略层面,将情报教育培训作为国家犯罪情报变革总体框架的重要组成部分和优先事项,纳入《国家犯罪情报共享计划》这一战略纲要性文件;二是研究制定《执法分析标准》,将情报分析教育培训标准作为整个执法分析标准的重要组成部分,明确了执法分析师的能力素质、教育背景、培训和继续教育等基本要求;三是在广泛调查研究的基础上,分类分级确定情报培训具体目标和内容标准,先后制定《犯罪情报培训课程最低标准》(含初级犯罪情报分析师培训课程最低标准)、《中级分析培训课程最低标准》、《高级分析培训课程最低标准》等标准文件,进一步细化情报分析师培训目标、培训内容与培训课程设置,形成了完整的情报分析培训标准体系;四是为推进信息共享环境(ISE)与情报融合中心建设,制定 ISE 培训计划和情报融合中心能力标准,希冀通过培训构建情报信息共享文化,促进全国范围内的情报信息共享。上述

① "Implementing Recommendations of the 9/11 Commission Act of 2007", https://www.archives.gov/files/declassification/pidb/legislation/pdfs/public-law-110-53.pdf,2018-5-25.

文件中有关情报教育培训的具体内容如下：

（一）战略蓝图

2003年，美国联邦、州、地区等执法机构和国土安全部的代表举行大会，通过了《国家犯罪情报共享计划》（NCISP）[①]，该计划作为执法界情报改革的战略蓝图，确认了情报培训在整个执法情报共享战略中的关键角色，从国家战略层面对情报培训提出具体要求如下：

1. 鼓励和支持执法情报培训工作。NCISP 第13条建议明确要求："为了促进职业判断，尤其是情报工作关涉个人隐私和宪法权利保护，鼓励执法机构与情报人员参加专业犯罪情报组织，并支持对各地方、州、部落和联邦执法人员的情报培训。"NCISP 对情报培训的重要意义作了系统阐释：一是鼓励执法机构与情报人员参与专业的犯罪情报组织，参加高质量、系统的情报培训，有助于确保各有关机构、人员在情报工作中遵循组织规范，尤其是加强公民隐私与宪法权利保护；二是通过培训提升机构和人员的专业化程度，建立学习型组织，为执法情报人员持续学习和更新业务知识提供条件，确保执法情报机构与人员提供符合职业伦理准则的情报服务；三是各层级、各地区、各部门的执法人员通过参加共同的情报专业组织，参与标准化的情报专业培训课程，达成共识，促进交流，建立密切的正式与非正式互动关系，形成互信与合作关系。

2. 确立"全员情报培训"制度。NCISP 第18条建议指出，"所有与犯罪情报工作有关的执法人员都应接受培训。《国家犯罪情报共享计划》（NCISP）中所包含的培训标准，应当作为所有有关人员培训的最低标准。此外，要给完成符合 NCISP 培训标准和要求的参训人员颁发认证证书"。NCISP 在附件 D 中提出了"美国执法和其他刑事司法机构犯罪情报培训核心标准"[②]，该标准明确了情报分析师、情报人员/收集人

---

① The Bureau of Justice Assistance, Office of Justice Programs, U. S. Department of Justice's Global Justice Information Sharing Initiative, "The National Criminal Intelligence Sharing Plan", October 2003.

② Core Criminal Intelligence Training Standards for United States Law Enforcement and Other Criminal Justice Agencies// The Bureau of Justice Assistance, Office of Justice Programs, U. S. Department of Justice's Global Justice Information Sharing Initiative, "The National Criminal Intelligence Sharing Plan", October 2003.

员、执法人员、执法官员、情报指挥官/监管者、培训教员六类主体的角色、任务及其核心培训目标。特别值得注意的是,该标准规定的培训对象包括"所有犯罪情报工作相关人员",不仅包括直接从事情报工作的情报分析师、情报官、一般情报人员和收集人员,还包括执法官员、执法人员和教官,基本覆盖了所有与情报工作有关的执法人员(包括情报用户),从而建立了执法界"全员情报培训"机制。

3. 建立有效的情报培训合作机制。NCISP 第 19 条建议明确要求:"犯罪情报协调委员会(CICC)应当与国际执法标准和培训负责人协会(IADLEST)、IACP 州和地方警察学院负责人分会(SPPADS)以及其他相关的培训组织建立良好的工作关系,以获得他们的支持,在各州贯彻落实《国家犯罪情报共享计划》提出的培训标准。"国际执法标准和培训负责人协会(IADLEST)由标准和培训方面的管理者和领导者组成,其职责侧重于刑事司法标准和培训领域,其主要任务是为各州建立有效、可靠的人员招录和培训标准提供支持,具体包括为警察招录、基础培训、在职要求、纪律和培训课程等制定标准,研究开发和分享有关信息、设想和创新做法。[①] IACP 州和地方警察学院负责人分会(SPPADS)由国际警察局长协会创建,旨在提高专业执法讲师的能力和资格。NCISP 充分认识到,与这些培训组织建立良好的合作关系,能够为美国犯罪情报培训提供强有力的支持。

4. 建立有效的监督与责任机制。为了推动 NCISP 的实施与落地,NCISP 要求犯罪情报协调委员会(CICC)监督 NCISP 的实施。NCISP 第 15 项建议要求:"按照 CFR 28 Part 23 以及执法情报联盟(LEIU)《犯罪情报文档指南》《司法信息隐私指南》的要求,建立有效的责任机制。执法机构应当致力于保护个人隐私权利和宪法权利,及时发现和纠正不符合政策的行为。"在具体举措方面,NCISP 要求 CICC 每年开展评估,以衡量《国家犯罪共享计划》的进展情况,并自 2004 年 12 月 31 日开始每年向司法项目办公室(OJP)报送国家犯罪情报共享计划年度进展报告,报告评估内容应包含情报培训工作情况。

---

① "International Association of Directors of Law Enforcement Standards and Training", https://www.iadlest.org/About.aspx,2018-7-25.

(二)分析标准

根据《国家犯罪情报共享计划》第12条建议,2004年,美国司法部全球司法信息共享领导小组(Global)与国际执法情报分析师协会(IALEIA)制定并发布《执法分析标准》。该文件明确了情报分析师的初级培训标准、继续教育和高级培训标准。初级培训标准包括培训主体、培训目标、培训内容、培训课程、培训时长等内容。继续教育与高级培训标准要求情报分析师每年至少接受8个小时的情报分析继续教育,可以通过正规教育、参加培训班、远程学习或是自主学习等方式完成,也可以通过参加专业研讨会、学术会议来完成,培训内容可根据情报分析师的责任领域选择学习相应的专业技术知识,包括情报分析相关技术知识、执法问题(如刑事法律、犯罪组织)、监督管理议题,也可以是对初级分析培训内容的深化与扩展,重点是情报分析方法、技术、软件和工具,执法趋势、犯罪和犯罪组织以及调查和分析技术,监督和管理,最新法律法规等。此外,《执法分析标准》还对培训提供者提出了标准要求,培训提供者应具备学术或职业协会认证资格,拥有执法情报分析领域的专业技术知识,讲师(教官)应有相应的认证证书,所有参与分析师教学的组织应确保讲师们顺利完成讲师发展计划或讲师培训计划。①

(三)ISE实施计划

2004年出台的《情报改革与恐怖主义预防法》(IRTPA)要求美国总统在该法实施后一年内,在信息共享环境项目主管(ISE-PM)的协助下向国会提交一份包含ISE实施计划的报告,该报告应阐述ISE的培训需求。2006年,《信息共享环境实施计划》(ISE-IP)正式发布,该计划指出:培训是信息共享文化的重要组成部分,是构建信息共享文化的重要举措,为了建立有效的、广泛的信息共享环境,平衡安全和隐私、公民自由权利保护等利益,该计划要求联邦政府机构开发指南,为培训和激励

---

① The U. S. Department of Justice's Global Justice Information Sharing Initiative, International Association of Law Enforcement Intelligence Analysts, Inc., "Law Enforcement Analytic Standards", November 2004; Global Justice Information Sharing Initiative, International Association of Law Enforcement Intelligence Analysts, Inc., "Law Enforcement Analytic Standards(2nd edition)", April 2012.

机制建设提供支持。ISE-IP 第八章明确了 ISE 培训计划，主要由以下两部分内容构成：①

1. 核心培训。ISE 培训计划拟依托“核心培训”项目对所有机构和部门进行培训，所谓“核心”是指联邦机构和地区、州、部落等各级政府的共同目标，培训的具体内容包括法律、法规、政策、行政令、总统指示、总统备忘录等，培训目的是使所有参与 ISE 的联邦政府机构和雇员能够了解和理解以下 10 个方面的问题：①理解信息共享环境（ISE）和“恐怖主义信息”的含义；②熟悉信息共享的法律依据以及信息共享环境主管（PM-ISE）和信息共享委员会（ISC）的角色；③熟悉信息共享环境建设过程中必须遵循的《信息隐私权利和其他法律保护措施实施指南》；④了解情报界（IC）、联邦执法机构、地方/州/部落（SLT）政府机构以及私营组织搜集和获取恐怖主义信息的法律权限和准则；⑤了解整合地方/州/部落（SLT）政府部门和私营部门信息的信息共享环境（ISE）建设工作；⑥理解和促进信息共享文化；⑦了解在美国境内搜集和处理恐怖主义信息的需求；⑧熟悉情报报告中的撕裂线（Tear-lines）报告形式和分发控制措施，理解“为发布而写”（Write-for-release）的理念；⑨理解敏感但非涉密（SBU）信息的标准，包括 SBU 的定义与类似的控制措施，能够判断哪些属于 SBU，并熟悉 SBU 信息的使用、分享、保护、传递和披露；⑩熟悉 ISE 实施过程中的信息保障以及计算机安全标准和协议。由于该培训项目涉及范围广，因此，需要充分利用远程培训学习方式实现，美国国务院外事学院（FSI）在远程培训学习方面拥有丰富的经验，同意开发核心培训模块，作为 ISE 通用教育基准。该模块由（PM-ISE）办公室以及其他部门、机构共同资助，由 PM-ISE 与信息共享委员会培训代表工作组负责审查培训模块，确保在信息共享环境（ISE）中实施。所有负责分享恐怖主义信息，或是支持恐怖主义信息分享的联邦机构和人员，都应接受该核心培训，具体包括情报部门以及负责情报搜集、分析、处理、生产、开发和分发恐怖主义信息的联邦执法人员和管理人员，信息安全保障和技术专家，以及国会联络员、公共事务、政策和预算人员等。

---

① Program Manager, Information Sharing Environment, “Information Sharing Environment Implementation Plan”, November 2006.

2. 专项培训。所谓专项培训是指各部门、机构的具体业务培训。除了核心培训外,各部门、各机构还根据其独特的业务进程、任务、计划和政策需求,量身定做培训项目,这些专项培训旨在使参加ISE的联邦部门、机构和人员能够做到以下几个方面:①了解机构或部门在ISE中的角色;②运用本部门、机构及职位所拥有的信息共享职责和权力;③理解联邦、州和地区政府以及私营部门在信息共享中的角色和职责;④了解如何按照部门或机构的职责与权限通过ISE共享信息;⑤能够正确标记提供给ISE的信息,以传达信息的可靠性、流通性以及再分发的要求;⑥了解可用的信息共享工具;⑦了解用户访问EDS(白/黄/蓝/绿)信息共享工具的程序,并负责更新信息,包括国家反恐中心(NCTC)资源、恐怖分子筛选中心(TSC)的数据;⑧了解其他ISE参与者的职责;⑨理解如何通过ISE获取恐怖主义信息;⑩了解在哪里可以找到能够回答有关ISE问题的联系点;⑪了解信息共享的激励机制,以及年度绩效考核评估要素的要求;⑫了解部门或机构处理“受控信息”的程序。

为确保落实上述培训计划,《信息共享环境实施计划》(ISE-IP)还进一步明确了行动安排,共分为两个阶段:第一阶段是国务院外事学院(DOS FSI)在信息共享委员会(ISC)培训代表工作组的支持下,开发核心培训模块,作为ISE的通用教育基准(行动1.31)。第二阶段包括5项行动:一是所有负责恐怖主义信息共享的联邦部门和机构根据其独特的业务流程、任务计划和政策需求量身定制培训方案(行动2.33)。二是司法部、国土安全部、联邦调查局与信息共享委员会SLT下属委员会合作,在信息共享委员会培训工作组的指导下,为SLT政府部门开发信息共享培训指南,该指南应包括作为信息共享委员会代表的各部门或机构的核心培训目标,以及SLT和私营部门各自运行环境和人员的专项培训(行动2.34)。三是所有联邦部门和机构应该为信息共享环境主管(PM-ISE)提供一份各自机构的具体培训模块,以及接受ISE培训人员的数量和职业类别,这些资料将写进总统ISE绩效报告(行动2.35)。四是联邦政府和机构将对入职6个月内的新人进行培训,每一个行政管理部门和机构都应酌情将信息共享纳入绩效考评(行动2.36)。五是联邦部门和机构应酌情修改内部政策以适应ISE培训、激励和问责的要求,包括审查不遵守处理、分发涉密和受控信息的安全程序的人员处分程序(行动 2.37)。

(四)培训标准

犯罪情报培训最低标准是美国执法情报分析师教育培训制度的核心内容,美国先后制定《犯罪情报培训最低标准》《中级分析培训课程最低标准》《高级分析培训课程最低标准》,规定了各级犯罪情报培训的对象、培训目标、培训内容、培训时长,并提供了课程清单,为联邦、州、地区、部落执法机构、政府培训部门、私营机构等开发执法情报培训项目提供了统一的标准。

2002 年 3 月,国际警察首长协会(International Association of Chiefs of Police,简称 IACP)与社区警务办公室(Office of Community Oriented Policing Services,简称 COPS Office)召开“犯罪信息共享峰会:克服障碍以加强国内安全”(Summit on Criminal Information Sharing: Overcoming Barriers to Enhance Domestic Security),强调要为情报培训建立标准[①]。

2002 年 8 月,IACP 提交的报告《犯罪情报共享:一项推动地区、州、联邦层面情报主导警务战略的国家计划》[②]进一步阐述了情报培训的重要性,提出了 5 个方面的培训内容:一是为决策者提供具有针对性的评价总结性数据的技能;二是信息共享系统以及犯罪情报理念;三是情报共享信任网络与公民权利/宪法权利保护;四是情报与信息共享义务;五是最新的方法技术[③]。

2003 年,美国司法部全球司法信息共享计划(Global)设立情报工作组(GIWG),下设培训委员会(Training Committee),该培训委员会在广泛调查讨论的基础上起草了《美国执法和其他刑事司法机构犯罪情报

---

① International Association of Chiefs of Police, International Association of Chiefs of Police, “IACP Criminal Intelligence Sharing Summit: Overcoming Barriers ot Enhance Domestic Securtiy”, Doubletree Hotel Crystal City, March 7—8, 2002.

② International Association of Chiefs of Police, “Criminal Intelligence Sharing: A National Plan for Intelligence-Led Policing At the Local, State and Federal Levels”, http://www.cops.usdoj.gov/Publications/criminalintelligencesharing_web.pdf, 2018-7-25.

③ International Association of Chiefs of Police, “Criminal Intelligence Sharing: A National Plan for Intelligence-Led Policing At the Local, State and Federal Levels”, http://www.cops.usdoj.gov/Publications/criminalintelligencesharing_web.pdf, 2018-7-25.

培训核心标准》[①],明确了执法人员、执法官员、情报指挥官/管理者、情报人员/搜集者、情报分析师、培训教员六类对象的核心培训目标,并建议将其作为情报培训国家标准,为所有执法机构实现情报主导警务所需的核心知识创建蓝图,这些核心培训目标被纳入《国家犯罪情报共享计划》(载于附件 D)。

随后,司法部司法项目办公室(OJP)建立了"反恐培训协调工作组"(Counter-Terrorism Training Coordination Working Group,简称 CTTWG),启动犯罪情报培训协调战略(Criminal Intelligence Training Coordination Strategy,简称 CITCS),CITCS 工作组下设四个委员会,负责情报分析师、情报官/管理者、执法官员、执法人员、培训教员这五类培训标准的研究。CITCS 工作组还就各级执法机构提供的情报培训类型、培训课程以及培训需求等问题制作调查问卷,对 200 个地方、州和联邦执法机构以及其他培训和情报组织进行了调查。经过广泛的调查和讨论,一系列培训核心标准被审查并被确认,最终于 2004 年发布《犯罪情报培训最低标准》[②],该标准吸收了 NCISP 附件培训核心标准的内容,正式确立了情报分析师、情报官等六类对象情报培训的最低标准。2007 年 10 月,该标准被修订,第二版面世[③]。

2013 年,美国犯罪情报协调委员会(CICC)与国土安全部(DHS)、联邦调查局(FBI)以及国家情报主任办公室(ODNI)合作,根据全球司法信息共享计划(Global)咨询委员会(GAC)的建议,以《州、地区与部落

---

① The Global Justice Information Sharing Initiative Intelligence Working Group, "Core Criminal Intelligence Training Standards for United States Law Enforcement and Other Criminal Justice Agencies", http://it. ojp. gov/documents/criminal_intel_training_standards. pdf, 2018-7-25.

② The Criminal Intelligence Training Coordination Strategy Working Group, " Minimum Criminal Intelligence Training Standards for United States Law Enforcement and Other Criminal Justice Agencie", https://it. ojp. gov/documents/minimum_criminal_intel_training_standards. pdf, 2018-7-25.

③ The U. S. Department of Justice's Global Justice Information Sharing Initiative (Global), "Minimum Criminal Intelligence Training Standards for United States Law Enforcement and Other Criminal Justice Agencies in the United States(Version 2)", October 2007.

情报分析师通用胜任能力》为依据，开发了《中级分析培训课程最低标准》。[①] 随后，《高级分析培训课程最低标准（草案）》[②]面世，明确了中级、高级分析培训课程最低标准。

2015 年，美国《分析师职业发展路线图》发布，该文件集成了《犯罪情报培训最低标准》《中级分析培训课程最低标准》关于初级分析师、中级分析师的定位与培训课程最低标准的内容，并首次对高级分析师的定位、能力素质要求和教育培训标准作了详细的阐释。文件附件 C 刊载了《高级分析培训课程最低标准》，明确了高级分析师培训课程培训目标具体内容，与《犯罪情报培训最低标准》（内含初级情报分析师培训最低标准）、《中级分析培训课程最低标准》共同构成完整的三级分析师培训最低标准体系。

综上可见，历经 10 年，美国建立了"初级、中级、高级"执法情报分析师培训最低标准，确立了"分级分类"的"全员"执法情报培训机制（见图 8－1）。所谓"分类"，即把情报培训对象划分为执法人员（Law Enforcement Officers）、执法官员（Law Enforcement Executives）、情报指挥官/管理者（Intelligence Commanders/Supervisors）、情报人员/搜集人员（Intelligence Officers/Collectors）、情报分析师（Intelligence Analysts）、培训教员（Train-the-Trainer）等六类，分别制定相应的培训标准，推进执法界的"全员情报培训"机制。所谓"分级"，是指美国针对情报分析师将其划分为初级（Basic-level）、中级（Intermediate-level）、高级（Advanced-level）三个层次分别制定情报分析师最低培训标准，明确各级分析师培训定位、培训目标和培训内容。各级情报分析师最低培训标准相互依托，同时各有其独立的不同的核心能力与行为指标。

---

① The U. S. Department of Justice's Global Justice Information Sharing Initiative, International Association of Law Enforcement Intelligence Analysts, Inc, "Minimum Standards for Intermediate-Level Analytic Training Courses", October 2013.

② The U. S. Department of Justice's Global Justice Information Sharing Initiative, International Association of Law Enforcement Intelligence Analysts, Inc, "Minimum Standards for Intermediate-Level Analytic Training Courses", October 2013.

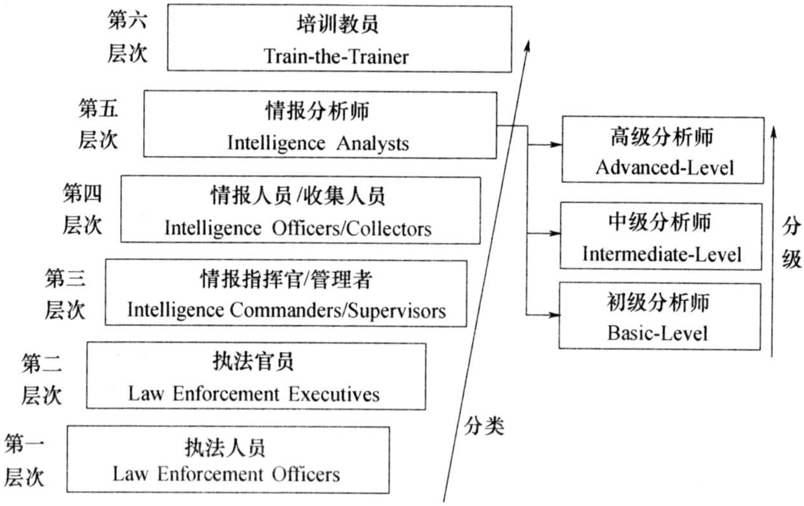

图 8-1 “分级分类”执法情报分析培训体系

（五）融合中心政策

“9·11”事件后，美国多个地区在联邦、州以及地方政府的资助下开始创建情报融合中心（Fusion Center），以推动情报信息共享与综合分析研判。2005 年，美国国土安全部国土安全委员会（Homeland Security Advisory Council，简称 HSAC）发布报告《情报与信息共享计划：国土安全情报与信息融合》[①]引入国土安全情报/信息融合的理念，将融合视为管理所有层级和各个政府部门（包括州和地方政府）情报信息流，以支持快速识别新兴的涉恐威胁最为重要的工作。经过多年的发展，情报融合中心成为美国国土安全与执法情报体系中举足轻重的力量。2010 年，国土安全部高级官员卡里恩·瓦格纳（Caryn Wagner）向国会提交的报告指出，融合中心“是强化国土安全的关键手段”[②]。2011 年，国土安全部部长珍妮特·纳波利塔诺（Janet Napolitano）指出融合中心是“反恐

① Homeland Security Advisory Council, "Intelligence and Information Sharing Initiative: Homeland Security Intelligence and Information Fusion", April 28, 2005.

② Testimony of Caryn Wagner before the House Counterterrorism and Intelligence Subcommittee of the Committee on Homeland Security (5/12/2010). //Permanent Subcommittee on Investigations United States Senate, "Federal Support for and Involvement in State and Local Fusion Center (Majority and Minority Staff Report)", October 3, 2012, p. 9.

战略的中心"[①]。2012 年,国土安全部发布的一份报告声称融合中心"在提高国土安全保卫能力上发挥了重要作用"。[②]截至 2018 年,美国已经建立 79 个融合中心,几乎所有的州和大城市均建有融合中心。美国在融合中心建设过程中,非常重视培训的作用,在推动和规范融合中心建设中最为重要的指南性、标准性文件均将情报培训作为重要内容规定了相关要求,具体如下:

1.《融合中心指南》。美国早期的融合中心建设是州和地区的一种"自发"性质的运动,旨在满足情报信息共享与融合需求,联邦层面并没有统一的建设规划和举措。2005 年开始,美国司法部在犯罪情报协调委员会的建议下,开始组建执法机构情报融合中心焦点小组,研究制定《融合中心指南》[③],为联邦、州以及地方各级融合中心建设提供政策指引。该文件共有 18 项指南,其中有 2 项指南专门就培训问题提出要求。一是第 12 项指南专门就融合中心成员的情报培训提出具体要求,明确融合中心相关工作人员应接受适当的培训,具体要求主要有:①坚持《国家犯罪情报共享计划》所列的培训目标;②确保中心成员接受符合《犯罪情报培训最低标准》的培训;③确保中心成员接受设施安全、信息安全、运行以及中心政策、章程和程序方面的培训;④在落实培训过程中要注意审定培训内容,充分考虑中心成员的培训需求,视情况提供培训,寻求经认可或符合标准的培训项目,培训重点是情报分析和情报主导警务,并要求开发教材并推广,确保分配到各类具体犯罪工作岗位的人员接受与其业务领域相适应的培训;⑤明确要求利用情景、模拟、游戏、桌面推演和野外演习等多种方式开展培训。二是第 13 项指南进一步将情报培训扩展到融合中心成员之外,要求提供多层次的教育项目,提升意

① Remarks by DHS Secretary Janet Napolitano, National Fusion Center Conference (3/15/2011). //Permanent Subcommittee on Investigations United States Senate, "Federal Support for and Involvement in State and Local Fusion Center (Majority and Minority Staff Report)", October 3, 2012, p. 9.

② "2011 National Network of Fusion Centers, Final Report, May 2012," DHS-HSGAC-FC-057027, pp. v-vi. //Permanent Subcommittee on Investigations United States Senate, "Federal Support for and Involvement in State and Local Fusion Center (Majority and Minority Staff Report)", October 3, 2012, p. 9.

③ The U. S. Department of Justice (DOJ), the U. S. Department of Homeland Security, DOJ's Global Justice Information Sharing Initiative, the Homeland Security Advisory Council, "Fusion Center Guidelines——Developing and Sharing Information and Intelligence in a New World (Version 1.0)", July 25, 2005.

识,以推动情报主导警务和司法信息共享与开发,具体要求包括:①明确培训不局限于中心成员,而应包括所有与情报业务有关的人员,无论其是直接参与融合中心工作,还是中心的用户,均应接受情报认知培训,特别强调所有调查人员、情报人员以及非传统的情报搜集人员,例如,消防、应急管理、卫生从业人员应接受情报培训,确保所有人员均具备识别可疑活动或威胁并为情报融合中心提供信息的意识与能力。此外,还强调政策制定者、立法者应接受培训,使其理解融合中心的使命和目标,从而更有效地支持中心工作,就资金、资源配置作出合理决策,并在突发事件发生时能作出合理反应。②要求融合中心开发教程,做好推广工作,确保培训的持续性和关联性。③要求融合中心建立适当的培训机制,根据特定人员的需求提供有针对性的培训。④要求融合中心应重点做好重要安全信息的传播工作,做好公共意识培育与宣传教育工作,使普通民众具备相关知识并做好准备。

2.《州和主要城市区域融合中心基准能力》。推进融合中心建设的另一份标准性文件《州和主要城市区域融合中心基准能力》[①]作为《融合中心指南》的补充,在融合中心建设过程中扮演着重要的角色,它明确了融合中心的基本能力要求,包括情报融合业务能力、管理与行政能力两个方面,其中"人员与培训"被定义为基准能力的重要变量。该文件强调融合中心应开发培训计划,确保工作人员与合作伙伴理解融合中心的使命、功能、计划和程序,并要求该培训计划能够明确中心的基本培训需求以及特殊培训需求,具体内容如下:①根据融合中心能力建设要求进一步细化特殊能力培训需求(如分析和生产、管理和治理、隐私信息保护以及安全信息)。②所有融合中心人员应接受以下最低限度的培训:一是情报流程、情报类型、特定犯罪培训,以及如何通过 NCISP 培训目标、犯罪情报培训最低标准推进融合中心收集计划的落实。二是融合中心的情报/分析部门与国家应急管理系统(National Incident Management System,简称 NIMS)和应急指挥系统(Incident Command System,简称 ICS)

① The U. S. Department of Justice's Global Justice Information Sharing Initiative, the U. S. Department of Homeland Security, The Bureau of Justice Assistance, "Baseline Capabilities for State and Major Urban Area Fusion Centers——A Supplement to the Fusion Center Guidelines", September 2008.

相一致的角色与职责。三是融合中心的隐私、安全政策和协议。③所有指派到融合中心的人员都要接受培训,包括分析师、情报官员、指派到融合中心的非执法官员(矫正服务、消防服务、公共卫生、私营部门以及其他人员),培训计划应包含脱产培训、业余培训以及必要的基础培训等。

此外,该文件还对一般执法人员、执法机构伙伴、情报管理人员、情报分析师等主体的培训要求作了明确规定,具体如下:①培训执法人员以及非传统合作伙伴,使其具备识别并及时妥善提供可疑行为、征兆和预警报告的能力。②情报管理人员应接受过情报流程、情报分析、情报管理、融合中心的使命与法律问题等方面的培训。③强化分析师的分析技能培训,要求融合中心应开发并推行培训和专业发展计划,以提升分析师的批判思维、研究、写作、陈述和报告技能,具体包括:一是分析部门的管理者应与分析师共同起草培训和职业发展计划,为分析师学习新的专业/业务知识、分析方法和技术提供培训机会和指导,具体要求如下:初级培训目标应完成"情报分析培训基础"(Foundations of Intelligence Analysis Training)项目,或接受相当的培训并获得分析师认证;遵守《执法分析标准》的规定,尤其是分析师标准;依据《执法分析标准》和《国家犯罪情报共享计划》开发培训计划。二是应为分析师以及融合中心工作人员提供恐怖分子征兆行为的培训,并遵循《犯罪情报培训最低标准》,确保分析师接受分析流程、分析报告写作以及口头报告的技能培训。三是融合中心应利用联邦政府提供的免费培训和工具建立开源情报分析能力。四是融合中心应为分析师提供分析工具应用培训,确保相关人员能够熟练运用《分析师工具箱》所列分析工具。五是应向分析师提供交流的常规渠道(如聊天室、协作网络、定期电话等),使各州或地区融合中心的分析师能够相互交流。此外,文件还规定在融合中心绩效评估中应包含对培训和演练效果的反馈指标。

第二节 美国执法情报分析师培训最低标准[①]

美国将执法情报分析师分为初级、中级、高级三个层次,并分别设定

---

① 谢晓专、徐少辉、张培晶:《美国执法情报分析师最低培训标准及其启示》,《图书情报工作》2014 年第 10 期。

培训最低标准。2004年出台的《犯罪情报培训最低标准》规定了初级情报分析师的培训标准(2007年进行了修订),2013年制定的《中级分析培训课程最低标准》确立了中级情报分析师培训最低标准,2015年发布的《分析师职业发展路线图》,详细阐述了初级、中级、高级分析师应具备的能力素质、教育背景及其培训最低标准,形成完整的情报分析师培训最低标准制度体系。

一、能力与技能培养定位

明确情报分析师的职业胜任能力与具体技能要求是培训制度设计的基础。2015年发布的《分析师职业发展路线图》对初级、中级、高级三级执法情报分析师的能力与技能要求作了详细阐述,具体如下:

(一)初级分析师的能力与技能培养定位

《分析师职业发展路线图》规定,初级分析师(Basic-level Analysts)除了应具备《州、地区与部落情报分析师通用胜任能力》所列能力素质外,还应具备12项能力或技能(参见表8-1)。为进一步揭示不同层级情报分析师的定位区别,笔者对美国三级情报分析师能力定位的描述信息以及培训标准内容进行编码,从资料中提取有研究意义的概念或范畴标签,进行归类,形成更为凝练的能力指标,其操作步骤如下:一是开放编码,即从资料中提取有研究价值的概念,与能力素质无关的信息一律剔除。二是轴心编码,按照事物发展变化本身内在逻辑理顺各概念或范畴的关系,并进一步提炼和概括,例如,表8-1中"分析流程、分析计划、分析工具、分析技巧、识别威胁、信息评估、结论/建议、发现不足"均为分析技能的组成部分,8个术语可凝练为1个核心概念即"分析技能";最后,将各类核心范畴进行整合,形成统一的框架,[1]从而更为凝练地揭示初级情报分析师的定位内核(如表8-1所示)。根据表8-1,可将初级情报分析师的核心能力与技能要求确定为"了解信息源,运用分析技能,识别风险,提出结论与建议,遵循规范,制作情报产品,建立协作网络",其中最为核心的能力/技能是掌握"分析技能"。

---

① 董金秋:《主轴编码方法及其应用中存在的问题》,《社会学》2011年第2期。

表 8－1　初级情报分析师能力定位编码分析表

初级分析师能力与技能要求[①]	开放式编码	轴心式编码	核心范畴与结论
1. 熟悉情报分析流程	分析流程	分析技能	一、核心范畴 1. 了解信源(1 项) 2. 分析技能(7 项) 3. 识别风险(1 项) 4. 情报产品(1 项) 5. 协作网络(1 项) 6. 规范(1 项) 二、关键能力 初级分析师应“了解信息源，运用分析技能，识别风险，提出结论与建议，遵循规范，制作情报产品，建立协作网络”。
2. 理解如何制定搜集和分析计划	分析计划	分析技能	
3. 熟练并运用多源信息开展分析	认识信源	了解信源	
4. 使用计算机可视化与分析工具	分析工具	分析技能	
5. 在分析过程中发现和运用各类分析技巧	分析技巧	分析技能	
6. 在分析工作中遵守隐私、公民自由权利保护规范，包括 28 CFR Part 23，个人可识别信息处理规程	隐私/自由权利	规范	
7. 与同行、其他机构代表和专业组织保持联系	职业网络	协作网络	
8. 识别社区、州、国家面临的威胁	识别威胁	识别风险	
9. 评估信息和信息来源的可靠性与有效性	信息评估	分析技能	
10. 提出建议，形成结论	结论/建议	分析技能	
11. 发现信息和建议的不足	发现不足	分析技能	
12. 撰写客户所需的报告或产品	撰写报告	情报产品	

（二）中级分析师的能力与技能培养定位

《分析师职业发展路线图》规定，中级分析师（Intermediate-level Analysts）应具备《州、地区与部落情报分析师通用胜任能力》所规定的通用能力素质，此外还应具备 17 项能力或技能（见表 8－2）。对这 17 项能力/技能的描述信息进行编码，得到 9 组核心范畴，包括“发现信源、分析技能、评估风险、情报产品、推广产品、项目管理、协作网络、领域知识、规范”，根据这 9 个核心范畴，可将中级情报分析师的核心能力定位如下：“擅长特定领域知识，发现信息源，运用分析技能，评估风险，提出结论，遵循规范，制作产品，推广产品，建立协作网络、负责项目管理。”

---

① The Global Advisory Committee, “Analyst Professional Development Road Map”, June 2015, p. 4, https://www.bja.gov/Publications/AnalystProfessionalDevelopmentRoadmap.pdf, 2018-8-10.

表 8-2　中级情报分析师能力定位编码分析表

中级分析师应具备的能力/技能	开放式编码	轴心式编码	核心范畴与结论
1. 分析中运用隐私、公民自由权利保护规范	隐私/自由权利	规范	一、核心范畴 1. 发现信源(1 项) 2. 分析技能(5 项) 3. 评估风险(1 项) 4. 情报产品(2 项) 5. 推广产品(1 项) 6. 项目管理(2 项) 7. 协作网络(3 项) 8. 领域知识(1 项) 9. 规范(4 项) 二、关键能力 中级分析师应“擅长特定领域知识,发现信息源,运用分析技能,评估风险,提出结论,遵循规范,制作产品,推广产品,建立协作网络、负责项目管理”。
2. 情报产品隐私、公民权利与自由保护审查	隐私/自由权利	规范	
3. 识别和使用“个人可识别信息”(PII)	个人信息保护	规范	
4. 独立得出分析结论	结论	分析技能	
5. 提出并验证假设和结论	结论	分析技能	
6. 在分析产品中融合替代分析	替代分析	分析技能	
7. 发现和评估信息来源	发现信息源 评估信息源	发现信源 分析技能	
8. 鉴别并应用结构化分析方法、技术和工具来制作分析产品	分析方法/技术/工具/产品	分析技能 情报产品	
9. 与同行和外部合作伙伴共享信息	合作伙伴 共享信息	协作网络	
10. 与机构内外部伙伴协作	协作	协作网络	
11. 适当标记用于传递的产品和信息(提供说明和限制范围)	标识产品	规范	
12. 在产品和信息的交流与合作中运用技术	交流合作 运用技术	协作网络	
13. 进行威胁、脆弱性和/或后果评估	威胁/脆弱性/后果评估	评估风险	
14. 开发和审核符合客户需求的分析产品	分析产品 审核产品	情报产品 项目管理	
15. 向指挥官/机构伙伴介绍分析产品和结论	介绍分析产品	推广产品	
16. 具备执法/国土安全领域某方面的专业知识	领域专业知识	领域知识	
17. 管理分析项目,包括开发、审查和传播产品	项目管理	项目管理	

中级分析师的核心能力/技能定位与初级情报分析师相比有以下三个方面的变化:一是不仅仅强调“分析技能”,而且还特别强调遵循“规范”、独立制作“情报产品”,重视“协作网络”建设;二是新增“项目管理”“推广产品”“领域知识”三个范畴,要求中级分析师具备一定的管理能力、陈述能力以及在特定领域具有知识专长;三是部分要求产生了变化,如“了解信源”调整为“发现信源”,“识别风险”变为“评估风险”,对“分析技能”的要求增加了“替代分析、结构化分析方法”等新术语,对产品制作环节强调“独立”。显然,中级分析师相比初级分析师,在“分析能力、产品制作能力、建立协作网络、伦理规范”等方面提高了要求,并增加了“管理能力、陈述能力和知识专长”三个方面的新要求。

(三)高级分析师的能力与技能培养定位

《分析师职业发展路线图》规定,高级分析师除了应具备《州、地区与部落情报分析师通用胜任能力》所规定的通用能力素质外,还应具备 13 项能力或技能(见表 8-3)。对这 17 项能力/技能的描述信息进行编码分析,得到 7 组核心范畴,分别为“总览全局、领导/管理/监督、风险评估、改进工作、战略支持、指导他人、规范”,根据这 7 组核心范畴,可将高级情报分析师的核心能力定位如下:“总览全局,领导/管理/监督分析工作,开展风险评估,改进工作(情报产品生产与传递),为国家/地区计划提供战略支持,并为分析师提供指导,规范分析工作。”

高级分析师核心能力/技能定位与中级情报分析师相比有以下三个方面的变化:一是高级分析师将核心能力定位于领导/管理/监督能力,强调高级分析师应总览全局,深刻了解和理解本机构的角色、使命以及合作伙伴、用户群,评估本机构情报分析工作面临的机会与挑战,深刻理解分析师的角色,而不再将“分析技能”列为核心能力要求;二是高级分析师负责的管理工作和一般的行政管理、人事管理等不同,是指通过领导分析团队,促进分析工作,改进分析产品,并指导分析师或担任分析师的导师;三是强调“战略支持”,在分析技能方面主要强调运用风险评估程序评估威胁信息对本辖区的影响,为国家和地区计划提供战略支持。

表 8－3　高级情报分析师能力定位编码分析表

<table>
<tr><th>原始描述信息</th><th>开放式编码</th><th>轴心式编码</th><th>核心范畴</th></tr>
<tr><td>1. 能够清晰阐述本机构的角色与使命以及信息共享环境中的合作伙伴和用户群</td><td>机构使命/合作伙伴/用户群</td><td>总览全局</td><td rowspan="13">一、核心范畴
1. 总览全局(4 项)
2. 领导/管理/监督(3 项)
3. 风险评估(1 项)
4. 改进工作(2 项)
5. 战略支持(1 项)
6. 指导他人(1 项)
7. 规范(1 项)
二、关键能力
高级分析师应“总览全局，领导/管理/监督分析工作，开展风险评估，改进工作(情报产品生产与传递)，为国家/地区计划提供战略支持，并为分析师提供指导，规范分析工作”。</td></tr>
<tr><td>2. 评估本机构分析工作面临的机会与挑战</td><td>机会与挑战</td><td>总览全局</td></tr>
<tr><td>3. 贯彻落实隐私、公民权利与自由保护政策</td><td>隐私与权利</td><td>规范</td></tr>
<tr><td>4. 分析本机构的业务与流程如何支持地区和国家计划</td><td>分析业务/支持地区与国家计划</td><td>总览全局
战略支持</td></tr>
<tr><td>5. 领导和项目管理</td><td>领导/项目管理</td><td>领导/管理</td></tr>
<tr><td>6. 监督分析工作的完成</td><td>监督分析工作</td><td>监督</td></tr>
<tr><td>7. 促进信息的生产和传递</td><td>改进生产/传递</td><td>改进工作</td></tr>
<tr><td>8. 成为执法或国土安全某个方面的专家</td><td>成为专家</td><td>领域专家</td></tr>
<tr><td>9. 能够审查和改进搜集和产品计划</td><td>审查/改进计划</td><td>管理</td></tr>
<tr><td>10. 能够运用正式的风险评估分析程序评估威胁信息对辖区的影响</td><td>风险评估</td><td>风险评估</td></tr>
<tr><td>11. 提高分析产品的一致性、质量和说服力</td><td>改进产品</td><td>改进工作</td></tr>
<tr><td>12. 理解分析师是如何影响犯罪情报和警务实践的(例如情报主导警务)</td><td>分析师的作用</td><td>总览全局</td></tr>
<tr><td>13. 能够指导(以正规教育、培训或导师等多种方式)分析师从事情报分析工作</td><td>指导分析师</td><td>指导</td></tr>
</table>

二、学历与工作经历要求

《分析师职业发展路线图》对三级情报分析师的定位不仅体现在能力要求上，还对学历和工作经历有明确要求，总的来说，有如下三个方面的特点：第一，学历越高，对工作年限的要求越低，鼓励受过良好的高等教育的人员成为情报分析师；第二，不排斥无学历者，即便没有学历，如果有足够的工作经验也有机会成为情报分析师；第三，对工作经验的要求不仅提出工作年限要求，而且必须是从事研究、分析和情报方向的工作经历，强调工作经验的相关性。三级情报分析师的学历和工作经历要求对比情况如表 8－4 所示。

表 8－4　三级执法情报分析师对学历和工作经历的要求

学历	初级分析师 工作年限要求	中级分析师 工作年限要求	高级分析师 工作经历要求
研究生	—	—	5 年以上
本科(4 年制)	—	2 年以上	10 年以上
专科(2 年制)	2 年以上	5 年以上	12 年以上
无学位	5 年以上	10 年以上	15 年以上

三、培训目标与内容标准

（一）初级分析培训课程最低标准

《犯罪情报培训最低标准》《分析师职业发展路线图》对初级分析师培训课程最低标准作了详细规定。初级培训课程旨在发展和提升初级分析师的分析能力，其基本定位如下：一是让分析师了解犯罪、情报和相关概念；二是掌握情报工作流程，包括计划与指导、搜集、处理、分析、传递、评估等；三是熟悉信息源；四是了解隐私/公民权利与公民自由保护问题；五是掌握分析技术、发展评估和产品传递等方面的知识与技能①。为实现该培训定位，初级分析师必须接受至少 40 个小时的培训，培训标准包括 8 大目标共计 28 项内容，具体如表8－5所示。

表 8－5　初级情报分析师培训标准②

目标 1：理解犯罪情报流程、情报主导警务、信息共享框架及其在维护公共安全中的作用		
课时	标准	课程设置要考虑的主题/资料来源
3 小时	1. 情报概述	

① The U. S. Department of Justice's Global Justice Information Sharing Initiative, International Association of Law Enforcement Intelligence Analysts, Inc. , "Minimum Standards for Intermediate-Level Analytic Training Courses", October 2013.

② The U. S. Department of Justice's Global Justice Information Sharing Initiative, "Minimum Criminal Intelligence Training Standards for United States Law Enforcement and Other Criminal Justice Agencies in the United States (Version 2)", https://it. ojp. gov/documents/d/minimum%20criminal%20intelligence%20training%20standards. pdf, 2018-8-10.

续表

<table>
<tr><th>课时</th><th>标准</th><th>课程设置要考虑的主题/资料来源</th></tr>
<tr><td rowspan="5">3 小时</td><td>2. 情报流程/周期</td><td>• 搜集、分析、传递/产品、整理、评价、评估
• 情报起源/历史
• 分析师的角色与职责
• 情报主导警务</td></tr>
<tr><td>3. 人际网络</td><td>与同行、其他机构/组织以及专业会员等建立联系以交流信息</td></tr>
<tr><td>4. 国家犯罪情报共享计划</td><td>• 信息共享/信息共享计划,包括执法信息共享计划(LEISP)、全球司法信息共享计划(Gobal)、FBI 全国数据交换计划(N-DEx)等
• 社区、州和国家面临的威胁
• 恐怖主义/专题材料
• 情报主导警务
• 社区警务</td></tr>
<tr><td>5. 职业标准/分析师认证项目</td><td>• 国际执法情报分析师协会(IALEIA)
• 执法分析标准
• 国际犯罪分析师协会(IACA)</td></tr>
<tr><td>6. 信息共享框架</td><td>• 融合中心
• 信息共享环境实施计划(ISE-IP)
• 地方/地区计划</td></tr>
<tr><td colspan="3">目标 2:掌握如何恰当处理犯罪情报信息,包括文档管理和信息评估</td></tr>
<tr><td>课时</td><td>标准</td><td>课程设置要考虑的主题/资料来源</td></tr>
<tr><td rowspan="4">2 小时</td><td>1. 安全</td><td>• 执法情报机构联盟(LEIU)《犯罪情报文件指引》
• http://www. ioss. gov/</td></tr>
<tr><td>2. 信息管理</td><td>• 电子信息
• 档案(存储)
• 文件(复印件)</td></tr>
<tr><td>3. 信息评估</td><td>可靠性/来源有效性</td></tr>
<tr><td>4. 标识和使用涉密信息</td><td>• 涉密信息
• 非涉密敏感信息(SBU)
• 非涉密受控信息(CUI)
• 州授权的标记</td></tr>
<tr><td colspan="3">目标 3:通过批判思维、逻辑、推理、建议生成过程来体验情报开发</td></tr>
<tr><td>课时</td><td>标准</td><td>课程设置要考虑的主题/资料来源</td></tr>
<tr><td>4 小时</td><td>1. 批判性思维</td><td></td></tr>
</table>

续表

课时	标准	课程设置要考虑的主题/资料来源
4 小时	2. 逻辑/逻辑错误	
	3. 推理	David L. Carter (1994),《执法情报:州、地区、部落执法机构指南》
	4. 犯罪指标	
	5. 犯罪模式/分析	
目标 4:掌握制定和实施搜集与分析计划的方法程序,包括重新评估过程/产品		
课时	标准	课程设置要考虑的主题/资料来源
2—3 小时	1. 客户需求(战略/战术)	情报产品是否满足预期目的和需求
	2. 情报搜集需求	• 情报缺口 • 情报需求 • 全球司法信息共享计划对州、地区与部落的情报要求
	3. 有效的情报产品规划	制定情报搜集和调查计划
	4. 将客户反馈纳入情报周期	
目标 5:熟悉情报相关法律、隐私和伦理问题		
目标	标准	课程设置要考虑的主题/资料来源
2—3 小时	1. 法律法规问题	• 遵守政策/规程 • 犯罪情报系统运行政策 • 美国检察官办公室、地区检察官办公室以及当地检察官等可用资源
	2. 隐私、公民自由与公民权利	隐私问题/案例
	3. 伦理	提供情景阐释其重要性
	4. 民事责任	情报工作过程中的责任问题概述
目标 6:掌握各类信息源及其不足		
课时	标准	课程设置要考虑的主题/资料来源
3 小时	信息源/可用资源	• 执法和情报信息系统,包括 RISS、HSIN、LEO 等系统 • 矫正与其他刑事司法系统 • 公开信息源(包括互联网、信息共享系统、通信网络、信息中心、商业和公共数据库等) • 演示选定的系统

续表

目标 7:熟练掌握从事分析工作所需的方法、工具和技术等应用知识		
课时	标准	课程设置要考虑的主题/资料来源
16 小时	1. 分析技术	• 威胁评估 • 犯罪模式分析 • 关联分析 • 通话记录分析 • 流程分析 • 财务分析 • 策略分析
	2. 分析工具	• 电子表格 • 流程图绘制应用软件 • 分析软件 • 演示软件等
目标 8:掌握陈述技巧,包括报告撰写、统计和绘图技术		
课时	标准	课程设置要考虑的主题/资料来源
4—8 小时	1. 报告撰写	• 优秀报告的基本准则 • 情报、调查报告、简报等之间的区别
	2. 信息陈述	• 口头与书面汇报

(二)中级分析培训课程最低标准

中级分析师培训侧重于提升分析师对分析工作的理解及其分析业务能力,尤其重视执法、国土安全重点领域知识的培训。《分析师职业发展路线图》专门对“执法、国土安全重点领域”作了界定,包括以下领域:(1)国土安全:边境安全、防护与渗透,关键基础设施保护,公共卫生与安全,可疑活动报告,恐怖主义(国内和国际),暴力极端主义激进化,威胁金融,大规模杀伤性武器扩散等;(2)暴力犯罪活动:抢劫、性犯罪、杀人、严重人身攻击;(3)侵财犯罪:盗窃、机动车辆相关犯罪;(4)有组织犯罪:金融犯罪、身份盗用、黑帮(团伙犯罪)、贩卖人口、毒品和毒品走私、跨国犯罪;(5)网络犯罪:网络空间安全和高科技/电子犯罪;(6)其他:战略性犯罪威胁。《中级分析培训课程最低标准》《分析师职业发展路线图》为中级分析师培训课程设定了 7 大目标,包括保护隐私、公民权利与自由,情报分析过程中的批判性思维,理解执法或国土安全环境中信息共享与协作的重要性,在执法或国土安全环境下融合情报和执法领域的情报分析技术,传递分析观察与研判结论并制作情报产品,将概念与原则转化为行动,提升领导力和项目管理能力。具体培训目标与内容标准如表 8 - 6 所示:

表 8-6　中级分析培训课程最低标准①

目标 1:保护隐私、公民权利和自由	
主题	标准
1. 隐私、公民权利与公民自由保护	• 理解隐私、公民权利和自由保护的重要性 • 理解隐私、公民权利与自由保护缺位的影响 • 理解执法标准、调查和犯罪证据有关的隐私、公民权利与自由问题 • 了解个人可识别信息及其在情报分析工作中的应用 • 了解州、地区、联邦机构隐私权法律、政策与程序及其在情报分析过程中的应用
2. 实施隐私、公民权利与公民自由保护	• 学习掌握保护隐私、公民权利与公民自由的工具和产品 • 浏览 www. it. ojp. gov/privacyliberty 主页,理解其内容对于执法和国土安全工作人员的价值 • 探讨培训机构工作人员以及执法、国土安全与公共安全合作伙伴对隐私保护议题的重要性
3. 隐私、公民权利、公民自由与情报周期	识别隐私、公民权利与公民自由对情报周期的影响,具体包括: • 信息收集 • 信息审查 • 信息存储 • 报告撰写 • 信息与产品传递等
目标 2:情报分析过程中的批判性思维	
主题	标准
批判性思维	• 理解犯罪与情报分析开发方法 • 参照已建立的标准评估思考与分析工作的质量 • 在数据筛选和使用、形成论点与结论的过程中克服思维定式,避免常见错误 • 基于逻辑论证与数据形成结构化的、条理清晰且有意义的结论或成果 • 对非一致性数据作出解释 • 识别、分派、获取和评估信息,确定其有效性与可靠性以减少不确定性和知识缺口

① The U. S. Department of Justice's Global Justice Information Sharing Initiative, International Association of Law Enforcement Intelligence Analysts, Inc, "Minimum Standards for Intermediate-Level Analytic Training Courses", October 2013.

续表

主题	标准
批判性思维	• 描述基础情报源的质量与可靠性 • 理解分析判断中的警告说明、不确定性表达或信度 • 分析思考过程 • 区分思考和论证
逻辑与推理	• 独立或以合作开发和提供分析结论 • 全面质疑关键假设 • 提出和验证多元假设和结论 • 理解产品中替代分析(alternative analysis)的重要性 • 区分情报与分析师的假设判断
目标3:理解执法或国土安全环境下信息共享和协作的重要性	
主题	标准
理解州、地方和部落执法机构在信息共享环境中的角色	• 理解州、地方和部落执法机构的角色、功能及其在信息共享工作中的重要性 • 理解州、地方、部落情报和犯罪分析在信息共享环境中的角色与职责 • 理解国家情报、执法情报以及其他各类情报(如军事情报)的区别和联系 • 了解情报界(IC)的目标与功能 • 理解州、地方、部落机构在情报界(IC)的角色 • 理解国内情报信息共享网络的目的与作用 • 理解国家情报主任办公室(ODNI)指令-分析标准(Analytic Standards) • 理解国土安全部、司法部、联邦调查局、国家情报主任办公室和其他联邦成员在信息共享中的角色和功能
协作与共享信息	• 理解关系网络如何强化协作与信息共享 • 在国土安全和执法界建立信任网络以分享关键信息和见解 • 通过有计划地分工协作、共享成果,避免重复工作,提升影响力 • 减少分析观点/结论方面的矛盾冲突 • 掌握信息搜集渠道与搜集方法 • 理解当地或地区信息共享和分析的需求与目标
处理、存储、保存信息的安全考虑	• 存储和维护信息以供充分利用,包括确保合理标识文件使用说明和限制事项 • 在信息共享、存储和分析活动中应用法律、隐私权/公民权利/公民自由和安全指南、限制要求以及隐私保护和安全实践经验等 • 理解安全官员的角色及其保护信息安全的职责 • 理解接收、处理、存储和传播涉密与非涉密信息的政策和条款

续表

主题	标准
将技术用于信息共享与协作	发现和掌握有助于数据交换、协作和内容发布的技术
目标4:在执法和国土安全环境下融合情报与执法领域的情报分析技术	
使用结构化分析技术与工具	• 分析国土安全、执法和非执法等各类数据与趋势(包括战略与战术): －人口分析　－金融分析　－关联分析 －流程分析　－地理空间分析　－预警/预测分析 －犯罪活动分析　－目标分析等 • 掌握各类结构化分析技术和工具,包括: －情报搜集计划　－结构与问题定义 －数据可视化　－生成创意(包括问题解决分析技术) －指标与情景　－假设生成与检验(包括竞争性假设分析法) －原因与后果评估　－挑战分析(例如德尔菲法) －冲突管理(包括相互矛盾的假设或建议的处理等) －决策支持(包括 SWOT 分析技术) －基于证据的情景再现 • 广泛集成和运用各类可用的工具(包括软件) • 运用分析软件、工具和技术开发产品 • 评估各类分析技术使用的效果 • 运用情报分析机构运行的周期变化规律 • 使用公开情报源,包括审查可用资源,搜索互联网,使用公共和商业数据库等,评估其有效性与价值 • 创造性地运用数据和想象思维预测变化,寻求新的思路与创新性解决方案
理性理解威胁与风险评估报告	• 定义、预测、评估、交流风险与威胁 • 制作同中级分析师期望值相当的详细的或概论性的威胁、脆弱性与后果评估报告 • 为规避风险提供建议
可疑活动报告(SAR)业务过程	• 根据信息共享环境标准(ISEs),以适当的方式搜集、审查和传递可疑活动报告(SARs) • 运用分析技术识别趋势、模式或其他关联 • 在识别和监控重大趋势与模式时将可疑活动报告(SAR)信息作为信息源使用 • 清楚什么样的搜集计划能够支持可疑活动报告(SAR)工作

续表

目标5:传递分析观察与研判结论并制作分析产品	
开发分析产品	• 确保分析产品符合用户需求 • 了解分析产品的种类,选择合适产品类型,战略、战术、行动性产品都有常用的形式,包括但不限于: - 情报、战术和犯罪简报　　- 情报通告 - 评估报告　　- 情报简报 - 问题解决型项目报告等 • 制作分析报告支持调查或诉讼 • 重点强调与之前报告或产品的一致和变化的内容 • 在报告、其他分析产品以及简报清晰阐述评估、建议和下步安排 • 开发在资源和信息有限的情况下构思论文、回答问题和制作产品的技术 • 勾画关键问题和复杂情境,为决策者制定解决方案和采取行动提供支持 • 识别、解释和引用数据与数据源 • 与其他合适的合作伙伴就产品进行协商 • 骑缝密封文件 • 标记与传递产品
传递分析观察和研判结论	• 评估新信息的重要性和紧迫性,或识别发展变化趋势,将分析成果或建议传递给战术行动者、战略决策者和利益相关者 • 将情报用户的需求转变为犯罪信息或情报要求 • 制作对外发布或内部使用的产品 • 熟悉并履行审核审批程序,记录审查结果 • 使用演示与编辑软件 • 制作产品摘要,向同事、指挥团队、指挥官等作口头或书面报告 • 跟踪产品,获取反馈信息,评估效果 • 学习制作有效的资料汇总表
目标6:将概念和原理转化为行动	
专题领域的专业技术知识	• 学习如何制定和撰写搜集计划 • 分析地区、州、国家和国际与执法、国土安全威胁、风险有关的问题,包括但不限于: - 边境保卫与渗透　　- 关键基础设施与关键资源 - 网络安全与高科技/电子犯罪　　- 应急管理 - 金融犯罪　　- 团伙犯罪 - 贩卖人口　　- 麻醉剂与毒品走私

续表

目标 6:将概念和原理转化为行动	
专题领域的专业技术知识	-公共卫生与安全 -战略性犯罪威胁 -可疑活动报告 -恐怖主义 -跨国犯罪 -暴力犯罪活动 -大规模杀伤性武器 -盗窃 -抢劫 -性犯罪 -杀人 -地理测绘等 • 理解不同类型的犯罪活动之间的关联
目标 7:提升领导力和项目管理能力	
绩效评估	• 预见变化并寻求新见解和创新性解决方案 • 评估分析绩效和管理的质量 • 分享国土安全和执法犯罪情报信息以及情报输出和影响方面的最佳实践
项目管理	• 独立或以合作的方式提出建议,并将分析方法、搜集计划、国土安全和执法领域优先考虑的信息共享需求的设计和内容纳入研究,以平衡长远价值与短期效应 • 管理项目、时间进度和确定优先事项 • 协调和参与产品的开发、审查与交付
领导力	• 指导分析师,帮助他们确认自身具备的技巧与才能并最大限度地运用其技能与才能 • 通过问答方式指导和帮助缺乏经验的分析师,鼓励他们继续学习,并为其职业发展提供鼓励和支持 • 建立职业联系网络,为分析师们提供更多的交流联络机会 • 鼓励分析师从公认的专业协会考取认证 • 参加并鼓励其他成员加入专业协会

(三)高级分析培训课程最低标准

《分析师职业发展路线图》明确高级分析师的培训重点是提升分析师全方位的分析能力,同时还包括教练技术培训和项目管理培训,此外,分析师还应参加领导/管理/监督或专业技术知识方面的专门培训。基于这种定位,高级分析培训课程最低标准将培训重点聚焦于以下两大方面:一是提升和完善执法或国土安全领域的专业技术知识(具体培训标准参见表 8-7);二是开发和强化高级分析师的领导力、管理和监督能力(具体培训标准参见表8－8)。《分析师职业发展路线图》还列举了3个高级培训课程项目,包括海军研究生院融合中心领导力项目(Naval Postgraduate School's Fusion Center Leaders Program)、国土安全部(DHS)管理协作分析(Managing Collaborative Analysis)、美国特勤局(USSS)的网络分析课程(Cyber Analysis Course)等。

表8－7　高级分析师专业技术知识培训最低标准①

目标	主题	标准
目标1 将概念、原理转化为实践行动	1. 至少精通一个重点领域的专业技术知识	• 深化理解和掌握某一执法或国土安全领域的专业知识,包括:边境安全、防护与渗透,关键基础设施保护,网络安全和高科技/电子犯罪,金融犯罪,身份盗用,团伙犯罪,贩卖人口,麻醉毒品与毒品走私,公共卫生与安全,战略犯罪威胁,可疑活动报告(SARs),恐怖主义(国内或国际),威胁融资,跨国犯罪,有组织犯罪,暴力犯罪活动,大规模杀伤性武器扩散,入室盗窃,抢劫,性犯罪,杀人,地理测绘,暴力极端主义的激进化 • 识别和确认不同类型犯罪活动之间的相互关系及其对辖区、地区、国家的影响
	2. 审查和改进某一业务领域的搜集计划	• 了解责任领域(AOR)已掌握的信息或地区/国家层面的合作伙伴所掌握的信息 • 了解该业务领域的信息需求与信息缺口 • 领导情报搜集、获取或信息需求计划制定,评估信息需求和信息缺口 • 理解国家、州以及地区威胁环境如何影响执法或国土安全领域 • 理解国家、州或地区威胁信息对辖区的影响如何牵引本机构或客户的搜集计划 • 了解与犯罪情报与警务战略相关的客户需求
	3. 评估和改进某一业务领域的分析产品计划	• 了解分析产品计划的目的以及如何制定计划 • 确定如何使分析产品计划与本机构现有的计划、政策和标准操作程序相协同 • 了解如何评估和改进计划目标和框架,以适应明确的和临时性的客户需求或突发威胁 • 学习如何权衡接受新任务或临时性任务,这可能需要机构领导不断重新评估他们的分析优先事项

① The Global Advisory Committee (GAC), "Analyst Professional Development Road Map", https://it.ojp.gov/GIST/179/File/Analyst%20Professional%20Development%20Road%20Map1.pdf/, 2018-8-10.

续表

目标	主题	标准
目标 2 融合执法或国土安全环境中的分析技术	1. 通过正式的风险评估程序评估威胁信息对司法辖区的影响	• 学习如何进行风险分析,集成所有来源的与威胁、漏洞、特定主题领域后果有关的信息 • 将执法或国土安全领域应用于正式的地区或州风险评估 • 建议将风险评估结果应用于管辖区域和优先事项
	2. 针对本机构问题、程序和产品开展实践演习,以强化批判性思维和分析思想	• 了解如何围绕某一明确的执法或国土安全领域开展分析工作 • 学习如何参与司法辖区或地区演习,以检测和运用作为威胁环境组成部分的分析工作 • 理解技术如何支持分析工作
目标 3 传递分析观察和判断	提高分析产品的一致性、质量和正当性	• 开发执法与国土安全领域的产品(包括战略和战术产品) • 审查产品以确保执法或国土安全分析产品的准确性与质量 • 向机构领导、客户和其他合作伙伴阐明分析产品的发现与建议 • 通过研究有效的战略与战术,学习具体执法或国土安全领域的解决方案实例 • 了解如何运用技术提高分析产品的价值和实用性

表 8-8 高级分析师领导力/管理/监管培训最低标准

目标	主题	标准
目标 1: 理解战略性支持如何改进分析业务		• 在分析过程中运用机构角色和使命 • 与机构领导一起确定或强化机构角色与使命 • 与机构领导一起制定分析部门的战略计划 • 将分析过程延伸至机构客户 • 与机构客户接洽确定分析需求 • 与联邦合作伙伴(包括执法界和情报界)合作 • 理解客户业务需求和分析对业务的影响 • 理解分析业务中机构、合作伙伴、客户的角色、管辖权限与限制
	评估机构分析工作的机会与挑战,包括了	• 了解机构运行政策及其在分析过程中的应用 • 与机构领导层合作,将分析过程纳入机构政策,制定政策来创建和加强分析过程

续表

目标	主题	标准
目标1：理解战略性支持如何改进分析业务	解新出现的和演变中的政策和战略问题	• 评估新出现的问题及其对分析业务相关政策的影响 • 展示全球视野、批判性思维，因为它涉及全新的与合作伙伴机构和技术的关系，并鼓励分析人员也这样做 • 获得关于分析过程和政策策略的指导 • 学习如何基于有效的战略和战术研究为改进运行计划提供建议 • 学习如何与机构领导合作，协调/加强分析工作，支持警务计划
目标2：在分析业务中运用机构政策和评估分析过程的影响	促进隐私、公民权利和自由问题和政策的实施	• 理解分析过程中隐私、公民权利和公民自由（P/CRCL）保护的重要性 • 评估保护隐私、公民权利和自由的机构政策及其与分析工作的关系 • 提供隐私、公民权利与自由保护以及与产品审查程序有关的培训 • 协调机构审查程序确保隐私、公民权利和自由保护及其与分析工作的关系
	分析机构业务和程序如何支持区域和国家计划的重要性	• 管理信息共享环境以及地区和国家计划中的分析活动，包括： – 国家融合中心网络（National Network of Fusion Centers） – 区域信息共享系统（RISS）中心 – 高位毒品贩运地区（HIDTAs） – 联合反恐特遣部队（JTTFs） • 将诸如犯罪情报联盟（Criminal Intelligence Enterprise，CIE）之类的自下而上的收集方法应用于地区和国家计划 • 深化对支持分析活动的国家组织的认识，包括： – 国际执法情报分析师协会（International Association of Law Enforcement Intelligence Analysts） – 国际犯罪分析师协会（International Association of Crime Analysts） – 执法情报机构联盟（Association of Law Enforcement Intelligence Units） • 将国家计划和指南用于分析活动 • 与机构领导合作，增强和加强分析业务，以助力和支持国家计划

续表

目标	主题	标准
目标3：理解组织设计对分析工作的影响	提供领导能力和项目管理	• 讨论机构运行面临的领导能力挑战，包括与其他机构接触（包括州、地区、部落、区域、联邦以及私营机构） • 学习如何管理合作项目 • 学习如何与地区和国家伙伴进行接触 • 学习如何在完成分析工作中克服组织障碍
	监督分析工作	• 学习运用通用胜任力标准提高和改进分析工作 • 重视分析周期管理，将其作为集成分析、产品制作、信息共享以及强化合作与协作的工具 • 在分析工作中运用结构化分析技术 • 学习如何在分析过程中培训和指导分析人员 • 理解情报缺口、优先事项与国家或地区需求的一致性 • 学习如何通过提升分析师建议能力来强化分析工作的作用 • 学习如何运用技术辅助分析工作
	产品与信息传递	• 审查产品风格、格式和内容，通过审查程序改进产品流转 • 指导分析师组织和撰写分析产品 • 跟进产品，评估产品的影响，据此规划未来的产品开发 • 与分析师一起开发和传递与问题、客户和目的相匹配的产品 • 组织和管理分析人员/团队与产品 • 依据已有的标准“情报界分析标准”（IC Analytic Standards）评估分析产品的质量

四、三级情报分析师培训标准比较分析

通过比较美国三级情报分析师能力、学历、工作经历、培训内容的不同，可进一步理解美国对不同层次的情报分析师的定位，以及美国执法情报分析师制度设计的基本逻辑。美国对初级、中级、高级分析师的能力与技能定位主要区别如下：初级分析师（Basic-level Analysts）是入门级分析师或学徒（Entry-level or Apprentice），其核心能力与技能培养定位在于“掌握分析技能，制作情报产品，建立职业网络”。中级分析师（Intermediate-level Analysts）则被定位为经验丰富的分析师（Experienced

Analyst)，是正式分析工作者(Practitioner)而非学徒，中级培训课程重点聚焦于分析师的专业分析能力，旨在帮助中级分析师进一步掌握特定领域的专门知识，更加深入地理解分析师的角色、功能及其在组织中的地位，掌握批判性思维技术，能够制作与生产战略评估产品，向用户传递分析成果，此外，中级培训课程还强调培养分析师的项目管理能力和领导力，一方面能够开展分析项目管理，另一方面作为分析岗位新人的导师，为新人提供在职培训，为新人职业发展规划提供支持。[①] 高级分析师(Advanced-level Analysts)应扮演团队带头人/分析师监管者(Lead/Supervisory Analyst)或顶级分析专家(Topic Specialization)的角色，这个层次的分析师应作为领导或管理者，对分析活动应有全局性的把握，应该成为公认的某个业务领域的分析专家，高级分析师培训课程最低标准与中级标准相比，将培训重点聚焦于以下四大方面：一是进一步提升和完善执法或国土安全领域的专业技术知识，使其成为领域专家；二是发展和强化高级分析师的领导力、管理和监督能力，规范和改进情报分析工作；三是牵头辖区战略风险评估，为国家或地区计划提供战略支持；四是担任分析师导师或指导分析师，提升分析队伍的能力。具体说来，初级、中级、高级分析师培训定位与培训内容的比较矩阵如表8-9和表8-10所示。

表8-9 美国初级、中级、高级分析师培训定位对比表

定位	初级分析师	中级分析师	高级分析师
基本定位	入门级分析师或学徒	经验丰富的分析师	领导/分析师管理者或分析专家
学历与相关工作经验	本科 或专科+2年以上经验 或无学历+5年以上经验	研究生 或本科+2年以上经验 或专科+5年以上经验 或无学历+10年以上经验	研究生+5年以上经验 或本科+10年以上经验 或专科+12年以上经验 或无学历+15年以上经验

① The U. S. Department of Justice's Global Justice Information Sharing Initiative, International Association of Law Enforcement Intelligence Analysts, Inc., "Minimum Standards for Intermediate-Level Analytic Training Courses", October 2013.

续表

定位	初级分析师	中级分析师	高级分析师
能力/技能定位与培训标准	学习分析技能 制作分析产品 建立职业网络	具备特定领域的知识专长 熟练掌握和运用分析技能 具备战略评估分析能力 具备分析项目管理能力 介绍产品(陈述)能力	总览全局 精通某领域专业知识 领导/管理/监督分析工作 开展风险评估提供战略支持 指导分析师/担任导师 规范和改进情报分析工作

表 8－10　美国初级、中级、高级分析师培训内容对比矩阵

知识模块	初级分析师	中级分析师	高级分析师
情报概述	情报概述、情报起源/历史、情报流程(周期)、情报主导警务、分析师的角色与职责、职业标准/分析师认证项目	无	无
情报共享与协作	国家犯罪情报共享计划;信息共享框架(融合中心、信息共享环境实施计划、地区计划);人际网络(信息交流网络)	理解各级执法机构在信息共享环境中的作用;协作与共享信息(关系网络的作用、信任网络建设等);将技术用于信息共享与协作	无
信息处理与管理	安全(犯罪情报文件指引);信息管理(电子信息、档案与文件管理);信息评估;标识和使用涉密信息	信息处理、存储的安全考量(存储和维护信息,合理标识文件使用说明和限制事项;应用法律、隐私权/公民自由权利和安全指南、限制以及安全保护实践经验;理解安全官员的作用与职责;理解接收、处理、存储和传播涉密与非涉密信息的政策和条款等)	无

续表

知识模块	初级分析师	中级分析师	高级分析师
情报需求与计划	客户需求、情报搜集需求（情报缺口与需求）、情报产品规划（情报搜集和调查计划）、客户反馈	如何制定和撰写搜集计划	审查和改进业务领域的搜集计划（了解所掌握的信息；清楚信息需求与信息缺口；理解国家、州以及地区威胁环境对执法或国土安全领域的影响，理解威胁信息对辖区的影响，并据此组织制定搜集计划）
情报源与搜集	信息源/可用资源，包括执法和情报信息系统、开源信息等	掌握信息搜集渠道与搜集方法	无
情报分析	批判性思维、逻辑与推理；犯罪征兆、犯罪模式/分析；分析技术（威胁评估、犯罪模式分析、关联分析、通话记录分析、流程分析、财务分析、策略分析）与分析工具（电子表格、流程图绘制应用软件、分析软件、演示软件等）	批判性思维与逻辑推理；使用结构化分析技术与工具（人口分析、财务分析、关联分析、流程分析、地理空间分析、预警/预测法分析、犯罪活动分析、目标分析等）；理解威胁与风险评估报告以及可疑活动报告（SAR）程序	开展实战演习以强化批判性思维和分析思想（了解如何围绕特定执法或国土安全领域开展分析工作，学习如何参与辖区或地区演习以检测和运用分析工作，理解如何运用技术辅助分析工作等）。通过正式风险评估流程评估威胁信息对辖区的影响（集成所有与威胁、漏洞及其后果有关的信息开展风险分析；撰写风险评估报告，并将风险评估结果应用于管辖区域和优先事项等）
情报产品与传递	报告撰写、信息陈述（口头和书面报告）	开发分析产品（了解产品种类，确保产品符合用户需求，制作分析报告支持调查或诉讼，骑缝密封文件等）。传递结论（熟悉并履行审核审批程序、使用演示与编辑软件、制作产品摘要、跟踪和评估产品效果等）	评估和改进分析产品计划；学习产品制作技术，开发执法与国土安全领域的产品；指导分析师组织和撰写分析产品；审查分析产品风格、格式和内容，提高分析产品质量；改进情报产品的流转；跟进和评估产品的影响，规划未来产品开发

续表

知识模块	初级分析师	中级分析师	高级分析师
法律与伦理问题	法律法规问题；隐私、公民自由与公民权利；伦理；民事责任	隐私、公民权利与公民自由保护（重要性、缺位的影响、法律政策与程序的应用、隐私与自由权利保护工具和产品等）	隐私、公民权利和自由问题和政策
专题业务知识	无	专题领域的专业技术知识（边境保卫与渗透、关键基础设施与关键资源、网络安全与高科技/电子犯罪、应急管理、金融犯罪、团伙犯罪、贩卖人口、麻醉剂与毒品走私、公共卫生与安全、战略性犯罪威胁、可疑活动报告、恐怖主义、跨国犯罪、暴力犯罪活动、大规模杀伤性武器、盗窃、抢劫、性犯罪、杀人、地理测绘等）	至少精通某一重点领域的专业技术知识［边境安全/防护与渗透、关键基础设施保护、网络安全和高科技/电子犯罪、金融犯罪、身份盗用、团伙犯罪、贩卖人口、麻醉剂与毒品走私、公共卫生与安全、战略性犯罪威胁、可疑活动报告（SARs）、恐怖主义、威胁融资、跨国犯罪、有组织犯罪、暴力犯罪、大规模杀伤性武器扩散、入室盗窃、抢劫、性犯罪、杀人、地理测绘、暴力极端主义的激进化等］
领导力与项目管理能力	无	绩效评估（预见变化并寻求新见解和创造性解决方案、评估分析绩效和管理的质量、分享最佳实践）；项目管理（平衡长远价值与短期效应、确定管理项目/时间进度和优先事项、协调和参与产品的开发/审查与交付）；领导力（指导和帮助缺乏经验的分析师，为其职业发展提供鼓励和支持，建立职业联系网络，鼓励分析师从公认的专业协会考取认证，参加并鼓励其他成员加入专业协会等）	培育领导力与项目管理能力（机构运行面临的领导力挑战，如何管理合作项目，如何与地区和国家伙伴进行接触，如何在完成分析工作中克服组织障碍等）；审视机构的角色和使命，明确客户群；评估分析工作面临的机会与挑战；分析机构业务和程序如何支持区域和国家计划；分析确定客户需求，制定分析部门的战略计划；理解分析业务中机构、合作伙伴、客户的角色、管辖权限与限制；管理信息共享环境以及地区和国家计划中的分析活动；深入认识支持分析活动的专业组织；将国家计划和指南用于分析工作；与机构领导合作加强分析业务，以助力和支持国家计划等

第三节 其他岗位情报培训最低标准

《国家犯罪情报共享计划》(NCISP)附件D“美国执法和其他刑事司法机构犯罪情报培训核心标准”以及《犯罪情报培训最低标准》不仅明确了情报分析师的培训标准,还对情报人员/搜集者、执法人员、执法官员、情报指挥官/管理者、培训教官五类非情报分析岗的从业人员提出了明确的情报培训要求。尽管执法人员、执法官员、培训教官并不直接从事情报分析工作,但他们作为情报用户或情报资源/权力配置的决策者,是否深刻理解情报的价值,是否具备较好的情报意识,很大程度上制约和影响着执法情报工作整体效能。

一、普通执法人员

《美国执法和其他刑事司法机构犯罪情报培训核心标准》(以下简称《犯罪情报培训核心标准》)将普通执法人员(General Law Enforcement Officers)列为第一层次的情报培训对象,理由如下[①]:第一,执法人员的主要任务是减少犯罪和收集犯罪信息,执法人员是执法界最庞大、最有效的信息来源,执法人员在情报工作方面的主要任务是为任职机构的犯罪情报部门收集和提供反映犯罪活动和可疑人员的基础信息。第二,“9·11”事件后,美国执法情报领域的一个重大变化是确立了“信息共享”的理念与指导原则。在此之前,情报报告安全保密是情报工作的基本指导思想,为了确保情报产品的安全,情报信息共享程度很低,基层执法人员几乎没有机会阅读情报报告。而现在,基本指导思想是“信息共享程度必须最大化——让尽可能多的执法人员了解有关威胁信息”,“了解相关威胁信息的人员越多,阻止、防范威胁发生的可能性就越大”。不过,由于情报的敏感性,必须以一种“告知的方式”(Informed

① “Appendix D: Core Criminal Intelligence Training Standards for United States Law Enforcement and Other Criminal Justice Agencies,” // U. S. Department of Justice, Global Intelligence Working Group, “The National Criminal Intelligence Sharing Plan”, October 2003.

Manner)共享信息[①],这意味着各级执法人员必须明白情报文件和犯罪档案的区别,懂得如何处理情报报告,了解如何与情报部门分享原始信息,理解自己在整个情报流程中的关键角色和作用,等等。鉴于此,《情报培训核心标准》将执法人员定位为第一层次的情报培训对象。根据《犯罪情报培训核心标准》《犯罪情报培训最低标准》(1.0 版、2.0 版)的规定,普通执法人员应接受至少 2 课时(120 分钟)的情报培训。其具体培训目标、内容与时长安排如下[②]:

目标 1:理解犯罪情报流程及其在刑事司法体系中的作用。该培训模块的课时安排为 40 分钟,具体内容如下:一是理解执法人员在整个情报流程(周期)中的角色和职责,课程教学内容包括阐述情报流程各环节,探讨情报工作阻碍或困境,提供情报政策复印件和情报政策模板,提供情报术语表等;二是介绍情报类型,授课内容包括定义战略情报、战术情报,提供情报产品实例;三是介绍情报的起源与历史;四是阐释情报对执法人员的重要性,要求通过案例说明情报对执法机构或执法界的重要性;五是社区警务以及社区警务与情报工作的关系,课程内容包括如何维护社区关系,定义"社区导向警务",探讨社区导向警务和情报主导警务的关系以及案例分析等;六是阐明信息共享框架,包括融合中心、信息共享环境实施计划(ISE-IP)以及地方共享计划等;七是介绍信息源/可用执法资源和情报系统,课程内容包括公开来源以及演示选定的系统等。值得注意的是,2.0 版的普通执法人员情报培训标准相比 1.0 版,增加了执法情报界的新进展,包括融合中心、信息共享环境实施计划等内容,这些是美国 2005 年之后推行的新举措。

---

① 旨在安全保密的前提下最大限度实现情报共享,这就需要执法人员了解各种平衡保密和共享的举措,例如,"撕裂线"报告的做法以及机密信息、敏感但不涉密信息、非涉密受控信息等信息类型及其标识方法等。

② The Criminal Intelligence Training Coordination Strategy Working Group, "Minimum Criminal Intelligence Training Standards for United States Law Enforcement and Other Criminal Justice Agencie", https://it.ojp.gov/documents/minimum_criminal_intel_training_standards.pdf; The U.S. Department of Justice's Global Justice Information Sharing Initiative, "Minimum Criminal Intelligence Training Standards for United States Law Enforcement and Other Criminal Justice Agencies in the United States (Version 2)", https://it.ojp.gov/documents/d/minimum%20criminal%20intelligence%20training%20standards.pdf, 2018-8-20.

表 8-11 《犯罪情报培训课程最低标准》1.0 版与 2.0 版差异比较表(培训目标 1)

1.0 版(40 分钟)	2.0 版(40 分钟)
执法人员在情报工作中的角色和职责	执法人员在情报工作中的角色和职责
情报类型(战略、战术)	情报类型(战略、战术)
情报起源/历史	情报起源/历史
情报对于执法人员的重要性	情报对于执法人员的重要性
社区警务及其与情报工作的关系	社区警务及其与情报工作的关系
—	信息共享框架(融合中心、信息共享环境实施计划)
—	信息源/可用资源(执法系统/情报系统/公开信息源)

目标 2:让执法人员熟悉各类可用的数据系统、网络和资源。该培训模块的课时安排为 10 分钟,具体内容是“提供可用系统的介绍”,包括解释各类不同项目的重要性、系统的类型(指针系统、情报系统等),提供可用资源、系统清单与简介等。

目标 3:提高执法人员发现犯罪活动关键迹象的能力,明确犯罪数据搜集和报告相关情况的程序。该培训模块的课时安排为 40 分钟,具体内容包括 3 个方面:一是理解记录和提交原始数据的重要性;二是讲授信息收集方法、报告程序以及执法共享系统的使用;三是理解术语,包括定义情报、情报主导警务、其他术语等。

目标 4:让执法人员理解和掌握有关犯罪情报信息收集的法律、隐私权和伦理道德限制。该培训模块的课时安排为 30 分钟,具体内容包括 4 个方面:一是职业道德伦理;二是法律基础、限制和责任问题;三是美国联邦法规;四是公民自由权利与隐私权保护,包括当前隐私计划与相关问题。

二、高级执法官员

《犯罪情报培训核心标准》指出,高级执法官员(Law Enforcement Executives)在情报工作中肩负以下职责:一是确保情报部门管理有序,遵守有关犯罪情报信息收集、存储、传播和使用的各项法律和规则;二是建立情报主导警务环境,推进信息共享与犯罪情报发展;三是确保情报部门的行政、监管和控制有效且合乎道德伦理,建立适当的环境,使情报工作能够生产及时、相关、有效的犯罪情报，以支持组织使命。没有本机构高级执法官员的支持，情报工作难以发挥作用。对高级执法官员开展情报培训，其目的并非要求高级执法官员懂得如何开展执法情报业务，而是要其了解情报的价值，发挥情报功能所需资源，情报工作中存在的挑战以及潜在的责任等。许多高级执法官员缺乏执法情报工作经验，即便曾经在情报岗位工作过，也往往对当前情报领域的新发展和新情况并不了解，因此，《犯罪情报培训核心标准》《犯罪情报培训最低标准》(1.0版、2.0版)要求执法决策者至少接受6课时的犯罪情报培训，培训内容主要包括情报共享、情报主导警务、情报流程、情报有关法律伦理准则以及信息源与合作关系等，培训的具体目的、内容与课时标准如下[①]：

目标1：旨在让执法领导者理解国家犯罪情报共享计划(NCISP)、情报共享环境实施计划(ISE-IP)、融合中心概念以及执法领导者自身的角色。该培训模块的课时安排为1小时，其具体内容主要由3个方面构成：一是《国家犯罪情报共享计划》；二是信息共享的壁垒；三是信息共享框架，包括情报融合中心、信息情报共享环境执行计划(ISE-IP)和地方/区域计划等。

目标2：让执法领导者理解情报主导警务理念与实践。该培训模块的课时安排为1小时，具体内容包括：一是情报主导警务思想，包括情报的功能，如何运用情报支持和制定政策，以及领导者的角色与责任等；二是情报主导警务最佳实践，包括社区警务模式、问题导向警务模式、CompStat警务模式以及其他计划。

目标3：让执法领导者理解犯罪情报流程及其在加强公共安全中的作用。该培训模块的课时安排为2小时，具体内容包括：一是为何情报对执法领导者很重要；二是情报流程(周期)；三是情报政策与程序；四是其他推荐内容，包括如何建立成功的情报部门，破除情报工作困境，有

① The Criminal Intelligence Training Coordination Strategy Working Group, "Minimum Criminal Intelligence Training Standards for United States Law Enforcement and Other Criminal Justice Agencie", https://it.ojp.gov/documents/minimum_criminal_intel_training_standards.pdf; The U.S. Department of Justice's Global Justice Information Sharing Initiative, "Minimum Criminal Intelligence Training Standards for United States Law Enforcement and Other Criminal Justice Agencies in the United States (Version 2)", https://it.ojp.gov/documents/d/minimum%20criminal%20intelligence%20training%20standards.pdf, 2018-8-20.

效管理情报资源,最大限度开发利用情报资源等。

目标4:让执法领导者了解犯罪情报相关的法律、隐私权、伦理道德问题。该培训模块的课时安排为1小时,具体内容包括:一是介绍法律和责任问题、情报审计、追责机制、28 CFR Part 23、信息保护标准等;二是介绍如何赢得社区信任,如何与公众和媒体沟通以及建立良好的公共关系等。

目标5:向执法领导者提供关于已有的犯罪信息共享网络以及可为机构提供支持的资源等信息。该培训模块的课时安排为1小时,具体内容包括:一是介绍信息源/可用资源,包括各类执法情报信息系统、公开信息源等;二是提供相关政策标准材料,包括各类资源指南、文件、标准等;三是讲授建立网络/人际关系网络的策略,讨论情报并非仅仅是技术的,而是人力的,提供有关人际网络关系机会的信息;四是探讨公共与私人合作关系问题。

三、情报官

情报指挥官和情报监督管理者(Intelligence Commander/Supervisor),简称情报官,其主要职责是确保情报部门按照机构政策和情报收集要求运行,包括推动情报运行管理问责制,确保情报组织结构安排有序,工作人员训练有素,确保有足够的资源支持情报/知识生产。其主要任务是管理和指导所在机构的犯罪情报项目,建立适当的环境,确保情报部门生产及时、相关、可靠的犯罪情报,支持组织使命。《犯罪情报培训最低标准》(2.0版)指出,若管理者在其所管理监督的领域具备一定业务知识,将会是更有效的管理者。因此,《犯罪情报培训最低标准》针对情报官制定的培训标准并不是为了教情报管理者/指挥官如何管理,而是传授给他们执法情报工作相关知识,以最大限度地提高其领导能力,并使他们在其下属执行命令遇到困难时能够有所准备。[①]《犯罪情报培训最低标准》要求情报官至少接受16课时的情报培训,其培训目标、时长与

① The U. S. Department of Justice's Global Justice Information Sharing Initiative, "Minimum Criminal Intelligence Training Standards for United States Law Enforcement and Other Criminal Justice Agencies in the United States (Version 2)", October 2007, p. 7, https://it.ojp.gov/documents/d/minimum%20criminal%20intelligence%20training%20standards.pdf, 2018-8-25.

内容主要如下[①]:

目标1:情报官应理解犯罪情报流程、情报主导警务及其在公共安全中的作用。该培训模块的课时安排为3小时,具体内容包括:一是情报职责/使命;二是《国家犯罪情报共享计划》的重要性;三是情报的定义;四是情报流程/周期以及情报业务流程中的阻碍因素;五是为何情报对管理者、分析师和决策者很重要;六是情报主导警务以及社区导向警务;七是信息共享网络,包括融合中心、信息共享环境实施计划以及地方计划等。

目标2:情报官应了解人事和政策等情报部门管理相关问题。该培训模块的课时安排为2小时,具体内容包括"人员选拔、人事培训、人事评估、情报部门绩效评估、情报部门运行机制(包括运行政策与程序)"5个方面。

目标3:情报官应理解敏感信息处理、线人政策以及发现和预防腐败的原则和做法。该培训模块的课时安排为2小时,具体内容包括"信息处理和存储信息(安全、电子邮件)、保密问题、业务安全程序(包括保护方法和资源、政策规则、敏感信息披露等)、涉密信息的标识与使用"4个方面。

目标4:情报管理者应了解有关犯罪情报环境的法律与隐私问题。该培训模块的课时安排为3小时,具体内容包括:一是法律与历史问题;二是现行规范(如CFR 28 Part 23);三是应用讨论,包括课堂问答、讨论如何将这些信息用于实践;四是明确责任;五是隐私政策;六是伦理道德。培训标准2.0版相比1.0版,删除了"法庭证词",增加了应用讨论模块,培训课时从6小时压缩至3小时。

目标5:情报官应了解战术和战略情报产品制作流程并理解情报收集计划制定程序和实施情况。该培训模块的课时安排为4小时,具体内容包括:一是确定客户,了解客户需求;二是收集方法;三是竞争性假设分析,确保分析的可信度;四是情报产品的类型与分析技术,包括机构现

---

① The U.S. Department of Justice's Global Justice Information Sharing Initiative, "Minimum Criminal Intelligence Training Standards for United States Law Enforcement and Other Criminal Justice Agencies in the United States (Version 2)", October 2007, p. 7, https://it.ojp.gov/documents/d/minimum%20criminal%20intelligence%20training%20standards.pdf, 2018-8-25.

行的产品类型、产品计划、威胁评估产品、战略/战术/行动性数据可视化以及产品的价值等。

目标6:情报官应掌握其机构可用的犯罪信息共享系统、网络和资源等有关信息。该培训模块的课时安排为2小时,具体内容包括"信息源/可用资源、人际关系网络/关系建设"等。

值得注意的是,《犯罪情报培训最低标准》(2.0版)相比1.0版,对培训内容主要做了以下修订:一是删除了关于批判性思维、逻辑与推理、提出建议、犯罪指标等情报分析基础模块的内容,而增加了人员选拔、人事培训、人事评估、情报部门绩效评估、情报部门运行机制(包括运行政策与程序)等管理模块的知识与技能;二是增加了融合中心、信息共享环境实施计划等新举措与新进展的介绍。

四、情报人员/搜集人员

《情报培训核心标准》将情报人员/搜集人员(Intelligence Officers/Collectors)定为第四层次的培训对象,《犯罪情报培训最低标准》(2.0版)将其统称为"犯罪情报人员"(Criminal Intelligence Officer),该概念不含情报官、情报分析人员,其职责任务是收集、评估和整编信息,以支持特定机构的情报收集需求或行动。情报人员的作用常常超出其机构的范围,他们需要建立外部信息网络,以支持其他机构的信息和情报需求。此外,其职责还包括评估来源和信息,编写书面报告和评估报告,通报情况,确定哪些事情需要知道,哪些有权知道,保护公民隐私权,运用适当的调查和情报收集方法收集情报,以支持机构犯罪情报需求/评估。《犯罪情报培训最低标准》要求情报人员至少接受40课时的情报培训,其培训目标、时长与内容主要如下①:

目标1:情报人员应理解犯罪情报流程以及自己在该进程中的关键角色。该培训模块的课时安排为5小时,具体内容包括6方面:一是情报概述,包括情报起源、历史、情报术语、《国家犯罪情报共享计划》等;二是情报人员的角色及其在情报工作中的作用,确保情报人员理解情报

① The U. S. Department of Justice's Global Justice Information Sharing Initiative, "Minimum Criminal Intelligence Training Standards for United States Law Enforcement and Other Criminal Justice Agencies in the United States(Version 2)", October 2007, pp. 25—29.

周期，理解所任职机构的情报政策；三是理解情报的重要性，通过实际案例阐明为何情报对其机构及其服务的社区如此重要；四是社区警务及其与情报部门的关系，包括如何维护社区关系，理解社区警务及其与情报主导警务的关系等；五是人际网络，包括与同行、其他机构、组织以及传递信息的专业成员之间的关系；六是信息共享框架，包括融合中心、信息共享环境实施计划、地区信息共享计划等。

目标2：情报人员应理解犯罪情报有关的法律、伦理、隐私问题，以及作为情报收集者的法律责任。该培训模块的课时安排为6课时，主要包括5个方面的内容：一是法律基础与法律限制；二是犯罪情报系统运行政策；三是隐私、公民权利与自由保护，重点是宪法第一修正案和第四修正案；四是道德伦理准则，为何道德伦理准则对于信息处理至关重要；五是情报工作过程中的民事责任问题。

目标3：向情报人员提供网络资源、信息共享系统、人际网络以及其他信息源等信息。该培训模块的课时安排为4小时，具体内容包括：一是了解信息来源或可获取的资源，包括执法和情报信息系统（如RISS、HSIN、LEO等）、开源信息、人力来源等；二是研究方法和调查方法。

目标4：情报人员应能对犯罪情报信息进行适当处理，包括文档管理和信息评估。该培训模块的课时安排为6小时，具体内容包括：一是处理证据和情报；二是对机密信息做标记，包括涉密、敏感但不涉密、受控非涉密以及州授权标记的信息等；三是业务安全问题，包括安全防护方法和资源、政策、规章以及敏感信息披露等问题；四是信息管理，包括电子信息、档案和文件的管理、复制、保存等；五是评估，包括信息有效性与来源可靠性评估；六是法庭证词训练，提供角色扮演，解决什么该说、什么不该说的问题；七是标识和使用涉密信息。

目标5：情报人员应掌握战略和战术情报分析产品的开发过程，并亲自体验产品的开发制作。该培训模块的课时安排为6小时，具体内容包括：一是情报产品的类型；二是优秀的情报报告写作原则，尤其阐明情报报告、调查报告、简报等不同产品的区别；三是情报产品的使用，包括战略、战术、行政分析产品以及数据可视化、威胁评估报告以及产品的价值等；四是反馈，即情报产品是否满足目标受众的需要。

目标6：体验运用批判性思维与推理技巧分析信息，开发犯罪情报的过程。培训时长为5小时，内容包括“批判性思维（竞争性假设分析)、逻辑/逻辑谬误、推理、提出建议、犯罪指标”5项内容,这些技能是情报分析的基础。

目标7:情报人员应了解制定和实施收集计划的任务。该模块培训时长为5小时,内容具体包括“制定搜集和调查计划,了解用户需求,以及将用户反馈纳入情报流程”3个方面。

培训课程除了上述内容外,还设有3课时的圆桌会议。

五、教官

在提供前述5个层次的培训之前,必须对教官(Trainers)进行培训,尤其是承担情报分析师和情报官培训课程的教官。教官的任务是制作面向情报指挥官/管理者和情报人员授课的材料,以支持全国情报培训计划,并有能力承担指派的培训任务。《犯罪情报培训最低标准》要求教官至少接受16课时的情报培训,其培训目标与具体内容如下①:

目标1:让教官理解情报流程及其运行机制。该模块的课时安排为2小时,具体内容包括:一是情报流程(周期),确保教官充分理解并能运用情报流程,同时还需要阐明情报人员在情报流程中的职责,情报流程中的障碍因素等;二是情报的起源与历史;三是为何情报如此重要,要求运用案例阐明情报对不同人/群体(决策者、政策制定者、侦查员、分析员等)的重要性。

目标2:教官应了解国家犯罪情报共享计划(NCISP)、情报主导警务和其他国家信息共享计划及其在减少犯罪和暴力事件中的作用。该模块的课时安排为1小时,具体内容包括:一是国家犯罪情报共享计划(NCISP)和信息共享方案和系统的重要性,具体涉及信息共享/信息共享方案、地方和/或区域现行的重要情报共享计划、社区/州/联邦政府面临的威胁,以及恐怖主义、情报主导警务、社区警务等材料;二是信息共享框架,包括融合中心、信息共享环境实施计划和地方/区域计划;三是情报主导警务,包括社区警务以及社区警务与情报工作的关系,情报主导警务的定义,情报主导警务的好处等。

---

① The U.S. Department of Justice's Global Justice Information Sharing Initiative, "Minimum Criminal Intelligence Training Standards for United States Law Enforcement and Other Criminal Justice Agencies in the United States (Version 2)", October 2007, pp. 31—34.

目标3:向教官提供有关情报系统、其他信息源、当下犯罪威胁/趋势和模式,以及获取和运用信息的策略等内容。该模块的课时安排为5小时,内容包括:一是介绍情报共享系统,包括执法和情报信息系统、开源信息,并演示选定系统;二是讲授如何运用情报应对现实威胁。

目标4:教官应了解战术和战略情报产品的加工处理及其用途。该模块的课时安排为2小时,具体内容包括:一是了解专业术语,包括情报的定义、情报主导警务的定义,并提供专业术语袖珍手册;二是情报的类型,包括战略情报与战术情报的定义,以及各类情报产品实例;三是情报产品(情报报告、数据分析/关联分析产品等),包括了解情报报告,区分战略与战术情报产品等。

目标5:教官应熟悉培训领域的最新进展,并关注可用于犯罪情报教学的资源。该模块的课时安排为3小时,具体内容包括:一是当前的教学技术与新进展;二是视听工具、教学媒介的使用,包括让教官熟悉各类视听工具,为其解决技术问题,提供培训资料包。

目标6:教官应熟知已有的课程材料及其使用。该模块的课时安排为1小时,具体内容主要是让教官熟悉当前的课程、教学计划、考试与练习等情况。

目标7:教官应了解情报相关的法律、隐私和职业道德问题。该模块的课时安排为1小时,具体内容包括:一是法律基础与限制,包括现行的规章制度及其在情报中的应用,情报审计等;二是责任问题,阐明信息安全保护的标准;三是犯罪情报系统运行政策,提供相关规章制度的复印件;四是隐私权与公民自由权利保护,提供解释隐私保护的情景,讨论个人信息保护策略;五是职业伦理道德。

目标8:教官应准备和演示一个简短的情报培训模块。该模块的课时安排为1小时,具体内容包括:教官为学员提供主题或者由学员选择主题进行多媒体陈述,陈述时间取决于参与的人数和剩余的可用时间。

第四节 经验与启示

美国在推进情报分析师队伍的培养与建设方面作了卓有成效的尝试,积累了大量的经验。“9·11”事件后,美国各界深刻意识到情报工作存在不足,对于加强执法机构搜集、存储、分析与传递犯罪情报信息的能力,公众有呼吁,政治有需求,情报成为保护国土安全的重要武器,而不仅限于早期犯罪预防和执法辅助的角色①。在这种背景下,情报分析师的角色不仅在美国执法和国土安全机构中被制度化,而且步入职业认证标准化建设阶段,即通过立法明确情报培训要求,制定统一的培训标准,在全国范围内培养具备相当知识、技能和专长的分析师队伍②。目前美国执法情报分析师培训已形成“全员情报培训”与“初级、中级、高级三级情报分析师培训”机制。综观美国执法情报分析师培训制度与标准,有诸多经验可供学习和借鉴。

一、特点与经验

(一)标准制定主体:成立专门工作组协调各方力量研究制定情报分析培训标准

美国在情报培训最低标准的制定过程中,专门成立两个工作组,在情报培训需求调查与标准制定方面起到了关键作用:一是司法部全球司法信息共享领导小组(Global Justice Information Sharing Initiative,简称Global)情报工作组(Intelligence Working Group,简称GIWG),其职责主要是负责调查国家犯罪情报信息共享需求,并为相关政策、隐私问题、培训和情报共享相关的系统集成实践提供建议。“9·11”事件后,美国执

---

① The Criminal Intelligence Training Coordination Strategy Working Group, “Minimum Criminal Intelligence Training Standards for United States Law Enforcement and Other Criminal Justice Agencies”, https://it.ojp.gov/documents/minimum_criminal_intel_training_standards.pdf,2018-8-30.

② Global Justice Information Sharing Initiative, International Association of Law Enforcement Intelligence Analysts, Inc., “Minimum Standards for Intermediate-Level Analytic Training Courses”, October 2013.

法界开始对犯罪情报工作进行综合评估以发现漏洞与不足，并在 IACP 犯罪情报共享峰会上提出了创建“国家犯罪情报共享计划”的建议。作为回应，美国司法部（DOJ）、司法项目办公室（OJP）、司法援助局（BJA）批准建立了情报工作组（GIWG），GIWG 下设培训委员会，着手调查研究关键执法犯罪情报组织的做法与最佳实践，评估国际、国家、州和地方层面具有典型代表性情报培训课程项目[①]，在广泛调查讨论的基础上形成《犯罪情报培训核心标准》[②]，为制定《犯罪情报培训最低标准》奠定了基础。二是犯罪情报培训协调战略（Criminal Intelligence Training Coordination Strategy，简称 CITCS）工作组，该工作组成立于 2003 年，负责开发情报培训协调战略。《国家犯罪情报共享计划》面世后，司法项目办公室（OJP）批准建立了“反恐培训协调工作组”（Counter-Terrorism Training Coordination Working Group，简称 CTTWG），其主要职责包括充分利用有限的资源，确保联邦机构提供的反恐培训的一致性和培训质量，满足执法和应急响应的需求，负责对已有的或司法部或其他司法相关机构正在考虑的培训项目进行考察，发现重叠与不足，为构建最有效的培训机制提供建议。2003 年 10 月，CTTWG 召开会议，研究各类情报课程，调查执法人员课程需求和培训标准需求，并建立犯罪情报培训协调战略（Criminal Intelligence Training Coordination Strategy，简称 CITCS）工作组。CITCS 设立四个下属委员会，分别负责情报分析师、情报官、执法官员、执法人员、培训教员五类培训标准的研究，在广泛调查与讨论的基础上最终形成《犯罪情报培训最低标准》，该标准被全球情报工作组（GIWG）培训委员会/推广委员会、犯罪情报协调委员会（CICC）、反恐培训协调工作组（CTTWG）和全球咨询委员会（GAC）采纳，成为美国犯罪情报培训最低标准（适用于初级培训）。这种专门工作组的工作模式，为确保标准开发的效率及其科学性奠定了良好的基础。

---

① The Criminal Intelligence Training Coordination Strategy Working Group, “Minimum Criminal Intelligence Training Standards for United States Law Enforcement and Other Criminal Justice Agencies”, https://it.ojp.gov/documents/minimum_criminal_intel_training_standards.pdf, 2018-8-20.

② The Global Justice Information Sharing Initiative Intelligence Working Group, “Core Criminal Intelligence Training Standards for United States Law Enforcement and Other Criminal Justice Agencies”, http://it.ojp.gov/documents/criminal_intel_training_standards.pdf, 2018-8-20.

（二）标准制定过程：全面调查、识别需求，广泛讨论、形成共识，积极探索、循序渐进

在“犯罪情报培训核心标准”开发过程中，GIWG 培训委员会组织评估了国际、国家、州和地方层面具有典型代表性的 19 个情报培训课程项目以及各级执法机构的最佳实践情况，发现国家层面缺乏培训标准，没有统一的全国性机构协调情报培训，地方、州、联邦政府机构以及私营/非营利专业协会均提供情报培训，但却没有一个综合的课程体系满足 GIWG 培训委员会的目标要求。[①] 随后，GIWG 培训委员会在广泛调查讨论的基础上形成《犯罪情报培训核心标准》。CITCS 工作组同样进行了大量的调查研究与广泛讨论，多次举行会议，广泛研究讨论犯罪情报培训问题。2003 年 10 月，CTTWG 举行会议，研究各类情报课程，调查执法人员课程需求和培训标准需求，建立犯罪情报培训协调战略（CITCS）工作组。2004 年 1 月 8 日，CITCS 会议在弗吉尼亚召开，与会者根据《国家犯罪情报共享计划》提出的核心培训目标，分享了各自正在实施的或正在开发的犯罪情报培训课程情况，总结了犯罪情报培训存在的问题，会议建议运用调查问卷调查情报培训需求，并建议情报工作组（GIWG）培训委员会主席担任反恐培训协调工作组（CTTWG）主席，以协调两个组织，避免重复工作。此外，CITCS 设立四个下属委员会，分别负责情报分析师、情报官等五类培训标准的研究。2004 年 2 月 25 日 CITCS 开会，各附属委员会分别讨论各类培训需求与标准，一系列培训核心要素经审查被确认。2004 年 5 月 CITCS 完成调查问卷[②]并发给 200 个地方、州和联邦执法机构以及其他培训和情报组织，就各执法机构提供的培训类型、培训困难、培训课程以及培训对于各级执法机构培训的重要性等问题进行了调查分析[③]，经过上述广泛调查与讨论，最终形成

---

① Minimum Standards for Intermediate-Level Analytic Training Courses”, https://it. ojp. gov/gist/151/File/minimum standards for intermediate-level analytic training courses. pdf, 2018-8-20.

② Intelligence Training Standards for United States Law Enforcement and Other Criminal Justice Agencies//Appendix C: Criminal Intelligence Training Coordination Strategy Questionnaire”, https://it. ojp. gov/documents/minimum_criminal_intel_training_standards. pdf, 2018-8-20.

③ Intelligence Training Standards for United States Law Enforcement and Other Criminal Justice Agencies//Appendix D: Criminal Intelligence Training Coordination Strategy Questionnaire Results, https://it. ojp. gov/documents/minimum_criminal_intel_training_standards. pdf.

《犯罪情报培训最低标准》。从标准出台实施、修正、完善的全过程看，自2001年“9·11”事件后美国便开始讨论和研究执法情报培训问题，2003年制定《犯罪情报培训核心标准》，2004年出台《犯罪情报培训最低标准》(1.0版)，2007年出台《犯罪情报培训标准》(2.0版)，2013年形成《中级分析培训课程最低标准》，2015年颁布《分析师职业发展路线图》(含高级分析培训课程最低标准)，这一过程跨度长达10余年，充分体现了美国执法界在开发情报分析培训标准方面积极探索但不急功近利、深入调查和循序渐进的特点。美国这种“通过全面调查识别需求，通过广泛讨论形成共识，积极探索而不急功近利，循序渐进”的做法值得我国学习。

(三)情报培训内容:分级分类，全面系统，统一认识，重点突出

美国执法情报分析师培训制度标准内容呈现“分级分类，全面系统，统一认识，重点突出”的特点。所谓“分类”是指把情报培训对象分为执法人员、执法官员、情报指挥/管理者、情报人员/搜集人员、情报分析师、培训教员六大类分别制定培训标准。“分级”是将情报分析师培训分为初级、中级、高级三级分别制定培训标准，对各级分析师区分不同的能力标准并设定相应的培训内容。所谓“统一认识”，集中体现在CITCS根据对“共同语言”的需求，创建了一份术语清单①，以确保相关条款解释的一致性。“重点突出”主要表现在培训内容的安排上，以初级分析最低培训标准为例，总共40个小时的培训课程，其核心内容聚焦于情报分析思维、方法、技术与工具方面，情报分析方法技术工具16小时，批判思维与逻辑推理4小时，分析报告撰写、统计和制图技术8小时，共计28课时，占了整个课程体系课时总数的70%。所谓“全面系统”是指情报分析师培训内容尽管集中于情报分析思维、方法、技术、工具与报告撰写等操作性知识技能，但同时兼顾了情报分析工作必须具备的基本理论、方法、技术、管理、应用以及政策法规伦理等基本问题。

---

① The Criminal Intelligence Training Coordination Strategy Working Group. Minimum Criminal Intelligence Training Standards for United States Law Enforcement and Other Criminal Justice Agencies //Appendix E: Criminal Intelligence Glossary of Terms, https://it. ojp. gov/documents/minimum_criminal_intel_training_standards. pdf.

二、启示与建议

根据美国的做法与经验,结合我国实际情况,就我国执法情报分析师培训标准开发工作提出以下几个方面的建议:

1. 开发主体方面,建议成立专门机构,组织协调专门力量开发情报分析培训最低标准。情报分析培训标准的开发与实施需要组织协调各级公安机关,需要专门的工作组来牵头推动实施,建议我国执法机构建立专门的工作组统筹规划全国警务情报在职培训工作,可以考虑借鉴美国做法,建立情报协调委员会,下设培训工作小组,组织协调相关力量开发情报分析培训标准,并指导、监督和评估全国警务情报工作的教育培训工作。建议推进情报专业协会建设,充分发挥专业协会的力量,深入调查识别我国公安机关情报分析岗位的能力素质要求,形成一般能力素质清单,以此为基础开发情报分析培训最低标准,实现情报分析师培训工作的标准化、制度化与专业化。

2. 开发方式方面,建议以广泛调查研究与讨论为基础,循序渐进推进培训标准的开发与建设。我国各地公安机关在信息化基础、情报主导警务理念、情报人才队伍建设等方面的发展极不平衡,建议就情报分析岗位的职责与素质能力要求、情报分析培训需求等开展全面深入的调查研究并进行广泛的讨论,在此基础上确定培训范围、培训目标、培训内容、培训课程、培训时长等核心要素,进而制定培训最低标准,并在实践中不断检验、修改与完善。标准的制定切忌匆忙上马,急功近利,要循序渐进。建议我国公安机关在全国选择若干试点,组织工作专班研究开发情报分析师培训标准。建议首先研究开发初级和中级情报分析师培训最低标准,试运行一段时间相对成熟后再向全国推广,并研发制定高级分析师培训标准,最终形成初、中、高三级情报分析师培训国家标准。

3. 标准内容方面,建议分级分类制定培训最低标准,科学规划培训课程体系建设。一是根据各类情报分析岗位职责及其相应的素质能力要求,将情报分析师培训分为初级、中级、高级三级分别制定相应的培训标准,同时可以考虑按照业务类别进行划分,如分为禁毒情报分析类、反恐情报分析类、犯罪情报分析类、国保情报分析类等,在通用情报分析培训课程的基础上,重点强化特定业务领域的知识与分析技能训练。二是科学谋划培训课程体系建设，根据美国经验，结合我国实际情况，标准内容至少应涵盖以下内容：第一，情报理论，包括情报工作基本流程、情报源、国内外执法与国土安全情报发展历史与现状的介绍；第二，我国当前的警务情报战略与政策，包括正在实施的计划或未来发展规划；第三，警务信息共享协作框架，包括共享的重要意义以及推进共享的政策框架、技术框架以及共享协作理念的培养；第四，情报搜集与分析方法技术，包括各类情报源、情报搜集渠道与方式，情报分析思维、方法、技术、工具以及情报产品的制作、传递技巧等；第五，情报工作相关法律法规以及职业道德伦理准则，包括公民隐私保护、公民权利保护、国家秘密保护政策和其他情报职业伦理规范等，以确保情报职业的合法性，提高公众信任度；第六，管理与领导艺术，包括情报信息管理、情报战略规划与行动计划、项目管理等方面课程。其中，课程内容的核心是情报分析方法、技术与工具。

本章介绍了美国执法情报分析师最低培训制度与标准的具体内容，探讨了美国执法情报分析师最低培训标准开发的经验与启示。制定情报分析师最低培训标准，能够为各级各类情报分析培训认证项目提供统一的参考依据，有助于规范培训内容，保证培训质量；制定情报分析师最低培训标准有助于国家执法情报方针政策得到一致的宣传与贯彻，帮助全国范围内的情报分析师建立统一的概念术语、情报理论、方法技术等知识体系与伦理准则，促进情报分析人员深刻理解国家执法情报工作的政策法律、战略思想与发展规划等，并形成共识；制定情报分析师最低培训标准有助于推动情报分析师的专业化、职业化与制度化，提高各级执法机构对情报分析队伍以及情报分析培训的重视，确保各级各类情报分析培训之间的相互衔接，保证培训内容的系统性、连续性，为各级执法机构有计划地进行雇员入职培训、资格认证培训、继续教育培训等提供依据。我国刑事司法与执法机构应深刻理解制定情报分析师最低培训标准的重要意义，积极研究和借鉴西方发达国家的经验，研究开发符合我国实际需求的情报分析师培训标准，推动我国情报分析师队伍建设的专业化、规范化与制度化。

第九章　美国执法情报分析学历教育与职业培训项目

职业培训与专业教育是执法情报分析师职业化和专业化发展的基本保障。执法情报事业的发展离不开适当的培训，正如《犯罪情报共享：一项推动地区、州、联邦层面情报主导警务战略的国家计划》所指出的：对在职和将要入职的执法人员缺乏适当的培训，很可能改变的仅仅是系统的上层建筑，而不能改变行动与行为或形成新的情报文化。[①] 美国《2007 年“9·11”委员会建议实施法》基于对“9·11”事件的反思，明确要求美国执法培训中心以及其他为州、地方和部落政府官员提供培训业务的联邦机构根据该法的要求开发情报教育培训项目，并授权联邦国土安全机构、执法机构与私营机构、高等教育机构以及联邦情报机构合作推动情报教育培训项目的开发，以加强情报分析队伍建设。美国《国家犯罪情报共享计划》(NCISP)确立了犯罪情报培训核心标准，明确提出“全员情报培训”建议，要求情报分析师、情报官、一般情报人员/收集人员、执法官员、执法人员和教官等所有与犯罪情报工作有关的执法人员均应接受符合最低标准的情报培训，并建议司法部犯罪情报协调委员会(CICC)同国际执法标准和培训负责人协会(IADLEST)、IACP 州和地方警察学院负责人分会(SPPADS)等培训组织建立良好的合作关系，以贯彻落实《国家犯罪情报共享计划》提出的培训标准。随着美国执法界对合格的情报分析师的需求日益迫切，执法情报分析师培训市场获得蓬勃发展：一方面，州、地方、联邦执法机构、协会组织、研究机构、高等院校、私营企业等各类主体纷纷开发和提供情报分析师培训项目；另一方面，高等院校积极提供执法情报、犯罪情报相关学历教育项目，为贯彻落

---

① International Association of Chiefs of Police, “Criminal Intelligence Sharing: A National Plan for Intelligence-Led Policing At the Local, State and Federal Levels”, http://www.cops.usdoj.gov/Publications/criminalintelligencesharing_web.pdf, 2018-5-28.

实情报培训相关法律政策与战略规划提供了强有力的市场动力与智力支持。

第一节 美国执法情报分析师职业培训项目

一、执法情报分析职业培训项目

(一)执法情报分析职业培训项目概述

“9·11”事件后,美国执法情报分析职业培训市场发展迅速,联邦政府和专业协会组织作为情报培训市场的“推手”和监管者,积极鼓励执法情报培训市场的发展:一方面,部分执法机构自行开发情报分析培训课程;另一方面积极审查市场上的培训课程项目,将符合相关标准要求的课程项目纳入资助范围,并发布课程目录予以推广。

一是国土安全拨款计划支持的培训课程。2011 年 3 月 30 日,美国奥巴马总统签署第 8 号总统政策指令《国家备灾》(PPD-8),要求建立国家备灾系统(National Preparedness System,简称 NPS),要求大力支持和推动全国范围内的国土安全专业人员通过学习提升业务能力,各州应着眼于“威胁、灾害识别与风险评估”(Threat and Hazard Identification and Risk Assessments,简称 THIRA),评估国土安全专业人员的培训教育需求,制定和完善满足这些需求的方案,包括资助培训课程项目,为国家备灾系统建设提供动力源,增强国家、州和地方应急备灾能力。经国土安全部、联邦应急管理署、国家备灾局、国家培训与教育部等审核批准的课程可获得联邦国土安全拨款资助。根据联邦资助的课程目录①、联邦应

① Federal Emergency Management Agency, National Preparedness Directorate, National Training and Education, National Training and Education Division, “Federal Sponsored Course Catalog”, https://www.tn.gov/content/dam/tn/safety/documents/federal_cata.pdf; Federal Emergency Management Agency, National Preparedness Directorate, National Training and Education, National Training and Education Division, “Course Catalog”, https://www.vaemergency.gov/wp-content/uploads/drupal/NTED_Course_Catalog%202011.pdf, 2018-6-20.

急管理署(FEMA)批准的情报分析师培训课程目录[①]以及国内备灾中心(CDP)[②]、应急管理研究所(EMI)[③]、国家培训与教育处(NTED)[④]和州/联邦资助的课程目录等[⑤],获得国土安全拨款计划资助的情报分析培训课程主要如表9－1所示。

表9－1 美国国土安全拨款计划资助的情报分析课程

培训课程(项目)	提供机构	课时
国家情报主任办公室分析101 ODNI Analysis 101	DHS	2周
情报分析师职业发展计划 Intelligence Analyst Professional Development Program (IAPDP)	DHS	2课时
融合中心分析师风险分析概述 Introduction to Risk Analysis for Fusion Center Analysts	DHS	3课时
融合中心分析师中级风险分析 Intermediate Risk Analysis for Fusion Center Analysts	DHS	3课时
初级情报与威胁分析课程 Basic Intelligence and Threat Analysis Course (BITAC)	DHS	24天
可疑活动报告分析 Suspicious Activity Reporting Analysis	DHS (jointly with DOJ)	2课时
可疑活动报告:分析角色 Suspicious Activity Reporting (SAR): The Analytic Role	DHS (jointly with DOJ)	8课时
理解和运用情报产品 Understanding and Operationalizing Intelligence Products	NJ	5课时
协作情报分析 Collaborative Intelligence Analysis	NJ	3课时

① The Federal Emergency Management Agency, "FEMA Approved Intelligence Analyst Training Courses", https://www.dhs.gov/fema-approved-intelligence-analyst-training-courses,2018-6-20.

② The Center for Domestic Preparedness (CDP),"CDP Catalog," https://www.firstrespondertraining.gov/frt/catalogs/CDP_course_catalog.pdf? _=1550196061182,2018-6-20.

③ The Emergency Management Institute (EMI),"EMI Catalog", https://www.firstrespondertraining.gov/frt/catalogs/EMI_course_catalog.pdf? _=1550104762509,2018-6-20.

④ The National Training and Education Division (NTED),"NTED Catalog", https://www.firstrespondertraining.gov/frt/catalogs/NTED_course_catalog.pdf? _=1550104774786,2018-6-20.

⑤ "State/Federal Catalog", https://www.firstrespondertraining.gov/frt/catalogs/SF_course_catalog.pdf? _=1550104778064,2018-6-20.

续表

培训课程（项目）	提供机构	课时
州和地方公共机构情报收集计划 Intelligence Collection Planning for State and Local Public Agencies	NJ	1 课时
RIA 情景分析师培训课程 RIA Scenario-Based Analyst Training Course	NJ	2 课时
深化理解业务情报及其作用 Developing an Understanding of Business Intelligence and Its Value	NJ	1 课时
在州和地方公共安全机构的战略规划中整合情报 Integrating Intelligence into Strategic Planning for State and Local Public Safety Agencies	NJ	1 课时
中级融合中心分析师培训-分析与恐怖主义防范 Intermediate Fusion Center Analyst Training Analysis and Terrorism Prevention	CA	40 课时
中级融合中心分析师培训-战略分析与口头报告 Intermediate Fusion Center Analyst Training-Strategic Analysis and Oral Briefings	CA	26 课时
中级融合中心分析师培训-联络官社区推广计划 Intermediate Fusion Center Analyst Training-Liaison Officer Community Outreach Program	CA	8 课时
中级融合中心分析师培训-批判性思维与分析技术 Intermediate Fusion Center Analyst Training-Critical Thinking & Analytic Techniques	CA	26 课时
情报分析基础培训 Foundations in Intelligence Analysis Training	WV	5 课时
执法分析师计划 Law Enforcement Analyst Program	FL	未知
犯罪情报基础 Fundamentals of Criminal Intelligence	Louisiana State University	20 课时
高级犯罪情报分析以预防恐怖主义 Advanced Criminal Intelligence Analysis to Prevent Terrorism	National White Collar Crime Center	32.5 课时
情报分析基础培训 Foundations of Intelligence Analysis Training (FIAT)	National White Collar Crime Center	30 课时
情报分析师入门培训计划 Introductory Intelligence Analyst Training Program	Federal Law Enforcement Training Center	40 课时
反恐怖主义情报认知培训项目 Anti-Terrorism Intelligence Awareness Training Program	Federal Law Enforcement Training Center	8 课时

续表

培训课程项目名称	提供机构	课时
发展州、地区和部落执法机构的情报能力：快速启动计划 Developing an Intelligence Capacity in State, Local, and Tribal Law Enforcement Agencies: A Quick Start Program	Michigan State University	16 课时
保持情报能力 Sustaining the Intelligence Capacity	Michigan State University	8 课时

二是《分析师职业发展路线图》推荐的培训课程项目。2015 年，美国《分析师职业发展路线图》发布，该文件旨在明确在各级执法机构任职的初级、中级、高级情报分析师应具备的能力素质（知识、技能、能力）与教育背景，并补充了高级情报分析培训最低标准，形成由"初级、中级、高级"三级情报分析培训课程最低标准构成的完整的情报分析师职业发展路线图，为州、地区、部落等各级执法机构任职的情报分析师提供了可持续的职业生涯发展路径，[①]该文件针对初级、中级、高级分析师推荐了一批相应层次的培训课程项目，如表 9－2 所示。

表 9－2 《分析师职业发展路线图》推荐的情报分析培训课程

类型	培训项目名称	提供机构
初级 Basic Level	情报分析基础培训	IALEIA, LEIU, and NW3C
	情报与威胁分析基础课程（包括批判性思维与分析方法、情报写作与报告）	DHS
	情报分析师培训项目	FLETC
	分析 101	ODNI
	高级犯罪情报分析以防范恐怖主义	NW3C
	开源实践者课程	DHS
	风险分析概述	DHS

① The Global Advisory Committee, "Analyst Professional Development Road Map", June 2015, p. 1.

续表

类型	培训项目名称	提供机构
中级 intermediate level	中级融合中心分析师培训	DHS
	中级风险分析	DHS
	分析 201	ODNI
	中级情报与威胁分析课程	DHS
高级 advanced level	融合中心领导计划	Naval Postgraduate School
	管理协作分析	DHS
	网络分析课程	USSS
	其他领导力/管理/监管或专题知识培训课程	

三是国际执法情报分析师协会审核认可的情报分析培训课程。国际执法情报分析师协会(IALEIA)于1981年在美国成立,在北美、南美以及全球各地有20个分会,其会员资格面向执法、军事、国家安全、企业安全领域的情报分析师、情报官员以及学术界开放,是全球规模最大的执法情报分析专业人员协会,旨在提升地方、州、国家、国际执法情报分析专业化水平,增进社会各界对情报分析作用的理解,促进社会各界承认执法情报分析是一种专业性的工作,制定国际资格与能力标准,强化专业理念,开发培训标准和课程,提供情报分析有关事务的咨询和服务,开展情报分析相关研究,传播分析技术与方法。该协会与美国执法机构合作关系紧密,是美国司法部全球司法信息共享领导小组(Global)全球情报工作组(CIWG)的重要成员单位,参与了美国大量执法情报相关文件的起草工作,协助GIWG制定了执法情报分析培训和认证标准,在美国执法情报界具有重要影响力。IALEIA本身提供的“情报分析基础培训”(Foundations of Intelligence Analysis Training,简称FIAT)项目在北美、欧洲、中东等地区广泛传播。IALEIA认可的情报分析培训课程项目多达20余个,具体如表9-3所示。

(二)执法情报分析职业培训机构

由上述三类情报分析培训课程项目列表可知,美国提供执法情报分析职业培训课程项目的主体主要有四大类,即私营机构(企业)、专业协会、政府机构、高等院校与研究机构。

表 9-3 国际执法情报分析师协会认可的培训课程①

课程项目名称	提供课程项目的机构
分析调查方法	阿纳卡帕科学有限公司
犯罪情报分析	阿纳卡帕科学有限公司
初级分析培训课程	新泽西地区情报学院
初级情报培训	美国移民与海关执法局、国土安全调查局、情报办公室
犯罪与情报分析证书项目	加州司法部和加州大学系统
犯罪与情报分析培训	情报分析培训有限责任公司
犯罪分析课程阶段 I 和阶段 II	国家警卫局缉毒计划
犯罪情报分析	八月分析与研究
犯罪情报人员/专家	SM & C 科学有限公司
联邦执法分析师培训(4 周的课程)	禁毒署
佛罗里达执法分析师学院培训	佛罗里达执法部
情报分析基础培训	国际执法情报分析师协会与执法情报联盟
情报分析基础培训(40 课时)	国家白领犯罪中心
情报学院	烟酒、枪支与爆炸物管理局
执法情报分析证书培训	西蒙弗雷泽大学警察研究项目
情报分析师培训项目	联邦执法培训中心、国土安全部
情报基础课程	联邦调查局
犯罪与情报分析概述	英属哥伦比亚理工学院
犯罪情报分析概述	司法教育学会
情报分析培训计划导论	联邦执法培训中心、国土安全部
行动分析师课程	巴拿马共和国公安部,国家警察局
警务基础情报课程	巴拿马共和国公安部,国家警察局
情报分析微课程	4 知识分析解决方案
战略情报分析	加拿大警察学院
战术情报分析	加拿大警察学院
情报与威胁分析基础课程	美国国土安全部情报培训学院
情报分析基础课程	美国国土安全部情报培训学院
犯罪与犯罪情报分析师课程	美国陆军宪兵学校
执法情报概述/中级情报:建立关联的能力	肯恩·桑斯联合公司

① International Association of Law Enforcement Intelligence Analysts, "Accepted Classes", https://www.ialeia.org/accepted_classes.php.(注:表 9-3 中最后 4 个认证项目为 2018 年新增项目)

1. 私营机构。大量私营机构参与情报分析培训工作,大大繁荣了美国执法情报分析培训市场,成为情报分析方法、技术与知识创造、改进和传播的重要力量。国际执法情报分析师认可的培训项目清单中有多个私营机构开发的培训课程,这些机构包括阿纳卡帕科学有限公司(Anacapa Sciences,Inc.)、SM&C科学有限公司(SM&C Sciences,Inc.)、情报分析培训股份有限公司(Intelligence Analysis Training,Ltd.)、八月分析与研究(August Analysis & Research)、4知识分析解决方案(4Knowledge Analysis Solutions)、肯恩·桑斯联合公司(Ken Sanz & Associates)等,来自多个国家和地区。这些私营机构有一个共同的特点,即长期专注于情报分析、调查分析、犯罪心理分析、公共安全等领域的培训与咨询服务,其培训讲师或拥有丰富的情报分析、刑事调查、公共安全等实践经验,或系心理、行为科学、地理信息技术等领域的专家,面向全球各国提供开放的培训课程,其情报分析培训与咨询项目成为该领域的品牌项目。例如,位于美国加利福尼亚州的阿纳卡帕科学有限公司提供的"分析调查方法"(Analytical Investigation Methods)、"犯罪情报分析"(Criminal Intelligence Analysis)培训项目被国际执法情报分析师协会(IALEIA)认可,该公司成立于1969年,1971年便开始开发情报分析技能,提供情报分析策略与技术方面的培训,该公司长期为刑事司法、公共安全以及受害者服务等领域的组织提供专业知识与实践经验,在犯罪、调查(心理画像)、情报分析、财务报表分析、项目工作量分析、基金申请以及其他执法领域的培训方面具有优势。[①] 据统计,来自全球执法、情报、金融、保险、军事等领域的数以千计的分析师参加了该公司的培训课程。[②] 情报分析培训股份有限公司[③]是英国的一家培训机构,其培训讲师均为国际犯罪分析师协会或国际执法情报分析师协会会员,提供犯罪与情报分析、通信数据分析、法庭培训以及犯罪分析培训等,该公司开发了犯罪与情报分析初级、中级和高级培训课程项目,其中犯罪与情报分析培训课程(Crime and Intelligence Analysis Training, Classroom

① "Anacapa Sciences, Inc", https://www.anacapasciences.com/company/overview.html, 2018-5-28.

② "Anacapa Sciences, Inc", http://www.anacapasciences.com/ia/index.html, 2018-5-28.

③ "Intelligence Analysis Training, Ltd.", https://intelligenceanalysistraining.com/about/, 2018-5-28.

Course)获得IALEIA专业认证委员会的认可[1]。

2. 专业协会。国际执法情报分析师协会(IALEIA)、国际犯罪分析师协会(IACA)、执法情报机构联盟(LEIU)三大协会组织在美国执法情报领域具有举足轻重的地位。IALEIA成立于1981年,是全球规模最大的执法情报分析专业人员协会组织,参与了美国大量执法情报分析政策标准的起草,美国《执法分析标准》《犯罪情报培训最低标准》《执法分析师认证标准》等一系列重要标准性文件均有该协会参与的身影,IALEIA和LEIU联合开发的"情报分析基础培训"(Foundations of Intelligence Analysis Training,简称FIAT)项目[2]影响广泛。国际犯罪分析师协会(IACA)是成立于1990年的非营利组织,旨在为全球的犯罪与情报分析人员提供培训、交流与职业发展机会,改进执法机构的犯罪分析能力[3],其提供的培训课程广泛涉及犯罪制图与分析、EXCEL分析技术、计算机在犯罪分析中的应用、犯罪分析基本技能、GIS在犯罪分析中的应用、CrimeStat系统、战术与问题分析、话单分析、犯罪分析工具等[4],该协会提供的CLEA执法分析师认证计划具有权威性,其编辑出版的《犯罪分析探究》[5]总结了20种经IACA会员认定的犯罪分析技能,大大助推了犯罪情报分析技能的普及与应用。

3. 执法机构。美国国土安全部、联邦调查局、禁毒署、联邦执法培训中心以及部分州和地区执法机构的情报分析培训项目是推动执法情报分析专业化建设最主要的培训力量之一。联邦调查局(FBI)情报培训中心创建于2002年,其前身为FBI分析研究学院(CAS),为FBI特工、情报分析师以及州、地区和部落执法机构的分析师提供初级与高级情报搜集、分析与谍报技术培训[6]。FBI开发的为期10周的"情报基础

---

① "Intelligence Analysis Training Ltd (IAT-Limited)", http://intelligenceanalysistraining.com/, 2018-5-28.

② "Foundations of Intelligence Analysis Training Program (FIAT)", http://www.ialeia.org/training.html, 2018-5-28.

③ "About the IACA", http://www.iaca.net/about.asp, 2018-5-28.

④ "Professional Training Series Course Descriptions", http://www.iaca.net/training_descriptions.asp, 2018-5-28.

⑤ Samantha L. Gwinn, Christopher Bruce, Julie P. Cooper, et al, "Exploring Crime Analysis: Readings on Essential Skills", North Charleston, South Carolina: Booksurge, LLC, 2004.

⑥ "Intelligence Training", http://www.fbi.gov/about-us/training/ctr_intel, 2018-5-28.

课程”(Intelligence Basic Course)是分析师入门级课程,FBI 新招录的分析师必须通过该培训方能正式入职。美国禁毒署(Drug Enforcement Administration,简称 DEA)是禁毒情报领域的领头羊,提供的“初级情报研究专家培训项目”(Basic Intelligence Research Specialist Training,简称 BIRS)为期 9 周,旨在为新聘任的进入禁毒领域的情报研究专家提供入门级的分析培训,其提供的另一培训项目“联邦执法分析师培训项目”(Federal Law Enforcement Analysts Training,简称 FLEAT)为期 4 周,旨在与其他联邦、州、地区、部落和国际执法机构分享 DEA 毒品情报专业知识、最佳分析工具和实践,以强化批判性分析能力。该项目还设有为期 2 周的 FLEAT 网络课程①。联邦执法培训中心(FLETC)②为联邦机构以及州、地区、部落和国际执法机构、国土安全机构等提供执法培训,是跨部门的培训组织,开发了大量情报培训课程,典型的有情报分析培训项目概述(Introductory Intelligence Analysis Training Program)、执法官员情报意识培训项目(Intelligence Awareness for Law Enforcement Executives Training Program,简称 IALEETP)、反恐情报认知培训项目(Anti-Terrorism Intelligence Awareness Training Program,简称 ATIATP)、情报分析师培训项目(Intelligence Analyst Training Program,简称 IATP)等。国土安全部(DHS)情报与分析办公室为推动国土安全情报分析工作的专业化,组织开发或资助了大量情报分析培训项目,具体参见表 9-1。为进一步推动情报培训的制度化与常态化,提升培训效果,DHS 还于 2012 年专门成立国土安全部情报培训学院(Intelligence Training Academy),以更好地推动国土安全情报培训工作。此外,国家白领犯罪中心(National White Collar Crime Center)的“情报分析基础培训”课程(Foundations of Intelligence Analysis Training),移民与海关执法局同国土安全调查情报办公室(Immigration and Customs Enforcement, Homeland Security Investigations)合作的“初级情报培训”课程(Basic Intelligence Training),国家警卫队缉毒计划(National Guard Bureau Counterdrug Program)的“犯罪情报分析课程”(Criminal Analysis Courses Phase I and

① “Intelligence Training”, http://www.justice.gov/dea/ops/Training/Intelligence.shtml, 2018-5-28.

② “About FLETC”, https://www.fletc.gov/about-fletc, 2018-5-28.

Phase II),以及州和地方反恐培训机构(SLATT)等执法机构提供的各类富有特色的情报分析培训课程,在各自领域或地区具有一定的影响力。还有部分州和地区执法部门专门成立情报分析培训学院,为本地区的执法情报人员提供情报分析职业培训服务,例如佛罗里达州执法部(Florida Department of Law Enforcement,简称 FDLE)于2003 年建立佛罗里达州执法分析师学院(Florida Law Enforcement Analyst Academy,简称 FLEAA),是美国第一所州执法分析师学院,该学院面向新入职的分析师提供为期 40 课时的初级分析师培训课程(Florida Basic Analyst Training,简称 FBAT),每年开班 2—4 次,此外,该学院还于 2005 年开发了计算机应用与分析技术课程(Computer Applications and Analytical Techniques,简称 CAAT),也是 40 课时,主要培训分析师如何运用计算机技术开展调查分析,该学院还建立了犯罪情报分析师认证(Certified Crime Intelligence Analyst,简称 GA I)和高级犯罪情报分析师认证(Senior Crime Intelligence Analyst,简称 GA II)项目。[①] 新泽西州成立了新泽西地区情报学院(New Jersey Regional Intelligence Academy),其提供的"基础分析培训课程"(Basic Analysis Training Course)通过了国际执法情报分析师协会认证委员会的认可。

4. 高等院校与研究机构。在美国,高等院校是执法情报学历教育和在职培训的重要力量。国土安全拨款计划资助的培训课程、《分析师职业发展路线图》推荐的培训课程以及国际执法情报分析师协会认证委员会认可的培训课程中均有高等院校提供的课程,包括路易斯安那州立大学(Louisiana State University)提供的"犯罪情报基础"课程、美国陆军宪兵学校(U. S. Army Military Police School)提供的"犯罪与犯罪情报分析师课程"、美国海军研究生院(Naval Postgraduate School)提供的"融合中心领导计划"、密歇根州立大学(Michigan State University)提供的"发展州、地区和部落执法机构的情报能力:快速启动计划""保持情报能力"等课程项目。美国部分高等院校不仅参与执法情报分析职业培训项目,还提供情报分析本科学位、硕士学位课程项目。例如,密歇根州立大学(MSU)提供执法情报与情报分析硕士学位课程,该情报学位课程是美国最早的刑事

① Jeremy Gibson Carter, "Policing Innovation: Exploring the Adoption of Intelligence-led policing", D. dissertation, Michigan State University, 2011, pp. 205—208.

司法情报学位项目之一;梅西赫斯特大学提供的研究/情报分析师本科教育项目(RIAP)始于1992年,是美国第一个情报领域的非政府教育项目,“9·11”事件后RIAP项目名声大振,并于2004年开始提供情报类硕士学历教育项目①,2004年2月成立情报学院(IIS-MU),提供情报学文学学士项目(Bachelor of Arts in Intelligence Studies)、应用情报理学硕士项目(Master of Science in Applied Intelligence)、应用情报在线研究生证书项目以及网络空间威胁分析非学历在线学习课程项目等;此外,美国国防情报学院、中央情报局大学、美国海军研究生院、美国国土安全部国土防卫与安全中心、马里兰大学公共政策学院、圣母学院、亨利普特南大学等一大批院校研究所提供情报分析学历教育或职业认证培训项目。还有部分高校与执法机构合作开发情报分析培训课程,例如,加州大学河滨分校与加州司法部门(California Department of Justice and California University System)合作的“犯罪和情报分析认证项目”(Crime and Intelligence Analysis Certificate Program)在业内颇具名气②。

二、执法情报分析培训项目课程设置

美国执法情报分析培训课程主要涉及哪些知识与技能?为回答该问题,本研究选取若干具有典型代表性的课程作考察样本,选择标准如下:一是必须是获得官方与专业协会承认并资助的培训课程项目,例如,国土安全部、司法部审定并资助的培训课程项目,或国际执法情报分析师协会、国际犯罪分析师协会认可的培训课程;二是在美国情报分析培训领域具有较高认同度,是各级执法机构在招募情报分析人员公告中予以认可的培训课程项目。

(一)情报分析基础培训课程(FIAT)

国际执法情报分析师协会(IALEIA)和执法情报机构联盟(LEIU)联合开发的“情报分析基础培训项目”(Foundations of Intelligence

---

① Breckenridge, James, radio interview about IIS-MU on “We Question and Learn”, a public interest show on FM 91.3 WQLN in Erie, Pennsylvania on 2 July 2006.

② “Professional Certificate in Crime and Intelligence Analysis”, https://www.extension.ucr.edu/academics/certificates/crime_intelligence.html, 2018-6-10.

Analysis Training,简称 FIAT)是入门级分析课程,为期 5 天,共 40 课时,旨在为初级分析师介绍执法分析职业基本要素与知识,促进对该职业的理解,并奠定情报分析基础。该培训项目于 2004 年开发,2005 年成为国土安全部拨款资助的两个培训课程项目之一,在美国各州和地区具有广泛影响力[①]。FIAT 课程符合《执法分析标准》的要求,并符合美国《国家犯罪情报共享计划》(NCISP)提出的培训标准,符合 IALEIA 初级认证条件以及注册犯罪分析师协会(SCCA)最低培训要求,[②]其课程体系如表 9 – 4 所示:

表 9 – 4　FIAT 课程设置[③]

课程模块	课程设置	课程模块	课程设置
情报分析概述	情报导论	分析方法与技术	犯罪分析
	情报周期		指标开发
	法律问题与伦理		关联分析
	信息源		通信分析
	核心能力		流程分析
	国家犯罪情报共享计划		财务分析
情报分析思维	创造性思维		战略分析
	批判性思维		情报产品
	逻辑与推论		资源与参考
	竞争性假设分析		
	提出建议		

① The International Association of Law Enforcement Intelligence Analysts (IALEIA), "The Foundations of Intelligence Analysis Training (FIAT) Program", http://leiu.org/fiat, 2018-5-25; Law Enforcement Forecasting Group, "Increasing Analytic Capacity of State and Local Law Enforcement Agencies: Moving Beyond Data Analysis to Create a Vision for Change", https://www.bja.gov/Publications/LEFGIncreasingAnalyticCapacity.pdf, 2018-5-25; Law Enforcement Forecasting Group, "Increasing Analytic Capacity of State and Local Law Enforcement Agencies: Moving Beyond Data Analysis to Create a Vision for Change", https://www.bja.gov/Publications/LEFGIncreasingAnalyticCapacity.pdf, 2018-5-25.

② "The Foundations of Intelligence Analysis Training (FIAT) Program", http://leiu.org/fiat, 2018-5-25.

③ The International Association of Law Enforcement Intelligence Analysts (IALEIA), The Association of Law Enforcement Intelligence Units (LEIU), "Foundations of Intelligence Analysis Training (FIAT)", https://ialeia.org/docs/FIAT_Flyer.pdf, 2018-5-25.

（二）初级情报与威胁分析课程（BITAC）与中级融合中心分析师培训课程（IFCAT）

初级情报与威胁分析课程（Basic Intelligence and Threat Analysis Course，简称 BITAC）是经美国国土安全部审定并资助的培训课程，为期 5 周，共 25 天，为国土安全情报初级分析师提供必要的知识和技能，该课程将情报界指令（ICD）列为培训的主要内容，具体包括 ICD-203-分析标准、ICD-205-分析范围、ICD-208-写作效用最大化和 ICD-610-情报界工作人员能力清单。该课程根据“DHS 核心能力”“情报界（IC）分析核心能力”《国土安全部情报职业学习路线图》所列标准设计，由 5 个内容模块构成（见表 9 – 5）。中级融合中心分析师培训课程（Intermediate Fusion Center Analyst Training，简称 IFCAT）是国土安全部情报与分析办公室（I&A）、国内基础设施威胁与风险分析中心（HITRAC）与联邦应急管理署（FEMA）为融合中心分析师提供的中级风险分析课程，根据国家融合中心分析工作岗位的任务开发，学时为 130 小时，由 4 部分组成（见表 9 – 5），该课程在入门课程的基础上重点增加了风险分析方法和工具，它侧重于教授、演示和练习定性分析方法、半定量和定量分析技术，要求分析师理解并亲自动手使用风险矩阵和分析工具进行风险分析。

表 9 – 5 BITAC 和 IFCAT 课程表①

BITAC 课程	IFCAT 课程
1. 国土安全情报概览（OHSI）	1. 分析与预防恐怖主义
2. 批判性思维与分析方法（CTAM）	2. 批判性思维与分析技术
3. 情报编写和报告（PIWB）	3. 交流技巧和分析报告撰写
4. 脆弱性、威胁与风险评估（VTRA）	4. 战略分析和口头汇报
5. 国土安全情报练习（HSIE）	

（三）情报分析师培训课程（IATP）

情报分析师培训项目（Intelligence Analyst Training Program，简称

① Federal Emergency Management Agency，National Preparedness Directorate，National Training and Education Division，“State Sponsored Course Catalog”，https://www.firstrespondertraining.gov/catalog.do? a = state，2018-5-25.

IATP)是由联邦执法培训中心(FLETC)调查行动部门金融诈骗研究所开发的面向情报分析师、犯罪研究专家、调查分析师以及来自其他合作机构执法情报人员的培训项目,该项目课程按照分析师的“通用胜任能力”和“分析标准”设置,提供76个学时的犯罪/执法情报分析培训课程①,课程设置如表9-6所示。

表9-6 IATP核心课程

课程模块	课程设置	课程模块	课程设置
1. 情报分析基础	执法情报概述 情报周期 情报分析:核心能力 情报分析概述 情报分析师法律问题 情报计划 外部信息源 执法电子信息源	2. 情报分析方法、技术与工具	分析方法与技术 调研工具:电子数据表 金融分析 地理信息系统与地理画像
		3. 情报产品制作与传递	分析报告 分析产品与演示

(四)犯罪和情报分析认证课程(CIACP)

加州大学河滨分校与加州司法部门合作的“犯罪和情报分析认证项目”(Crime and Intelligence Analysis Certificate Program,简称CIACP)主要为侦查人员、情报人员提供犯罪分析知识,该课程的培养目标是:分析犯罪,运用执法数据预测犯罪在何时何地发生;发现和理解各类犯罪模式之间的区别;运用情报信息指导巡逻或战术行动,提高效率;搜集数据并进行统计分析,提出和检验假设,根据普遍接受的刑事司法研究标准撰写报告②。顺利通过该项目的学员将获得加州大学河滨分校国际教育项目部(UCR Extension)以及加利福尼亚州司法部门承认的注册犯罪分析师证书。该项目课程如表9-7所示。

① “Intelligence Analyst Training Program (IATP)”, http://www.fletc.gov/training/programs/investigative-operations-division/economic-financial/intelligence-analyst-training-program-iatp/,2018-6-10.

② “Professional Certificate in Crime and Intelligence Analysis”, https://www.extension.ucr.edu/academics/certificates/crime_intelligence.html,2018-6-10.

表 9-7　CIACP 课程设置

课程设置	26 个单元
犯罪分析计算机技能	4
犯罪分析应用	4
犯罪调查分析	4
犯罪情报概述	4
刑事司法概述	3
刑事司法程序概述	3
犯罪与情报分析实习	0
犯罪分析研究方法与统计	4

（五）佛罗里达执法分析师课程（LEAP）

佛罗里达执法分析师计划（Florida Law Enforcement Analyst Program，简称 LEAP）①设有两大执法分析师培训课程：佛罗里达执法分析师培训Ⅰ（FLEATⅠ）和佛罗里达执法分析师培训Ⅱ（FLEATⅡ），其课程设置见表 9-8 所示。

表 9-8　LEAP Ⅰ-Ⅱ课程表

FLEATⅠ课程设置	FLEATⅡ课程设置
1. 引言	1. 引言
2. 情报 101	2. 分析技术导论
3. 情报分析师的角色以及情报分析职业操守	3. 统一犯罪报告
4. 情报周期	4. 调查与分析
5. 情报分析思维过程	5. Excel 复习
6. 数据资源、解释和验证	6. 分析工具 Access 运用
7. 分析导论	7. 犯罪模式分析
8. 分析工具 Excel 的应用	8. 地理制图技术应用
9. 运用 Word 传递执法信息	
10. 改进陈述技巧	

① "Florida Law Enforcement Analyst Program", http://www.fdle.state.fl.us/content/getdoc/586c5070-fac8-44a2-8e53-661bef41b425/Analyst-Home.aspx，2018-6-10.

（六）犯罪/执法情报分析最低培训标准课程

美国有关部门根据《国家犯罪情报共享计划》（NCISP）建议，2004年制定发布《犯罪情报培训最低标准》，明确了情报分析师、情报官等六类对象的初级培训最低标准，随后国际执法情报分析师协会（IALEIA）开发的《执法分析标准》依据该最低培训标准提出了为期一周（40 小时）的培训课程体系，该课程体系可谓美国初级执法情报分析师职业培训的“国标”课程，具体课程设置如表 9－9 所示。

表 9－9　初级情报分析师培训课程表①

日程安排	内容安排	学时	日程安排	内容安排	学时
第 1 天	概述（情报流程、情报主导警务、NCISP）	2 课时	第 3 天	话单分析（通信分析）	3 课时
				流程分析	2 课时
	信息管理（文档管理、信息评估、收集计划）	2 课时		金融分析	3 课时
			第 4 天	战略分析	2 课时
	研究方法与资源	2 课时		分析写作	2 课时
	批判性思维	1 课时		法律/伦理	2 课时
	逻辑	1 课时		专业精神	1 课时
第 2 天	推理并提出建议	2 课时		分析软件回顾	1 课时
	犯罪模式分析（CPA、统计、地理空间分析）	4 课时	第 5 天	陈述技巧	3 课时
				实践练习	3 课时
	关联分析	2 课时		法庭证词	2 课时

2007 年《犯罪情报培训最低标准》（2.0 版）②、2012 年《执法分析标准》（2.0 版）③先后面世，对情报分析师最低培训标准作了修正，增加了国家安全、犯罪指标、数据挖掘等内容，其课程大致可分为“情报分析基础、法律伦理、分析思维与逻辑推理、分析方法/技术与工具、分析报告与

① Global Justice Information Sharing Initiative, International Association of Law Enforcement Intelligence Analysts, Inc.,“Law Enforcement Analytic Standards(2nd edition)”, 2007, p. 9.

② Global Justice Information Sharing Initiative, International Association of Law Enforcement Intelligence Analysts, Inc.,“Law Enforcement Analytic Standards(2nd edition)”, April 2012, p. 14.

③ The Intelligence Training Coordination Working Group,“Minimum Criminal Intelligence Training Standards for United States Law Enforcement and Other Criminal Justice Agencies (Version 2)”, http://it.ojp.gov/docdownloader.aspx? ddid = 1152, 2018-6-10.

陈述技巧”5 个方面，具体课程如表 9 – 10 所示。

表 9 – 10 调整后的初级情报分析师培训课程表

课程模块	具体课程
情报分析基础	1. 情报理论与背景知识：国家安全、犯罪指标、情报导论、情报周期/流程 2. 情报信息源与情报搜集：信息来源/可用资源、情报需求/搜集 3. 情报信息交流与共享：人际网络、信息共享框架 4. 情报信息管理与安全：信息管理、标记和使用机密信息、信息评估 5. 情报分析文件与职业认证培训：情报分析指南文件、情报分析专业标准/认证项目 6. 情报工作计划系统过程：用户需求、用户反馈、有效的情报产品计划
法律伦理问题	法律法规、民事责任、隐私、公民自由与权利保护、伦理准则
分析思维/逻辑推理	批判性思维、推理、逻辑/逻辑失误
分析方法/技术/工具	分析技术、分析工具、犯罪模式分析、数据挖掘、威胁评估
分析报告/陈述技巧	撰写报告、信息陈述

第二节 美国执法情报分析学历教育项目

专业知识与技能的积累，情报学科专业的设置，专业人才培养机制的建立，是情报专业化的重要标志。“9 · 11”事件后，美国情报学(Intelligence Studies)获得前所未有的发展[①]，高等院校积极开发国土安全、情报分析、执法等项目或课程，以促进国家安全[②]。日益专业化的情

① Stephen Marrin, “Training and Educating U. S. Intelligence Analysts”, International Journal of Intelligence and Counterintelligence, Spring 2009, pp. 131—146; Michael Landon-Murray, “Social Science and Intelligence Analysis: The Role of Intelligence Education”, Journal of Applied Security Research, 2011, pp. 491—528.

② Hank Prunckun, Jan Goldman, “Handbook of Scientific Methods of Inquiry for Intelligence Analysis”, Lanham: Scarecrow Press, 2010, p. 2.

报学以及相关院系和项目增长迅速且有目共睹[①],这种增长趋势不再局限于军事、国际关系与国家安全等传统领域,越来越多地体现在执法和商业领域[②],还出现了专门从事情报研究与教学工作的学院,情报学逐渐成为一门学科[③]。

一、专业设置与考察样本

(一)专业设置

我国教育部颁布的学科专业目录中,有两类"情报学":一是"图书馆、情报与档案管理"一级学科下设"情报学"(Information Science 或 Informatics);二是"军队指挥学"和"公安学"两个一级学科分别设有"军事情报学"和"公安情报学"(Intelligence Studies)。美国与我国类似,根据美国教育部国家教育统计中心 2019 年颁布的高校学科专业目录(Classification of Instructional Programs,简称 CIP-2020)[④],其信息学类专业设置有计算机信息科学、图书馆信息科学、商业信息资源管理(含管理信息系统、信息资源管理、知识管理)、生物信息学、医学信息学、地理信息学等专业或方向;情报学主要有四类:一是军事科学领域的情报原理、战略情报与信号/地理空间情报;二是国际关系与国家安全学领域的情报专业;三是国土安全、执法与安保领域的执法情报分析专业和地理空间情报专业;四是商业、管理与市场营销领域的竞争情报或商业情报专业(详情见表 9 - 11)。

---

① William Spracher, "Intelligence Studies", International Studies Association Compendium, 2012. //Smith, Jonathan, "Amateur Hour? Experience and Faculty Qualifications in U. S. Intelligence Courses", Journal of Strategic Security, vol. 6, no. 3, 2013, pp. 25—39.

② William Spracher, "Intelligence Studies", International Studies Association Compendium, 2012. //Smith, Jonathan, "Amateur Hour? Experience and Faculty Qualifications in U. S. Intelligence Courses", Journal of Strategic Security, vol. 6, no. 3, 2013, pp. 25—39.

③ Loch Johnson, Allison Shelton, "Thoughts on the State of Intelligence Studies: A Survey Report," Intelligence and National Security, vol. 28, no. 1, 2013, pp. 109—200.

④ 美国教育部学科专业分类目录(CIP)于 1980 年发布第一版,1985 年、1990 年、2000 年、2010 年进行了修订,CIP-2020 版是第 5 次修订,参见:"Classification of Instructional Programs (CIP-2020)", https://nces.ed.gov/ipeds/cipcode/resources.aspx? y = 56, 2019-6-10.

表 9-11 美国情报学专业设置情况(CIP-2020)[1]

一级目录	二级目录	三级目录
29 军事技术与应用科学	29. 02 情报、指挥控制与信息战	29. 0201 情报通论 Intelligence, General
		29. 0202 战略情报 Strategic Intelligence
		29. 0203 信号/地理空间情报 Signal/Geospatial Intelligence
	其他开设情报专业方向或课程的专业领域	29. 0206 信息/心理战和军事媒体关系 Information/Psychological Warfare and Military Media Relations
		29. 0405 联合指挥/任务组(C3, C4I)系统 Joint Command/Task Force (C3, C4I) Systems
43 国土安全、执法、消防和安保服务	43. 04 安全科学与技术	43. 0406 地理空间情报 Geosp atial Intelligence 43. 0407 执法情报分析 Law Enforcement Intelligence Analysis
	其他开设情报方向或课程的专业领域	43. 0120 安保服务工作 Protective Services Operations
		43. 0301 国土安全 Homeland Security
		43. 0303 关键基础设施保护 Critical Infrastructure Protection
		43. 0304 恐怖主义与反恐怖工作 Terrorism and Counterterrorism Operations
45 社会科学	45. 09 国际关系与国家安全学	45. 0902 国家安全政策学(下设情报方向)National Security Policy Studies
52 商业、管理、营销与相关支持服务	52. 13 管理科学与数量方法	52. 1301 管理科学(下设"商业情报""竞争情报"专业方向或课程)Management Science

(二)考察样本

据普里赛洛·格林(Prioleau Green)2008 年的统计,美国有 10 所学院或大学提供"情报分析"本科学位[2];威廉·斯普雷彻(William

① 本表根据美国教育部发布的学科专业分类目录(CIP-2020)整理而成,相比 CIP-2010 版,"国土安全、执法、消防和安保工作"类目增加了"安全科学与技术"类,将原隶属于"刑事司法与矫正"的"执法情报分析"专业调整到"安全科学与技术",并增设"地理空间情报"专业。

② Prioleau Green, "An Analysis of the Requirements and Potential Opportunities for the Future Education of Law Enforcement Intelligence Analyisis", The Naval Postgraduate School, 2008, p. 71.

Spracher）对美国 2009 年之前的情报专业高等教育情况做了较为全面梳理[①]，国内卢宏与汪社教[②]、沈固朝和王云峰[③]、胡雅萍[④]等学者对美国部分学校的情报教育做了介绍，这些研究为本项调查提供了重要线索。根据谷歌检索，笔者共获得 32 所提供情报学专业硕士学位项目的美国高校（不完全统计）[⑤]。按照课程设置特点与人才培养方向，可分为四类：一是国土安全与执法类；二是国际关系与国家安全类；三是通用和综合类，所谓通用类，即课程不涉及具体的业务领域，仅提供情报理论、方法和技术等通用知识与技能；综合类是指课程广泛涉及国土安全与执法、国际关系与国家安全、商业情报等各领域；四是特色类，例如个别高校开设地理情报、网络情报等特殊专业或专业方向。国内学界对美国商业、管理与市场营销领域的竞争情报或商业情报专业课程有较多的介绍，但对国土安全与执法类情报专业鲜有关注，几近空白。本文所获样本数据中共有 5 所高校提供国土安全与执法类情报学硕士学位项目，清单如表 9－12 所示。

表 9－12　美国国土安全与执法类情报专业硕士学位项目列表

学校名称	专业名称
底特律大学	情报分析 Intelligence Analysis
密歇根州立大学	执法情报与分析 Law Enforcement Intelligence and Analysis

---

① William C. Spracher, "National Security Intelligence Professional Education: A Map of U. S. Civilian University Programs and Competencies", Ph. D. dissertation, The George Washington University, 2009, p. 137.

② 卢宏、汪社教：《国外 Intelligence 之实践、研究与教学管窥》，《图书情报工作》2005 年第 9 期。

③ 王云峰、沈固朝：《美国 Intelligence 教育研究初探——以 IAFIE 为例》，《图书与情报》2012 年第 1 期。

④ 胡雅萍、潘彬彬：《Intelligence 视角下美国情报教育研究》，《情报杂志》2014 年第 6 期；胡雅萍、潘彬彬：《美国情报分析培训研究——以 CIA 肯特学院为例》，《情报杂志》2014 年第 7 期；胡雅萍、白茹：《基于批判性思维的美国情报培训课程体系与启示》，《图书情报工作》2014 年第 18 期。

⑤ 包括安吉罗州立大学、贝尔维尤大学、加州州立大学贝克斯菲尔德分校、卡罗来纳海岸大学、安博瑞德大学、安博瑞德航空航天大学、费耶特维尔州立大学、亨利-帕特兰大学、世界政治学院、詹姆斯麦迪逊大学、约翰·霍普金斯大学、梅西赫斯特大学、圣母学院、博恩特帕克大学、亚利桑那大学（南）、底特律大学、得克萨斯大学、南佛罗里达大学、宾夕法尼亚州立大学世界校区、匹兹堡大学、圣约瑟大学、乔治·华盛顿大学、马里兰大学大学学院、中俄克拉荷马大学、密歇根州立大学、美国军事大学、美国公共大学、国防情报学院/国家情报大学、南卡罗来纳军事学院等。

续表

学校名称	专业名称
中俄克拉荷马大学	犯罪与情报分析 Crime and Intelligence Analysis
圣约瑟大学	刑事司法专业—情报与犯罪分析方向 Intelligence and Crime Analysis
南卡罗来纳军事学院	情报与安全学 Intelligence and Security Studies

二、课程设置与体系结构

(一)课程设置

表9-12中的5所学校除南卡罗来纳军事学院是军事院校外,其他4所高校均为知名的综合性大学。底特律大学连续十余年被《美国新闻与世界报道》评为美国中西部地区一流大学;密歇根州立大学被誉为"公立常春藤"大学;中俄克拉荷马大学是全美110所顶尖综合性大学之一;圣约瑟大学曾被《新闻与世界报道》列为"美国最好的大学之一"。这5所学校情报专业硕士学位课程设置情况如表9-13所示:

这5所学校的情报专业均由刑事司法学院(系)开设,有如下突出特点:一是研究领域相同,但专业名称各异。5所学校的情报专业有5个不同的专业名称,包括情报分析(Intelligence Analysis)、执法情报与分析(Law Enforcement Intelligence and Analysis)、犯罪与情报分析(Crime and Intelligence Analysis)、刑事司法专业—情报与犯罪分析方向(Intelligence and Crime Analysis)、情报与安全学(Intelligence and Security Studies)。二是课程安排时间分散。美国情报学硕士研究生学制为2年,课程安排贯穿4个学期,我国公安情报学研究生教育课程则倾向于"集中制",即课程集中于第一学年,后两年主要为见习以及毕业论文。三是"文理兼有",样本数据中有2所高校授予文科学位(M. A),3所学校授予理科学位(M. S)。四是学分要求一般为30—36学分,所有课程均为3学分,申请硕士学位需要修读的课程数量最多12门,最少10门,其中必修课为3—7门,选修课6—9门。五是教学模式多样化,除了传统的集中式课堂教育模式外,5所学校中有3所学校提供网络在线教学模式,便于情报在职人员修读。

表 9－13 美国国土安全与执法类情报专业硕士学位课程设置情况

学校	学位学分	课程设置
底特律大学	M. S/33 学分	必修 7 门：情报研究方法；空间分析与制图；恐怖主义：理论与实践；国土安全与威胁评估；21 世纪冲突根源；情报获取；情报分析顶点课 必选 4 门：情报主导警务；政策分析与策略创新（联邦执法）；私人安全情报：基础设施保护；行为刻画与预测（犯罪分析） 推荐选修 8 门：情报机构领导力和行为；数据挖掘与情报报告；当代情报分析问题；跨国犯罪网络；文学与犯罪；情报热点专题；安全问题研讨；其他选修课
密歇根州立大学	M. S/30 学分	必修 3 门：执法情报工作专题；刑事司法研究设计与分析；刑事司法研究定量方法 选修 12 门：犯罪预防与控制；国土安全基础；刑事司法专题课；比较刑事司法；犯罪全球化；反恐与情报；恐怖主义问题；分析思维与情报；警务高级专题；地理空间技术；动态环境下的政策分析；学生指导委员会批准的其他 3 个学分选修课
中俄克拉荷马大学	M. A/36 学分	必修 6 门：刑事司法研究设计与分析；刑事司法制度比较；环境犯罪学与犯罪分析；犯罪分析技术；犯罪分析实践工作；刑事司法专题课 选修 6 门：矫正系统行政管理；被害人学；网络犯罪；白领犯罪；恐怖主义与国土安全；犯罪理论前沿 公选 2 门：历史学/地理学/政治学课程 6 学分
圣约瑟大学	M. S/30 学分	必修 4 门：研究方法与分析；犯罪学理论；伦理与刑事司法；执法职业写作 选修课 12 门：执法情报分析；执法情报：政策与程序；司法财务分析；国土安全；恐怖主义：威胁与策略；刑事司法系统；刑事司法文化多元论；青少年司法与审判：问题与对策；风险评估；灾难社会学；联邦刑事司法；联邦刑事法律与诉讼
南卡罗来纳军事学院	M. A/32 学分	必修 4 门：社会科学研究方法；国土安全；情报概论；国际与国内恐怖主义 选修 12 门：组织领导力；刑事司法专题；国土安全专题；刑事司法领导力应用课程；国土安全与刑事司法行政管理；比较刑事司法制度；国家安全政策；国土安全伦理与公正；情报研究与分析；情报理论应用；跨国有组织犯罪；情报热点专题

(二)侧重领域、培养目标与就业方向

总的看来,美国国土安全与执法类情报专业培养目标和侧重点如下:一是研究能力;二是情报分析解读能力;三是刑事司法制度与程序知识;四是国土安全,包括国土安全威胁因素与根源、恐怖主义与反恐、政策分析以及国土安全威胁评估知识与技能等。其就业方向主要有执法、国土安全和私营情报机构等,职业方向有犯罪分析师、情报分析师、犯罪调查专家、安全管理专家、项目管理专家、安保顾问、应急管理专家等。

不同学校的课程侧重领域与培养方向各有特色,大致可分为两类:一是综合类。底特律大学、密歇根州立大学、南卡罗来纳军事学院的课程体系相对综合,既关注犯罪与刑事司法,也关注国土安全与恐怖主义。底特律大学重在培养学生开源情报信息获取与分析能力,教授如何从新闻媒体和杂志等公开渠道以及运用调查访问等方式获取信息,分析信息并撰写研究报告,为各类安全和犯罪控制问题提供支持,应用领域涵盖执法、地缘政治冲突、国家安全、反恐等[①],毕业生目标就业单位是国土安全部门的情报分析岗和警察机构的犯罪分析岗[②]。密歇根州立大学主要为情报分析师、执法和安全职业从业者提供情报分析领域的学术训练,其目标是满足国家联邦、州和地区警务部门、私营机构安全官员的需求[③]。南卡罗来纳军事学院重在培养情报与国土安全领导力,通过探讨情报与国家安全实践、理论和经验,培育学生的批判性思维,教授应用性管理理论和政策分析方法,培育领导技能,以应对安全和情报挑战。二是刑事司法与犯罪分析类。圣约瑟大学和中俄克拉荷马大学主要聚焦于犯罪与刑事司法领域,前者侧重于探讨各级执法部门采用的犯罪分析方法和技术,目的是识别和追踪犯罪活动,运用先进的方法创建犯罪预

---

① "Intelligence Analysis-Program Structure/Description", http://liberalarts. udmercy. edu/programs/depts/cjs/intelanalysis/structure/index. htm,2018-6-12.

② "Intelligence Analysis-Job Market", http://liberalarts. udmercy. edu/programs/depts/cjs/intelanalysis/jobmarket/index. htm,2018-6-12.

③ "Field Placement Program Student Information", https://cj. msu. edu/graduate-online/field-placement-program/,2018-6-12.

防和执法应对策略[1]，其就业方向主要是警察机构和其他刑事司法机构。后者主要为学生提供刑事司法制度比较研究、统计分析和犯罪分析技术类课程，重点是犯罪信息/情报评估和报告撰写[2]。

（三）课程体系结构

从课程性质看，5 所院校的课程体系均由必修课（核心课）和选修课（专业选修课、推荐选修课）构成。5 所学校共 80 门课程，必修课总量为 24 门，平均每所学校 4.8 门课，其中最多的 7 门，最少的 3 门。选修课一般设 12 门左右，5 所院校选修课总量超过 56 门，是必修课程的 2 倍多。

表 9－14　必修课与选修课数量对比表

课程性质	底特律大学	密歇根州立大学	中俄克拉荷马大学	圣约瑟大学	南卡罗来纳军事学院	总数
必修课	7	3	6	4	4	24
选修课	>12	12	8	12	12	>56

从课程内容看，可归为 6 类，其内容结构与课程占比如图 9－1 与表 9－15 所示，主要特点如下：(1)必开课有 4 类，5 所学校均开设有研究方法、国土安全与恐怖主义、犯罪与刑事司法和情报类课程。(2)从课程数量看，从多到少依次是为犯罪与刑事司法类（37 门，占 46.25%）、情报类（23 门，占 28.75%）、国土安全与恐怖主义类（20 门，占 25%）、研究方法类（6 门）、恐怖主义类（6 门）、管理类（3 门）课程。(3)从课程逻辑结构看，有两大基础：一是研究方法论基础，此类课程旨在让学生掌握科学研究方法，提高科学研究能力，其中密歇根州立大学总共 3 门必修课，方法论性质的课程便占 2 门；二是业务基础，国土安全、风险、冲突、恐怖主义、犯罪等现象和威胁是情报搜集与分析的对象，刑事司法制度、法律和伦理准则是情报工作的行动准则，两类知识是做好情报业务的前提和基础，两类课程总数高达 57 门，占比 71.25%，充分体现了“宽口径、厚基础”的理念。

---

① “Master's Degree in Criminal Justice: Intelligence and Crime Analysis Concentration”, https://online.sju.edu/graduate/masters-criminal-justice/concentration/intelligence-crime-analysis, 2018-6-12.

② “Master of Arts in Crime and Intelligence Analysis”, https://www.uco.edu/cla/departments/criminal-justice/, 2018-6-12.

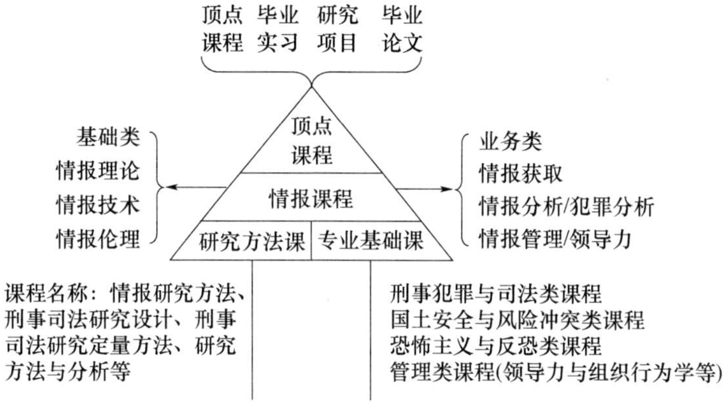

图 9-1　美国国土安全与执法类情报专业硕士学位课程体系结构图

表 9-15　美国国土安全与执法类情报专业硕士学位课程类型统计表

学校名称	课程类别					
	研究方法课程数	国土安全与风险冲突课程数	恐怖主义与反恐课程数	犯罪与刑事司法课程数	情报课程数	管理课程数
底特律大学	1	4	1	4	10	1
密歇根州立大学	2	1	2	8	4	0
圣约瑟大学	1	3	1	9	2	0
中俄克拉荷马大学	1	1	1	11	3	0
南卡罗来纳军事学院	1	5	1	5	4	2
总计	6	14	6	37	23	3

三、课程教学内容

全面梳理美国国土安全与执法情报专业硕士学位课程内容并详细描述,有助于深入理解美国情报专业知识体系并方便我国高校参考借鉴。综览5所样本学校情报专业80门课程的教学内容,可将其归为专业基础课程和情报课程两大类,课程教学内容具体如下。

(一)专业基础课程内容

执法情报分析类专业的基础课程主要由研究方法论基础(科学研究方法)和业务基础课(国土安全与风险冲突、恐怖主义与反恐、刑事犯罪与司法)等4类构成,具体内容如下:

1. 科学研究方法类课程。其具体内容主要涉及以下三个方面:一是理论层,包括概念、假设、实证科学原理、相关伦理问题等内容;二是操作层,包括变量操作化、研究设计、数据采集、统计分析、逻辑推演、数据解释、结论阐释等内容;三是工具层,包括应用统计学、SPSS 以及计算机在统计分析中的运用等知识和技能。

2. 国土安全与风险冲突类课程。其具体内容主要有以下三个方面:一是理论层,包括灾难社会学、冲突根源、国土安全与应急管理原理、公共卫生与环境保护、安全与公民权利保护、私营机构在安全中的角色与影响、国土安全法律与伦理困境等内容。二是政策层,包括美国国家安全政策构成、国家安全决策机构与角色、影响国家安全的因素等内容。三是管理和业务层,包括国土安全组织架构、职责与工作流程;风险识别与评估、解决复杂国土安全问题的方法和技巧;国土安全管理以及基础设施保护策略和经验等内容。

3. 恐怖主义与反恐类课程。具体内容主要有:一是政治暴力理论,从宗教和历史视角探讨政治结构与恐怖主义的关系,政治暴力的本质,暴力政治结构以及当代政治暴力的历史教训和模式等;二是恐怖主义理论,包括恐怖主义定义与性质,恐怖主义理论,恐怖主义的根源与影响,反恐部门面临的问题,恐怖主义未来发展等;三是反恐战略与策略,内容包括国家恐怖主义及其对美国外交政策的潜在影响、恐怖主义威胁与应对策略等。

4. 刑事犯罪与司法类课程。可进一步细分为六大内容模块,具体如下:

①犯罪学理论与犯罪问题:一是犯罪学理论,主要探讨犯罪学理论及其如何转化为政策,被害人学理论与历史,刑事被害人类型与被害人服务,文学与犯罪的互动关系等;二是犯罪全球化与跨国犯罪,内容涉及国际犯罪和有组织犯罪,跨国犯罪与恐怖主义之间的关系,打击跨国犯罪的方法,世界各重点国家地区的跨国有组织犯罪现象;三是类型犯罪,包括白领犯罪、网络犯罪等类型犯罪的理论阐释、量刑及调查取证技术;四是犯罪预防与证据调查,涉及犯罪预防与控制策略、非法财务调查分析技术、相关数据搜集分析技术、诉讼准备工作等。

②刑事司法制度和程序:一是刑事司法制度程序概述,包括犯罪、法律、犯罪学、执法、法庭判决、司法矫正、青少年司法、司法问题和政

策等议题；二是美国联邦刑事法律制度研究，包括美国联邦刑事法律起源与范围，法典构成要素、相关判例法和法庭规则，联邦司法诉讼机构构成/角色/使命/预算，调查/起诉/缓刑/矫正等相关部门架构及相互关系，诉讼与量刑指南、财产没收程序，刑事司法制度发展趋势和问题等；三是各国刑事司法制度比较，包括刑事司法制度及其未来发展趋势比较；各国刑事司法从业人员的伦理准则、价值观和实践；各国刑事司法实践面临的困境和问题；四是司法矫正制度，主要涉及司法矫正程序及其与其他刑事司法体系要素的关系；五是青少年犯罪，包括青少年犯罪理论问题、青少年犯罪司法制度与司法程序、青少年犯罪问题解决办法和青少年犯罪群体服务等；六是刑事司法多元文化问题，内容涉及刑事司法体制下少数民族特殊情况问题，鼓励培育多元文化、兼容技巧与有效路径，以更充分满足少数民族民众关切的事务、问题和需求等。

③政策分析与策略创新，包括刑事司法制度修订、采纳和实施的政策分析方法；运用多源数据研究制定反恐、国土安全和犯罪打击策略与政策，为决策者合理配置资源、保护公众和基础设施安全提供支持等。

④刑事司法伦理规范，包括法律与道德之间的关系、刑罚理论、程序正义观等，搜查和扣押规则、精神障碍辩护与精神障碍者犯罪裁定、诉讼交易、死刑、非暴力反抗、致命武器使用的限制等。

⑤警务议题，包括警务工作问题与解决办法，情报主导警务，问题解决警务，警察招募与职业发展，警务行为和道德规范，警方与媒体的关系，警察亚文化，警察自杀等。

⑥执法专业写作，包括执法工作中有效传播的技术与技巧，如何运用计算机技术写作，如何提升执法写作技能与水平等内容。

（二）情报课程教学内容

情报课程是执法情报分析专业的核心业务课，可分为情报基本理论、情报技术、情报获取与分析、情报管理与职业伦理以及顶点或热点讨论课程5大类，具体内容如下：

1. 情报基本理论。其内容包括：一是情报理论，内容涉及情报概念，情报主导警务和数据驱动理论，战略、战术和行动性情报的功能及其对犯罪预防政策的影响，情报流程（周期），影响情报实践的历史/伦理/

法律/操作问题，情报心理和文化认知差异等；二是情报史与情报界，内容包括美国情报界的历史与发展，情报系统（情报界）的职能，情报组织结构与管理操作规程，美国情报界的重组、监督和问责机制等；三是情报与决策，内容包括情报专业人员与政策制定者之间的关系，执法情报与组织计划决策之间的关系，执法情报在案件侦查和资源配置中的作用等。

2. 情报获取与分析。其内容包括：一是询问/讯问技巧，主要从法律/心理/科技/科研/伦理等视角介绍调查/询问/审问的方法和技术。二是情报分析机制，内容包括执法机构情报分析部门的组织构架、监督管理以及情报分析师的角色等。三是情报分析方法，包括情报产品生产过程中的认知活动和方法论，情报分析思维（重点是批判性思维），分析流程，分析工具，分析方法及其应用等。四是情报分析业务，具体包括多源数据收集规划和协调；运用数据挖掘技术解释犯罪模式，使用分析工具建立人、事、物、地以及其他实体之间的联系，运用软件程序可视化呈现复杂关系；运用犯罪情报分析方法、统计方法和数学模型预测趋势，分析犯罪组织的脆弱性、能力、意图、变化并进行预警；运用生物社会心理行为模式进行疑似被害人分析、犯罪地理画像和威胁评估，对犯罪行为与心理进行刻画与预测。五是情报分析产品，包括情报报告的撰写，沟通交流技巧，情报产品传播等内容。

3. 情报管理/职业伦理。其内容包括：一是情报机构领导力与组织行为，内容涉及管理学派观点、私营/公共部门管理、情报职业的挑战、情报工作者学习交流、组织权力、情报组织架构、“情绪情报”与人力资源规划评估等；二是情报职业伦理，内容主要有情报搜集和使用的职业道德伦理，例如情报分析师如何对待通过非道德手段获取的信息，法律强制手段和入侵手段的隐私审查问题等。

4. 情报技术。其内容主要涉及以下两个方面：一是数据驱动决策技术，通过案例呈现技术和数据驱动决策的经验教训；二是空间分析与制图、地理空间技术，含遥感、图像处理、全球定位系统、空间数据结构、地理信息系统等。

5. 热点专题与顶点课程。热点专题包括自杀性炸弹袭击、大规模杀伤性武器、非对称性战争、恐怖主义、毒品犯罪等；顶点课程旨在让学生综合运用专业所学知识与技能解决问题并撰写战略情报报告。

第三节 分析与启示

一、职业培训

（一）特点分析

1. 从培训主体看：主体多元化，培训市场化。美国执法情报领域推行相对开放的培训市场政策。开发和提供执法情报分析培训课程的主体不仅有执法与国土安全等政府部门，还包括非营利性的专业协会、高等院校以及营利性的私营机构。这不仅为执法情报分析从业人员提供了更多的选择，而且有助于通过竞争培育高质量的培训项目，吸收更多优秀的人才加入情报分析培训工作，增强培训力量，引入商业、军事等领域的情报分析方法、技术和工具，丰富培训内容。

2. 从培训层次看：分层次进行，以初级为主。美国执法情报分析培训分为初级、中级和高级三个层次，分别制定了最低培训标准。当前美国执法情报分析市场大多面向初级分析师提供入门级或认知型培训，中、高级培训课程项目较少。这可能是因为中高级课程对课程内容、培训讲师等各个方面有更高的要求，课程开发难度大，且市场需求量相对少，接受高级分析培训的受众相对少，因此相应层次的培训课程项目少。

3. 从培训类型看：通用型与专业型课程兼有。美国情报分析职业培训中既有通用型课程，也有专业型课程。通用型课程主要提供情报分析基本流程、情报分析方法与工具、情报分析思维（逻辑、推理、创造性思维、批判性思维等）、情报分析报告撰写与陈述等方面的培训，不提供特定领域的业务知识，具有广泛的适用性。专业型培训课程提供特定业务领域的情报培训，例如，贩毒走私、恐怖主义、洗钱、盗窃等特定主题业务领域的情报分析培训，这类课程往往在情报分析方法、技术与工具相关课程设置的基础上开设有特定业务领域的知识课程。

4. 从培训领域看：国土安全和执法情报融合。美国执法情报分析职业培训既有侧重于国土安全情报分析的项目，也有侧重于执法犯罪情报分析的项目，“9・11”事件后美国日益认识到国土安全情报和执法情报工作融合的重要性,推动情报共享和情报融合中心建设成为美国执法与国土安全情报工作变革的重要举措。国土安全情报分析与执法情报分析工作交叉重叠,相应的,两类课程内容交叉融合而又有所区别,一般都设有情报周期、情报信息源、批判性思维、逻辑推理、情报分析方法技术、情报产品开发与陈述技巧等课程内容,同时也各有侧重,前者通常重视脆弱性、威胁、风险评估以及反恐等内容,后者通常重视犯罪模式分析、犯罪地理画像、犯罪制图等内容。

5. 从培训内容看:理论为辅,实战为主,战略战术相结合。美国执法情报分析职业培训课程设置以理论为辅,实战为主。理论方面,设有情报概述(导论)、情报主导警务、情报周期、情报分析史等课程,课时不多,但几乎所有的培训项目都开设有这些知识模块,让学员从整体上了解情报思想、情报流程、情报发展史等知识。实战方面,大部分课程是实用性、操作性课程,包括信息共享、信息源与信息搜集、信息评估、情报产品计划、用户需求、用户反馈、人际网络、信息管理、隐私与公民权利保护等基础课程,以及情报分析思维、方法、技术、工具以及分析报告的撰写和陈述技巧等专业核心课程,都是情报实战应用中必备的知识与技能。此外,战略战术类课程相结合,既有战略层面的威胁风险评估、犯罪模式分析等课程,也有战术层面的话单分析、通信分析、金融分析、犯罪制图、报告撰写等课程。可见,美国执法情报分析职业培训课程既追求课程的实战性,也追求知识体系的相对完整性。

6. 从发展趋势看:培训课程逐步规范化和标准化。美国市场上大部分执法情报分析培训课程项目比美国《国家犯罪情报共享计划》标准和情报培训相关标准面世得早,因此执法情报分析职业培训呈现百家争鸣的态势,培训内容、培训时长等标准不一。但随着美国《国家犯罪情报共享计划》《犯罪情报培训最低标准》《执法分析标准》《中级分析课程最低培训标准》等规范性文件的出台,情报分析职业培训项目和课程逐渐走向规范化、标准化与制度化,最终形成多层次、多类别的、规范的职业培训课程体系。

7. 重视隐私、公民权利、公民自由与伦理规范。无论是执法机构、高等院校或专业协会,还是私营机构提供的培训课程,均无一例外将隐私、公民宪法权利与公民自由保护以及伦理规范等作为重要的培训内容。这是确保情报分析工作具备合法性、广泛赢得公众信任支持的关键环节,同时也是规范情报分析职业道德伦理、体现执法情报分析工作宗旨目标、培育情报分析专业主义精神、提升情报分析职业制度化程度与法律地位的重要举措。

（二）启示与建议

综上可见,美国执法情报分析职业培训已初具规模并日趋成熟,为情报分析师队伍的培养提供了强有力的支持。近年来,我国情报主导警务理念已深入人心,公安情报机构与队伍建设初见成效,并开始意识到情报专业人才尤其是情报分析专业人才培养的重要性。但与美国相比,还有一些差距,处于起步阶段,具体表现在:一无成熟的情报课程项目,二无高质量的情报培训讲师队伍,三无权威的情报培训机构,四无规范化的情报培训制度标准。他山之石,可以攻玉。借鉴美国成熟的职业培训制度与课程设置经验,结合我国情报工作实际需求,构建具有我国特色的情报分析师职业培训制度与课程体系,是实现跨越式发展的有效路径。参考美国执法情报分析培训课程经验,提出以下几点建议:

一是应适当开放情报分析市场,鼓励执法机构、高等院校、专业协会、私营机构等资源参与非涉密的情报分析培训工作,培育自由竞争的情报培训市场,有助于迅速增强培训力量,开阔视野,吸收军事、商业、科技等领域的情报分析技术与知识,形成竞争态势,提升培训课程质量。

二是规范情报分析市场,培育高质量的、多元化的情报分析培训课程品牌项目,形成专业化、规范化、标准化和常态化的情报职业培训机制。执法机构做好“掌舵”工作,推进情报培训的制度化、规范化、标准化、专业化和常态化发展进程,与专业协会、高等院校合作,根据实际需求制定培训标准,依据相关标准考察、审核、遴选市场上的培训课程,每年发布审定合格的培训项目清单,让符合实际需求的高质量课程项目在自由竞争中脱颖而出。

三是在培训过程中既要重视学员情报分析技能与实战能力的提升,也要重视和加强相关法律法规、隐私/公民权利保护和职业伦理规范的教育,培育情报专业主义精神,为提升情报分析职业的社会认同度与法律地位奠定基础。

二、学历教育

（一）专业设置

“9 · 11”事件后，美国国土安全与执法类情报专业发展迅速，“执法情报分析”专业被列入美国高校学科专业目录，不仅各类执法机构及从业人员协会积极参与职业培训课程开发与人员培训①，而且诸多有影响力的综合性大学积极提供国土安全与执法类情报专业教育与人才培养项目，其人才输送方向不仅包括国土安全、执法等部门，还包括其他政府部门、公共机构和私营机构。

我国国土安全与执法类情报专业发展缓慢，尽管公安情报学专业已于2005年纳入教育部专业目录，但其发展局限于公安、武警类院校，地方高校不参与亦不关注国土安全和执法领域情报专业建设与教育问题，该领域成为封闭的“行业孤岛”。西方学者指出，情报学作为学术研究对象发展缓慢，究其原因，可能是情报工作的保密性或者是学术界不愿从事秘密工作所致②。笔者认为，学术界对“情报”的忌讳有失公允，正如美国战略情报之父谢尔曼 · 肯特（Sherman Kent）所言，情报是军政人员保卫国家福祉所必具的知识③。更何况，“情报”是一个历史悠久、涉及面广阔的现实存在，学术界的参与将大大提高其规范与文明程度，为更好地保卫国家与人民福祉提供“尖兵、耳目与智囊”。

随着我国社会经济快速发展并全面参与全球事务，海外利益遍及全球各地，与此同时国内社会矛盾凸显，公共安全威胁因素增多，可以预见，不仅各级政府部门、公共安全与执法机构对情报专业人才的需求将日趋迫切，各类企事业单位与私营机构对情报人才的潜在需求也会非常庞大。目前，以警校为代表的公安情报专业仅仅为警务执法机构培养情

---

① 谢晓专：《美国执法情报分析职业培训项目与课程设置调查研究》，《情报杂志》2014年第8期。

② Claudia Cristescu, “Intelligence Studies In Higher Education: Designing An Intelligence Studies Curriculum For The Romanian Civilian Universities”, The Online Journal Of New Horizons In Education, vol. 1, no. 1, 2011, pp. 1—9.

③ 谢尔曼 · 肯特著，刘微、肖皓元译：《战略情报：为美国世界政策服务》，金城出版社2012年版，序言。

报人才,社会面的安全情报人才培养处于缺失的状态,现有的学科专业建设与人才培养滞后于市场需求。鉴于此,一是建议我国有条件的高校积极借鉴西方国家经验,发挥自身优势,参与执法、公共安全、国土安全领域的情报教育与人才培养,培养高素质的情报人才。二是建议重点依托信息管理类、刑事司法类、公共安全类专业开设情报专业方向,面向公共安全、执法界以及各级政府机构、私营机构提供非涉密类安全与执法情报学历教育项目与职业培训项目。三是我国情报学(此处专指Informatics)具有中国特色,建议情报学(Informatics)学界在加强竞争情报研究与人才培养的同时,适应国家安全、社会公共安全市场需求形势,投入力量开展国土安全与执法情报学术研究与人才培养工作。正如美国国土安全认证项目主任约翰·霍普金斯(Johns Hopkins)所指出的,国土安全可能是未来十年里政府最大的雇主①,我国的这种趋势也会日趋明显,该领域完全有可能成为情报学(Informatics)专业新的增长点。

(二)课程设置与内容

在课程安排上,我国情报方向硕士学位课程中中国特色社会主义理论与实践、警体训练警务实训、警务化管理、军训、社会实践等内容学分占比甚高,业务基础课和专业核心课程比重相对较低。美国与我国形成鲜明对比,其学位课程全部聚焦于研究方法论、专业基础课(国土安全、风险冲突、恐怖主义、刑事司法制度等)和专业业务课程(情报课程)。我国高校应加大专业核心课程学分学时比重,进一步凝练课程模块,突出批判性思维、研究方法和专业知识与技能培养。在课程学制学分安排上,中美执法情报专业硕士学位课程设置亦存在明显差异,我国公安情报专业学制长达3年,但课程学分要求却相对少,仅需要30学分左右,且课程分散,大多数课程仅为1—2学分,共需要修读课程总数15门以上,且授课时间非常集中,要求1年或1年半修完。美国情报专业硕士学位学制2年,课程学分要求一般为30—36学分,课程内容相对集中,共需要修读课程为10—12门课,课程均为3学分,以研究方法论、业务基础和情报方法与技能为主,课程修读贯穿4个学期。显然,后者的安

---

① "Colleges' Hottest New Major: Terror", Washington Post, http://www.washingtonpost.com/wp-dyn/content/article/2005/04/29/AR2005042901344.html, 2018-6-12.

排更为合理，前者存在诸多问题：一是专业核心课程授课时间太少；二是课程过于零碎分散；三是修课时间松紧过度，第一年过于紧张，后两年却无课可上。对于上述问题，笔者认为，在现有条件下，可作以下调整：

一是学制方面，考虑我国学制3年，可延长课程学习时间，每个学期课程不宜过密，修读课程时间延至2年，剩下1年用于见习和完成毕业论文设计；或者学制压缩至2年，紧凑安排课程，凝练课程体系，聚焦核心模块，提高时间利用率；或者学制实行弹性制，学生可以根据自身具体情况选择修读时间，提升效果与效率。

二是厘清课程开发建设目标和基本逻辑，明确培养目标，尊重多元，建议各学校根据自身师资力量、专业优势，着重打造有特色的情报专业课程体系。例如，警察院校可围绕犯罪与刑事司法、反恐等领域开发实战性、应用性强的情报课程；地方综合性大学的普通情报学（Informatics）可以着重在公共安全信息资源规划，信息搜集、信息处理与分析技术，数据挖掘、安全风险评估等方面着力。此外，也可充分发挥不同高校或院系的优势，联合培养情报人才，例如，信息管理类院系和刑事司法类院系联合开办具有特色的情报专业是可行的方案。

三是要进一步明确专业课程内在逻辑，优化课程体系结构，建议重点围绕"科学研究方法论、国土安全与恐怖主义、犯罪与刑事司法、情报搜集与分析、情报管理与领导力、执法写作"6个核心模块开发课程，实施"聚焦"战略，即课程不宜过于分散，重视专业核心课程建设，加大学时学分比重，重研究能力和专业能力培养，重点打造核心课程，形成"拳头产品"。

四是现有的公安情报专业应加大国土安全、威胁、风险、恐怖主义、刑事司法制度等课程的比重，切实践行"宽口径、厚基础"的人才培养理念，同时重视批判性思维、犯罪情报分析方法与工具、情报分析产品与传递等实战技能培养，同时还要重视情报职业道德伦理准则类课程建设，提升情报职业化水准与专业精神。

五是建议增加专题讨论课和顶点课程，通过专题讨论课变革教学方式方法，提高学生思辨能力、表达能力和创新精神，通过设置顶点课程，让学生综合运用所学知识解决问题或完成特定任务，为所学专业知识融会贯通提供整体图景和训练机会。

第十章　美国执法情报分析师考录、绩效管理与薪酬制度

人力资源管理系统包括组织架构、工作分析、绩效考核、薪酬管理、考录管理、培训管理、职业生涯规划与晋升等诸多模块。在上述模块中，与雇员利益关系最为直接和紧密的是考录（招聘）、薪酬、绩效、晋升等环节，考录决定求职者能否进入心仪的单位和岗位工作，薪酬解决员工履职的驱动力，绩效让员工知道自己的岗位职责，解决行动力问题，晋升解决如何让员工长期保持工作动力，不断挖掘其潜力。总之，上述方面是确保员工积极性与创造力的关键，是人才培养与队伍建设的核心议题。本章旨在介绍美国执法情报分析师的考录制度、绩效管理制度与薪酬福利制度，这是执法情报分析师职业发展制度设计的核心内容。

第一节　情报职系

一、公务员职位分类制度

（一）职位分类制度

职位分类是人事管理的基础，是人员招录、绩效考核、薪酬制度设计的重要依据。1923 年，美国联邦政府制定《职位分类法》①，确立了文官体制职位分类的基本原则，将职务、职责与资历要求作为职位分类的基础，按工作性质把文官职务分为专业技术类、次专业技术类、秘书/行政/财务类、保管类和机械工作类五类，实行同工同酬原则，将工资差别与工作难度、责任与资历挂钩，明确了考绩内容与标准，成为美国公务员管理

---

① “The Reclassification Act of 1923”, https://famguardian.org/taxfreedom/History/Congress/1923-ClassAct1923-42Stat1988.pdf,2018-5-20.

的重要依据和基础。1949 年美国国会通过新的《职位分类法》[①]确立了职位分类标准方案，授权人事管理办公室（Office of Personnel Management，简称 OPM）根据同工同酬原则，与各联邦机构协商，按照职位的义务、职责、资格条件，建立官方职位名称，确立职位类别和等级，明确职位与职级标准，建立职业结构和岗位分类体系，并形成普通公务员职位总表（General Schedule，简称 GS）。GS 将普通公务员职位分为 18 个职级（即 GS-1 至 GS-18）。1978 年美国《文官制度改革法》，建立了相对独立的“高级公务员”序列（Senior Executive Service，简称 SES），原 GS-16、GS-17、GS-18 职级调整到高级公务员序列。[②] 根据《职位分类法》的授权，美国人事管理办公室（OPM）先后制定发布《职位分类标准介绍》[③]《人员分类手册》[④]《职位组类手册》[⑤]《重大分类决策与参考文摘》[⑥]《任职资格标准》[⑦]等，详细界定了美国公务员的职位分类、岗位职责、资格条件等，形成相对完备的公务员职位分类制度体系。

（二）职位分类结构

美国联邦公务员主要分为两大类：一是白领职位，二是蓝领职位。

---

① “Classification Act of 1949”, https://www.cia.gov/library/readingroom/docs/CIA-RDP78-04718A000500110006-0.pdf,2018-5-30.

② 方振邦、侯纯辉、陈曦：《美国联邦政府高级公务员绩效考核体系及借鉴》，《国家行政学院学报》2016 年第 2 期。

③ Office of Personnel Management, “Introduction to the Position Classification Standards”, TS-134 July 1995, TS-107 August 1991, Revised: August 2009, https://www.opm.gov/policy-data-oversight/classification-qualifications/classifying-general-schedule-positions/positionclass-ificationintro.pdf,2018-5-30.

④ Office of Personnel Management, “The Classifier's Handbook”, TS-107 August 1991, https://www.opm.gov/policy-data-oversight/classification-qualifications/classifying-general-schedule-positions/classifierhandbook.pdf,2018-5-30.

⑤ Office of Personnel Management, “Handbook of Occupational Groups and Families”, https://www.opm.gov/policy-data-oversight/classification-qualifications/classifying-general-schedule-positions/occupationalhandbook.pdf,2018-5-30.

⑥ Office of Personnel Management, “Digest of Significant Classification Decisions and Opinions”, https://www.opm.gov/policy-data-oversight/classification-qualifications/appeal-decisions/digest/digests-issues/digest27.pdf,2018-5-30.

⑦ Office of Personnel Management, “General Schedule Qualification Standards”, https://www.opm.gov/policy-data-oversight/classification-qualifications/general-schedule-qualification-standards/, 2018-5-30.

白领公务员又分为专业类(Professional)、行政类(Administrative)、技术类(Technical)、文员类(Clerk)、其他类(Other)五类,简称PATC;蓝领类主要有技艺、工艺、手工等职位。白领职位分类主要适用美国普通公务员职位总表(General Schedule,简称GS),其职位结构如下[①]:一是职组(Occupational Group)。工作性质相近的若干职系的集合为职组,又称职群。GS职位总表共设有23个职组。例如,会计与预算组(Accounting and Budget Group,编号GS-500),一般行政、文员与办公室工作组(General Administrative, Clerical, and Office Services Group,编号GS-300)等。二是职系(Occupational Series)。所谓职系,是指工作性质相同,但其责任轻重与困难程度不同,所以职等、职级不同的职位系列。一个职系就是一种专门职业。例如,会计职系(Accounting Series,编号GS-510)、秘书职系(Secretary Series,编号GS-318)等。GS总表共设有420个职系,其中情报职系(Intelligence Series,编号0132)位列其中。三是职等(Grade level)。工作性质不同或职务不同,但困难程度、职责大小、工作所需资格条件等相同的职级统称为职等。GS总表共分为GS-1至GS-15级,GS-15级以上的职位则适用高级行政工作(SES)。一般将GS-1至GS-11定义为初级公务员,GS-12至GS-15为中级公务员,GS-16至GS-18为高级公务员。美国联邦政府对公务员的绩效考核主要集中于中级公务员和初级公务员。四是职级(Position class)。通常将工作内容、难易程度、责任大小、所需资格等都很相似的职位划为同一职级,实行同工同酬。每个职等又分为10个职级,例如,GS-12-10。五是职位(Position)。所谓职位是分配给某个官员或职员特定职务与责任的工作。职位是职位分类结构的基础,由它构成形形色色的职系和高低不等的职级。

二、情报职系与职位类型

(一)情报职系

美国普通公务员职位序列表(GS)将职位分为23职组、420职系、15

---

① Office of Personnel Management, "Introduction to thc Position Classification Standards", TS-134 July 1995, TS-107 August 1991, Revised: August 2009, https://www.opm.gov/policy-data-oversight/classification-qualifications/classifying-general-schedule-positions/positionclassificationintro.pdf, 2018-5-30.

职等和 10 职级。在“社会科学、心理学和福利工作”(0100-Social Science, Psychology, and Welfare Group)职组下设情报职系(Intelligence Series,编号 0132)①。情报职系包括从事收集、分析、评价、解释和传播有关国内外政治、经济、社会、文化、物理、地理、科学或军事情况、趋势、力量等直接或间接影响国家安全的信息以及为其提供咨询、管理、监督的职位。这些职位要求具备自然科学或社会科学、工程学、军事科学中的一门或多门基础知识,但充分了解该领域现状不作为主要的资格条件。② 情报职系合并了原情报研究职系(Intelligence Research Series,编号 GS-0132)和军事情报研究职系(Military Intelligence Research Series,编号 GS-0133)。情报职系主要包括那些基于情报目的搜集隐蔽信息、反情报以及主要依靠情报技术和知识运用的职位,但不包括以下类型:一是要求对一门或多门自然科学或社会科学的知识发展现状有充分了解,并将其作为主要任职资格要求的职位,例如,物理学职系(Physics Series,编号 GS-1310)、经济学职系(Economist Series,编号 GS-0110)、电子工程师职系(Electronics Engineer Series,编号 GS-0855)等;二是与情报调查和安全管理措施有关的职位,如安全管理职系(Security Administration Series,编号 GS-0080)、警卫职系(Guard Series,编号 GS-0085)、一般侦查职系(General Investigation Series,编号 GS-1810)等;三是从事与情报数据有关的从属性或文书工作职位,此类职位要求掌握情报信息搜集、制作、传递所特有的行政、文书程序和操作知识。原军事情报分析职系(Military Intelligence Analysis Series,编号 GS-0134)被修订为情报辅助与办事员职系(Intelligence Aid and Clerk Series,编号 0134),该职系主要承担情报领域辅助性的工作或文书工作,其职责主要是收集、制作或传播情报信息领域特有的行政或文书工作。③

---

① Office of Personnel Management, “Handbook of Occupational Groups and Families”, https://www.opm.gov/policy-data-oversight/classification-qualifications/classifying-general-schedule-positions/occupationalhandbook.pdf, 2018-6-1.

② Office of Personnel Management, “Introduction to the Position Classification Standards”, https://www.opm.gov/policy-data-oversight/classification-qualifications/classifying-general-schedule-positions/positionclassificationintro.pdf, 2018-6-1.

③ Office of Personnel Management, “Position Classification Standard Flysheet for Intelligence Series, GS-0132”, https://www.opm.gov/policy-data-oversight/classification-qualifications/classifying-general-schedule-positions/standards/0100/gs0132.pdf, 2018-6-1.

（二）情报职位类型

根据美国联邦政府人事管理办公室（OPM）1960 年发布的《情报职系职位分类标准》，情报职系主要由情报研究与分析岗（Intelligence Research and Analysis）和原始情报搜集与情报产品传递岗（Collection of Raw Intelligence and the Dissemination of Finished Intelligence）构成。尽管该职位分类是 50 年前的成果，但对当今情报工作仍有指导意义。

1. 情报研究与分析岗①

情报研究与分析岗的主要职责是对所获信息进行评估，通过分析得出相关推断，以满足决策与规划需求。该岗位要求研究人员具有广泛的专业背景，掌握情报研究原理、技术知识，而不仅仅是全面了解某一特定学科领域的知识现状；该岗位要求及时更新专业领域的知识，并将其作为首要资格条件，同时还要求熟悉和理解情报流程。情报研究与分析岗和其他领域的研究工作有很大的相似性，但亦有其独特的特点，突出地表现在以下方面：

一是情报研究与分析工作运用情报研究基本原则，集成、整理、分析通过各种来源搜集的信息，评估其有效性和可靠性，估测具体情况特征，预测未来影响。这种判断通常是基于不完整、不充分的信息，或掌握的数据就这么多，能支配的时间有限，但决策者和政策规划者必须采取行动的情况下，研究人员不得不作出的判断。简言之，情报研究投入的时间不是取决于待解问题的性质，而是取决于何时需要结果。

二是情报研究与分析工作具有匿名特点，情报报告通常不是个人的产品，而是团队合作的产物，而且可能是涉密的，其发布并非归功于研究者，其结论也不会丰富学术界的一般知识体系。事实上，甚至在情报界内部，情报报告的作者都是未知的。这些特征要求情报研究与分析人员具备传统研究工作完全不同的研究素质，能够团队合作，并接受研究成果的匿名限制。情报研究与分析岗的职位名称是情报研究专家（Intelligence Research Specialist），负责运用专业领域的基础知

① Office of Personnel Management，"Position Classification Standard Flysheet for Intelligence Series，GS-0132"，https://www.opm.gov/policy-data-oversight/classification-qualifications/classifying-general-schedule-positions/standards/0100/gs0132.pdf，2018-6-1.

识、归纳推理、演绎推理等原理与技术，以及专业知识（包括地区性、功能性知识），完成情报报告。他们接受和审查来自各种文档、参考书、期刊、报纸、报告、照片和其他通信形式的数据，分析和评估这些数据的重要性和有效性，存储、维护、解释和利用数据，搜集数据填补知识空白，并审查和评估完成的情报报告。此外，部分情报研究专家还需要为驻外或出国旅行的官员以及有能力搜集原始数据的官员提供指导。

2. 原始情报收集与情报产品传递岗①

原始情报收集与情报产品传递岗又称情报行动岗（Intelligence Operations），其职责主要集中于制定情报计划、组织各专题领域原始情报数据搜集活动，并传递最终情报报告。此类岗位的名称是情报行动专家（Intelligence Operations Specialist），他们运用诸如国际关系、现代历史、军事科学、政治科学等专业学科知识以及情报界各成员单位的资源和行动管理知识，开展电子收集、情报和联络活动等情报活动，具体包括了解并确定情报需求，编写情报信息收集手册和指南，处理情报数据请求，与情报界进行联络，负责原始情报数据和最终情报报告的传递。在所有这些活动中，他们需要运用组织管理知识、方法、情报界的资源以及自身的想象力架起情报收集、传递与情报研究需求之间的桥梁。例如，当一位情报研究专家需要特定信息时，可能很少考虑信息的可获得性以及信息获取方法，而情报行动专家熟悉整个情报界的资源，需要考虑情报机构内部或外部来源是否有其所需数据，以及如何更好地获取这些数据，哪个组织有最好的收集工具来获取这些数据，他还需要与情报研究专家一起，评估所需信息对研究报告的重要程度，充分考虑获取成本并作出妥协让步。情报行动专家主要与人打交道以履行职责，所以他们往往是多面手。

三、情报职等

GS 按照工作性质、工作难度、工作量、工作条件等将公务员分为 18

---

① Office of Personnel Management, "Position Classification Standard Flysheet for Intelligence Series, GS-0132", https://www.opm.gov/policy-data-oversight/classification-qualifications/classifying-general-schedule-positions/standards/0100/gs0132.pdf, 2018-6-2.

个职等,后来 GS-16 至 GS-18 被纳入联邦政府高级公务员序列(Senior Executive Service,简称 SES)[①],因此,GS 职等通常是指 GS-1 至 GS-15 级。情报职系主要适用于 GS 制度。情报职等的划分,主要依据其岗位职责任务以及所需专业知识与能力进行划分,通常参照以下 5 个方面的指标衡量各级岗位的责任与难度:一是业务的性质与范围,二是行动与研判的独立性,三是个人工作关系,四是职责的性质和范围,五是所需技能与知识。[②] 情报职系的职等一般从 GS-5 起步,最高为 GS-15。其中,GS-5 至 GS-11 为初级职等,情报职系的晋升一般按双数间隔晋升,即按照 GS-5、GS-7、GS-9、GS-11 依次晋升,但到了中级职等后,则按单数间隔晋升,即按照 GS-12、GS-13、GS-14、GS-15 依次晋升。GS 对每个职等都作了明确而可区分的定义,表 10-1 以 GS-5 和 GS-7 职等的定义为例呈现了美国情报职等的具体划分,根据表中内容可见,GS-7 岗位的责任和难度比 GS-5 要大,要求要高,两者区分明显。

表 10-1 情报职系 GS-5 与 GS-7 职等定义对照表[③]

职等划分指标	GS-5	GS-7
一般特征	GS-5 岗的情报雇员作为训练计划的组成部分接受任务,以培养他们从事更高级别的工作,分配的任务往往是日常工作,但会逐渐提高难度。	执行标准化的任务,或作为更高一级专家的助手承担项目的部分任务。任务难度和复杂性有提高,旨在提供情报技术和资源方面的经验。与 GS-5 级的区别是行动的独立程度提高,情报研究岗要更深入了解专业领域,情报行动岗需更深入了解其工作职能与行动。

① 5 U. S. C. 5382.

② Office of Personnel Management,"Position Classification Standard Flysheet for Intelligence Series,GS-0132",https://www.opm.gov/policy-data-oversight/classification-qualifications/classifying-general-schedule-positions/standards/0100/gs0132.pdf,2018-6-2.

③ Office of Personnel Management,"Position Classification Standard Flysheet for Intelligence Series,GS-0132",https://www.opm.gov/policy-data-oversight/classification-qualifications/classifying-general-schedule-positions/standards/0100/gs0132.pdf,2018-6-2.

续表

职等划分指标	GS-5	GS-7
工作的性质与范围	1. 情报研究人员：从特定情报来源筛选、提炼或摘录数据，汇编这些数据供给更高级别的专家使用；对原始情报数据的细节和全面程度进行评估和初步分析，维护原始文档或摘要数据；参加正式的培训课程。 2. 情报行动人员：执行例行的收集和传递职责，初步分析本机构分析师对情报信息的需求，掌握最富有成效的搜集来源；了解情报界机构架构、职能和活动，参加正式培训班等。	是事实发现者，是支持高一级专家执行职责的左膀右臂。情报研究岗基于技术细节、覆盖范围的新近性和真实性等因素，对原始情报数据开展研究、分析、评估。他们精心准备研究成果，提供精炼的报告。作为专家助手承担更多的任务，或参与更大的项目。情报行动岗审查来自研究专家的信息需求，并初步确定获取这些信息的适当来源，初步确定大多数情报报告的分布。
行动与判断的独立性	在上级专家的直接监督下工作，接受具体的指导和详细的审查，培养能力。	向其提供诸如优先事项、特别指示之类的信息作为克服障碍的方法、手段。对书面性的成果进行审查确保符合说明与指南。审查已完成的工作确保技术准确并遵守说明。
个人工作关系	其工作联系人主要是同一单位的同事，外部联系人通常由他们的主管发起，大多数的接触联系都是与主管一起行动，旨在加强信息保护，同时便于其观察行动，提高对情报工作的认识。	与GS-5相比，接触范围更广，数量更多，并且主要是为了提供或接受事实信息。GS-7不仅与同一级的用户建立工作关系，并且与其他情报活动相关人员建立工作关系。
技能与知识要求	要求具有研究经验，或在社会、政治、物理或军事科学或某些专门学科技术知识领域具备同等经验，对研究方法有基本了解，具备较好的口头表达、书面表达能力以及学习情报工作方法技能方面的潜力。部分职位必须掌握外语。	除了具备GS-5所需技能和知识外还需具备：一是将专业领域与情报需求联系起来的能力，二是了解情报界的基本业务和共同利益。

第二节　考录制度

一、公务员考录制度

1883 年，美国《彭德尔顿法》（The Pendleton Act of 1883）明确提出要通过公开考试、择优录取文官，并对资格条件审查、考试时间、考试负责机构等作出规定，为美国考录制度的建立奠定了法律基础。[①] 该法确立了“竞争考试、职务常任、政治中立”三项考录基本原则，“标志着野蛮、放肆、‘分赃’的公职制度向有序、非政治、富有效率的功绩制度转变”[②]。1978 年，《文官制度改革法》（The Civil Service Reform Act of 1978）确立了“功绩制”九项原则，要求政府在选任人才时应根据应试者的能力、技能和知识水平录用人才，而不考虑性别、肤色、种族、宗教信仰、党派、婚姻状况等因素，确保公平公正，为美国公务员考录制度的发展提供了指导原则。2010 年，美国总统奥巴马签署总统备忘录，要求优化联邦公务员考录制度，简化考录程序，随后美国人事管理办公室（OPM）和预算与管理办公室（OMB）制定《改革初步行动计划》，针对美国联邦公务员考录程序周期长、效率低等问题，推行“端到端”（End-to-End）考录程序，该程序共分 5 个关键步骤，即“人力资源规划（Workforce Planning）→招募（Recruitment）→雇用（Hiring）→安全与适用性（Security and Suitability）→试用期（Orientation）”，[③]具体可细分为 14 个环节，分别为“提出招录需求、请求人事行动、审查职位描述、确认工作分析及评估战略、发布职位公告，描述职位性质与模式、接受求职者申请与通知求职者、关闭公告、评价筛选求职者、通知求职申请者、挑选申请人面试、公布面试成功者、审查面试成功者、正式录用、进入工作”[④]。整个考录过程总共 80 天，每一个环节都规定了明确的时限，据 2011 年美国人事管理

---

① 刘军仪、郑浩：《国外公务员考录制度的发展及其启示》，《中国考试》2017 年第 2 期。

② Office of Personnel Management, “Biography of an Ideal: A History of the Federal Civil Service”, 2004, p. 6.

③ 崔开华、王潇、邢占军：《美国联邦政府公务员招录制度改革及对我国的启示》，《山东行政学院学报》2014 年第 1 期。

④ 曹永胜：《美国公务员录用制度的改革与发展》，《国家行政学院学报》2012 年第 1 期。

办公室的统计数据，各部门和机构招录周期平均为93天。[1]

美国公务员考录程序大致可概括为四个关键环节[2]：一是招考。通用型公务员招录考试，由美国联邦政府人事管理办公室统筹负责，各行政机构向联邦政府人事管理办公室提交职位空缺情况，联邦政府人事管理办公室统筹雇用职位计划，利用广播、电视、报纸、杂志、官方网站等新闻媒介的形式向公众公布，公开招考的职位、条件、时间、地点。考生在考试之前可通过联邦政府官网或各部门指定的方式提交申请，联邦政府人事管理办公室负责审核考生的申请资料，筛选合格者参加考试。考试结束后，人事管理办公室按成绩排名提供候选人登记册，各招录部门从登记册中择优录取。二是考试。美国联邦政府各部门与联邦政府人事管理办公室签订授权协议后可自行组织竞争性考试，通用性职位可委托人事管理办公室组织考试。2010年美国推行公务员考录机制改革，鼓励通过结构化面试、情景判断测试、情绪智力测试、认知能力测试、人格测试、经验评估等进行考察。考试形式有“集中”和“非集中”考试两种类型，“集中”考试主要采用笔试、口试、实际操作等考核方式，“非集中”考试主要针对具有专业资格证书的人员，例如，有医师执照、通过国家律师资格考试的申请者，主要考查申请者的教育和工作经历，它不需要申请者到考试点集中考试，只需要递交简历，由评估专家对其履历打分，通过分数进行人员筛选。如果在大学成绩优秀、技术水平较高并且有国家颁发的资格证书，经过多方考察和评估且合格者，可直接录用而无须参加考试。三是录用。考试合格的人员按照成绩从高到低编入候选人名册，若考试合格，意味着申请者具有进入美国政府任职的资格，对于普通职位，人事管理办公室将按照分数从高到低决定候选人名单，而GS-9职等以上的职位以及技术性职位，一般不淘汰人，全部排序进入候选人名单。然后由各行政机构根据本机构实际情况进行面试或其他考核方式，最终从候选人名单中择优录用。录用一般分为三种情况：①临时性录用，任期一般不超过一年，期满可续任，这种临时性工作人员不能提升，

---

① “Hire The Best Talent”, http://hr. performance. gov/initiative/hire-best/agency/OPM, 2018-6-3.

② 成颜偲：《美国公务员考录制度对我国的启示》，《商业经济》2012年第8期；吕鑫：《美国公务员录用制度的经验及对我国的启示》，《求知》2016年第9期。

也不能享受退休待遇;②有条件的录用,试用期三年,期满称职者转为正式雇员;③专职人员,经过三年就成为正式的专职人员。四是试用。新录用的公务员都要经过一段时间的试用期,以便在实际工作中考察被录用者是否具备任职的水平和能力。

二、执法情报分析师职位报考资格

(一)一般报考条件

根据《美国文官法实施细则》,报考美国政府公务员主要有以下基本条件:

一是积极条件,通常包括:(1)国籍限制,申请者是美国公民,或承认忠于美国,美国外交部、驻外大使馆、联邦调查局、警察机构一般要求申请者必须是美国公民;(2)基本权利,依法享有公民权,那些被剥夺相关权利的人无法参加公务员考试;(3)身体健康,能够出示健康医学证明;(4)年龄限制,最低年龄必须满18周岁,部分岗位要求年满21周岁;(5)学历要求,一般要求大学毕业及以上学历。

二是消极条件,一般有以下情形者将无法获得录用资格,具体包括:(1)因失职或渎职而被解雇;(2)身体健康或精神健康状况不符合所申请职位的基本条件;(3)有犯罪前科,有不诚实、不道德的记录或臭名昭著的勾当;(4)在考试或任用过程中弄虚作假或营私舞弊;(5)拒绝按照文官细则之五第三条规定提供必要的证件;(6)经常酗酒;(7)对美国政府的忠诚度存疑;(8)申请人具有不适宜有关工作,或法律上以及其他方面不合条件的。

(二)情报分析岗位特殊要求

联邦、州和地区执法机构招聘情报分析师往往根据用人单位以及岗位的具体需求设定特殊条件,这些特殊条件通常由教育背景(学历、专业)、资格证书、专业技能认证证书、专业知识/技能/能力、工作经历/经验、人品等要素构成。而对于有丰富工作经验的资深情报分析师的招募,还可能重点考察工作经历、履历、专业背景、语言技能等。下面以联邦、州、地区执法机构的情报分析师招聘公告为例来管窥应聘情报分析师岗位的资格条件。

1. 联邦调查局(FBI)情报分析师招聘条件[①]

(1)学历要求。FBI 情报分析师招录类型多元化,招录岗位包括情报分析师生涯各个阶段的岗位,招录对象既包括高校应届毕业生,也包括具有丰富工作经验的资深从业者,不同的职位、不同的岗位等级,对教育背景以及工作经验的要求各不相同。一般说来,FBI 的情报分析师岗通常从 GS-7 职等起步。申请 GS-7 职等分析师岗,若为应届生,须具备本科学历,申请 GS-9 职等分析岗,若为应届生,需要硕士学位。如果应聘者的工作经历与学历高于上述要求,但其申请的是 GS-7 或 GS-9 职等,那么就只能享受所申请的职等的待遇。

(2)专业要求。FBI 专门制定发布了《联邦调查局情报分析师遴选程序候选人信息手册》,根据该手册,FBI 情报分析师招聘通常对具备以下工作经验或专长的应聘者感兴趣:一是工作经验或研究领域,包括地区研究(中东、亚洲、非洲、中国、远东地区)、生物化学、生物学、生物恐怖主义、化学、反恐、刑事司法、网络安全、工程(航空、化学、电气、机械、核)、英语、金融、法务会计、法医学、地理(主要是地理空间信息学)、历史、情报、国际法、国际关系/国际研究、政治学、物理学、电信、恐怖主义/国际恐怖主义等;二是领域专长,包括文化(如中亚、中国、韩国、中东等)、语言(阿尔巴尼亚语、阿拉伯语、高加索语、中文、达里语、波西语、希伯来语、印度尼西亚语、韩语、普什图语、旁遮普语、俄语、乌尔都语、越南语)等。

(3)消极条件。以下人员没有资格申请 FBI 情报分析师职位:①非美国公民。②重罪人员。③违反 FBI 雇员毒品政策的人员,包括:一是使用大麻:申请人不能在申请就业之日前 3 年内使用大麻,不论使用地点(即使大麻使用在申请者家乡是合法的)与形式,包括合成形式和天然形式的大麻、大麻油、四氢大麻酚(THC)等。申请者由于医疗原因使用各种大麻,无论它是否由执业医生开出的处方,都不能作为理由。二是使用违禁药物:申请人在申请就业之日前 10 年内不得使用除大麻以外的任何非法药物。此外,未经合法授权,申请者不得销售、分发、制造、

① FBI,"Federal Bureau of Investigation: Intelligence Analyst Selection Process Candidate Information Packet", p. 11, https://www.fbijobs.gov/sites/default/files/Intelligence_Analyst_Candidate_Information_Packet.pdf,2018-5-30.

运输任何非法药物或受控物质。在申请就业之日前10年内,未经执业医生处方,不得使用合成类固醇。无法律授权,申请者不能销售、分销、制造、运输任何处方药。美国FBI坚定地致力于建立一个无毒品的社会和工作场所。申请FBI职位的人们如果在申请过程中使用非法药物,或滥用合法药物或其他物质,将失去申请FBI职位的资格。④有学生贷款违约记录的人员。⑤尿检药物测试未通过的人员。⑥未在选征兵役系统登记注册的人员(仅限男性)。⑦故意或蓄意从事旨在以武力推翻美国政府的行为或活动。⑧未支付法院命令的儿童抚养费。⑨未提交联邦、州和地方所得税申报表。[①]

2. 纽约市警察局情报分析师岗位招聘条件

纽约市警察局情报与反恐部门2014年在其官网发布招聘情报分析师的公告中提出四项基本条件:一是教育背景,要求数学/物理学硕士、国际关系学硕士、战略研究硕士、伊斯兰与中东方向硕士、外交硕士、安全学硕士和法学博士。二是毕业院校,指定哈佛大学法学院、弗吉尼亚大学法学院、剑桥大学、乔治敦大学、哥伦比亚大学国际与公共事务学院、约翰·霍普金斯大学保罗·尼采高级国际研究学院、塔夫斯大学佛莱彻法律与外交学院。三是工作经历要求,包括中央情报局(CIA)、国防情报局(DIA)、国家安全局(NSA)、州政府、美国对外关系委员会、华盛顿近东政策研究所、经济合作与发展组织、大型律师事务所、金融服务机构、阿塞拜疆外交部、联合国等工作经历。四是语言要求,包括阿拉伯语、波斯语、乌尔都语、普什图语、德语、希伯来语、意大利语、俄语、中文等。[②] 纽约市警察局情报分析岗的招聘条件要求应聘者具备硕士以上学历,并明确限制了专业背景、院校、工作经历和语言要求等,四项标准均比较高,且须同时具备,属于典型的精英招聘模式,虽然仅仅是个案,但从本质上反映出执法情报分析作为知识与智力型的工作对高端专业人才的内在需求。

3. 美国加州核桃溪市警察局招聘条件

美国加州核桃溪市(City of Walnut Creek)警察部门犯罪与情报分析师岗(Crime and Intelligence Analyst)于2015年2月发布的招聘启示要

① FBI,"Employment Eligibility", https://www.fbijobs.gov/working-at-FBI/eligibility,2018-6-3.

② 纽约市警察局官网改版,有关情报分析师招聘的公告链接已失效,无法查看。

求资格条件如下:一是学历和工作经验要求,要求学士学位,接受商业、公共管理、刑事司法、统计学或其他密切相关专业被认可的学院或大学四年制本科教育,并且至少两年的数据分析工作经验;或者拥有同等的满足职位所需知识、能力、技能的教育和工作经验。二是拥有加利福尼亚州 C 级驾照和良好的驾驶记录,或在入职前能够获得驾照。三是工作时间要求,根据任务需要随时调用警力,因此平常或周末可能需要加班。四是职业资格认证证书要求,最好拥有犯罪分析领域的专业认证。五是知识、能力和技术要求,包括具备一定的犯罪分析和犯罪情报知识,执法与刑事司法制度知识,统计学、研究技术和信息管理知识,熟练运用 Excel 电子表格、Word 文字处理、地理信息系统和统计应用程序等软件系统,能够用英语进行有效的沟通(口头和书面),具备收集、评估、分析和解释复杂信息和数据的能力,阅读、理解、应用和撰写复杂报告的能力,编写清晰、准确、简要的报告的能力,撰写工作报告和口头陈述表达能力,按时按质完成任务的能力,并且注重细节和准确性;高效、及时组织和优先安排各类项目的能力;能够在一般政策和法律框架下机智灵活、积极创新、谨慎和独立判断的能力;监督、培训和评估雇员绩效以及职责范围内相关活动监管的能力;熟悉相关法律、法规、规章;有效制作报告和演示知识的能力;建立和维持有效的工作关系的能力。六是正直和诚实。加州核桃溪市要求雇员具备最高标准的正直和诚实的品质,因此,该职位申请者在任命前需要接受彻底的背景调查,包括但不限于犯罪史、司法部和联邦调查局的指纹、驾驶历史、信用记录、过去和当前的工作证明材料以及个人资料和心理测试,甚至包括接受测谎考试。所有申请者都必须坚持正直和诚实的最高标准,申请人提供的资料必须真实无误,否则将被取消资格。[①]

三、执法情报分析师考录程序

(一)一般程序

美国各州执法机构执法人员招录程序不尽相同,应聘者通常要经历

① http://crimeanalyst.org/wp-content/uploads/2015/02/WalnutCreekCrimeIntelligenceAnalyst02_15.pdf.

以下环节方可能成为一名执法情报分析师：

一是申请表和初筛问卷，最初的申请表和筛选问卷主要用于调查申请者的兴趣以及是否符合招录的资格条件，若资料通过审查，应聘者将获得笔试资格。

二是笔试/入职考试，这个环节的考试是一个标准化的测试，类似我国的公务员考试，旨在评估申请者的一般能力素质，不考察执法专业知识，考试内容通常包括测试申请者的阅读理解能力、问题解决和判断能力、记忆力、写作技巧等。部分州会为申请者提供备考的学习指南。

三是视频考试，在这个环节的测试中，申请者观看一个场景，提供口头回答，应考者的表现将记录在案。有些机构使用视频模拟来评估应聘者的人际交往和判断能力。

四是体能/能力测试，执法机构通常通过身体健康体检、工作模拟测试，或两者相结合，评估应聘者的体力、耐力、心血管健康等，衡量应聘者的总体健康水平。工作模拟测试通过结构化的活动设计，如跑楼梯、拖动重物、爬墙等，测试应聘者执行特定任务的能力。

五是背景调查，旨在确保安全，确认申请者符合警察招录条件，没有无法成为警察的任何个人问题或职业问题，背景调查将审查候选人的工作经历、人品、学术档案、住院历史、犯罪史、信用记录等，并对候选人进行指纹核查，与候选人的熟人（以前的雇主、学校老师、同学、邻居、家庭成员、战友等）面谈了解候选人的情况。

六是药物测试，药物测试是一项常规检查，主要检查是否使用违禁药品，例如，是否吸毒之类。

七是心理测试，旨在确认申请者心理是否健康稳健，是否能够胜任所应聘的工作。通常通过心理测验，辅以心理专家访谈等方式来考察。心理测试有两大功能，即评估申请者的性格和情绪，确认申请者是否适合这份工作。

八是测谎，许多执法机构使用测谎仪来验证申请者提供的信息是否真实。

九是口试，即面试，通常由拥有招聘权的成员与申请者面对面交谈，考核的主要内容有外貌、行为举止、交流能力、对警察职业的理解和兴趣、对问题和情景的反应等。

十是体检,申请者若通过考试和面试,需要接受体检,评估申请者身体健康情况是否符合工作岗位要求。体检项目通常有以下内容:身高、体重、视力、听力、胸部 X 光、血液检验、尿检、血压、心电图、非法药物试验等。大多数执法机构都有视力和听力标准,以及特定疾病或条件的标准。各执法机构的具体要求可能略有不同,例如,有的情况在一些执法机构能够接受,而另一些执法机构不能接受。①

(二)FBI 情报分析师招录程序②

美国联邦调查局(FBI)对求职者有广泛的吸引力。曾在 FBI 从事多年人力资源管理工作的安·波默罗伊(Ann Pomeroy)指出,2004 年 FBI 提供的 1800 个职位,有 40 万报名参与竞争,"人们之所以被 FBI 所吸引,不是因为钱,而是因为该组织的目标和使命感"③。美国 FBI 情报分析师是要求高、回报高的岗位,因此,招录程序相对严格,资格条件要求亦较高。FBI 人员招录信息与流程通常通过官网 FBI Jobs 发布。针对情报分析师的招录,FBI 专门制作发布了《情报分析师选录程序》(The Intelligence Analyst Selection Process,简称 IASP),建立了规范的情报分析人才选拔机制。每位雇员的考录选拔过程及时间周期可能不一样,根据个人情况与背景调查的不同而有所区别,其基本流程如图 10 - 1 所示。

1. 申请与初步筛选

在线申请(Online Application)环节,需要填写有关专业技能、职业经历、有助于履行 FBI 任务的能力等。在申请之前,申请人应就近找到联邦调查局地方办事处(FBI Field Office)报名,差旅费用自理。常见的申请途径有大学招聘会、大学就业网站、联邦调查局招聘官网 FBIJOBS.gov 等获取招聘信息并提交职位申请材料。初步筛选环节主

---

① International Association of Directors of Law Enforcement Standards and Training,"Model Minimum State Standards For Post Administration", http://www.iadlest.org/standards,2018-6-3.

② FBI,"Federal Bureau of Investigation: Intelligence Analyst Selection Process Candidate Information Packet", https://www.fbijobs.gov/sites/default/files/Intelligence_Analyst_Candidate_Information_Packet.pdf,2018-6-3.

③ Ann Pomeroy,"HR Is Mission Critical at the FBI",https://www.shrm.org/hr-today/news/hr-magazine/pages/0606pomeroy.aspx,2018-6-3.

要审查简历和申请材料是否具备参考的资格条件，包括审查学历、工作经历以及消极条件等。

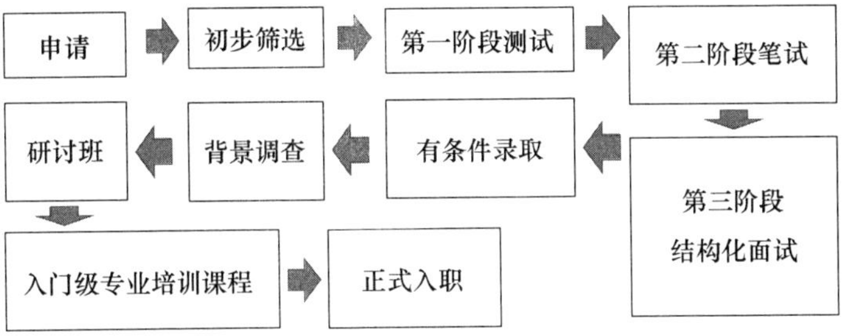

图 10－1　FBI 情报分析师选拔程序①

2. 笔试环节

笔试分两个阶段进行，以计算机网络答题的方式进行，重点考察分析思维、逻辑推理和个人经验。第 I 阶段的笔试共 90 分钟，包括三个方面：

一是分析思维技能（Analytical Thinking Skills-Part 1，简称 ATS-1）测试，共 40 道题，考试时间为 35 分钟。试题通常提供情报分析工作类似的材料，考察应考者的逻辑思维技能。试题一般提供多组事实材料，每段事实材料后有 4—5 个推论，表示可以从多组事实材料中推导出的结论，题型如例题 10-1、例题 10-2 所示。考生需要根据事实材料，判断每个推论是否“准确”（True，即与材料中的事实相符）、“错误”（False，与材料中的事实不相符）或是“无法确定”（Indeterminable，文章中的事实不足以判定该判断是正确还是错误）。在这个环节的测试中，均只需要依据试卷提供的材料事实进行判断，而不需要基于个人的背景知识、先验知识或是所提供的材料之外的任何假设进行判断。换言之，其考察的不是背景知识量，而是逻辑推理能力。例如，对于例题 10-1 中的结论 2，可能我们掌握的事实是确实存在非法移民参与贩毒的情况，但在本考题中，无法根据试题中的材料得到这个结论，因此，答案是“无法确定”，这是“情报分析”必须遵循的基本准则，即一切以数据或证据为依据。

---

① FBI，“Federal Bureau of Investigation：Intelligence Analyst Selection Process Candidate Information Packet”， p. 16， https://www.fbijobs.gov/sites/default/files/Intelligence_Analyst_Candidate_Information_Packet.pdf，2018-6-3.

【例题 10-1】 事实材料 1:“1. 移动电话诈骗是一个日益严重的问题。有一种形式的诈骗是通过复制有效用户的移动识别码(Mobile Identification Number,简称 MIN)和电子序列号(Electronic Serial Numbers,简称 ESN),一旦被复制,嫌疑犯将能够伪造号码编写移动电话程序。2. 使用这种方法获得移动电话服务并转售,通常称为‘cash per call’骗局。在诈骗中使用的所有移动电话都是用两个伪造的识别号码编程的。经营这个骗局的嫌疑人吸引了许多客户,如非法移民和贩毒者,他们经常拨打国际电话。”

请根据上述信息,指出下面各个推论是否“正确”“错误”“无法判断”。

结论 1:移动电话不能在参与“cash per call”诈骗的同时运用用户的 ESN 和 MIN 进行编程。(　　)

结论 2:有一些非法移民参与了贩毒活动。(　　)

结论 3:至少一些国际电话是由非法移民运用伪造的移动识别码制造的。(　　)

【例题 10-2】 事实材料 2:研究表明,对于许多与计算机有关的犯罪,惩罚的严厉程度是判断一个人是否会再犯最有力的预测因素。一项针对 500 名侵入公司财务网络的黑客研究发现,如果罪犯被判处监禁或大量罚金,他们往往不会再重复犯罪。5 年后,统计发现这些人中只有 20% 的罪犯再次犯罪。

请根据上述信息,判断下列结论是“正确”“错误”“无法判断”。

结论 1:根据研究成果,既未罚款又未被监禁的罪犯必然成为重复犯。

(错误。理由:事实上,对于未被罚款或监禁的罪犯的行为没有任何说明,他们可能成为重复犯,可能不会。)

结论 2:这项研究的参与者在该研究之后的 5 年期间重复犯罪,被判侵入公司金融网络。

(正确。理由:结论只是针对参与这项研究的犯罪分子,他们都因侵入公司金融网络而被定罪,因此,该研究中的参与者重复犯罪一定是因侵入公司金融网络被定罪。)

结论 3:在计算机犯罪中,该研究表明一个人是否再犯取决于惩罚的严厉程度。

（错误。理由：事实表明惩罚的严厉程度是判断一个人是否重复犯罪的强有力的预测器，但并没有说明严厉程度是唯一的预测器。因此，一个人是否成为累犯不一定完全取决于惩罚的严厉程度。）

二是分析思维技能（Analytical Thinking Skills-Part 2，简称 ATS-2）测试。ATS-1 通过后，自动注册进入 ATS-2 测试，共 25 道题，30 分钟。该类测试不提供样本试题，其测试的有效性依赖于试题的新颖性。该测试是一种衡量分析推理能力的方法，减少对阅读、语言技巧的依赖，要求参与者解决新问题。25 项测试旨在衡量应聘者加工处理信息、进行推断、整合信息以及作出正确决策的能力。其中一种测试题是类比推理，通过提供非常常见的基础英文单词（例如，table，lamp）、简单的无意义的单词（例如，gath，munt）以及图片等来测试类比推理能力。另一类测试题涉及图形或图案，候选人必须发现图案或数字之间变化规律模式或特定关系。此环节主要考察类比推理能力，使用非语言或图形推理测试试题测试推理能力，而不是考察拆卸对象后再进行可视化的能力。此类试题类似于我国国家公务员考试的行政能力测试题。

三是个人经验量表（Personal Experiences Inventory，简称 PEI），共 160 道题，考试时间为 25 分钟。其中第 1、2 部分为单选题，对于个人经验清单没有唯一正确的答案。个人经验量表（PEI）主要用于评估情报分析师有效执行工作相关的个人特质和倾向，由诸多陈述句或问题构成，没有正确和不正确的答案。常见的问题是询问工作经验。例如，如果申请者没有任何工作经验，那么申请者可以依据在学校参与志愿者活动或个人生活经验来回答。对于如何备考，IASP 建议思考如何在工作场所、学校或其他活动中与他人互动；想想个人在团队项目或团队中与他人合作的方式，以及是如何与主管或教授一起工作的；思考个人通常如何处理任务，采取何种方法完成任务，以及如何处理问题或障碍；思考个人与同事、教授、主管、同学、志愿者同事沟通的方式；思考自己试图向别人解释事情的方式；或者思考自己是如何说服他人去做某事的。

【例题 10-3】 请选择最适合你的选项来回答问题：强烈同意、同意、不同意、强烈反对

1. 我在压力下工作最佳
2. 我在没有明确的指导、目标或期望的工作环境中快速成长
3. 我的朋友经常告诉我他们的秘密

4. 我读过关于各种题材的非小说书籍
5. 我往往对坏消息反应过度
6. 我所在的组织应该负责帮助我发展与工作有关的技能
7. 我对我所参与的所有团队都作出了有意义的贡献
8. 我从非常容易完成的任务中得到很少的满足感
9. 紧张的环境激励着我
10. 当我工作到最后期限时,我通常会一直工作到最后一刻才能按时完成

【例题 10-4】 请根据自身情况作出选择,选项分别为:经常、时常、有时、永不

1. 当你在严格的期限内工作时,你很难集中精力
2. 其他人向你吐露了一些对他们来说非常尴尬的事情
3. 有时你在工作中压力太大以致无法做任何有成效的事情
4. 当你允许自己独立工作时你会更有效率
5. 在提交工作产品前你要安排一个人检查你的产品
6. 当你在做一个项目时,你经常发现自己采纳别人的建议
7. 当你在学校的时候,你会看同学的测试,看看他们是否给出和你一样的答案
8. 你非常喜欢在你熟悉的任务领域工作
9. 了解了一个秘密后,你发现要做到不告诉别人很难

第 2 阶段的笔试为写作,笔试内容是模拟情报分析员角色审查情报和制作情报产品,依据提供的阅读材料,撰写书面报告,测试时间为 90 分钟。

3. 面试环节

通过笔试后进入第 3 阶段的面试环节,FBI 情报分析师的面试采取结构化面试方式,主要考察应聘者的口头交流沟通、人际交往、组织策划和分析思维等能力,时间是 1 小时。每个面试小组由 3 位高级情报分析师组成,所有面试内容都会被记录下来。在面试前,每个小组都会向申请人宣读标准化的说明,并在完成面试时给出评分。

4. 背景调查

通过面试后,进入背景调查(Background Investigation)环节。成功

通过笔试和面试的候选人将获得一份有条件的工作机会(Conditional Job Offer,简称 CJO),候选人接受后,联邦调查局将对其开展全面的背景调查。背景调查包括审查申请人过去 10 年的行为、关系和经历。联邦调查局的工作对国家以及公民的安全至关重要,工作本质上是非常敏感的,因此,获得有条件录取 offer 的候选人需要获得最高机密或 SCI 安全许可(Top Secret/SCI security clearance)才可以开始情报分析师的生涯。所有候选人获得有条件录用通知书后,进入背景调查程序,调查内容包括测谎检查、尿检、信用记录核查,广泛采访候选人以前以及现在的同事、邻居、朋友、教授等,并核实教育方面的成绩。FBI 办公室将与候选人联系,安排面试、尿检、测谎等。测谎仪主要用于检查候选人所提交的 FBI 背景调查表(FBI Background Investigation Forms)的真实性,此后,FBI 将进行广泛的档案调查,包括信用记录、违法记录等。由于调查内容多,可能需要数月甚至更长的时间才能收到 FBI 最高机密安全审查结果。背景调查平均时间为 6—18 个月,也可能需要更长的时间,这取决于申请人曾经在哪里生活、工作或旅行。

5. 有条件录取与培训

通过上述考核的候选人都有资格收到 FBI 情报分析师职位的有条件录取通知(Conditional Job Offer,简称 CJO),CJO 包括职位名称、GS 工资等级和薪酬。是否能够获得有条件录取通知取决于 FBI 调动协议的签署、背景调查结果、预算要求以及候选人满足 FBI 关键技能需求的程度等。

收到录取通知的候选人将被安排参加为期 13 周(3 个月)的基础训练课程(Basic Field Training Course,简称 BFTC)。FBI 所有录用的新人或现任员工,不论工作地点或工作岗位,在第一周都必须参加 FBI 学院(FBI Academy)举行的为期 4 天的入职研讨班,其内容包括:了解联邦调查局的使命、历史、架构、文化;伦理道德、安全、EEO 概况;赴匡蒂科(Quantico)参观;建立 FBI 人际网络的机会,同时强调 FBI 领导力信条,新人应了解 FBI 领导力的意义。随后根据指令赴弗吉尼亚州匡蒂科 FBI 学院(FBI Academy)报到,作为情报分析师新学员(New Intelligence Analyst Trainees,简称 NIATs)接受 12 周的培训。考生通常会在上课前 2 周到 4 周得到通知。虽然 NIATs 在 FBI 学院的工作是有薪酬的,但他们必须顺利完成该课程所有环节,才能被正式聘用为联邦调查局情报分析员。BFTC 课程是一个强制性的 12 周的培训课程,旨在确保毕业生获得必要的专业知识、技能和能力,以有效履行 FBI 情报分析师的职责。作为正式聘任的条件,所有 FBI 情报分析师均要求顺利完成课程,未能顺利完成 BFTC 将被解雇。

在培训期间以及入职后,FBI 对衣着与服饰有严格的标准。FBI 依靠美国公众的信任和信心来有效履行使命。作为 FBI 情报分析师的个人形象必须能够激发信任和信心。具体的着装和服饰标准根据工作所在国家和地区的具体任务的不同而有所不同。在职业生涯中,可能基于 FBI 的业务需要,限制各种穿着方式、个人美容、个人装饰等。在新入职的分析师培训中,要求严格着装标准,这些标准旨在促进安全、团队精神、统一、责任、纪律意识,并消除任何不必要的干扰培训的环节。学员必须在整个培训过程中须发整洁。面部穿孔是不允许的,唯一的例外是女学员可以佩戴耳环。珠宝和穿孔必须小,设计简单,不存在安全隐患。如果文身对学习环境造成破坏,应通过同样颜色的长袖衬衫来覆盖文身。头发长度必须合理,不应过于时髦或风格与颜色夸张。男人的头发不能长于衣领底部,不能有发髻、马尾辫、辫子等装饰。如果因宗教或残疾需要突破标准,应该在 BFTC 之前申请获得批准方可。

6. 定职与岗位分配

新任情报分析师通过 BFTC 课程培训并顺利毕业后,应在指定的日期向指定的部门报到。每位分析师的职位分配根据 FBI 的需求以及分析师本身独特的经验背景来决定。在背景调查和 BFTC 完成后,候任人正式加入 FBI,担任情报分析师。新的分析师可申请或根据 FBI 需求在总部或地方办事处任职,FBI 通常根据当时任务需要安置和分配。新录用的情报分析师或被分配到位于华盛顿特区的联邦调查局总部,或被分配到位于全国各地的联邦调查局 56 个地方办公室(Field Offices)。在此过程中可能存在加付薪酬而不升职,或职位提升的机会。

分配到总部的情报分析师,通常在以下部门任职:一是反恐处(Counterterrorism Division,简称 CTD),CTD 负责阻止国际、国内恐怖主义对美国的袭击,该部门的优先事项包括在行动前侦测、破坏、清除恐怖组织及其支持网络，发现和防止“独狼”恐怖主义。二是反情报处（Counterintelligence Division，简称 CD），负责保护美国免受外国情报行动和间谍活动的侵害，该处通过与美国执法机构和情报界伙伴进行交流互动，应对对美国构成重大威胁的外国和其他实体的情报活动。三是刑事调查处（Criminal Investigative Division，简称 CID），负责协调、管理、指导涉及联邦违法行为的调查计划，重点是金融犯罪、暴力犯罪、毒品犯罪、有组织犯罪、公职腐败、侵犯公民个人权利等。该部门指导外地办公室调查美国国内和国际犯罪集团或犯罪分子。四是网络处（Cyber Division，简称 CYBER），主要任务是与执法机构、情报界伙伴、私营机构合作以协调各方应对网络威胁。当需要积极的技术调查支援时，网络处还应支持联邦调查局跨部门的优先事项。五是大规模杀伤性武器局［Weapons of Mass Destruction（WMD）Directorate］，该局隶属于美国 FBI 国家安全分局（National Security Branch），与 FBI 总部、地方办事处、其他政府部门、产业界、学术界、战略性外国合作伙伴合作，采取综合分析和调查战略，以查明和破坏大规模杀伤性武器的行动和威胁。六是情报局（Directorate of Intelligence，简称 DI），主要负责收集、生产和传递行动性情报，使 FBI 能够识别和反击当前以及即将出现的威胁。此外还可能分配到地方办事处和地方情报组（Field Offices and the Field Intelligence Group，简称 FIG），或在 56 个联邦调查局地方办事处工作，或在各地打击犯罪的小组工作，或在地方情报组任职。FIG 是情报机构，旨在将情报工作纳入地方行动，并与 FBI 总部情报局协调管理行动性情报计划，各 FIG 由情报分析师（Intelligence Analysts）、特工（Special Agents）、语言分析师（Language Analysts）以及其他 FBI 专家（Specialists）组成，与来自联邦和地方的其他情报机构、执法机构携手合作维护公共安全与国家安全。

第三节　绩效管理制度

一、公务员绩效管理制度

（一）绩效管理法律政策

美国联邦政府对公务员的绩效管理先后经历了三个主要发展阶段，

分别实现了政府公务员绩效管理的"形式化、制度化、工具化"三大转变。

一是1883年美国国会通过《彭德尔顿法》(又称《文官制度法》)①,明确联邦政府的职位应根据雇员的业绩而非政治派别确定,标志着政党分肥制向功绩制原则转移。② 1887年修订版的《彭德尔顿法》开始实施考绩制。1923年《职位分类法》颁布③,建立了比较规范的职位分类制度,通过工作分析与职位分类,初步确立了以工作为中心,对公务员有客观的绩效测量指标、人员编制定量,并实行同工同酬的规范管理制度,使职位分类成为公务员管理各个环节的依据和基础。1949年美国国会通过新的《职位分类法》④,重新调整分类结构,把全国的公务员按照工作性质、工作难度、工作量、工作条件分为18个等级,绩效考核主要集中于初级和中级公务员考核。1950年废除了统一考绩制度,颁布了《工作考绩法》⑤,明确了考核内容、方法与等级等内容。考核形式方面,既允许口头考绩,也可书面考绩,而无须统一考评方式;考核方法包括个人总结、雇员互评、专家考评等;考核内容包括工作量、质量以及工作适应性等;考核等级包括优秀、满意和不满意三个等级。对于评定为"不满意"等级的情况要求有90天的警告期,为考核失败人员提供改进工作的机会。自此,美国公务员考绩成为一项基本的管理制度。

二是1978年美国国会通过《公务员制度改革法》⑥,对考核制度进行了改革,以促使联邦人事管理符合绩效原则,建立了"高级行政职位",在高、中级文官中推行"功绩工资制",要求联邦政府每个机构都应

---

① "Civil Service (Pendleton) Act (1883)", in Frederick C. Mosher, in Frederick C. Mosher, Basic Documents of American PublicAdministration, 1776—1950, New York: Holmes&Meier Publishers, Inc. ,1983.

② 胡晓东:《论美国(联邦)政府公务员绩效管理的行政环境》,《云南行政学院学报》2012年第2期。

③ "The Reclassification Act of 1923", https://famguardian. org/taxfreedom/History/Congress/1923-ClassAct1923-42Stat1988. pdf,2019-2-10.

④ "Classification Act of 1949", https://www. cia. gov/library/readingroom/docs/CIA-RDP78-04718A000500110006-0. pdf,2019-2-10.

⑤ "Performance Rating Act of 1950", https://www. cia. gov/library/readingroom/docs/CIA-RDP80-01826R000400030042-3. pdf,2019-2-10.

⑥ "The Civil Service Reform Act of 1978", https://www. eeoc. gov/eeoc/history/50th/thelaw/civil_service_reform-1978. cfm,2019-2-10.

建立政府雇员绩效考核制度,鼓励雇员参与制定绩效评价标准,根据能力、知识和技能决定录用和晋升,依据绩效表现决定工资增减,将考绩结果作为政府雇员培训、晋升、降级、留任、开除、奖励与薪酬的依据,建立绩效工资部门,提供绩效奖励。该法还专设高级公务员的绩效评估标准,明确高级公务员的绩效考核应兼顾个人绩效和组织绩效。1993 年美国出台《政府绩效与结果法案》①旨在规范联邦政府的战略规划制定和绩效评估等内容,要求每个机构均应制定年度绩效计划,明确绩效目标,运用客观、可量化的方式陈述目标,要求各部门建立绩效指标以测量或评估产出、服务水平和结果,并明确要求联邦政府机构须向总统和议会提交年度绩效报告,对实际绩效结果和年度绩效目标进行比较,以确定是否达到绩效指标。

三是 2005 年美国人事管理署(OPM)制定发布《美国联邦政府公务员绩效管理操作手册》②,为美国联邦政府及其职能部门提供了绩效管理模板和示范。该手册确立了由"绩效计划的制定、绩效指标的确定、绩效周期的确定、绩效权重的确定、考核主体的确定、绩效沟通、绩效执行、绩效改进与反馈"构成的政府雇员绩效管理八步法,为美国联邦政府雇员绩效管理的信息化和操作化提供了基础。同年,美国颁布《修订绩效奖励计算条例》,开始提供以业绩为依据的现金奖励。2012 年美国人事管理总署与美国行政管理和预算局(Office of Management and Budget,简称 OMB)联合推出了高级公务员绩效考核系统(Basic SES Appraisal System),从绩效考核内容、程序、标准等方面为各机构提供了一个标准化的高级公务员绩效管理框架。上述法律政策构成了美国联邦政府公务员绩效考核的制度基础。

(二)绩效评估基本流程

2017 年 3 月,美国人事管理办公室(United States Office of Personnel Management)发布《雇员绩效评估手册》(A Handbook for Measuring

① "Government Performance and Results Act of 1993", https://www.congress.gov/bill/103rd-congress/senate-bill/00020,2019-2-10.

② Office of Personnel Management, "A Handbook for Measuring Employee Performance", https://www.opm.gov/policy-data-oversight/performance-management/measuring/employee_performance_handbook.pdf,2019-2-10.

Employee Performance)[①]，将绩效管理定义为一个系统进程，包括工作规划和设定期望、持续监控绩效、发展执行能力、定期对绩效进行评级、奖励优秀表现等环节，具体流程如下：一是规划（Planning），即为团队和个人设定绩效期望和目标，以引导他们为实现组织目标而奋斗。在这一阶段应让雇员参与规划流程，有助于他们了解组织目标，明确需要做什么，为什么需要做，以及应做到何种程度。雇员绩效规划需要明确绩效评价计划的基本要素和标准，绩效指标和标准应可测量、可理解、可验证、可实现且公平，通过设定关键指标，确保雇员对工作任务和职责负责。雇员绩效规划应具有灵活性，能够根据项目目标和工作要求变化进行调整。二是监控（Monitoring），有效的管理要确保任务和项目得到持续的监控，始终如一地衡量绩效，并持续反馈雇员和团队实现目标进展情况。监控绩效要求对员工的进度进行审查，将员工的绩效指标和标准进行比较，确认员工是否达到了预定标准，并对有问题的标准进行修改。通过持续监控，及时发现问题和改进绩效，而不是等到汇总评级时判定为不合格。三是发展（Developing），有效评估雇员发展需求，为雇员提供培训和发展的机会，通过培训提高其执行力，提供新技能或新任务，改进工作流程和方法，增强工作相关技能和能力，使其跟上新技术的发展变化。四是评级（Rating），评级是指根据员工绩效计划中的绩效标准评估员工或团队绩效，并记录汇总等级，评估等级与加薪、留任、晋升等挂钩。应在日常工作中经常总结员工绩效，比较一段时期内一组成员的绩效，了解最佳执行者是谁。五是奖赏（Rewarding），奖励意味着承认员工个人或团队的表现，并承认他们对机构使命的贡献。有效管理的基本原则是所有行为都应遵循结果导向，这些结果可以是正式、非正式的、正面的和负面的。优秀的管理者不应等到最后才承认雇员的良好业绩，认可与奖赏应贯穿于日常工作中，很多奖赏并不需要特定的监管机构，例如，对优秀的表现说“谢谢”。正式奖赏的形式是多样的，例如，现金、休假、非货币性奖励项目等。综上，定期设定目标和工作规划，及时评估目标进展情况并向雇员反馈，制定高标准并注意发展达到这些标准所需的技能，

① Office of Personnel Management, “A Handbook for Measuring Employee Performance”, https://www.opm.gov/policy-data-oversight/performance-management/measuring/employee_performance_handbook.pdf, 2019-2-10.

使用正式或非正式奖励来认可完成任务的行为和结果,这五个方面相互支持,相互影响,形成有效的绩效管理机制。

美国各职能部门应根据相关法律政策,自行设计绩效评估机制,并报 OPM 审核通过后实施,绩效评估工作通常由“制定年度绩效政策、记录与考核、确定绩效等级、绩效考核结果的运用”等多个环节:一是制定年度绩效政策。年度绩效政策通常包括以下内容:划定绩效评估范围,确定评估对象;明确绩效评估内容,制定绩效评估程序;鼓励雇员参与,建立详细的部门规划和年度绩效计划,制定雇员个人绩效计划。二是记录与考核环节。各职能部门主管应根据绩效评估手册,对本机构雇员工作业绩进行记录,该记录将作为雇员绩效评估的主要依据,通常每个季度对雇员绩效考核一次,四次考核结果作为年度绩效评估的重要依据,绩效考核时,雇员应知情并参与,通过比较雇员的绩效档案和雇员的个人绩效计划,填写绩效评估表,并经主管和当事人签字。三是确定绩效评定等级。各职能部门主管根据绩效评估结果填写绩效考核表,确定本机构雇员的绩效等级,并将本机构雇员的绩效等级评定结果提交绩效审查委员会(Performance Review Board),最终确定绩效等级。四是运用绩效评估结果。绩效等级确定后,各职能部门主管应就绩效评估结果与雇员沟通,根据绩效等级与反映出来的问题,制定下一年度的绩效评估政策和措施,并将绩效评估结果作为薪酬、奖励、晋升、续聘、离职以及培训的依据。

二、情报分析师绩效管理制度

(一)情报界绩效管理制度

1. 绩效管理机制与职责分工

2004 年《情报改革与恐怖主义预防法》授权国家情报主任与各情报机构负责人协商,制定人事政策和规划,使情报机构能够招募、激励和留住高素质人才,有效开展情报活动,促进情报人员在情报部门、国家情报主任办公室、国家情报中心之间流动,制定情报界统一的员工绩效管理核心政策和流程,并要求情报界各成员单位将这些绩效管理政策和程序纳入其绩效管理制度建设并付诸实施。2007 年美国情报界发布《情报界文职人员绩效管理机制要求》(ICD-651)①,为情报界建立了统一的绩效管理机制。美国情报界根据第 101 号情报界指令(Intelligence Community Directive,简称 ICD-101)《情报界政策系统》(IC Policy System)以及 Section G. 1. b(3)条款对 ICD-651 作了修订。ICD-651 明确指出,ICD-651 适用于美国情报界所有成员,包括司法部联邦调查局和国土安全部情报与分析办公室,以及总统指定的或由国家情报主任与行政部门负责人共同指定的作为情报界组成部分的其他部门或有关机构,但 ICD-651 不适用于高级政府官员(Senior Executives)或 GS-15 级以上的高级职位、外事人员(Foreign Service)、联邦工资制度雇员(Federal Wage System Employees)、军事人员(Military Personnel)或合同工(Contract Personnel)。ICD-651 明确规定了情报界各部门和人员在绩效管理体系中的职责,具体如下:一是国家情报主任(Director of National Intelligence,简称 DNI),负责与各情报机构负责人协调,为这些情报部门建立统一的绩效管理系统核心政策和程序,并通过监督、项目评估、其他适当的支持,确保这些绩效管理制度有效满足 ICD-651 指令要求。二是各行政部门和独立机构负责人②负责为其单位的雇员建立绩效管理体系,与 DNI 协商,确保这些体系符合 ICD-651 确立的统一的核心政策与程序,并确保本机构的管理人员和雇员接受相应的培训。三是各部门主管(Management Officials)负责员工绩效考核,包括设定绩效预期、监控雇员绩效、督促促进和提高绩效、严格评估绩效、区分绩效等级、处理绩效不佳的问题,并向雇员持续提供绩效反馈,鼓励专业化发展,提高专业化水平。此外,情报界各成员单位可自行决定管理人员的额外职责。四是情报界雇员(Employees)应积极参与绩效管理进程,达到或超过绩效预期,对其行为负责,管理自己的职业生涯,接受并根据反馈采取行动,保持高标准的专业化水平。ICD-651 的发布标志着美国情报界基本建立较为成熟的绩效管理制度。

---

① Director of National Intelligence, Intelligence Community Directive Number, November 28, 2007, "Performance Management System Requirements for the Intelligence Community Civilian Workforce", https://www.dni.gov/files/documents/ICD/ICD%20651.pdf,2018-12-20.

② 情报界各成员所属的行政部门与独立机构(Executive Departments and Independent Agencies with IC Employees),包括国务院、财政部、国防部、司法部、能源部、国土安全部、国家情报主任办公室、中央情报局以及行政命令和法律指定的任何其他作为情报界组成部分的机构。

2. 情报界绩效管理制度的基本内容

ICD-651 详细规定了情报界雇员绩效管理机制的基本内容，主要如下：

（1）绩效管理制度的首要目标与基本原则。ICD-651 明确绩效管理制度的首要目标是通过对个人和团队绩效管理实现组织目标。为了实现该目标，绩效管理应坚持以下基本原则：绩效管理应成为所有情报界高管、主管、雇员的优先事项；情报界各部门及其高级管理者的绩效期望应与国家情报战略及其部门的战略一致，并应与下属的管理者、监督者和雇员绩效期望保持一致；此外，应根据个人、团队和组织绩效决定薪酬、职业机会以及其他奖励。

（2）情报界各成员单位将行使其法定权利，为其雇员制定并实施绩效管理制度，该制度应包括 ICD-651 规定的核心政策和程序。这些核心政策和程序并不是要为情报界所有雇员建立一个单一的、统一的绩效管理体系，以解决绩效管理所有方面，而是旨在为绩效管理建立统一的核心政策和程序，所谓"核心政策与程序"，是指对培养和维持一个强大的、有凝聚力的情报界至关重要的政策和程序。各部门可自行决定增加额外的绩效管理政策、要求和流程补充核心政策和程序，但前提是与核心政策、程序不相冲突。

（3）绩效管理体系应涵盖情报界所有雇员，最低限度应采取以下措施：一是在绩效评估周期开始时设定个人年度绩效目标，在评估期间适当调整目标，绩效评估周期结束时比较进展情况与绩效目标；二是运用 ICD-651 设定的情报界核心绩效要素，对情报界员工完成结果的方式（即他们是如何完成的?）以及其他额外的具体绩效指标进行评估，所有这些指标都应以能力为基础；三是采用 ICD-651 定义的雇员年度绩效评估五级标准，作为评估员工年度绩效的基础；四是对年度评估结果建立正式的档案，包括各类绩效汇总评分；五是对于监督管理人员的绩效考核，应采用 360 度反馈评估法，考察同事、同行、客户、顾客、管理者和下属的反馈意见，并利用这些反馈确认和推进合理的发展活动（例如，培训或职业发展任务）。

（4）国家情报主任与情报界各成员单位协商，经其同意，通过发布 ICD 政策确定绩效考核范围、覆盖面、基准要求和实施时间表，具体包括：一是时间安排，年度绩效评估周期一般从7月1日至11月1日开始，次年的6月30日至10月31日结束。情报界各成员单位的负责人可经DNI同意批准例外情况。所有雇员将至少每年接受一次书面记录评估，记录最终评估结果不迟于绩效评估期结束后90天完成。二是绩效计划超过90个工作日，雇员才能接受记录评估。三是明确员工绩效、薪酬、奖励、晋升机会和留任之间的关系，高绩效应予以认可和强化，不合格的绩效应予以解决和改进，对于不想或不能提高绩效，无法达到期望的雇员应采取适当的措施。对于参与联合情报界职责任务（Joint IC Duty Assignment）的人员的绩效评估应与《情报界联合任务计划》（Intelligence Community Joint Duty Program，ICD-660）保持一致，其年度绩效评估将由受益部门的管理人员根据绩效管理制度进行绩效评估，其所属单位也应进行适当的阶段性评估。情报界各成员单位的高级领导对各个年度绩效评估结果进行审查，以确保整个机构评级的严谨性和一致性，确保绩效评估遵守ICD-651的规定。此外，DNI与情报界各部门协商，每年审查各部门的评估结果，确保整个情报界绩效评级的严谨性、一致性，确保遵守ICD-651的规定。在整个绩效评估期间，相关人员应确保有足够的时间和精力对绩效管理体系进行培训和管理，在法律要求范围内，遵守和坚持功绩制度原则。

3. 情报界绩效评估流程与内容

根据ICD-651，情报界的绩效评估工作主要由以下三个关键阶段构成：一是计划和设定绩效预期；二是提供持续的绩效反馈；三是编制绩效评估档案。

（1）计划和设定绩效期望。此阶段为绩效评估奠定基础，该阶段的具体任务与做法如下：

一是为所有雇员提供与其职业（Occupation）、工作（Job）、工作难度（Work Level）、等级（Grade）等相适应的绩效目标，该绩效目标应由管理人员与雇员共同协商制定，绩效目标的最终决定权由管理者掌握。

二是在绩效评估之前或开始时，绩效目标应以书面或电子形式正式传达，并经雇员审核。

三是管理层应尽可能确保所有绩效目标支持国家情报战略目标并与其保持一致,同时与各情报机构的战略目标一致。

四是绩效目标重点是具体的任务活动中产生的产品、服务或成绩。绩效目标与组织目标相关联,鼓励主管在制定绩效目标时与雇员协同制定。此外,ICD-651 还明确了绩效目标"SMART"原则,即绩效目标应具体、可测量、可实现、与组织使命相关、绩效评估时间明确,具体如表 10 – 2 所示。

表 10 – 2 绩效目标设定的基本原则

基本原则	具体含义
具体 Specific	绩效目标应描述能够观察到的行为或成就,通常可以通过执行率、频率、百分比或其他定量方式进行测量,不能笼统表达
可测量 Measurable	绩效目标可观察、可验证、可评估,有记录结果的方法和程序,能够以量化或合格的方式写出来
可实现 Achievable	绩效目标应能够实现,并具有挑战性,与雇员的职业、工作、等级、工资、组织职责以及可用的财务资源、时间和现有人员情况等保持一致
相关 Relevant	绩效目标应与组织使命目标相关,绩效目标应源自雇员的工作职责,并与任务目标保持一致
时间明确 Time-specific	规定绩效评估开始和完成的日期

五是 DNI 应与各情报机构负责人协商,识别、验证、公布、及时修订通用的核心绩效要素(Standard Performance Elements for IC Employees),对情报界普通雇员的绩效评估至少应考察"对结果负责"(Accountability for Results)、"沟通交流"(Communication)、"批判性思维"(Critical Thinking)、"参与和协作"(Engagement and Collaboration)、"个人领导力和正直"(Personal Leadership and Integrity)、"专业技术知识"(Technical Expertise)六项核心要素。对情报界监督管理者的绩效评估增加了两项附加能力,即"领导力和正直"(Leadership and Integrity)、"管理能力"(Management Proficiency),具体标准参见表 10 – 3 与表 10 – 4。ICD-651 要求情报界各成员单位将这些核心绩效要素应纳入各部门绩效评估工作。

表 10－3　通用核心绩效要素

指标	释义
对结果负责(Accountability for Results)	情报界雇员应对其工作负责,设定和完成优先事项,高效、有效地组织和利用时间、资源,取得与组织目标一致的预期结果。此外,情报界监督管理者应运用相同的做法,通过下属以及整个组织的行动和贡献,完成任务,达成目标
沟通交流(Communication)	雇员应以书面、阅读、倾听、口头、非口头等方式有效地理解他人信息或向他人传递信息;雇员以及管理者应运用各种媒体,以受众能够接受的方式表达意见和交流;监督管理者能够运用有效的沟通技能,建立有凝聚力的工作团队,提升个人技能,提高绩效
批判性思维(Critical Thinking)	雇员应使用逻辑、分析、综合、创造性判断和系统方法来收集、评估、使用多源信息源,以有效地支持决策和结论。此外,IC 管理者应建立一个工作环境,让员工感觉自由,可以开放、坦诚地交流信息和表达不同的观点
参与和协作(Engagement and Collaboration)	雇员应负责、主动地提供、发现和获取信息与知识以取得成果,为此,应认识、重视、建立和利用组织内乃至整个 IC 界的同事、同行、客户、利益相关者和团队等各种协作网络。IC 管理者应创造一个促进参与、协作、集成、负责任的信息和知识共享环境
个人领导力和正直(Personal Leadership and Integrity)	雇员在与 IC 界同事、同行、客户、利益相关者和团队以及协作网络打交道时应表现出个人的积极主动性和创新性,以及正直、诚实、开放和尊重多样性。管理者应表现出组织与情报界的核心价值观,包括无私的服务、对卓越的承诺,以及表达其专业观点的勇气和信念,并建设性地解决或寻求帮助,按照 EO13526 的要求妥善处理和保护涉密信息
专业技术知识(Technical Expertise)	雇员应获得并应用达成目标所需的知识、技术和能力,这些包括按照 EO13526 处理和保护涉密信息

表 10－4　主管绩效评估额外核心要素

指标	释义
领导力和正直(Leadership and Integrity)	情报界监督管理者应表现出个人领导力,立足其监督或管理职责,在组织内创造共同的愿景和使命来实现组织目标;建立促进机会平等、正直、多元(包括人和观点)、批判性思维、协作、保密、信息共享的工作环境;动员员工、利益相关者和协作网络支持其目标;表彰和奖励卓越个人和团队以及有事业心、创新和协作精神的雇员

续表

指标	释义
管理能力（Management Proficiency）	IC 监督管理者应具备与其任务领域相适应的技术熟练程度。能够利用这些能力制定计划，服务于获取、组织、整合、开发和优先考虑人力、财务、材料、信息（包括机密信息）和其他资源，以实现其组织的使命和目标。同时，所有的监督管理者能够通过设定明确的绩效目标，提供持续的指导和反馈，根据 EO13526 建设性地解决，或寻求帮助，以妥善解决与涉密信息保护有关的问题；能够评估每个员工对组织的贡献，并将绩效评级和奖励与工作成效挂钩

六是情报界各成员单位可自行决定额外的绩效要素与绩效标准，但不能修改上述核心绩效要素。这些额外的要素和标准必须与《联邦公务员选拔程序统一指南》保持一致，并经 ODNI 审查。

七是明确定义了情报界评级标准，ICD-651 把绩效分为 5 档：一是卓越的（Outstanding），即“非凡成就”；二是优秀的（Excellent），即实际绩效超过绩效预期；三是合格的（Successful），即实际绩效达到绩效预期；四是基本合格（Minimally Successful），即还需要改进；五是不合格，不可接受的（Unacceptable），即实际绩效未达到一个或多个关键绩效指标要求。五级绩效等级划分标准具体如表 10－5 所示：

表 10－5　情报界绩效等级标准

等级 Rating	绩效目标 Performance Objectives	绩效要素 Perforomance Elements	总体评价 Overall Summary Rating
卓越 Outstanding	雇员远超所有绩效目标之预期，对整个组织目标实现有重要贡献，为其他人树立了榜样	远超所有绩效要素所表达的行为标准，可作为其他人的榜样	该雇员对组织使命的贡献，工作成效和达成结果的方式都很非凡，只有少数雇员能够达到这种模范的、标杆式的绩效水平
优秀 Excellent	在大部分绩效目标上超过预期，其余目标也达到预期效果	超过了所有绩效要素描述的行为标准	从结果和实现结果的方式看，该雇员对组织使命的总体贡献明显高于大多数雇员

续表

等级 Rating	绩效目标 Performance Objectives	绩效要素 Perforomance Elements	总体评价 Overall Summary Rating
称职 Successful	达到预期结果,完成了所有绩效目标	达到绩效要素描述的所有行为标准	总体上对组织使命有贡献,工作成效以及达成结果的方式是积极有价值的,大多数的雇员能够完成这一水平的绩效
基本合格 Minimally Successful	在某些绩效目标上取得了令人满意的进展,但仅部分达到了预期目标	努力并取得进步,但个别或多个绩效要素描述的行为标准未完全达标,需要改进	对任务的总体贡献低于预期
不合格 Unacceptable	某个或多个关键绩效目标未达标	未达到绩效要素中描述的一个或多个行为标准	在一个或多个绩效目标上获得了不合格的评分

(2)提供持续的绩效反馈

管理人员有责任向雇员持续反馈(定期、及时地)绩效。雇员有责任提供、接受并根据反馈采取适当的行动,并参与绩效管理过程。绩效评估过程通常涉及以下三个关键环节:一是临时评估(Interim Evaluations),即当评估人员因评估对象的工作变动时,评估人员应就该雇员绩效是否达到预期目标提供简要书面描述。二是中期审查(Midterm Review),管理层官员将对雇员的绩效进行一次正式的中期审查,以确认业绩,提出改进建议,解决短期职业发展问题,讨论促进业绩的办法,或视情调整绩效目标。中期审查应向雇员提供书面或电子审查报告供雇员确认,中期审查记录将记入最终的年度评估档案。三是解决绩效不佳的问题(Addressing Poor Performance),如果在绩效评估过程中,评估员确定雇员的绩效为最低的两个档次,即"基本合格"(Minimally Successful)或"不合格"(Unacceptable),评估员应根据各情报机构的程序和政策及时采取适当的措施解决不足。

(3)编制绩效评估档案

在绩效评估结束时,评估员将根据以下条件和要求为员工编制评估档案：一是员工有机会向评估人员提供其业绩和进展的书面描述，以证明其达到绩效目标；二是绩效目标是否达成是评估员工绩效最重要的因素；三是要求评估员提供一份说明，作为整体汇总评级的理由，尤其对于卓越和优秀等级以及低于称职等级，需要单独说明；四是要求必须对"不合格"员工绩效目标汇总评级，但不要求对员工绩效要素不合格进行汇总评级；五是任何低于成功的评级都需要在评级之日起90个工作日内根据各情报机构的政策予以改进或采取补救措施；六是各情报机构负责人应为评级和审查官员提供指导，以确保评级水平和一般标准在整个组织内得到严格和一致的应用，此外，情报界各机构不会对任何评级给予固定的数字或百分比限制；七是对评估进行审查和监督，审查员应是比评估员高一级的官员，负责审查和批准评估结果，确保不同的评估员评估的一致性，此外，各情报部门应提供监督程序，以防止非法歧视，确保各部门评估的严谨性和一致性；八是审核员应在将绩效评估档案传递给员工之前完成审核，评估员应根据情报机构的政策将评估档案发给员工，经审查和签字后发给员工的评估结果为最终绩效评估结果；九是评估档案应包含员工职业发展、培训机会、未来任务、晋升潜力（视情况而定）的讨论；十是评估档案将用于区分员工绩效，确定薪酬，评估晋升潜力，确定去留，以及其他适当的行动。

4. 申诉、重新评估与监督机制

情报界雇员可以通过非正式或正式流程要求重新考虑其评估档案。员工根据情报界各成员单位的程序，可首先与评级链条中的管理层官员进行非正式申诉沟通。如果非正式流程不能解决问题，员工可以根据部门申诉政策和程序提出正式申诉请求，要求复议，正式请求应以书面形式正式提出，情报部门应根据复议请求和最终决议，评估是否正确应用和执行绩效评估政策和程序，是否符合ICD指令要求和部门要求，并应给出书面答复。

DNI将依据ICD-651确立的绩效管理政策进行监督，具体包括：一是项目评估，为实施ICD-651政策，与DNI协调（或负责人力资本的助理DNI），建立或修改绩效管理体系；二是报告，DNI将与情报界各成员单位的负责人协商制定报告要求，以监督情报界绩效管理政策和程序。

一般要求DNI与各机构负责人一起，每两年审查一次情报指令，以决定是否保留或修改相关政策要求。此外，DNI或情报界各成员单位负责人可根据紧急情况随时要求修订情报指令。

（二）执法情报分析师的绩效评估

美国执法界充分认识到，绩效评估是决定执法情报有效性的核心准则，[①]准确评估和衡量绩效，对执法机构的生产效率、有效性、能力发展至关重要。组织层面，绩效评估有助于管理者对资源配置、日常运营以及员工个人和整个组织的绩效作出准确的决策。[②] 战术和操作层面，分析产品能够指引执法部门应对短期和长期犯罪与威胁。[③] 然而，尽管美国已经建立较为成熟的政府雇员绩效考核制度，情报界也明确了情报界雇员的绩效评估制度和办法，但美国执法界针对情报工作迟迟未建立严密的绩效评估机制。2009年6月至2010年4月，美国国家司法研究所（National Institute of Justice）资助的调查项目组针对美国执法情报实践开展了一项大规模的调查，向美国全国范围内的执法机构发送调查问卷2025份，回收样本414份，参与调查的人员来自美国东北地区（22%）、东南部（23%）、中西部（27%）、西南部（11%）、西部（17%），全部参加过国土安全部资助的国家执法情报培训项目，其任职岗位有情报管理岗（29%）、情报监督岗（23%）、调查人员（32%）、情报分析师（16%），其中76%的调查对象的工作年限在10年以上。调查结果显示（参见表10－6），28.1%的机构未针对情报分析师建立正式的评估程序，情报分析绩效缺乏评估。而已经开展绩效评估的机构，其考评的关键指标按照采用该指标的执法机构数量从高到低排序分别为“战略情报产品的质

---

① Her Majesty's Inspectorate of Constabulary, "Policing with Intelligence", London, United Kingdom, 1997.

② de Lancer Julnes, P. & Holzer, M., "Promoting the utilization of performance measures in public organizations: An empirical study of factors affecting adoption and implementation", Public Administration Review, vol. 61, no. 6, 2001, pp. 693—708; Radin, B. A., "The government performance and results act and the tradition of federal management reform: Square pegs in round holes?", Journal of Public Administration Research and Theory, vol. 10, no. 1, 2000, pp. 111—135.

③ Carter, D. L. & Carter, J. G, "Intelligence-led policing: Conceptual considerations for public policy", Criminal Justice Policy Review, vol. 20, no. 3, 2009, pp. 310—325; Ratcliffe, J. H., "Intelligence-Led Policing", Cullompton, UK: Willan, 2008.

量"(21.2%)、"战术情报产品的质量"(20.0%)、"用于展开调查行动的数量"(20.0%)、"机构外部人员联系数量"(15.7%)、"机构内部人员联系数量"(15.4%)、"用于抓捕行动的数量"(15.4%)、"风险评估报告的质量"(13.9%)、"战略情报产品的数量"(13.6%)、"战术情报产品的数量"(11.6%)、"风险评估报告数量"(9.0%)、"用于定罪的数量"(7.5%)。[①] 从上述数据可以看到：一是美国将近1/3的执法机构未建立情报分析师绩效评估程序；二是各执法机构情报分析师绩效评估指标并不统一；三是各执法机构情报分析师绩效评估指标主要关注战略情报产品、战术情报产品、风险评估报告的质量和数量以及情报分析师对内对外联系的数量。

表10-6 情报分析师绩效评估的关键要素[②]

评估指标	占比
不评估情报分析师的绩效	28.1%(97)
战略情报产品的数量	13.6%(47)
战术情报产品的数量	11.6%(40)
风险评估报告完成数量	9.0%(31)
战略情报产品的质量	21.2%(73)
战术情报产品的质量	20.0%(69)
风险评估报告的质量	13.9%(48)
用于展开调查行动的数量	20.0%(69)
用于抓捕行动的数量	15.4%(53)
用于定罪行动的数量	7.5%(26)
机构内部人员联系数量	15.4%(53)
机构外部人员联系数量	15.7%(54)

① Jeremy G. Carter,"Intelligence Analysis within U. S. Law Enforcement Agencies: Empirical Insights from a National Sample", https://scholarworks.iupui.edu/bitstream/handle/1805/5090/Carter_2014_JIA.pdf? sequence=1,2018-12-20.

② Jeremy G. Carter,"Intelligence Analysis within U. S. Law Enforcement Agencies: Empirical Insights from a National Sample", https://scholarworks.iupui.edu/bitstream/handle/1805/5090/Carter_2014_JIA.pdf? sequence=1,2018-12-20.

第四节 薪酬与福利制度

一、公务员薪酬计划

根据2018年美国第13819号总统令[①],美国公务员薪酬计划主要有以下类型:一是法定工资体系(Statutory Pay Systems),包括普通公务员工资体系(The General Schedule,简称GS)、外事工作工资体系(The Foreign Service Schedule,简称FS)和退伍军人事务部退伍军人健康管理局工资体系(The schedules for the Veterans Health Administration of the Department of Veterans Affairs)3类;二是高级行政官员工资体系(Senior Executive Service,简称SES);三是特定行政、立法、司法工资体系(Certain Executive,Legislative,and Judicial Salaries),具体包括美国总统(The Executive Schedule)、副总统(The Vice President)和国会(Congress)、大法官和法官(Justices and judges)3类;四是军队(Uniformed Services)工资体系;五是适用于蓝领工人的联邦工资制度(Federal Wage System,简称FWS);六是美国证券交易委员会(SEC)、联邦储备系统(Federal Reserve System)和联邦存款保险公司(Federal Deposit Insurance Corporation)等机构有自己独特的薪酬计划。[②] 美国联邦公务员的工资由联邦工资账户支付,各州、郡、市公务员的工资由本级政府财政负担。

美国已形成以常规工资制为主,以弹性工资制为辅的多元化薪酬结构。常规工资制适用于GS工资序列。GS工资序列是美国政府覆盖面最广、人数最多的工资制度。GS按照工作任务、责任、任职资格条件等将岗位分为23个职组、420个职系、15个职等和10个职级,职等职级与工资待遇一一对应,形成基本工资标准。弹性工资制常见的有以下两

① "Executive Order 13819 for 2018 Pay Schedules", https://www.opm.gov/policy-data-oversight/pay-leave/salaries-wages/pay-executive-order-2018-adjustments-of-certain-rates-of-pay.pdf, 2018-12-20.

② The White House,"Executive Order 13819:Adjustments of Certain Rates of Pay", December 22, 2017, https://www.opm.gov/policy-data-oversight/pay-leave/salaries-wages/pay-executive-order-2018-adjustments-of-certain-rates-of-pay.pdf,2018-12-20.

类:一是雇用高资格条件的人员或紧急专业人才的弹性工资,可以给予超过所招募职位工资等级标准的薪酬;二是对于联邦政府高级公务员、高层雇员、科学家等高级雇员实行弹性工资,即根据高级雇员具备的资格条件和工作绩效决定薪酬。①

除了基本工资收入,津贴、补贴、奖金等也是政府雇员收入的重要组成部分。美国政府雇员的津贴主要有以下几类:一是制服津贴,一般不得超过125美元;二是住宅和生活津贴,例如,给派往国外或特殊地区的政府雇员提供临时住宅津贴与生活津贴(例如,补贴房屋租金、采光取暖、燃气水电等费用);三是生活费津贴,例如,给派驻国外的调任津贴、分居生活津贴、教育津贴和交通费等;四是岗位津贴,例如,给驻国外工作雇员的岗位津贴,一般不得超过其基本薪金的25%;五是危险薪金津贴;六是其他津贴和补助,例如,加班费、假期补助、购房补助等补贴。美国联邦政府的奖励包括现金奖、工作业绩奖、政府推荐奖、高绩效提薪、荣誉与正式赞扬、休假奖等。根据《美国法典》,工作业绩奖金一般不得多于基本薪金的10%,不得少于基本薪金的2%,经机关首长批准可以给予超过基本薪金10%但低于20%的业绩奖;现金奖金额一般不得超过1万美元,但经联邦人事管理办公室批准,可给予多于1万美元但低于2.5万美元的奖金;此外,为了吸引、安置、留住优秀人才,美国2004年颁布的《联邦劳动力弹性法案》(Federal Workforce Flexibilities Act of 2004)修订"雇用、搬迁、留任"(Recruitment, Relocation and Retention,简称为3Rs)津贴,提高三类津贴的金额。例如,"雇用奖金"旨在吸引稀缺人才,包括高级技术人才与管理人才,只要其与用人单位签订半年以上的雇用合同,就可以获得一笔相当于任职后基本年薪25%的一次性"雇用奖金"。②

二、情报分析师薪酬体系

根据2008年美国情报界第653号情报指令"情报界文职雇员薪酬

---

① 刘碧强:《美国公务员薪酬制度及其启示》,《南方论刊》2010年第11期;赵龙、沈安琪:《中美公务员工资福利制度比较》,《成都行政学院学报》2009年第4期。

② 刘碧强:《美国公务员薪酬制度及其启示》,《南方论刊》2010年第11期;赵龙、沈安琪:《中美公务员工资福利制度比较》,《成都行政学院学报》2009年第4期。

设置与管理政策”(Pay-Setting and Administration Policies for the Intelligence Community Civilian Workforce,简称 ICD-653)①,美国情报界工作人员的薪酬主要由基本工资(Base pay)、地区工资(Applicable locality pay)、保险(Premium pay)、津贴(Allowances)、其他特殊报酬(Other special purpose payments)构成。此外,其福利还包括健康险、人身安全险、休假、退休计划等。ICD-653 要求情报界各成员单位依据劳动力市场数据制定工资战略(包括福利),工资应考虑情报界活动所属领域的劳动力市场实际情况,至少每年进行一次薪酬审核,必要时进行调整,并采用公认的薪酬管理做法,尽可能维持内外薪酬公平合理。下文以美国联邦调查局情报分析师的薪酬为例予以介绍。

(一)基本工资

情报职系(Intelligence Series,GS-0132)雇员主要适用于普通公务员工资制度(The General Schedule,简称 GS)。GS 由 15 个职级组成,从最低级别的 GS-1 到最高级别的 GS-15,每个职级又分 10 档。FBI 情报分析师的晋级规则如下:初级职位一般按照双间隔等级序列晋升,如 GS-5/7/9/11,中级和高级职位则遵循单间隔等级序列,如 GS-12/13/14/15。美国联邦调查局非管理岗的情报分析师,其职等一般从 GS-7 起步,最高可达至 GS-14 级,②管理岗可达 GS-15 级,高级官员(GS-15 以上级别)则适用高级公务员序列。根据美国总检察长办公室(司法部部长办公室)的统计报告,2004 财政年度与 2006 财政年度 FBI 情报分析师岗位职等分布区间为 GS-7 至 GS-15 级,其中 GS-11/12 级占比最高,这两个职等累计占比 50% 左右,具体参见表 10 - 7。③

① Director of National Intelligence, Intelligence Community Directive Number 653, “Pay-Setting and Administration Policies for the Intelligence Community Civilian Workforce”, May 14, 2008, https://fas.org/irp/dni/icd/icd-653.pdf, 2018-12-20.

② https://www.fbiagentedu.org/careers/intelligence/fbi-intelligence-analyst/.

③ U.S. Department of Justice, Office of the Inspector General, Audit Division, “Follow-up Audit of the Federal Bureau of Investigation’s Efforts to Hire, Train, and Retain Intelligence Analysts”, https://oig.justice.gov/reports/FBI/a0520/app7.htm#74, 2018-12-20.

表 10 – 7　FBI 情报分析师 2004 财政年度与 2006 财政年度 GS 职等比例分布情况(%)①

组织机构	GS-7	GS-9	GS-11	GS-12	GS-13	GS-14	GS-15	Executive Service
地方办事处	2—4	9—14	56—27	24—33	7—13	1—10	0	0—0
总部	4—7	12—26	14—18	13—12	19—15	33—20	4—3	1—0
FBI 其他部门	1—10	6—16	6—16	49—21	12—22	13—13	2—5	1—1
总计	3—5	10—19	38—23	19—23	12—14	16—14	2—2	0—0

一般实习阶段或大学实习生岗位的工资为 GS-3 或 GS-4 级;初级公务员岗(Entry-level)的工资一般为 GS-5 到 GS-7;中级职位(Mid-level positions)的工资一般在 GS-8 到 GS-12 之间;顶级或高级监督管理岗(Top,High-level Supervisor and Management Jobs)可达 GS-13 到 GS-15。美国 FBI 的情报分析师一般从 GS-7 起步,通常大学本科毕业的应届生进入 FBI 情报分析岗,可获得 GS-7 级的薪水,应届硕士研究生进入 FBI 则可拿到 GS-9 级的薪水。根据 2018 年实施的薪资标准(见表10 – 8),GS-7 级的年薪为 35,854 美元至 46,609 美元,GS-11 级的年薪为 53,062 美元至 68,983 美元。②

表 10 – 8　2018 年度普通公务员职级工资总表③

(单位:美元)

	1	2	3	4	5	6	7	8	9	10
GS-1	18,785	19,414	20,039	20,660	21,285	21,650	22,267	22,891	22,915	23,502
GS-2	21,121	21,624	22,323	22,915	23,175	23,857	24,539	25,221	25,903	26,585
GS-3	23,045	23,813	24,581	25,349	26,117	26,885	27,653	28,421	29,189	29,957
GS-4	25,871	26,733	27,595	28,457	29,319	30,181	31,043	31,905	32,767	33,629
GS-5	28,945	29,910	30,875	31,840	32,805	33,770	34,735	35,700	36,665	37,630

① U. S. Department of Justice, Office of the Inspector General, Audit Division, "Follow-up Audit of the Federal Bureau of Investigation's Efforts to Hire, Train, and Retain Intelligence Analysts", April 2005, https://oig. justice. gov/reports/FBI/a0520/app7. htm#74, 2018-12-20.

② "Executive Order 13819 for 2018 Pay Schedules", https://www. opm. gov/policy-data-oversight/pay-leave/salaries-wages/pay-executive-order-2018-adjustments-of-certain-rates-of-pay. pdf, 2018-12-20.

③ "Executive Order 13819 for 2018 Pay Schedules", https://www. opm. gov/policy-data-oversight/pay-leave/salaries-wages/pay-executive-order-2018-adjustments-of-certain-rates-of-pay. pdf, 2018-12-20.

续表

	1	2	3	4	5	6	7	8	9	10
GS-6	32, 264	33, 339	34, 414	35, 489	36, 564	37, 639	38, 714	39, 789	40, 864	41, 939
GS-7	35, 854	37, 049	38, 244	39, 439	40, 634	41, 829	43, 024	44, 219	45, 414	46, 609
GS-8	39, 707	41, 031	42, 355	43, 679	45, 003	46, 327	47, 651	48, 975	50, 299	51, 623
GS-9	43, 857	45, 319	46, 781	48, 243	49, 705	51, 167	52, 629	54, 091	55, 553	57, 015
GS-10	48, 297	49, 907	51, 517	53, 127	54, 737	56, 347	57, 957	59, 567	61, 177	62, 787
GS-11	53, 062	54, 831	56, 600	58, 369	60, 138	61, 907	63, 676	65, 445	67, 214	68, 983
GS-12	63, 600	65, 720	67, 840	69, 960	72, 080	74, 200	76, 320	78, 440	80, 560	82, 680
GS-13	75, 628	78, 149	80, 670	83, 191	85, 712	88, 233	90, 754	93, 275	95, 796	98, 317
GS-14	89, 370	92, 349	95, 328	98, 307	101, 286	104, 265	107, 244	110, 223	113, 202	116, 181
GS-15	105, 123	108, 627	112, 131	115, 635	119, 139	122, 643	126, 147	129, 651	133, 155	136, 659

除了基本工资，FBI 情报分析师还可以获得执法津贴（Law Enforcement Availability Pay，简称 LEAP），是基本工资的 25% 的奖金。LEAP 主要用于对加班、危险工作以及每周 7 天 24 小时全天候（24—7 availability）工作提供补偿。

根据 comparably. com 网站 2018 年的统计数据，FBI 情报分析师平均年薪为 102, 107 美元，最高的地区旧金山（San Francisco）平均薪酬高达 154, 413 美元，比美国平均薪酬高出 51%。[①]同期 paysa. com 网站统计数据显示，美国联邦调查局情报分析师年均收入为 92, 515 美元，包括基本工资和奖金等，具体薪酬分布数据如图 10－2 所示。glassdoor. com 网站统计数据显示，FBI 情报分析员的工资在 5. 6 万美元到 12. 5 万美元之间，平均年薪为 84, 671 美元。[②] glassdoor. co. uk 网站统计数据显示，FBI 情报分析师管理岗的年薪在 114, 590 美元至 133, 650 美元之间，平均年薪为 126, 833 美元。[③] 由上述网站调查数据可见，FBI 情报分析师年均

① "FBI Intelligence Analyst Salary", https://www. comparably. com/salaries/salaries-for-fbi-intelligence-analyst, 2018-12-20.

② "FBI Intelligence Analyst Salaries", https://www. glassdoor. com/Salary/FBI-Intelligence-Analyst-Salaries-E24637_D_KO4, 24. htm, 2019-1-2.

③ https://www. glassdoor. co. uk/Salary/FBI-Supervisory-Intelligence-Analyst-Washington-DC-Salaries-EJI_IE24637. 0, 3_KO4, 36_IL. 37, 50_IM911. htm, 2019-1-2.

收入在 8.5 万—12.7 万美元之间。

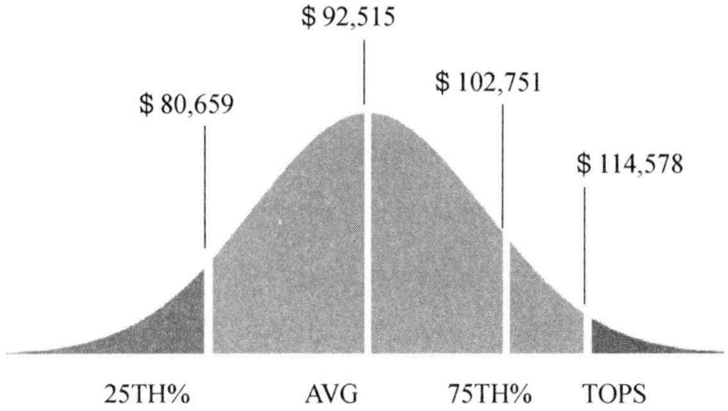

图 10－2　FBI 情报分析师薪酬分布[1]

美国的工资根据通货膨胀、生活成本每年进行灵活调整，并根据地点的变化而变化。美国人事管理办公室(The U. S. Office of Personnel Management)提供基于地点、薪资等级、档次的计算机器(General Schedule Salary Calculator based on locality, grade and step)。每位公职人员均可根据自己的工作地点、职级等计算自己的薪资。[2]

（二）福利计划

FBI 提供的福利计划旨在促进健康、幸福和满足感，激励雇员更好地履行职责与使命。FBI 情报分析师主要享有以下福利：[3]

一是面向所有联邦政府雇员的福利，包括联邦雇员健康福利计划、联邦长期医疗保障计划、联邦雇员集体人寿保险计划、联邦弹性支出账户计划、联邦储蓄计划，以及其他福利计划等。

二是专门针对特工与公共安全人员的福利计划，主要有特工保险基金(Special Agents Insurance Fund，简称 SAIF)，是美国联邦调查局资助的一项选择性保险计划，在特工死亡时支付费用，无论其是否与工作有关；查尔斯·罗斯基金(Charles S. Ross Fund)，面向因公殉职的特工受

---

① "FBI Intelligence Analyst Salaries", https://www.paysa.com/salaries/fbi—intelligence-analyst, 2019-1-2.

② https://www.opm.gov/policy-data-oversight/pay-leave/salaries-wages/2017/general-schedule-gs-salary-calculator/, 2019-1-2.

③ FBI, "Benefits", https://www.fbijobs.gov/working-at-FBI/benefits, 2019-1-2.

益人提供赔偿,每位特工自动获得该保障;公共安全人员福利计划(Public Safety Officers' Benefit,简称 PSOB),该计划面向所有联邦、州和地方的执法人员、消防队员、救援人员,以及任何其他在执行任务中失去生命的公共安全官员提供保障。

三是联邦调查局提供的其他福利计划,主要有雇员慈善基金(Employee Benevolent Fund),这是联邦调查局为雇员提供的一项选择性保险计划,在雇员死亡时支付一定费用给雇员的受益人;司法雇员交通补贴(Justice Employees' Transit Subsidy,简称 JETS),为雇员上下班乘坐交通工具提供补贴;学生贷款偿还计划(Student Loan Repayment Program,简称 SLRP),为员工提供每年最高可偿还学生贷款 1 万美元的机会,终身最高可偿还学生贷款 6 万美元;大学教育项目(University Education Program,简称 UEP)为员工在当前工作的领域寻求专业发展的机会,提供与职业证书或学位相关的学费报销;联邦调查局休假计划(FBI Sabbatical Program),为参与者提供机会,提供各种学习专业知识和领导技能的学术项目。

(三)休假计划

FBI 雇员休假计划(FBI Sabbatical Program)包括年假、病假、联邦假日、军事休假等,FBI 休假遵循 OPM 休假政策和指引,主要休假计划如下:一是年假(Annual Leave),FBI 的雇员按其政府服务年限计算确定获得年假的天数(计算方式参见表 10 - 9),假期长短与其参加工作的年限紧密相关。普通公务员最长年休假不超过 30 天,高级公务员最长年休假不超过 90 天。未休假或未修满假的公务员可以依据未休的时间计算补偿津贴。二是病假(Sick Leave),联邦政府公务员每年可以获得不超过 13 天的病假,以看病或照顾家庭成员和患病家属,以及处理与收养有关的事宜。FBI 为永久性全职雇员提供每个工资期(Pay Period)4 小时的带薪病假,即每年 13 天的病假。三是联邦假日(Federal Holidays),FBI 雇员每年可以享受国会规定的 10 个带薪假期,包括元旦、马丁·路德·金日、总统节、阵亡将士纪念日、独立日、劳动节、哥伦布日、退休军人节、感恩节和圣诞节。四是军事休假(Military Leave),FBI 军事预备役的雇员每年可获得最多 15 天的带薪"军事休假",以参加周末演习或参加年度预备役培训、葬礼或其他职责等。

表 10－9 联邦政府雇员年假计算方式①

雇员类型	服务年限 3 年以下	服务年限 3—15 年	服务年限大于 15 年
全职	每个工资周期（pay period）②1/2 天假(4 小时)	每个工资周期 3/4 天假（6 小时），最后一个工资期为 10 小时	每个工资周期 1 天假(8 小时)
兼职	每个支付期(pay status)每 20 小时有 1 小时假	每个支付期每 13 小时有 1 小时假	每个支付期每 10 小时有 1 小时假

第五节 经验与启示

本章主要介绍了美国职业分类制度框架下的情报职位序列与职等、执法情报分析师考录条件与程序、执法情报分析师绩效考核以及薪酬福利制度四个方面的内容。综观美国执法情报分析师职位设置、考录、绩效管理和薪酬制度，有以下几个方面的突出特点可供我国借鉴：

1. 职位分类分级体系精细而科学。现代公务员管理制度的核心，就是在科学分类的基础上，实行分类管理、规范管理与人本管理，对公务员实行人岗匹配，确保把合适的人放在合适的岗位上做合适的事情，促进公务员队伍的专业化、职业化与现代化，以保证公共部门的高效运行与政府战略目标的全面实现。③ 美国是世界上职位分类制度最为成熟的国家之一，美国 GS 职位总表设 23 个职组，420 个职系，每个职系又设 15 个职等，每个职等又区分为 10 个职级，每个职等和职级均给出精细化的可操作的定义，包括每个职位的岗位说明、职位责任、教育条件、知识水平、能力素质要求和行为描述，为人们选择行业、职业、职位提供了清晰的定义，为人事管理提供了可观测、可测量、可区分的标准，为绩效评估、薪酬增减、职位晋升、岗位竞聘等提供了依据，为入职者提供了明

① U. S. Office of Personnel Management, "Pay & Leave", https://www.opm.gov/policy-data-oversight/pay-leave/leave-administration/fact-sheets/annual-leave/, 2019-1-2.

② 美国联邦政府实施双周支付制度（per biweekly pay period），即一个工资周期（pay period）通常为 2 周，每年有 26—27 个工资周期。

③ 萧鸣政、唐秀锋、金志峰：《我国公务员职位分类与管理：30 年的改革实践与分析》，《中国行政管理》2016 年第 9 期。

晰且充足的上升空间和渠道。一言以蔽之,科学化、精细化的职位分类和分级体系为吸引、稳定和留住专业人才奠定了基础。

2. 独立的情报职系是推动情报职业化发展的基础。美国将情报单列为独立的职位序列,为推动情报行业的职业化与专业化奠定了制度基础。从国家制度层面将情报列为单独的职位序列,反映了美国社会对情报工作的重视程度,该举措对于情报行业的发展至少有以下三个方面的积极效应:一是磁吸效应,吸引各行各业具备不同的专业背景、专业技术知识和从业经验且有志于情报业的人才加盟,独立的职系为从业者提供了富有成长空间与创造力的事业平台,有助于吸引人、留住人、培养人,进而形成独特的情报行业文化。二是辐射效应,独立的职位序列,为情报行业的发展壮大提供了制度环境,情报专业机构的设立,情报从业人员的增加,情报产品生产能力的提升,使得情报工作在国家安全、国土安全与执法事务中的作用日益突出,情报人才市场空前繁荣,社会辐射效应随之凸显,情报文化与意识辐射渗透进入学界、商界以及各行各业,高等院校开始设置情报专业,为情报界与执法界培养人才;经济市场产生为情报业服务的公司企业,情报产业逐渐形成。学界、商界、情报界相互影响,相互依赖,相互支持,通过新闻媒体、电视电影、文学作品、艺术作品、学术作品等塑造了大众情报认知,最终发酵形成一国之情报文化。三是专业化与职业化效应,独立的职位序列助推了情报业的专业化与职业化进程,情报知识的积累,情报经验的总结,情报专业的开设,情报人才的培养,社会意识的培育,情报机构的建立,情报工作的制度化,为情报人员营造了良好的职业环境与受尊重的社会氛围,富有挑战性的职业生涯以及富有竞争力的薪酬待遇,加上明晰的职业生涯路径与长足的职业发展空间,令情报业从幕后的隐蔽战线走向国家治理与社会公共治理的前台,甚至进入社会大众文化生活场域,成为美国社会政治与文化生活的重要组成部分,并吸引着一代又一代的年轻人投身其中。

3. 实施灵活且有针对性的"专才"考录模式。公务员招录,常见两种模式:一种是以英国为代表的通才标准模式,所谓通才标准,即在人才选拔过程中,注重考察候选人的教育程度、文字素养、知识水平、综合分析与逻辑推理能力等基本能力素质;另一种是以美国为代表的专才标准模式,即侧重于考察候选人是否具有应聘岗位所需的专业技能,强调候选人的岗位胜任能力,考试内容侧重专业性、实用性项目的测试。美国执法情报分析师考录机制秉持“专才”而非“通才”模式,其招录机制非常灵活,无论是联邦执法机构,还是地方执法机构,均可以根据本部门的实际需求,根据国家人事部门的政策精神,经人事部门审批备案,自行组织招录考试。其招录岗位既可以是面向应届生的初级、中级岗位,也可能是面向资深从业者的高级技术或管理岗位;其招录前置条件相对严格,不仅就国籍、健康、年龄、学历、犯罪前科等基本条件作出限制,往往还要审核道德诚信、生活习惯(酗酒)、是否忠诚、是否有渎职经历、职业资格证书、专业技能证书、工作经历履历、语言技能等;其考试形式有履历审核评估、书面笔试、上机操作、结构化面试等多种形式,考试内容除了测试通用素质能力的内容外,往往设有测试职业胜任能力和专业技术知识的试题,例如,FBI 情报分析师招录试题直接设置情报分析情景模拟试题测试申请者的情报分析能力。美国这种“专才”招考模式灵活而有针对性,有助于用人单位选拔出能够胜任招聘岗位并对该工作有热情和兴趣的雇员。招录制度的灵活性有助于物色和选拔出符合岗位需求的人才,把对情报分析岗有兴趣,有志于从事情报分析工作,并具备相应能力的人招录到情报分析岗,而严格的“入门关”则为情报分析队伍的专业化建设打下坚实的基础。我国警察招录主要通过国家人事部门统一组织的公务员考试以及公安机关统一组织的全国公安联考等方式招考,是典型的“通才”招录模式,即无论什么警种、什么岗位的应聘者,均使用统一的考题来测试,依据考试分数框定候选人。此类模式有其优势,如成本低,效率高,标准统一,监管严格,公正透明。但缺点是缺乏灵活性,统一的试题以及单一的考录方式难以识别应考者的专业能力素质,针对性不强,用人单位可能难以招录到符合岗位需求的人才。总的来说,两种模式各有优劣。执法情报分析师作为专业性质的职位,应充分吸收两种模式的优势,取其所长,在保证公平公正透明的同时,应重视专业能力素养的考核,选拔切实符合岗位需求的人才。

4. 建立了成熟有效的绩效考评管理机制。考绩制是科学管理的重要手段,绩效指标是否科学合理,绩效考核是否公正公平,绩效考核结果是否能够与薪酬、奖金、晋升等奖惩挂钩,是激发雇员工作积极性与创造力,引导雇员为实现组织目标而高效工作最有力的手段。美国情报界针对情报序列已初步建立较为成熟的绩效管理制度,明确了国家情报主任、情报界各成员单位、职能部门主管、情报岗雇员在绩效管理体系中的职责;建立了绩效管理政策与绩效管理的流程与标准,将重心置于"计划和设定绩效预期,提供持续的绩效反馈,编制绩效评估记录"等关键环节;确立了绩效目标设定的"SMART"准则,即具体、可测量、可实现、相关、时间明确;明确了绩效目标核心要素,普通雇员的绩效核心要素为"对结果负责、沟通交流、批判性思维、参与和协作、个人领导力和正直、专业技术知识",管理人员的核心绩效要素侧重于"领导力和正直、管理能力"的考察;明确了绩效考评办法,一年多次中期考核,精准制作绩效档案,提供考评反馈,督促和帮助改进绩效,为年终汇总考评奠定基础,针对监督管理人员的绩效考核,采用360度反馈评估法,考察同事、同行、客户、顾客、管理者和下属的反馈意见,全面评估德、能、勤、绩;建立了5级绩效等级标准,明确了"卓越、优秀、合格、勉强合格、不合格"的判定标准;对于考评结果,设定"考评者考评、管理者审定、被考核者签字"三重监管机制,并建立申诉、重新评估和监管机制,确保绩效考评公正;对于绩效考评结果的使用,明确要求将绩效考核结果作为薪资调整、奖惩、晋升、留任等的依据;等等。通过上述措施建立了较为完整的情报雇员绩效考核管理制度。这一制度适用于国土安全部情报与分析办公室、司法部联邦调查局等情报界成员。不过,美国地方执法情报分析绩效考核制度化和规范化建设相对滞后,还有相当部分执法机构尚未建立绩效考核机制。目前已经建立执法情报分析绩效考核的机构,主要以战略分析、战术分析和风险评估情报产品的质量和数量作为考核指标。我国执法情报领域尚未建立统一的绩效考评制度,未确立统一的核心绩效要素、绩效分级标准等,各地考核百花齐放,标准不一,情报业绩通常以情报数量、领导批示、用于破案的数量等作为重要指标评估情报工作绩效,典型的数量和结果导向,往往忽视情报质量的评估,考核指标相对粗放,不够精细,而且,绩效考核结果并不与收入、薪酬、晋升直接挂钩,只是作为奖惩的参考依据,未能真正建立"绩效导向"的人事管理制度,总体呈现"干好干坏"差别不大的局面,难以形成强大的内驱力。借鉴美国经验,我国积极推进基于绩效的人事管理改革,通过科学合理的绩效目标与绩效指标设定,严格公正的绩效考评程序,建立基于绩效考核结果的弹性工资、奖金、福利和奖惩机制,是执法情报分析师队伍职业化与专业化发展的基本保障。

5. 建立了具有弹性和激励效果的薪酬与福利制度。美国联邦公务员的薪酬与福利制度有两大突出特点值得我国参考：一是适当引入市场化工具，完善薪酬结构。美国将工资调查作为联邦人事管理薪酬制度的重要依据，定期开展市场工资调查，了解和掌握劳动力市场信息，充分考虑国民经济社会发展状况、物价指数、通货膨胀指数等因素，制定和调整公务员工资标准，以增强公务员薪酬的灵活性和竞争性；另一市场化举措是在联邦人事制度框架下，雇员的假期福利可以进行适当的“买、卖”交易，即雇员所拥有的法定节假日可与机构雇主交易，雇员可根据自身情况灵活安排工作时间；此外，美国联邦政府还积极利用市场机制，健全公务员保险体制等。二是建立相对灵活而有弹性的工资制度，基于“绩效考评结果”确定工资增减幅度、奖惩和晋升，充分利用绩效考核杠杆，将其作为工资增长、奖惩、晋升、去留的依据，解决“干得好干得坏”差距不大的问题，建立并且切实落实绩效导向的薪酬福利制度。上述举措为吸引、留住优秀人才提供了强有力的保障。我国部分地区的公安机关业已开始探索情报专业化与职业化发展路径，例如，广东省深圳市公安局探索构建了包括“官、师、员”在内的三级十二档的情报官体系，山东省寿光市公安局建立了首席、领军、精英、骨干四级情报分析员制度并实施了等级评定，江苏省公安厅正在积极探索建立省、市、县情报主管和高、中、初三级情报分析师制度。天津市公安局全力推进大数据分析团队建设工作，构建了以数据（情报）总监为统领，以首席数据（情报）分析官为主干，以覆盖全警的等级数据（情报）分析员为基础的金字塔型数据（情报）分析师队伍。[①] 这些有益的尝试和探索对于推动我国执法情报分析师专业化与职业化建设具有重要参考意义。

① 张杰：《公安情报分析师职业化建设实证研究》，中国人民公安大学硕士学位论文，2017年。

第十一章　分析师引领警务:以“专业化”为中心的情报革命

透过美国执法情报分析师制度体系,可管窥一个重要的逻辑:自“9·11”事件以来,美国执法界秉持“情报主导警务”之理念,以情报共享与融合为基础,以情报分析研判为中心,全面推进情报主导警务战略,旨在应对所有犯罪、所有威胁、所有风险;美国执法界深刻认识到“情报主导警务”的实质是“分析师引领警务”,秉承“专业主义”精神,旨在通过推动情报分析师队伍职业化、专业化、制度化与规范化建设,提升执法情报能力与专业化水平。目前,美国情报分析师队伍建设已进入“专业化、制度化、标准化、规范化”的发展阶段,“情报分析师”逐渐成为一支相对独立且至关重要的力量,正在深刻地影响着美国执法工作的现实与未来。正如美国联邦调查局(FBI)人力资源“三分天下”之格局——特工(Special Agents)、情报分析师(Intelligence Analysts)与专业支持人员(Professional Support),其中情报分析师独占一席,成为美国执法决策和行动的“耳目与智囊”。本章旨在从总体视角总结美国执法情报分析师制度建设的内在思想、具体路径与启示。

第一节　情报主导:美国执法情报战略改革的指导思想

一、情报主导:夯实情报主导警务之基石,树立执法情报之信心

20 世纪 90 年代初,情报主导警务(Intelligence-Led Policing,简称 ILP)战略思想兴起。情报主导警务被认为是一种管理理念、协作哲学、业务模式,作为一种管理理念,ILP 强调把情报工作置于基础性、先导性位置,将情报视为影响执法决策过程与战术行动的关键性乃至决定性因

素；作为一种协作哲学，ILP 强调广泛汇集多源信息以理解工作环境；①作为一种业务模式，ILP 强调综合运用各种手段广泛地收集违法犯罪与恐怖威胁相关信息，并对其进行综合研判，准确把握威胁态势及其发展变化规律，全方位地指引决策，优化资源配置，精确打击防范，以有效控制威胁与风险。美国执法情报发展改革历程正是这种理念、哲学、模式的实践探索与应用过程。"9·11"事件之后美国公开发布执法情报改革蓝图《国家犯罪情报共享计划》，明确要求所有执法机构均应采纳情报主导警务最低标准。为了全面推进"情报主导警务"理念的贯彻落实，美国《犯罪情报培训最低标准》将培训对象分为执法官员、执法人员、情报官、情报分析师、一般情报工作人员以及培训讲师六类，设定犯罪情报培训最低标准，要求执法界全员接受符合最低标准的情报培训，培训的首要目标就是让执法者了解和理解情报主导警务以及犯罪情报共享计划。美国执法情报实践又反过来丰富了情报主导警务的思想内涵，进而重塑美国执法情报业界文化与生态，形成良性循环。美国情报主导警务理论与实践的发展为我国情报主导警务实践提供了有价值的参照系。

21 世纪以来，世界诸多国家开始大力推行警务信息化与情报主导警务建设，取得了突出的成就。然而，由于执法信息共享壁垒与障碍突出，综合情报部门职能定位不明晰等诸多因素所限，部分国家的执法情报工作成效并未达到"情报主导警务"之预期，一线从业者对警务情报工作的信心不断削弱，"情报主导警务"理念亦不断消融，情报主导警务实践进入瓶颈期，未来何去何从，充满不确定性。显然，此种不确定性和发展危机并非"情报"本身之过。无信息，无以掌握情况，信息是认知的中介；无情报，便无科学决策，情报是决策的依据。唯有情报通达，方能耳聪目明，此为常理。情报作为认知之基础，决策之依据，其价值无须赘言。问题的关键是这些国家执法界情报生产能力不足以支撑"情报主导警务"战略目标的实现。透过美国经验可管窥一个重要结论："情报主导警务"模式依然适用，尤其大数据环境下，是代表未来的战略；"情报主导警务"的重心需要调整，应将"全警情报意识的提升"和"情报生

① Joseph R. Fuentes, "Practical Guide to Intelligence-led Policing", https://www.njsp.org/divorg/invest/pdf/njsp_ilpguide_010907.pdf, 2018-1-20.

产能力建设”作为整个情报主导警务战略的中心，以“情报共享融合”为基础，以“情报分析研判”为核心，以专业化的“情报分析师队伍建设”为灵魂，重塑情报主导警务之基础，重拾情报主导警务之信心，重建情报部门的核心能力，进而重筑警务执法科学决策之基石。

二、情报融合：建立跨层级、跨辖区、跨行业的情报融合系统[①]

“巧妇难为无米之炊”，高质量的情报产品生产能力需要全面、及时、可靠的基础数据作支撑，信息共享与融合是情报主导警务深入推进的基础。美国执法界充分认识到一点，将信息共享、情报融合作为执法情报工作发展变革的逻辑主线。美国 20 世纪 50 年代建立执法情报联盟（LEIU），60 年代建立国家犯罪信息中心（NCIC），70 年代建立区域信息共享系统（RISS），90 年代建立以执法在线系统（LEO）为代表的各类信息系统与平台，都是“共享融合”理念的产物。[②]“9·11”事件后美国执法情报“共享融合”理念与实践发展到新高度，“共享融合”成为整个情报体制改革的初衷与内核。联邦层面，情报界、国土安全界、执法界各自积极推进本行业资源整合，建立更为集中的管理体制，并在此基础上大力推进跨界的信息共享环境（ISE）建设；地方层面，积极推动融合中心网络建设，将其纳入整个国家信息共享框架，构建起全国范围内的“纵向、横向共享”的“超级信息共享系统”。2007 年美国《国家信息共享战略》指出，情报信息共享框架曾经让美国赢得冷战，现在需要更加机动灵活而具有弹性的共享机制，以应对国家所面临的威胁。[③] “9·11”事件后，美国政府改变过去忽视地方情报工作的做法，将州、地方政府拥有和运营的融合中心视为国家安全重要战略资源与关键资产，纳入整个国家信息共享战略，变“联邦主导”的情报模式为“联邦与地方联动”的情报模式。传统的地方情报中心通常隶属于特定行业部门或机构，各级执法部门、应急管理部门、边防部门等都可能建有自己的情报中心或情报

① 谢晓专：《美国融合中心的建设历程、演变逻辑与思想意蕴》，《公安学研究》2018 年第 4 期。

② 谢晓专：《美国执法情报共享融合：发展轨迹、特点与关键成功因素》，《情报杂志》2019 年第 2 期。

③ White House, “The National Strategy for Information Sharing”, http://georgewbush-whitehouse. archives. gov/nsc/infosharing/index. html, 2018-1-20.

部门，这些情报中心一般为内设机构，主要为各自部门提供情报服务，其职责任务范围以及服务对象相对狭窄，信息与资源来源渠道相对单一。而且，在联邦体制下，美国联邦、州、地区、部落等各级情报机构之间没有隶属关系，情报体系条块分割，各层级之间相互独立，"信息孤岛"现象严重，情报信息共享融合面临行业壁垒、层级壁垒、机构壁垒、地区壁垒等多重障碍，难以高效共享和协同，这恰恰是"9·11"事件中情报失灵的重要原因。情报融合中心的理念与运营模式突破了传统情报部门的概念，正如《2014—2017 全国融合中心网络国家战略》对融合中心的定位：融合中心是推动联邦、州、地区、部落、国际组织以及私营部门等合作伙伴共享恐怖主义、国土安全、执法以及其他信息的纵向、横向信息共享的中心节点(Focal Point)。[①] 美国推进情报融合的具体举措如下：

一是破除层级壁垒。纵向看，联邦政府将融合中心定义为联邦与州、地区、部落等各级政府部门情报信息共享的中心节点，将其视为维护国土安全的重要资产纳入国家信息共享环境。《2007 年"9·11"委员会建议实施法》明确要求国土安全部情报与分析局、基础设施保护局、运输安全管理局、海关与边境保卫局、移民与海关执法局、海岸警卫队等选派官员和情报分析师参加融合中心工作，[②]大大密切了联邦和地方情报信息交流合作与共享；同时，为解决情报信息双向流动问题，广泛授予融合中心工作人员获取联邦涉密信息系统的权力，消除联邦和地方之间情报信息壁垒。据 2015 年的统计数据，美国国土安全部派员 244 人参与融合中心工作，司法部向各地融合中心派员 111 人，其他联邦机构派员 10 人。[③] 在融合中心获取联邦情报授权方面，据 2018 年的统计数据，97% 的融合中心拥有国土安全数据网络(Homeland Secure Data Network，简称 HSDN)和联邦调查局网络(Federal Bureau of Investigation Network，简称 FBINet)使用授权；9% 的融合中心工作人员拥有最高机密(Top Secret)和敏感隔离信息(Sensitive Compartmented Information，简称

---

① National Fusion Center Association，"2014—2017 National Strategy for the National Network of Fusion Centers"，July 2014，p. 8.

② "Implementing Recommendations of the 9/11 Commission Act of 2007"，P. L. 110—53，§ 511，121 Stat. 317，2007.

③ Department of Homeland Security，"2015 National Network of Fusion Centers：Final Report"，April 2016，p. 10.

SCI)授权;[①]截至2017年2月22日,国土安全部向州、地区、部落(SLTT)提供了4708个安全许可,其中绝密/敏感性隔离信息(TS/SCI)等级许可175个,绝密级(TS)许可109个,机密级(Secret)许可4424个。[②]

二是破除行业壁垒。横向看,融合中心旨在整合来自执法、国土安全、消防、应急管理、医疗卫生、关键基础设施保护、邮政以及私营部门等不同行业部门的信息资源,形成一种常态化、制度化的共享协作机制,这种共享协作机制不是通过简单粗暴的法律授权、行政命令或投资购买等方式实现,而是通过共建共治共享、互利互惠、情报信息双向流转的方式实现。融合中心不再隶属于或服务于某单一行业,亦非由单一机构承建,而由执法机构、国土安全机构、消防机构、边防机构、应急管理部门、医疗卫生部门、司法矫正部门、关键基础设施保护部门、邮政部门、IT/网络安全部门、私营机构等诸多机构共同参与创建和管理运营,为所有合作伙伴与利益攸关方提供情报服务。而且,为推进融合中心利益相关方的深度合作共享,大部分融合中心推行集中办公和联络官机制。2017年美国国土安全部调查的77个融合中心100%由多个部门集中办公,其中州/郡/县执法机构集中办公比为79%,州/郡/县执法情报部门集中办公比为40%,FBI(地方办公室、反恐联合特遣队、地方情报工作组等)为43%,州国土安全机构为35%,州/郡/县应急响应中心为32%,州国家民警卫队为32%,州/郡/县应急管理机构为29%,消防机构为19%,此外还有高危贩毒区域监测中心(High Intensity Drug Trafficking Area,简称HIDTA)、实时犯罪中心、区域信息共享中心、海关与边防情报中心等参与集中办公,这种集中办公模式不仅有助于融合中心更高效地分享信息和合作,便于各利益攸关方接触各方资源,还能节省开支。[③]联络官建设方面,目前全美国79个融合中心中有68个建有融合联络官项目,其中执法机构参与63个,消防机构参与46个,司法矫正部门39

① Department of Homeland Security,"2017 National Network of Fusion Centers: Final Report", October 2018, p. 2.

② Department of Homeland Security,"Fact Sheet: U. S. Department of Homeland Security Sponsorship of State, Local, Tribal and Territorial Clearances", February 2017, p. 1.

③ Department of Homeland Security,"2017 National Network of Fusion Centers: Final Report", October 2018, p. 10.

个，应急管理部门 41 个，公共卫生部门 39 个。[①]

三是破除地区壁垒。早期的融合中心由各州单独创建，随着越来越多的融合中心上线，各地融合中心开始自发组织非正式的区域伙伴关系，例如，南盾联盟（Southern Shield）由亚拉巴马州（Alabama）、佛罗里达州（Florida）、佐治亚州（Georgia）等 13 个州的融合中心组成。[②] 为了进一步推动全国范围的情报信息共享与协作，各地融合中心逐渐在全国范围内形成网络。[③]“国家融合中心网络”（NNFC）概念的提出与实践重塑了融合中心建设的逻辑，其本质是全国范围内的融合中心跨地区共享协作网络，通过推动全国范围内 79 个指定的融合中心的互联互通，建立“国家融合中心网络”，实现跨地区的共享与协同，重点强化调查能力与威胁感知能力。[④]《2014—2017 全国融合中心网络国家战略》的发布为全国范围内融合中心网络建设提供了清晰的战略纲领，标志着美国融合中心建设全面进入“国家融合中心网络”建设阶段。该战略确立了国家融合中心网络建设目标与实现路径，其中第三个目标和路径便是“充分认识国家融合中心网络的价值大于单个融合中心之和”，要求“加强融合中心的集成与互联互通，促进融合中心的知识、经验、技能、分析成果的相互分享，并要求国家融合中心网络的能力对所有州和地区开放”，从而实现“将全国各州、郡、县、乡镇等不同地区以及多元的公共安全领域连接在一起，创建跨行业、跨领域、跨辖区的”“更强大的”“战略性国家信息共享资产”。[⑤]

美国试图通过上述努力，建立跨层级（联邦、州、地方、部落等各层级）、跨部门、跨行业（情报、执法、国土安全、应急管理、消防、司法矫正、医疗卫生、关键基础设施保护、私营机构等部门）、跨辖区的“跨界

① Department of Homeland Security, “2017 National Network of Fusion Centers: Final Report”, October 2018, p. 2.

② Hawtin, D, “Law enforcement collaboration: Southern Shield, the Consortium of Southeastern States for the Prevention of Terrorism”, https://www. hsdl. org/? abstract&did = 777831, 2018-9-2.

③ U. S. Department of Homeland Security, “2012 National Network of Fusion Centers: Final report”, June 2013.

④ National Fusion Center Association, “2014—2017 National Strategy for the National Network of Fusion Centers”, July 2014, p. 2.

⑤ National Fusion Center Association, “2014—2017 National Strategy for the National Network of Fusion Centers”, July 2014, p. 2.

融合”的“超级信息共享系统”。这一愿景早在2007年的《国家信息共享战略》中便已确立:促进“联邦各部门、各机构协同合作,确保州和主要城市地区融合中心相互之间以及与联邦机构之间的互联互通,以形成国家信息共享能力”,从而“确保那些保护国家的人员能够获得所需信息,那些拥有信息的人们能够共享信息”,最终“建立强大的跨地区、跨机构、跨文化边界的涉恐信息共享、搜索、分析能力,为用户提供分布式的、安全的、可信的将数据转化为有价值的信息的环境”。[①]

情报融合是实施情报主导警务战略的基础,然而,情报共享融合实质是资源和权力的重新分配,是世界性的难题。综观世界各国,“共享融合”的信息壁垒、技术壁垒、利益壁垒、文化壁垒等障碍普遍突出,共享融合范围和深度有限,美国情报共享融合的思想和实践做法为各国执法情报工作提供了一个重要的样本。

三、分析驱动:将分析能力建设置于情报主导警务的首要位置

多源数据的共享融合,是零散、残缺、低价值密度的原始数据,唯有通过科学的分析研判,将原始数据转化为有价值的情报产品,及时传递给适当的用户,方为情报主导警务之关键。早在1984年美国有组织犯罪总统委员会关于有组织犯罪问题审查报告中便着重指出,有效的情报分析是执法机构成功处置复杂犯罪的关键工具。[②] “9·11”事件后的《犯罪情报共享:一项推动地区、州、联邦层面情报主导警务战略的国家计划》明确指出,美国执法界与情报界“面临泛滥的‘信息’但却缺乏简明的、有针对性的、经过评估的‘情报’”[③]。基于该认识,美国《国家犯罪情报共享计划》要求开发情报分析标准,并为全国执法机构推荐分析工具与分析产品,以确保情报及时、可靠、精准。此后有关情报分析培训最低标准(含初级、中级、高级)、情报分析流程标准、情报分析产品标准、情报分析师能力标准、分析师认证标准、分析师职业发展路线图等一系

① United States, White House, “National Strategy for Information Sharing”, October 2007.

② President's Commission on Organized Crime, “Organized Crime and Money Laundering”, Washington, D. C.: U. S. Government Printing Office, 1984.

③ International Association of Chiefs of Police, “Criminal Intelligence Sharing: A National Plan for Intelligence-Led Policing at the Local, State and Federal Levels”, Alexandria, Virginia: International Association of Chiefs of Police, 2002.

列的规范性文件陆续出台，这些标准文件的核心思想是推广情报分析知识与技能，提升情报分析师的分析能力，规范情报分析产品开发。《情报改革与恐怖主义预防法》《2007 年"9·11"委员会建议实施法》等则以法律形式确立了情报分析能力建设的要求和拨款授权。

近年来，美国融合中心建设成为美国执法界、国土安全界情报改革的大事，拉塞尔·M. 波特（Russell M. Porter）指出，情报融合中心的诞生，是"至少在过去的 25 年犯罪情报格局中最重要的变革"。[①] 而融合中心的首要任务是"信息共享"[②]，融合中心的首要能力是"情报分析"。融合进程"是管理各层级、各部门情报信息流动的综合方法，旨在整合分析信息"。[③] 融合中心的真正力量在于分析能力，不是花哨的软件，而是能够从信息中创造价值的训练有序的人员，他们才是融合中心的头号资源。[④] 美国《州和主要城市地区融合中心基准能力》将情报分析与产品生产定义为六大融合业务能力之一。[⑤] 2010 年提出的融合中心 4 项关键业务能力（COCs）亦将"分析"能力列为其一。[⑥]《2014—2017 全国融合中心网络国家战略》将"充分利用州和地方优势分析数据，……强化分析与信息共享能力，形成一个国家级的分析系统，强化态势感知，提升国家整体情报能力，以保护家园"作为"国家融合中心网络"4 项建设目标之一。[⑦] "分析驱动、预防为主"的情报思想在融合中心岗位结构中得到清晰的呈现，据统计，2016 年美国融合中心工作人员职数为 2539

---

① Russell M. Porter, "Focus on Fusion Centers: A Progress Report", April 17, 2008.

② U. S. Congress, House Committee on Appropriations, Subcommittee on Homeland Security, "DHS Intelligence Programs and the Effectiveness of State and local Fusion Centers", Statement of Caryn Wagner, 111th Congress, 2nd Session, March 4, 2010.

③ U. S. Department of Homeland Security, "Local Anti-Terrorism Information and Intelligence Sharing: Information Sharing Overview", 2005.

④ Andrea Walter, "National Fusion Center Model Is Emerging", January 23, 2015, http://www.govtech.com/em/safety/National-Fusion-Center-Model-Is-Emerging.html, September 02, 2018.

⑤ Department of Justice, Global Justice Information Sharing Initiative, "Baseline Capabilities for State and Major Urban Area Fusion Centers", September 2008.

⑥ U. S. Department of Homeland Security, "Annual Fusion Center Assessment and Gap Mitigation Activities", http://www.dhs.gov/annual-fusion-center-assessment-and-gap-mitigation-activities, 2018-9-2.

⑦ National Fusion Center Association, "2014—2017 National Strategy for the National Network of Fusion Centers", July 2014, p. 2.

人,其中分析人员1051人,占比高达41.4%。[1] 2017年,美国融合中心工作人员职数为2666人,其中分析人员1179人,占比高达44.2%。[2] 诚如知名执法情报学者卡特所言,“融合中心”不是“监控中心”,也不是“调查支持中心”,更不是“应急行动中心”,而是一个“分析驱动”的支持中心,旨在通过信息整合、综合研判,识别恐怖分子或犯罪威胁,在恐怖活动或犯罪发生之前发现并阻止,预防是“融合中心”的本质。[3] 概言之,美国旨在建立“跨界(情报、执法、国土安全、国防、外交、私营机构)、跨行业/领域(刑事犯罪、消防、应急、医疗卫生、边防、反恐、大规模杀伤性武器、网络安全等)、跨层级(联邦、州、地方、部落等)、跨辖区”的以“接收、分析、收集、传递”(COCs)为核心业务能力的“超级国家情报分析系统”,以促进信息向情报转化。

相比之下,我国在情报分析队伍建设、情报分析培训、情报分析知识管理等方面亟待加强。

四、职能扩张:应对“所有犯罪”、“所有风险”和“所有威胁”

“9·11”事件后,美国推行“情报主导警务”的战略目标不再局限于防范和打击传统的刑事犯罪,其职能范围不断扩展,逐渐向应对威胁本土安全的“所有犯罪(all-crimes)、所有风险(all-hazards)、所有威胁(all-threats)”转移,国家安全情报与执法情报的边界日益模糊。这一转变是“革命性的”“颠覆性的”,可谓现代执法情报史上第一次出现“全能型”的情报机构。2005年,美国国土安全部国土安全委员会发布《情报与信息共享计划:国土安全情报与信息融合》,首次系统阐述了情报融合的基本思想与实现路径,该报告指出,“尽管情报信息融合的首要任务是反恐,但它同样支持非恐怖主义问题,包括发现和预测新兴犯罪、公共卫生与生活质量趋势,支持具体执法和其他跨行业的、积极的、基于风险的、以社区为中心的问题解决活动”,“有效的情报信息融合”要“从‘所

---

① Department of Homeland Security, “2016 National Network of Fusion Centers: Final Report”, July 2017, p. 8.

② Department of Homeland Security, “2017 National Network of Fusion Centers: Final Report”, October 2018, p. 11.

③ Carter, D. L., & Carter, J. G, “The Intelligence Fusion Process for State, Local and Tribal Law Enforcement”, Criminal Justice and Behavior, 2009, 36(12), pp. 1323—1339.

有风险'和'所有犯罪'视角定义信息的搜集、分析和传递"。[①] 2006年,《融合中心指南》将"搜集、分析、传递'所有犯罪'信息以识别新的犯罪模式和趋势"[②]定义为融合中心的主要功能,并指出"私营部门的参与对于综合性的面向所有危险、所有犯罪的融合中心至关重要"。[③] 2007年,《国家信息共享战略》提出融合中心应培育一种文化,充分认识到融合关涉国家安全的"所有犯罪"和"所有风险"信息(包括犯罪侦查、恐怖主义、公共卫生和安全、应急响应等)的重要性,这些信息有助于发现犯罪活动以及恐怖主义阴谋等征兆信息。[④] 同年,美国国会研究服务局(CRS)关于融合中心的审查报告指出"这是一种全国性的趋势"。[⑤]《2014—2017全国融合中心网络国家战略》明确将"国家融合中心网络"建设愿景定义为"跨领域的、面向所有犯罪/所有威胁/所有风险"的信息共享网络建设。[⑥] 根据《州和主要城市地区融合中心基准能力》提供的术语释义,"所有犯罪"包括毒品犯罪、帮派犯罪、洗钱、欺诈、身份盗窃、恐怖主义等相关的犯罪行为,"所有威胁"包括有关境内恐怖袭击、重大灾害以及其他紧急准备情况,广泛涉及执法、消防、公共卫生、应急管理、关键基础设施保护等领域的预防、保护、应对和灾难恢复等。[⑦] 据统计,2007年,约有40%的融合中心将其职责定位为应对"所有犯罪"和"所有威胁"。[⑧] 至2018年,全国77个接受调查的融合中心有50个

---

① Homeland Security Advisory Council, "Intelligence and Information Sharing Initiative: Homeland Security Intelligence & Information Fusion", April 28, 2005, p. 3.

② Department of Homeland Security, Department of Justice's Bureau of Justice Assistance and Global Justice Information Sharing Initiative, "Fusion Center Guidelines: Developing and Sharing Information and Intelligence in a New Era", August 2006, p. 13.

③ Department of Homeland Security, Department of Justice's Bureau of Justice Assistance and Global Justice Information Sharing Initiative, "Fusion Center Guidelines: Developing and Sharing Information and Intelligence in a New Era", August 2006, p. 10.

④ United States, White House, "National Strategy for Information Sharing", October 2007, Appendix 1, A1—1.

⑤ CRS Reports for Congress, "Fusion Centers: Issues and Options for Congress", July 6, 2007, p. 21.

⑥ National Fusion Center Association, "2014—2017 National Strategy for the National Network of Fusion Centers", July 2014, p. 7.

⑦ Department of Justice, Global Justice Information Sharing Initiative, "Baseline Capabilities for State and Major Urban Area Fusion Centers", September 2008.

⑧ CRS Reports for Congress, "Fusion Centers: Issues and Options for Congress", July 6, 2007. p. 21.

将职能定位为“反恐+所有犯罪+所有威胁”,其中纯粹的“反恐融合中心”只有2个。[①] 根据2017年的统计数据,融合中心最关注的任务领域前5位分别为“禁毒、反恐、关键基础设施保护、网络安全、一般犯罪”。[②] 情报职能任务扩展有助于融合中心获得更多的用户、合作伙伴、信息来源与更广泛的支持,并发挥更大的价值。

第二节 专业主义:美国执法情报分析师制度设计的基本理念

自20世纪90年代以来,与情报有关的现代化信息技术革命方兴未艾,数据库技术、数据挖掘技术、大数据技术、人工智能技术……为情报主导警务实践注入了前所未有的活力。技术、工具、平台,成为资金、政策、注意力和决策的宠儿,技术“神话”奠定了“工具”战略,执法数据资源极大丰富,数据存储、检索、关联与分析技术手段不断更新换代,为情报主导警务提供了良好的数据基础、平台基础和技术基础,成就可谓显著。然而,技术本身的强大效应,加上产业因逐利而不遗余力地营销,媒体为吸引眼球而无尽地夸大,科技工作者的极力呼吁与鼓吹,决策者对新兴技术的一知半解与对政绩的追求,导致“技术神话”日盛,陷入“技术迷失”。在信息技术浪潮中,作为真正“智慧源泉”,作为“情报”这一“智力产物”的生产主体——人,却在技术浪潮中被忽视。正如美国国家安全局情报专家大卫·摩尔在21世纪初所指出的:“至今,仍缺乏对情报生产的关键要素——情报分析人员以及作为一名成功的情报分析师所必备的核心能力的关注。”[③]缺乏高水平、专业化的情报分析师队伍,很可能陷入“不缺信息,但缺情报”的境况,拥有先进的技术手段但缺高端人才智库,拥有海量信息却无法充分挖掘其情报价值,高端情报产品生产能力相对低下,风靡一时的“情报主导警务”思想的理想

① Department of Homeland Security,“2017 National Network of Fusion Centers Final Report”, October 2018, p. 2.

② Department of Homeland Security, “2016 National Network of Fusion Centers: Final Report”, July 2017, p. 12.

③ Moore, David Moore, “Creating intelligence: Evidence and inference in the analysis process”, Unpublished Masters Thesis, Washington DC: Joint Military Intelligence College, 2002.

热情将逐渐消融，如火如荼的数据技术浪潮掩盖不了“情报生产能力弱”的内在事实，多年过去，执法情报部门可能既未能成为实战的“耳目、尖兵”，亦未能真正承担起决策“智囊”的重任，与“情报主导警务”的理论设想相去甚远。“9·11”事件之后，美国在反思中充分意识到该问题，在推动情报主导警务战略进程中一个突出的特点便是打破“技术中心论”，而将“信息共享融合”（以数据为基础）与“情报分析能力建设”（以分析师为中心）作为情报主导警务战略的中心环节，将情报分析师队伍的专业化建设作为情报主导警务战略的切入点与中心工作予以推进。

一、以人为本：“情报主导警务”的本质是“情报分析师引领警务”

美国《执法分析标准》明确指出，情报主导警务实际上是分析师引领警务（Analyst-directed Policing），因为情报是分析师的产品。[1] 基于这一基本理念，美国大力推动情报分析师专业化、制度化与标准化建设，将情报分析师队伍的专业化建设置于整个情报主导警务战略的中心，依托独立的情报职位序列，提供专门的经费预算，研究制定国家犯罪情报共享计划和相关政策，明确情报分析官与情报分析师任职资格标准，确立情报分析师职业胜任能力标准，建立初级、中级、高级分析师最低培训标准与分析师认证标准，颁布分析流程标准、分析产品标准、分析师职业发展路线图等，通过一系列制度标准推动情报分析师队伍的规范化与专业化建设，逐渐建成一支稳定的，受过良好的专业训练的高素质情报分析队伍，为推行情报主导警务战略奠定了基础，成效显著。

全球执法情报工作大致历经了三个阶段：一是前互联网时代的人力情报与犯罪情报资料工作阶段；二是互联网时代的执法信息化建设阶段；三是大数据时代的信息资源深度开发利用阶段。目前正处于第三个发展阶段，大数据背景下，“情报分析”成为这个阶段的核心，其发展路径和方向有二：一是通过技术提高信息资源开发利用能力，侧重于大数据分析、数据挖掘技术与人工智能技术的发展应用；二是加强情报分析师队伍的培养和建设，通过建立一支高水平、高素质、稳定的、专业化的

---

① Global Justice Information Sharing Initiative, International Association of Law Enforcement Intelligence Analysts, Inc. , “Law Enforcement Analytic Standards(2nd edition)”, April 2012, p. 14.

分析师队伍,促进“数据”向“情报”的转化,为决策和行动提供有力的情报支持。当前各国执法情报实践发展常见的态势是:数据技术成为战略决策的核心,而对于人的关注,尚未得到足够的重视,突出地表现在数据分析(情报分析)专业人才的招募、引进、培养以及情报分析师的专业化、职业化与制度化建设等诸多方面进展缓慢。未来的警务战略应双管齐下,“数据、平台、工具”等技术是情报主导警务的重要生产力,而高素质、专业化、职业化的情报分析师队伍是情报主导警务的创造力所在。情报主导警务战略应逐渐改变以“数据、平台、工具”投入为中心的“技术化”战略,逐渐向以“人—技”结合的双中心战略转移,重点培养和打造专业化、职业化的情报分析师队伍,以情报分析师的分析能力为核心,通过科学的制度设计激发人的创造力,让信息时代海量的“大数据”转化为具有高附加值的“情报产品”。需要切记的是:在“信息”向“情报”转化的过程中,先进的“分析技术”,只是辅助性的“工具”,真正的智慧源泉,是人,无论技术如何进步,时代如何变迁,若忽视人的作用,必将事倍功半。回归“以人为中心”,聚焦于知识管理战略,着力提升人的积极性与创造力,提升人的情报意识与情报能力,应成为未来执法情报战略调整的重要方向,亦必将成为未来执法工作的重要增长点。

二、专业主义:培育专业主义精神,推动情报分析专业化建设

根据弗雷德里克·莫舍的观点,所谓“专业”是一种社会机制,能将知识,特别是新知识转化为具体的公共行为和公共服务,专业主义(professionalism)被认为是连接知识、理论与公共目标的“纽带”。[①] 美国公共管理领域有着悠久的“专业主义”传统,尽管“专业主义”常常被批为行业霸权、市场壁垒、对工作机会的垄断以及对私利的追求的手段,但其对职业态度、专业精神、专业标准、社会责任感等的追求深植于美国人事管理制度体系并发挥着重要的积极作用。美国中央情报局官员乔治·艾伦(George Allen)评估国家安全情报职业的状况时指出,对情报工作的批评,主要原因是情报工作专业化不足,从“珍珠港事件”到“猪湾事件”,在大多数情报失误的例子中,都明显存在专业知识不足、履职不

① Frederick C. Mosher, Democracy and the Public Service, New York: Oxford University Press, 1982, p. 118.

充分、共同体存在弱点等问题，通过职业以及机构的进一步专业化可以提高情报工作的有效性，恢复公众对情报工作的信心。[①] 为解决该问题，美国情报界基于专业主义理念大力推动情报专业化建设。“冷战”期间，美国情报分析的专业主义理念便开始萌芽，中央情报局官员杰克·戴维斯（Jack Davis）认为这得益于希尔曼·肯特（Sherman Kent）的努力，肯特的重要遗产包括确立一系列情报分析准则，创建中央情报局情报研究中心，以及创办《情报研究》（Studies in Intelligence）刊物开启情报研究文献积累的先河。[②]而情报作为独立的职系纳入美国政府雇员人事管理系统，标志着美国正式开启情报专业化、职业化的发展道路。美国执法情报界秉承了情报界的“专业主义”精神，认为执法情报分析工作是一种专业程度极高的工种，它不仅要求情报分析师熟练掌握执法、犯罪领域的业务知识，还要求分析师掌握分析方法技能和相关工具，具备敏锐的情报意识，精通可视化制图技巧，具备良好的书面、口头与多媒体表达能力等，其对专业知识、技能、经验的要求很高。因此，“9·11”事件后，美国执法界致力于推动情报分析师队伍的专业化建设。美国《情报改革与恐怖主义预防法》明确规定，联邦调查局地区情报组（FIG）的直接监管人员以及局内部门业务主管、助理特工主管等级别[③]以上的人员必须是认证的情报人员；《国家犯罪情报共享计划》（NCISP）要求所有犯罪情报工作有关的执法人员都应接受培训，完成培训的人员应颁发资格证书；《执法分析标准》将认证列为分析师的基本标准，规定“情报分析师应接受机构或组织（包括政府、专业协会、高等院校等）的认证”，并明确认证机构的认证项目“应反映分析师的工作经历、教育背景、培训情况和能力测试”；《执法分析师认证标准》为执法情报分析行业的认证工作提供了标准规范和指

① George Allen, “The Professionalization of Intelligence”, Studies in Intelligence, Vol. 26, No. 1, Spring 1985, pp. 23—31, Reprinted in Douglas H. Dearth, R. Thomas Godden (eds.), “Strategic Intelligence: Theory and Application, 2nd”, Washington, DC: Joint Military Intelligence Training Center (JMITC), 1995, p. 40.

② Davis, Jack. “Sherman Kent and the Profession of Intelligence Analysis”, The Sherman Kent Center for Intelligence Analysis Occasional Papers, vol. 1, no. 5, Nov. 2002.

③ 联邦调查局（FBI）将地区特工（Field Agents）分为以下等级序列，依次为：见习特工（New Agent Trainee）、特工（Special Agent）、高级特工（Senior Special Agent）、特工督察（Supervisory Special Agent）、助理特工主管（Assistant Special Agent-in-Charge，简称 ASAC）、特工主管（Special Agent-in-Charge，简称 SAC）。

南;此外,《州、地方和部落情报分析师通用胜任能力》以及初级、中级、高级情报分析培训最低标准等一系列标准出台,其中心思想就是培养专业化的情报分析人才;而执法情报分析人才招录、选拔、考核、任用等制度设计则严把“入口关”和“过程关”,确保情报分析岗的从业人员具备足够的专业知识、经验、技能,胜任情报分析岗位职责。总言之,“专业主义”是美国执法情报分析师制度设计的基本理念。

推行情报主导警务战略的诸多国家,其执法情报工作往往面临类似的困境和问题。在大数据环境下,各国警方积累了庞大的数据资源,在情报主导警务理念的指引下,建成相当规模的执法情报工作队伍,并在平台建设、研判模型研发、技战法积累等各方面取得了突出进展,出现了一批富有钻研精神的情报尖子。但总体上看,大多数国家的执法情报分析尚未推行职业化建设,亦未将情报分析岗视为专业技术岗,情报分析岗与其他警种岗位之间人员轮换流动频繁,情报分析岗并无专业入职门槛,“什么人都能做情报分析工作”,鲜见长期致力于情报分析研判的分析师,情报分析专业水平受到严重制约,由于高水平的专业情报分析师队伍严重缺乏,难以生产及时、可靠、高质量的情报产品,情报供给和情报需求之间存在巨大的剪刀差,情报用户对执法情报部门的信心严重不足。提高执法情报分析工作的专业化程度,成为提升整体情报分析能力的不二选择。2016 年 4 月 17 日,我国中央政法工作会议通过《关于新形势下加强政法队伍建设的意见》(简称《意见》,自 2018 年 1 月 18 日起实行),要求“坚持中国特色社会主义政法队伍正规化、专业化、职业化方向,深入推进思想政治、业务能力、纪律作风建设,努力建设一支信念坚定、执法为民、敢于担当、清正廉洁的政法队伍”。这里的“专业化”,主要是指要提高政法干警专业素养、专业水平和专业履职能力。为推进“专业化”建设,提高政法干警的履职能力,《意见》要求建立“分级分类分层培训”“青年政法干警业务导师制”“岗位业务咨询和顾问制度”,要求“在职务晋升、薪酬待遇、荣誉激励等方面全面体现能力和业绩导向”“制定政法专门人才差别化管理办法,建立以价值和贡献为导向的专门人才奖励制度”。上述规定充分体现了我国政法工作的“专业主义”理念。2019 年 1 月,中共中央总书记、国家主席、中央军委主席习近平出席中央政法工作会议,明确要求“加快推进政法队伍革命化、正规化、专业化、职业化建设”,强调“政法系统要把专业化建设摆到更加重要的位置来抓。专业化建设要突出实战、实用、实效导向，全面提升政法干警的法律政策运用能力、防控风险能力、群众工作能力、科技应用能力、舆论引导能力”。[①]我国国家决策层关于推进政法工作专业化与职业化的决策部署与美国的做法不谋而合。建议我国政法机构借鉴美国先进经验，按照《意见》精神，自上而下转变观念，充分认识情报分析的重要性与专业性特点，秉持“情报分析专业主义”理念，重视情报分析专业能力建设，通过“差别化管理”，全面调查和确认情报分析岗的职业胜任能力要求，制定情报分析培训最低标准，推行情报分析专业考核认证机制，严格情报分析专业人才招录标准和要求，建立相对独立的情报分析师职业发展序列，从人才招录、专业能力培养、专业技能认证、职业精神培育、职业发展制度设计等多维切入，推动情报分析队伍的专业化、职业化建设，推动情报分析的专业化发展，提升执法情报分析的专业能力，以满足复杂多样的情报需求，真正将“情报主导警务”落到实处。

第三节　具体路径：美国执法情报分析“四化”建设策略

一、总逻辑：职业化、专业化、规范化、市场化

美国以情报主导警务为基本理念，秉持专业主义精神，大力推动执法情报分析师的“四化”建设——职业化、专业化、制度化与规范化。其具体举措与内在逻辑如图 11－1 所示。第一，情报分析师职业胜任能力标准是制度设计的逻辑起点，它解决“招录什么样的人才、培养什么样的人才”的问题，是情报分析师培训、认证等标准制定的依据。第二，培训是情报分析师队伍专业化建设的重要手段和有效途径，通过初级、中级、高级三级情报分析师培训标准，明确培训对象、培训内容和培训要求，提升执法界的整体情报意识，宣贯执法情报改革战略与政策，形成情报共识，促进情报知识、方法与技能的普及，提高情报分析专业化水平与能力，是整个执法情报分析师制度设计的中心，是推

① 新华网：《习近平出席中央政法工作会议并发表重要讲话》，http://www.xinhuanet.com/politics/2019－01/16/c_1123999899.htm，2019 年 3 月 10 日。

动情报分析师队伍专业化建设的有力抓手。第三,分析师资格认证是推动情报分析师队伍专业化发展的有效措施,通过严格的资格认证前置条件审查和标准化的知识与能力水平考核机制,为符合条件、达到情报分析师基本能力水平的从业者提供专业资格证书,对于推动情报分析的专业化和职业化发展大有裨益。第四,分析标准是业务标准,明确了情报分析官、情报分析师的主要职责与任职资格条件,明确了情报分析业务流程标准和情报分析产品标准,为分析师从事情报分析工作提供了业务规范。第五,情报职业学习路线图和职业发展路线图为情报分析职业生涯规划提供了整体蓝图,让有志于情报分析工作的人们了解情报分析职业发展路径,减少不确定性,为分析师指明职业发展的努力方向。第六,招录制度把好入门关,确保选录的人员具备从事情报分析工作的潜力与能力,具备岗位所需的基本知识与技能;绩效考核制度实现全过程管理,通过奖惩、晋升、薪酬提供足够的压力与动力机制。上述六个方面构建起了系统、全面、科学、完整的情报分析师队伍建设的制度标准体系。

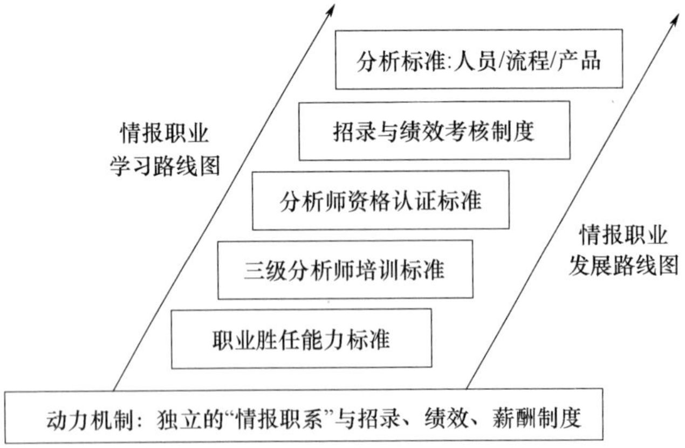

图 11 -1　执法情报分析师制度设计逻辑

二、职业化:建立独立职系,配套情报人事制度

建立独立的情报职系是美国推动情报职业化发展的重要举措,并在此基础上形成了配套的包括专业人才招聘考录、绩效考核与薪酬晋升等在内的人事制度。美国普通公务员职位序列表(GS)在“社会科学、心理

学和福利工作”(0100-Social Science, Psychology, and Welfare Group)职类下设情报职系(Intelligence Series,编号0132)[①],形成相对独立的职务体系与行业系统,从根本上为情报人才队伍的稳定与个体的职业生涯长远发展奠定了基础。而基于专业主义理念的情报人才招录、绩效考核、薪酬晋升制度,则解决了情报职业化建设的内驱力问题:一是人才招录环节严把入口关。美国情报人才招聘考录采用“专业”模式而非“通才”模式,通过教育背景、工作经历等履历审查以及严格的专业知识与技能的考试,严格源头控制,确保有效选拔符合情报岗位需求的人才。二是明确职级职等,为绩效考核与职业生涯提供标准和晋升渠道,每个职系设15个职等,每个职等又区分为10个职级,每个职等和职级均给出精细化的可操作的定义,包括每个职位的岗位说明、职位责任、教育条件、知识水平、能力素质要求和行为描述,为人们选择行业、职业、职位提供了清晰的定义,为人事管理提供了可观测、可测量、可区分的标准,为绩效评估、薪酬增减、职位晋升、岗位竞聘等提供了客观依据,为入职者提供了明晰且充足的上升空间和渠道。三是绩效考核与薪酬晋升直接挂钩,形成“从业时间越长、绩效越好,晋升越快,待遇越高”的良性循环,为情报从业者提供了强大的动力,促使情报从业者能够不断挖掘其潜力服务于情报界与执法界。美国情报职业化发展之路由此形成。

三、专业化:以能力为导向,进行专业培训认证

(一)明确胜任能力,奠定制度设计基础

将情报分析师职业胜任能力的提升作为执法情报战略的关键,是美国执法情报分析师制度设计的基本逻辑。职业胜任能力(Competency)是影响工作绩效的知识、技能、能力、特质、动机等的集合。[②] 它是一个人能够胜任特定岗位的能力素质的集合,它与工作绩效紧密相连,是能

① Office of Personnel Management,“Handbook of Occupational Groups and Families”, https://www.opm.gov/policy-data-oversight/classification-qualifications/classifying-general-schedule-positions/occupationalhandbook.pdf,2018-10-1.

② David Mcclelland C,“Testing for competency rather than intelligence”, American Psychologist, 1973,28(1),pp.1—14.

够测量的、有助于个体取得优秀工作业绩并且能够区别员工绩效的个体特质,可作为人才招募、考评、教育培训的依据,具体包括知识、技能以及个体特征(如角色定位、自我认知/自我概念/自我形象、价值观、品质、态度、个性、内驱力、动机等)。[①]确认执法情报分析师的职业胜任能力标准,明确执法情报分析岗履职必须具备的知识与技能,是美国执法情报分析师制度设计的逻辑起点,具体表现如下:2004 年,《执法分析标准》便明确要求聘用分析师应建立在工作表现和能力素质评估的基础上,评估标准包括“专业知识、分析方法、批判性思维技巧、客户服务伦理准则、沟通交流技巧、信息共享与协作能力、信息加工与处理技巧、计算机与技术素养、客观/诚实/心智成熟”九个方面;2006 年,《执法分析师认证标准》要求认证机构建立的认证程序应包含能力水平测试,并且该考试内容为专业知识与技能测试,而非通用能力素质测试,明确要求考试“涵盖各类情报、分析议题以及产品和服务”;2008 年,美国国家情报总监办公室发布第 610 号情报指令《情报界工作人员胜任能力目录》(简称 ICD-610,2010 年修正),旨在为情报界建立统一的情报职业核心胜任能力标准,随后,美国国土安全部、司法部、联邦调查局等有关部门于 2010 年联合制定《州、地区与部落情报分析师通用胜任能力》,详细规定了情报融合中心以及在各执法机构任职的情报分析人员应具备的基本能力素质,具体包括“批判性思维、共享与协作、情报融合与执法情报技术、沟通交流、将概念和原理转化为行动”5 个方面[②]。上述职业胜任能力标准在《犯罪情报培训最低标准》《中级分析培训课程最低标准》《高级分析培训课程最低标准》中得到贯彻落实。情报分析师职业胜任能力标准作为情报分析人员招录、培训课程设置、考核晋升等一系列制度设计的基础,贯穿于情报分析师职业发展生涯始终。

我国执法情报工作近年来获得快速发展,但相对粗放,精细化不足,该问题在情报分析人才队伍建设环节最为明显,集中体现在对情报分析从业人员应具备哪些基本知识、技能和能力素质,认知仍比较模糊,尚未

---

① 谢晓专:《情报分析师职业胜任力通用标准比较研究》,《情报杂志》2017 年第 2 期。

② U. S. Department of Justice's Global Justice Information Sharing Initiative, U. S. Department of Homeland Security, "The Common Competencies for State, Local, and Tribal Intelligence Analysts," June 2010, https://www.ncirc.gov/documents/public/common_competencies_state_local_and_Tribal_intelligence_analysts.pdf, 2018-4-20.

形成执法情报分析职业胜任能力标准，情报专业人才招录、培训、职业发展提升等制度设计缺乏明确的目标与逻辑主线。建议借鉴美国成熟做法，启动执法情报分析职业胜任能力调查研究，在广泛调查情报分析岗位职责、任务以及履职所需能力素质的基础上，识别必备的、通用的知识、技能以及个人特质等指标，形成全国统一的情报分析师职业胜任力通用标准模型，为执法情报分析人员招录、培训课程设置、认证内容安排、绩效考核、职业发展等提供依据。

（二）强化培训认证，提升职业胜任能力

培训是快速提升情报分析师职业胜任能力的有效措施，专业认证是情报分析师专业化建设的重要手段。美国形成了“培训—考核—认证—继续培训—再考核—重新认证”的专业人才培养模式，通过培训认证建立情报分析人员的终身学习机制，不断提高情报分析师的职业技能，增进专业化水平。《犯罪情报共享：一项推动地区、州、联邦层面情报主导警务战略的国家计划》明确指出：“没有合适的培训，很可能改变的只是整个执法系统的上层建筑，而无法改变具体行动与行为或形成新的情报文化。”[①]《情报改革与恐怖主义预防法》《2007 年“9·11”委员会建议实施法》均就情报培训问题作了明确规定。《国家犯罪情报共享计划》明确要求所有与犯罪情报有关的执法人员均要接受基本的情报培训，建立了“全员培训”的情报培训制度。所谓“全员培训”，是指所有执法人员均应接受认知层次的情报培训，不仅要求情报官、情报搜集人员、情报分析师必须接受情报分析培训，而且要求非情报岗位的一般执法人员、执法官员、培训教官也要参加基础性的情报培训。美国执法界深刻地意识到，执法界情报能力的提升，不仅仅由情报官、情报搜集人员、情报分析人员等情报专业力量决定，而是由整个执法界的情报意识和情报能力来决定的。广大执法人员是情报线索最重要、最广泛的来源，也是最重要、最广泛的用户，他们是执法基础信息的采集者，又是情报产品发挥价值、情报指令落到实处的最终力量。无论情报专业队伍多强大，若

---

① International Association of Chiefs of Police, “Criminal Intelligence Sharing: A National Plan for Intelligence-Led Policing At the Local, State and Federal Levels”, http://www.cops.usdoj.gov/Publications/criminalintelligencesharing_web.pdf, 2018-4-20.

没有鲜活、广泛、高质量的执法信息,“巧妇难为无米之炊”,不可能生产出大量的高质量的情报产品;无论情报分析产品质量多好,没有广大情报用户,包括执法决策者和一般执法人员的重视、理解和妥善运用,再好的情报产品也无法充分发挥价值。因此,执法决策者、执法人员的情报意识及其对情报工作的了解,直接影响情报主导警务大局。鉴于此,一方面,美国《中级分析培训课程最低标准》《分析师职业发展路线图》等文件针对情报分析师建立了“分级培训制度”,所谓“分级培训”,是指针对情报分析师分为初级、中级、高级等三级分别制定培训标准,明确区分初级、中级、高级情报分析师的培训目标、培训内容、培训课程,为执法情报分析师提供清晰的学习路线图与职业发展路线图。[①] 而另一方面,《犯罪情报培训最低标准》为执法官员、执法人员、情报搜集人员、情报分析人员、情报官、培训教官6类主体制定了认知型犯罪情报培训课程最低标准,这一制度设计将情报培训对象延伸到执法官员、执法人员、培训教官等,使得情报培训范围最大化,建立起“全员情报培训制度”。认证的实质是通过考核确认情报分析师的职业能力素养,并颁发证书,为用人单位招聘和使用人才提供参考证明。通过证书制度,设立职业准入资格,提升整个行业从业人员的素养;通过职业准入资格,建立统一的培训标准、认证标准,将国家重大战略方针、政策、部署等纳入培训和认证程序内容,促使全国的情报分析从业者能够了解国家大政方针政策和战略部署,形成共识,推动国家大政方针政策的落实。《国家犯罪情报共享计划》明确要求所有参与犯罪情报工作的执法机构雇员都应接受符合标准的培训,对于顺利完成犯罪情报培训的人员应予以认可并颁发证书。[②]《执法分析师认证标准》确立了认证机构标准和认证程序标准,旨在通过认证机制反映分析师的工作经历、教育背景、培训情况,并测试分析师的专业知识与技能,成为执法情报分析师专业化发展进程中的重要助力。

相较美国,我国执法情报分析培训认证存在一些不足:一是缺乏长

---

① The Global Advisory Committee, "Analyst Professional Development Road Map", p. 4, https://www.bja.gov/Publications/AnalystProfessionalDevelopmentRoadmap.pdf,2018-4-30.

② Criminal Intelligence Coordinating Council, "The National Criminal Intelligence Sharing Plan", October 2003, https://it.ojp.gov/documents/National_Criminal_Intelligence_Sharing_Plan.pdf,2018-4-30.

期的情报培训计划。作为“专业性”强的职业，首先应有相对成熟的、长远的职业生涯规划，尤以业务知识、技能的学习机会和业务能力的提升路径最为重要。目前我国执法情报领域没有出台专门针对执法情报分析人员的职业生涯规划指南，亦没有研究制定情报分析职业胜任能力标准，相应的，也就无法提供长期的、具有延续性的职业培训与业务能力提升计划。各级执法机构的情报业务培训通常服务于当前中心任务和短期目标，缺乏体系化的从初级到高级的循序渐进的、系统的规划设计，情报分析岗从业人员流动性较大，一定程度上制约了情报分析的专业化进程。二是没有建立统一的情报分析培训最低标准。由于情报职业胜任能力标准的缺失，各级执法机构的情报培训需求与目的相对模糊，培训主题与具体内容应包括哪些？培训师资应具备哪些条件？培训效果如何监测评估？均不明朗。三是情报分析培训市场缺乏高质量的、体系化的培训课程。目前公安执法机构情报培训课程项目通常有两类：第一类是由第三方（警察院校或私营企业）提供，这些院校或私营企业通常提供菜单式课程体系供各地选择。其中警校的课程“菜单”通常由提供方的师资根据自身的兴趣点和研究专长开设课程，私营企业的培训课程通常围绕该公司的主营业务、产品与软件工具等开发课程，均未经过广泛的需求调查，课程内容的针对性有限，课程体系的系统性不足，与各实战单位的实际需求有较大偏差。第二类是执法机构自行组织或上级机关组织的培训项目，课程体系通常以本单位近期的中心任务或未来的重点工作任务为中心进行设计，并未着眼于情报分析师的长远发展考虑其职业胜任能力的提升，师资方面通常邀请本地区情报部门的领导、资深从业者与情报相关领域的学者共同授课，但由于授课课程多为临时备课，缺乏长期的讲授、修改与打磨，课程质量也有限，且从长远来看，对于情报分析队伍的专业化建设助益不大。四是对培训课程与效果缺乏评估与监管。执法人员参加培训不注重培训成效，有的培训没有考核环节，缺乏有效的评估和监管，导致效果极其有限。总之，我国执法机构尚未形成长期的情报培训规划，尚未形成成熟的情报分析知识与技能体系，尚未形成科学合理的课程群与课程内容体系。建议我国执法机构借鉴美国做法和经验，从以下几个方面努力着手改进相关工作：一是以执法情报人员岗位胜任能力标准为依据，制定统一的最低培训标准，明确执法情报分析师必须具备或掌握的知识、技能、工具及其对应的课程。各地执法机构以及第三方(如警校、协会、私营机构等)提供的培训可在充分吸收最低培训标准的基础上,根据本地或本机构的特点和需求,增加、深化相关知识与技能,例如,增加本地区执法情报战略规划、本地区开发的特色数据库、分析工具的运用等内容。二是制定短期、长期情报业务培训计划。参照美国做法,长期规划方面可考虑将情报分析师整个职业生涯分为初级、中级、高级三级设定相应的培训标准,据此规划培训工作。例如,美国先后颁布《犯罪情报培训最低标准》《中级分析培训课程最低标准》《高级分析培训课程最低标准》,明确了初级、中级、高级三级情报分析师的培训目的、培训内容和参考资料。短期规划方面建议每年均应有相应的培训要求和计划。例如,美国规定执法情报分析师每年至少参加符合相关标准的8小时的情报培训。三是重视认证工作,有培训而无认证,难以确认学习效果与知识技能掌握程度。通过认证考核评估分析师对情报分析相关知识、技能的掌握情况,并对通过考核的人员授予证书,作为认证者已经学习并掌握相关知识、技能、工具的证明,是推动情报分析专业化建设的有效举措。

四、规范化:通过制度化、标准化实现规范化

美国在推进情报主导警务战略变革以及执法情报分析师队伍建设过程中,另一突出的特点是重视顶层设计,通过法律政策、战略规划、标准文件等规范情报主导警务发展路径,推进执法情报分析师队伍建设,在此过程中并不急功近利,充分调动各方资源,深入调查、详细论证、逐渐推进,通过制度化、标准化建设实现规范化发展。

(一)顶层设计制度化

一般认为,制度化表现为一种过程,即社会组织由非正式系统发展到正式系统、社会制度从不健全到健全的过程,集中表现为三个方面:一是确立共同的价值观念,二是制定规范,三是建立机构。[①] 制度化是推动情报分析专业化、职业化发展的基本保障。美国执法情报界特别重视顶层规划和制度化建设,美国司法部犯罪情报协调委员会(CICC)指出,

---

① [英]罗德·黑格等著,张小劲等译:《比较政府与政治导论》,中国人民大学出版社2007年版。

只有所有机构，不管规模与司法管辖权力大小，通过制度化的协调与合作，才能有效和高效地开发和分享情报，从而建立更为安全的国度。[①]美国《国家犯罪情报共享计划》开篇明确要求将该文件确立的指导原则在全国执法界制度化，要求地方、州、部落和联邦执法机构应将其作为路线图，以确保情报共享在全国范围内的执法机构制度化。[②]“9·11”之后，《爱国者法案》《2002年国土安全法》《情报改革与恐怖主义预防法》《2007年“9·11”委员会建议实施法》《国家犯罪情报共享计划》《信息共享环境实施计划》《国家信息共享战略》《融合中心指南》《犯罪情报培训最低标准》《执法分析标准》等一系列法律法规、战略规划、指南标准等规范性文件不断诞生，并通过逐层细化、逐项分解的方式具化落实，通过成熟的评估机制、外部的监督机制以及最佳实践推广机制促进优化，最终形成统一的情报文化、成熟的制度规范和体系化的组织架构，实现“自上而下有规范”“自下而上有活力”“全国发展有方向”“具体运行有指引（路径）”，规避“一管就死，一放就乱”的悖论。

（二）队伍建设标准化

美国执法情报分析师队伍建设在顶层设计上强调制度化，在具体操作层推行标准化，集中体现在以下四个方面：一是通过制定执法情报分析师通用职业胜任能力标准实现分析师能力要求标准化；二是通过制定初级、中级和高级情报分析课程培训最低标准实现人才培养标准化；三是通过《执法分析标准》建立分析官标准、分析师标准、分析流程标准、分析产品标准，实现人员选拔和业务工作标准化；四是制定《分析师职业发展路线图》，实现职业发展路径明晰化和规范化。上述标准内容的中心思想在于明确分析师应具备哪些能力素质，应掌握哪些知识技能，其具体内容大致包括以下几个方面：①情报理论，包括情报概述、情报主导警务、情报史、情报流程（情报周期）、情报源等。②情报战略规划与信息共享协作框架，包括国家犯罪情报共享计划，信息共享

① “Criminal Intelligence Coordinating Council (CICC)”, https://it.ojp.gov/global/working-groups/cicc, 2018-10-30.

② U. S. Department of Justice, Global Intelligence Working Group, “The National Criminal Intelligence Sharing Plan”, October 2003, p. iv, p. 4.

的重要意义，推进共享的政策框架、技术框架以及共享协作理念的培养。③情报搜集与分析方法技术，包括各类情报源、情报搜集渠道与方式，情报分析思维、方法、技术、工具以及情报产品的制作和传递技巧等。④情报工作相关法律法规以及职业道德伦理准则，包括公民隐私保护、公民权利保护、国家秘密保护政策和其他情报职业伦理规范等。⑤管理与领导艺术，包括情报信息管理、情报战略规划与行动计划、项目管理等。不同层级的分析师其定位又各有侧重，例如，初级分析师的培养聚焦于情报分析思维、方法、技术与工具；中级分析师的定位则是在初级的基础上强调专题领域知识、领导力与项目管理能力培养；高级分析师的定位从战略高度提出了更高要求，要求具备卓越的领导力或成为特定领域的分析专家。

（三）政策标准一体化

所谓"一体化"是指执法情报分析师相关法律、政策、战略、标准等文件内容相互衔接，层层推进，具有良好的兼容性、延续性和统一性，避免冲突或不一致。美国执法情报分析师制度体系呈现典型的"套娃模式"，即通过"大娃套小娃"的方式制定政策标准，确保政策标准之间相互衔接，前后延续，层层推进制度的细化落实，具体体现在以下两个方面：一是政策标准逐层细化，层层分解。例如，2003 年出台的《国家犯罪情报共享计划》要求开发情报分析最低标准，明确所有犯罪情报工作相关人员都应参加培训，对于完成培训的人员颁发证书；根据该要求，2004 年制定发布《执法分析标准》《犯罪情报培训最低标准》，明确了情报分析官、情报分析师、情报流程、情报产品以及情报培训的基本标准，并专门就分析师认证制度提出具体要求；根据《执法分析标准》关于认证的要求，2006 年制定发布《执法分析师认证标准》，形成专门的分析师认证标准和指南，明确了分析师认证机构的标准以及认证程序标准；根据《执法分析标准》关于分析师能力素质的要求，2010 年制定发布《州、地区与部落情报分析师通用胜任能力》标准，进一步建立了情报分析师通用胜任能力模型；根据《执法分析标准》关于分析师继续教育和终身学习的要求以及《州、地区与部落情报分析师通用胜任能力》标准，2013 年制定发布《中级分析培训课程最低标准》《高级分析培训课程最低标准（草案）》，并于 2015 年集成初级、中级、高级分析师培训课程最低标准，形成《分析师职业发展路线图》。二是政策相互援引和参照，形成严密的政策标准体系。在贯彻落实各有关标准条款方面，制度标准之间形成互动配套，例如，认证制度的核心要求之一是必须经过培训，而培训事务则应遵循《国家犯罪情报共享计划》附件D“培训核心标准”和《犯罪情报培训最低标准》等文件的要求；在特定机构的运营管理与建设方面，各类政策标准相互援引，以情报融合中心建设为例，《融合中心指南》直接援引《执法分析标准》《犯罪情报培训最低标准》《执法分析师认证标准》等文件，明确要求融合中心的员工要参加符合上述标准的培训并获得认证；在具体的认证项目实施层面，通常将上述政策标准的要求作为前置条件，例如，国际执法情报分析师协会的犯罪情报注册分析师认证项目，将参加符合上述培训标准的培训经历作为分析师申请资格认证的前置条件之一。这种制度、标准和文件的相互引用、参照、嵌套的“套娃模式”确保了政策标准的统一性、一致性和延续性，最终形成一种全面、细致、完整的“政策标准体系”。这种政策标准的“嵌套”模式是战略规划和精细化发展的有效手段。加强和优化顶层设计，为全国范围内的执法情报工作提供科学合理、统一规范、具有前瞻性的制度、标准、规范和指引，是培育统一的情报文化，推进执法情报信息共享，避免重复建设，提升执法情报能力，推动执法情报工作专业化、规范化、精细化、科学化发展的根本保障。

五、市场化：政府定规掌舵，市场分权竞争

美国执法情报分析师培训与认证等工作引入市场力量，实施典型的“联邦政府掌舵，市场分权竞争”的运行模式，通过“法律、战略、标准、市场”四位一体的举措立体式推进情报分析培训与认证制度设计与贯彻落实。所谓“联邦政府掌舵”，是指美国联邦政府是执法情报分析师职业培训与资格认证顶层制度的设计者与培训认证质量的监管者。美国政府有强烈而迫切的建立专业化的情报分析队伍的愿望和需求，作为制度设计者，主要通过立法、战略规划、标准规范等建立和规范培训认证制度，确保国家重大方针政策和要求得到贯彻落实。例如，美国通过《情报改革与恐怖主义预防法》《国家犯罪情报共享计划》等法律政策与战略规划对分析师培训认证机制提出原则性要求，通过《执法分析标准》《执法分析师认证标准》《犯罪情报培训最低标准》等标准性文件明确具

体的培训与认证标准。作为监督者,政府责成有关部门负责培训认证项目的质量审核监督,按照政策标准审定市场上的培训认证项目,对于符合标准的项目,建立课程目录清单发布,供培训认证申请者参考选择。例如,美国国土安全部定期评估市场上的情报分析师培训认证项目,对满足要求的给予国土安全拨款计划支持,并公布通过审核获得资助的培训项目目录清单,供全国参考。

"市场分权竞争"是指美国执法情报职业培训积极引入市场机制,具体的培训认证工作由市场承担,通过市场竞争培育高质量的情报培训认证项目,全国范围内的执法机构、专业协会、高等院校、地方政府部门等各类机构只要满足法律法规以及标准文件确立的资质要求,均可参与情报分析师职业培训与资格认证项目的开发,参与市场竞争。这一市场机制的设计逻辑(参见图 11 -2)如下:首先是政府行业主管部门组织有关机构开展广泛的调查研究,识别情报分析师职业胜任能力素质要求,制定职业胜任能力标准,明确情报分析岗需要什么样的人才,应培养什么样的人才的问题,这是整个情报分析师制度设计的逻辑起点;其次,以职业胜任能力标准为依据,制定情报培训最低标准,重点明确培训对象、培训目标与培训内容标准;再次,政府机构、执法机构、专业协会、高等院校、研究机构乃至私营企业等均可依据职业胜任能力标准以及培训标准,开发培训课程项目,开展市场竞争,以满足情报分析师培训需求;最后是政府行业主管机构审查市场上的培训项目或课程清单,并发布目录清单予以推荐。这是典型的"政府掌舵,市场划船"的公共管理与服务模式,政府行业主管部门是需求方,负责制定标准、明确具体需求,亦是监管方,通过审核推荐符合标准和要求的课程,为情报分析师以及组织分析师培训的执法机构提供参考;培训课程与培训项目的提供者既可以是政府机构、执法机构,也可以是高等院校、专业协会组织、私营机构,通过市场自由竞争培育高质量的情报培训项目。值得注意的是,美国国家法律、战略规划、标准文件提出的情报认证标准均为粗放式的原则性规定和程序要求,具体培训认证内容、培训认证考核方式等由市场自行决定,例如,《执法分析师认证标准》规定认证机构的认证项目应提供水平考试,要求考试试题应确保涵盖各类情报、分析议题以及产品和服务,并公布考试时长、试题数量和考试基本大纲等，①但并未规定考试内容包括哪些，考试时长与试题数量为多少等，各认证机构在遵循上述原则性标准的基础上拥有独立自主权。这既确保了规范性，避免“各行其是”“千差万别”的混乱，又为灵活性提供了空间，避免“一管就死”。

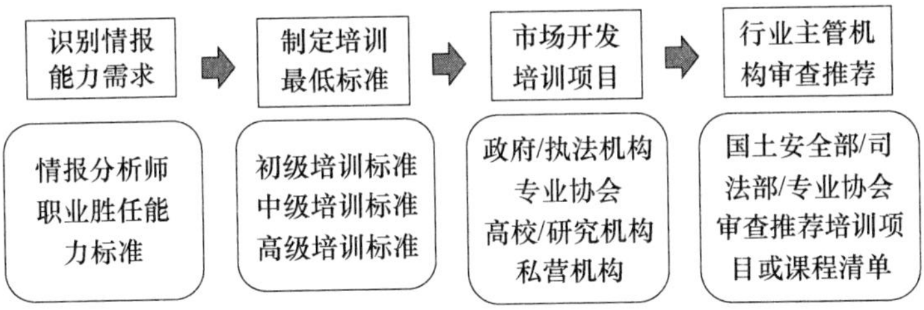

图 11－2　美国执法情报分析师培训认证市场化逻辑示意图

“9·11”事件后，由于执法界对培训认证情报分析师的需求旺盛，州、地方、联邦层面的执法机构以及学术研究机构、公司企业、国际组织等各类主体参与开发和提供情报分析师培训认证项目，情报分析师培训认证项目大量出现，蓬勃发展的情报分析培训认证市场为美国执法情报界培养了一大批掌握分析方法与技能的情报分析师。经过多年的推广与努力，美国逐渐营造出“专业化”的氛围，情报分析师的地位逐渐提高，专业化程度逐渐增强，专业知识技能不断累积、更新、发展和结构化，大量执法机构在招录情报分析岗位人才时，将培训认证作为重要参考条件，或明确要求所招录的岗位必须有认证证书，或将认证证书作为优先考虑条件。由于各用人单位对专业认证证书有强烈的需求，认证与培训市场发达，有志于从事情报分析职业的人们积极参加培训，考取证书。通过这种机制，美国建立了良性的情报分析职业技能认证体系。美国这种分析师培训与认证“政府统筹掌舵，市场分权竞争”的运行模式既统一了标准，保障了质量，同时也充分调动了社会各界力量和资源，服务于卓越情报分析师的培养，值得我国执法机构借鉴。

① The U. S. Department of Justice's Global Justice Information Sharing Initiative (Global), "Law Enforcement Analyst Certification Standards——Based on the Law Enforcement Analytic Standards", August 2006.

结束语

情报技术、工具、方法均为“器”,人为智慧之源,情报分析师乃情报之“魂”,情报主导警务的本质是“分析师引领警务”,若重器舍魂,则本末倒置,推动执法情报分析师的职业化与专业化,是提升情报能力,推动情报主导警务深化发展的关键,是未来整个执法工作的重要增长点。

他山之石,可以攻玉。20 世纪人类社会发生的一个重大变革是许多职业经过一段时间的发展进入了专业的行列。早在 1948 年,美国教育协会便提出了专业化的八条标准:一是含有基本的心智活动;二是拥有一套专门化的知识体系;三是需要长时间的专门训练;四是需要持续的在职成长;五是提供终身从事的职业生涯和永久的成员资格;六是建立自身的专业标准;七是置服务于个人利益之上;八是拥有强大的、严密的专业团体。[①] 显然,美国执法情报界正在沿着这条专业化的道路前进,以情报分析为中心的心智活动,情报分析方法技术的积累,情报分析师从业资格的设定与认证标准的出台,职业培训(训练)机制的建立,执法情报分析学历教育的发展,情报分析师职业发展路线图的诞生,以及对情报专业人员协会组织的重视,职业伦理道德准则的建构,情报职业网络的形成,都彰显着美国执法情报分析专业化的趋势与进程,这是一场以执法情报分析师的“专业化”建设为中心的情报革命。

2019 年 5 月,习近平总书记出席全国公安工作会议并发表重要讲话,他强调:“新的历史条件下,公安机关要坚持以新时代中国特色社会主义思想为指导,坚持总体国家安全观,坚持以人民为中心的发展思想,坚持稳中求进工作总基调,坚持政治建警、改革强警、科技兴警、从严治警,履行好党和人民赋予的新时代职责使命,努力使人民群众安全感更加充实、更有保障、更可持续,为决胜全面建成小康社会、实现‘两个一

① 教育部师范教育司编:《教师专业化的理论与实践(修订版)》,人民教育出版社 2003 年版。

百年’奋斗目标和中华民族伟大复兴的中国梦创造安全稳定的政治社会环境。”这段话言简意深，明确了我国公安工作的基本指导思想、具体发展路径与工作目标定位，为我国公安工作发展指明了方向，提供了基本遵循。总体国家安全观是我党对新时代的安全形势所作的科学判断，如习近平总书记所言，“当今世界并不太平，恐怖主义、网络犯罪、跨国有组织犯罪、新型犯罪等全球性安全问题愈加突出，安全领域威胁层出不穷，人类面临着许多共同挑战”①，而且“各种矛盾风险挑战源、各类矛盾风险挑战点是相互交织、相互作用的。如果防范不及、应对不力，就会传导、叠加、演变、升级，使小的矛盾风险挑战发展成大的矛盾风险挑战，局部的矛盾风险挑战发展成系统的矛盾风险挑战，……”②因此，“当前我国国家安全内涵和外延比历史上任何时候都要丰富，时空领域比历史上任何时候都要宽广，内外因素比历史上任何时候都要复杂”③。在这种背景下，我国大力加强国家安全体系建设，2013 年成立中央国家安全委员会，负责统筹协调国家安全工作；2014 年提出总体国家安全观，“构建集政治安全、国土安全、军事安全、经济安全、文化安全、社会安全、科技安全、信息安全、生态安全、资源安全、核安全等于一体的国家安全体系”；《中华人民共和国反间谍法》《中华人民共和国国家安全法》《中华人民共和国反恐怖主义法》《中华人民共和国境外非政府组织管理法》《中华人民共和国网络安全法》《中华人民共和国国家情报法》《中华人民共和国核安全法》等一系列国家安全相关法律陆续颁布实施，基本建立国家安全法律制度体系；党的十九大报告中将“坚持总体国家安全观”作为新时代中国特色社会主义思想的重要组成部分，要求“统筹发展与安全”“坚持国家利益至上，以人民安全为宗旨，以政治安全为根本，统筹外部安全和内部安全、国土安全和国民安全、传统安全和非传统安全、自身安全和共同安全，完善国家安全制度体系，加强国家安全能力建设，坚决维护国家主权、安全、发展利益”。上述从理论思想、战略方针、法律政策、制度安排、机构建设等层面建立了新时代我国国家安全战

---

① 习近平：《习近平：坚持合作创新法治共赢　携手开展全球安全治理——在国际刑警组织第八十六届全体大会开幕式上的主旨演讲》，《人民日报》2017 年 9 月 27 日，第 2 版。

② 习近平：《习近平在省部级主要领导干部学习贯彻党的十八届五中全会精神专题研讨班上的讲话》，《人民日报》2016 年 5 月 10 日，第 2 版。

③ 习近平：《习近平谈治国理政（第一卷）》，外文出版社 2018 年版。

略体系。

情报作为国家安全的第一道防线，无疑是这个战略体系至关重要的组成部分，进一步推动情报信息共享融合，大力发展和提升情报分析研判能力，成为适应当下相互交织联动的系统性风险社会治理的迫切需要。以“总体国家安全观”为指导，破除行业壁垒、层级壁垒、地区壁垒、部门壁垒，在《中华人民共和国国家情报法》的框架下建立中国特色的“大共享、大融合”的情报融合新格局，大力推动执法情报分析师队伍的制度化、规范化、职业化与专业化建设，致力于打造一支高水平的、专业化的执法情报分析师队伍，最大限度提高将“数据”转化为“情报”的研判能力，为决策者准确把握威胁态势及其发展变化规律提供战略情报支持，为一线执法者打击与防范各类犯罪与风险因素提供精准的行动性情报依据，基于高质量的情报进行决策，优化资源配置，依据精准的情报实施精确打击和主动防范，以有效应对所有犯罪、所有风险与所有威胁，应成为风险社会环境下整个警务执法工作的基石。不过，执法情报分析师职业的专业化并非一蹴而就的简单过程，而是一项巨大的“社会工程”，这项“工程”的成功依赖于职业、国家、高校和社会四大实体要素合力的正确取向。①

① 赵康：《专业化运动理论——人类社会中专业性职业发展历程的理论假设》，《社会学研究》2001 年第 5 期。

后记：十年

计不及变，得失相间，此为常理。故，得之，怡然；失之，淡然。

2008 年，入职两年的我开始青涩地规划第一个十年的教研生涯，计划的核心是希冀在“不惑之年”前，完成个人“情报三部曲”：一为战略篇《情报主导警务：理论思考与实践选择》，旨在考察中、美、英三国执法情报理论与实践，探究“情治之道”；二为方法篇《情报与犯罪分析师手册：分析的艺术》，立志集国内外情报分析方法研究之大成，“不翻天下作，阅此一书足”；三为人本篇《美国执法情报分析师制度研究》，坚定认为，技术、工具、方法均为“器”，人为“魂”，情报主导警务的实质是“分析师引领警务”，重器舍魂，本末倒置，拟借他山之石，明理正听，倡专业精神。

一切似乎均沿着我的计划有条不紊地进行。2014 年，我的“情报三部曲”初稿提前出炉，并获得经费资助，先后与中国人民公安大学出版社、中国民主法制出版社签订了三部著作和一部译著的出版合同，收获的日子近在眼前。在我为个人“情报三部曲”的出版作最后的修订，为过去的教职生涯画上圆满句号之际，我所任职的公安情报学系更名为“反恐怖学院”，我接受学院安排，负责筹备反恐怖理论与对策教研室，亦开始着手自己的第二个十年计划。也正是在这一年，我幸运地考上清华大学攻读博士学位，在向导师汇报个人研究设想时，意气风发的我满怀憧憬：情报信息、新闻传播与反恐怖主义三大领域的交融，有助于我拓宽学术视野，突破“学科内卷化”的束缚，开拓新的思考疆域；情报的工具理性，新闻传播的人文关怀，以及关涉政治、宗教、民族、文化、意识形态等诸多因素的恐怖主义威胁治理的现实责任，为我提供了全新的学术路径和发展方向，能够满足我对学术事业的长远期待……

已过而立之年的我，似乎有着中年人的成熟，内心平静，目标明确而坚定；似乎又有着青年人的书生意气，幻想着像雄鹰般翱翔苍穹，俯瞰学术大地，择其一隅，聊作精神栖居之所。幸运之神似乎也垂青于我，在我即将为第一个十年教职画上圆满句号之际，恰逢其时地为我提供了新的远航机会。我满怀感激，又满怀期待。和年轻的学子们交流，总是不经意地流露着“忠于年轻的梦想，矢志不渝，激情澎湃地为之奋斗终生，当你年近黄昏之时，回首往事，你不会因为碌碌无为而悔恨，而会因收获满怀而不虚此生”之类的感悟。然而，意外总是不经意地到来。正在我准备收获“十年之果”，并踌躇满志地迎接新的挑战，为第二个十年设计蓝图时，不期的际遇，彻底扰乱了我有条不紊的生活。2015 年，出远门讲课，一直坚持“资料定期备份、介质分开保存”习惯的我，将笔记本电脑以及备份用的移动硬盘等同时随身携带，途中意外被毁，累积长达十年数以百 G 的教学科研资料，逾百万字的“情报三部曲”初稿，在研多年的国家社科基金、北京社科基金项目资料，均仅剩脑海中的记忆，以及存在于 U 盘和淘汰的电脑中的零星数据。

我是一个善于自我安慰的人，不断告诉自己，没有关系，凭借记忆以及剩余的资料，很快能够复原。然而，计不及变，人之精力有限。不同的人生阶段，有不同的任务。学院更名所带来的新专业建设与新课程备课压力，反恐研究热潮带来的繁杂事务性工作压力，进入新专业领域但知识储备严重不足的学习压力，在研课题严重逾期的结项压力，攻读博士学位跨学科的研究压力，年至中年尚未成家的心理压力接踵而来。似乎一夜间，“一人吃饱，全家不饿”的潇洒青年，一脚迈入“单位杂务缠身，家庭顶梁支撑”的门槛，开始深陷中年危机。

此前，闲情逸致，藤椅、清茶、阳光、音乐为伴，翘着二郎腿，尽情地舒展的四肢，享受孤寂空灵之美，自言“一书、一茶、一椅，可俯仰天下”；有灵感之时，可以在半夜里毫无心理负担地爬起来，挑灯夜战到天明而不知疲倦为何物，然后落笔自语“一缕清文迎明月，满目晴空醉黄昏”；忙累之余，电话邀约三两好友小酌一杯，兴尽归来还能写篇小博文，心满意足地感慨一下“人充满劳绩，但还诗意地栖居于这块大地之上”。此种生活状态至此一去不返。“塞下秋来风景异，衡阳雁去无留意。四面边声连角起，长烟落日孤城闭。”多元的任务，将时间挤压得支离破碎；多维的压力，浇灭了阅读、思考、写作的激情；渐增的“文债”，让原本井然有序的惬意生活彻底混乱而复杂起来；自诩的安静的灵魂，也开始焦虑不安起来；新专业、新课程、新团队建设以及参与学术会议、研究课题、合作洽谈、学生活动的工作激情，让位于疲于奔命的烦躁，每增加一项任务，均如压倒骆驼的最后一根稻草。有条不紊、气定神闲、激情澎湃、意气风发、踌躇满志的书生意气,转向疲于奔命、应付任务、毫无生气、心有余而力不足的生活困境。身体的疲累带来灵魂的压抑,面对电话铃声都会心生恐惧,担心那本已心有余力不足的困境雪上加霜。此后长达三年之久,除了任务之需,未读一书,未撰一文,未写一字,至于重写三部书稿,实在没有那份心境。以致 2016 年年度科研考核,离“不合格”仅一步之遥。

2017 年夏,我决意启动“减法”运动,向学院正式提交教研室负责人岗位请辞报告:“这些年,囿于个人能力,尽管很努力,但工作没有做好,自己个人的压力和欠账也越来越多,如今陷入无力完成而焦虑不安之境况,我本是一个很安静的人,如今却经常在睡梦中惊醒。新学期开学将至,新的工作任务即将来临,心理压力日增,内心惶恐,我已达至能够承压的临界点,……感觉自己的状态像是被一匹骏马牵着狂奔,本来若自己跑速足够,骑上骏马可一日千里,但因力有不逮,被骏马拖倒在地滚动前进,皮开肉绽,血迹斑斑,痛苦不堪。”同时,我开始践行于我而言至关重要的人生法则——“学会拒绝”,只承担力能所及之事,而不再为人情所困,为追求完美所拘。两年来,拒绝了几乎所有能够拒绝的聚会聚餐、外出讲学、学术会议以及课题合作与书籍撰写等邀约。2017 年 10 月 12 日,我在微信上写道:“静心,驻足,你才能尽情触摸那无尽的美;无欲,淡然,你才能真正踏实做点事。当你的心,从匆匆的俗琐事务中脱离并安定下来,才发现错过了多少生命的美好。幸好,不迟。”

改变,就在一瞬间。生活,也由此变得敞亮起来。2018 年 2 月 1 日,收拾家务和心情:“快放寒假了,一件一件完成各类文字欠账,看着账单越来越少,心情莫名透亮起来。中午出门漫步花草市场,物色点花花草草,在每个房间挂上几盆绿萝,就这么简单一点缀,平添了几许生机与韵味。整理书籍,擦洗玻璃,拖洗地板,泡杯热茶,端详着这春意盎然的绿萝,甚是惬意。”2018 年 5 月 29 日,等待班车,微信留言:“风拂杨柳柳随风,坐等班车甚从容。最是一年好时候,绿满江山心满红。”2018 年 7 月 25 日,遛娃漫步略有所感:“风清日正伴其影,心明步安静吾魂。”2018 年 12 月 26 日,如是总结:“时间是单线条,但生活从来都是立体的、多维的、复杂而多变的,承诺的书稿,论文的编辑,论文的评审,学生请求修改稿,学位论文稿,科研项目,授课 PPT……孩子、家人、学生、老师、朋友、同事……责任、义务、任务、情分……尽管尽心尽力,但总难免无法周全，大概你越想踏实做好，事情就会积压越多，按时履约也就变得越来越困难，于是一直在努力学习做减法，但终归少不了欠账拖账，歉意多了起来，拒绝开始学了起来，脸皮也开始厚了起来，心态也就平静淡然笃定起来。由己及人，慢慢从坚持所谓的原则到多了份理解与宽容。大概这就是妥协，或曰成长，抑或是都算吧。"

回首2006年至2014年，我激情澎湃，意气风发，忙忙碌碌，勤勤恳恳，本应收获满满，却因一次偶然的资料毁损之际遇，一无所获，一无所得，可谓"计不及变"；回首2014年至2017年，我出情报，入反恐，读新传，事杂务，尝实践，无自知之明，超己之能，负重难行，未阅一书，未有一作，疲于奔命，"入不敷出"。上述系我入职十年之尴尬写照。忆及此处，不由得想起了强世功教授的《人与事》："一个人从来不要雄心勃勃，因为许多事情不是由你的想象所决定的。我当年那些一心要做诗人、作家和评论家的高中同学，现在都不知在什么地方；从来没有做北大梦的我，最后却迫不得已来了北大。"

计不及变，须顺其自然。况得失相间，谁又能说得清。看似十年努力而无果的我，未至"不惑之年"而趋于"不惑之境"，又何尝不是另一种所得，且体验本身，就是意义。彭明辉教授说得好："生命的真相是一种长期而持续的累积过程（这是偶发的际遇无法剥夺的），而不是一时顺逆的际遇。如果我们能看清楚这个事实，生命的过程就真是'功不唐捐'，没什么好贪求，也没什么好焦虑的了！剩下来，我们所需要做的无非只是想清楚自己要从人生获得什么，然后安安稳稳，诚诚恳恳地去累积就是了。"

掩卷，忆事，自然离不了思人。谢谢我的爱人，悉心的陪伴，对我伏案未有半句怨言，予我可爱的天使般的孩子，给我的生活带来无尽的惊喜与欢乐；感谢我的岳父岳母，没有他们放弃舒适的退休生活不辞辛劳地帮忙照顾孩子，也就不可能有本书稿的顺利面世；同时也向远在家乡的父母致以歉意与思念，父母在，不远行，为人子女而不能陪伴左右，唯愿二老安康；感谢我的导师陈昌凤教授、郭庆光教授，让我这几年有机会沐浴清华学术之光，感受大师情怀，并给予我充分的信任、自由与宽容，使我毕业可一延再延未予压力，自由规划我的博士生涯；感谢我的学术启蒙导师周毅教授、周晓英教授、赖茂生教授，正是在三位恩师的教导和鼓励下，懵懂的我开启了我所热爱的简单惬意的教研生涯。蹒跚走来，幸遇陈昌凤教授、郭庆光教授、周晓英教授、周毅教授、赖茂生教授、刘为民教授、高金虎教授、周庆山教授、武夷山研究员、张薇研究员、陈峰研究员、褚峻教授等诸多师长，从他们那里不仅得到指导、鼓励和帮助，还得感先生之风。亦有幸与诸多亲爱的领导、同事与学友共事同行，人生旅途不孤，在此不一一道来。最后，感谢学院与学院领导，为本书提供出版经费；感谢我的硕士生李修丞、贺志国、林翔、刘楠，他们是本书的第一批读者，也是我带的第一批硕士生，帮我校阅全书；感谢原中国民主法制出版社编辑、现知识产权出版社编辑庞从容老师，是她的敦促，让放慢步伐的我得以超越蜗牛的速度定稿交卷；感谢中国民主法制出版社的责任编辑陈曦女士、贾萌萌女士为本书出版所付出的辛勤劳动。本书中若干内容曾在《情报杂志》《图书情报工作》《公安学研究》等期刊发表，期刊编辑老师们的辛勤劳动对这些内容增色不少，特此致谢。同时也向曾经被我“婉拒合作”或是“拖欠文债”的同事、同行们表示歉意，感谢宽容。

性喜自由心喜静，风尘碌碌需安魂。幽篁独坐穷通理，星辰伴月夜已深。

谨以此书献给我国执法情报理论与实务战线的同仁与朋友们。

谢晓专

2019 年 5 月

北京 · 魏公村